国家社科基金项目"基于以人为本实现路径的利益机制协同创新研究"（13BKS027）

国家社科基金丛书
GUOJIA SHEKE JIJIN CONGSHU

以人为本与利益机制

People Oriented and Interest mechanism

谭培文　著

人 民 出 版 社

目　　录

绪　　论

一、该研究的目的、意义及所使用的研究方法

1. 研究目的

物与人的对立与统一究竟何以可能是一个世界性难题。物与人的对立是马克思恩格斯批判资本主义的基本问题。资本主义推翻了封建社会人对人的统治,但前门拒虎,后门进狼,陷入了物对人的统治深渊。马克思《资本论》第1卷开篇第一章之商品拜物教批判,即揭示了资本主义物的统治替代了人对人的统治问题。问题是,社会主义初级阶段亦存在物与人的矛盾。如何正确处理物与人的关系,如何使社会主义初级阶段既解放和创造巨大生产力,推进物的发展,实现物质财富的巨大增长,又不至于陷入物奴役人之境地,实现人的自由全面发展,这既是马克思主义思想的主题,也是中华民族伟大复兴之主题。本书即围绕这一主题,从人的自由全面发展与利益机制辩证关系来回应这一问题。

国内以人为本的研究,可追溯到20世纪80年代对人道主义价值积极意义的理性反思。以人为本概念之提出是在市场经济体制建立的90年代。以人为本回应的是市场经济中物与人的对立问题。20世纪90年代,社会主义市场经济体制建立。市场经济是利益机制,市场驱动亦物的利益机制驱动,它

是实现以人为本的基本动力。市场经济体制推动了生产力的发展,但也出现了物的价值升值与人的价值贬值的负面效应,及物对人的统治和支配、道德滑坡等现象。从而,学术界不断发出了关于人与现代化、人与物的关系、人的自由全面发展与异化等问题的理论与现实追问。韩庆祥认为,实现中华民族伟大复兴目标,必须把各个时段、各种特质发展要素融合统一起来,"把物的发展和人的发展结合起来"①等。是以,究竟如何结合是关涉实现中华民族伟大复兴一个重大课题,而我国尚未发现其研究成果。

国外以人为本是近代人文主义反对"以神为本"提出的命题,但资本主义以人为本是以抽象的个人或个人主义为本。为了探索其实现路径,西方从哲学、政治、经济、宗教等方面进行了广泛深入的研究。如宗教改革,路德以"因信称义说"论证了个人主义世俗实践的宗教根据;霍布斯、洛克、卢梭等基于政治哲学论述了个人政治自由实现的根据与途径;斯密的《国富论》以市场利益机制作为个人经济自由的实现路径等。哈耶克认为,新自由主义从古代的修昔底德、塔西佗和西塞罗等,以及18、19世纪以来蒙田、洛克、休谟和斯密所继承的基本传统是个人主义;凯恩斯国家调控理论的最大危害是动摇了西方世界由古希腊经验论以来的理论传统所形成的个人主义这一终极价值目标,从而失去了西方文明的创造力;而社会主义必然走向极权和独裁,那是通往奴役之路。这是极其荒谬的。针对哈耶克市场"非人类设计"的观点,阿玛蒂亚·森在《资源、价值与发展》中论述了民族精神与价值对市场的引领作用,如日本经济之成功在很大程度就归功于日本提倡的"忠诚、合作与责任意识"。阿玛蒂亚·森等之见解未必完全正确,但从正反方面凸显了自斯密以来人的发展与市场利益机制之矛盾关系研究的极端重要性。

2. 研究意义

在我国,马克思主义在意识形态领域发挥主导作用,对于推进中国道路发

---

① 韩庆祥:《中国道路的哲学智慧》,《光明日报》2019年9月23日。

展要素的改革开放、提升政府治理能力与政策工具顶层设计等则需要与中国实际相结合。本书研究意义在于推进了马克思主义理论的实际应用,使马克思主义在治国理政中不仅在场、出场,并转化为政策工具及具体指导。

以人为本与利益机制的关系,即物与人的关系。由于利益机制是生产关系的动态形式,通过中西以人为本实现路径比较,研究我国利益机制改革对实现人的自由全面发展的功能、作用等,初步建构其实现路径的理论范式,填补当前理论研究不足。

人的自由全面发展路径研究是一个实践性较强的问题。本书通过总结经验教训,对我国究竟如何坚持以人为本,推进"五位一体",深化市场利益机制改革实践具有普遍指导意义。

利益机制是重要政策工具。我国改革开放进入攻坚期和深水区,研究如何坚持以人为本,如何引领利益机制的协同创新,对各级政府在制度安排与政策实施中,如何落实以人为本、实现人的自由全面发展有重要的实践意义。

3. 研究方法

(1)从主体研究对象的方法。研究人的自由全面发展,坚持从主体出发,而不是旧唯物主义从客体去研究自由的方法,更非新自由主义个人主义的错误方法。本书认为,实践唯物主义的自由是主体的自由。这是方法论变革。研究利益机制,坚持从利益主体出发来分析利益机制的含义、类型、功能和性质等,从而揭示利益机制的物质属性中蕴含利益主体的价值意图和取向。因此,只有坚持以人为本的价值取向,利益机制才能为人的发展发挥其功能与作用。

(2)比较分析法。实现以人为本关涉制度、体制、政策的价值规范顶层设计等重大问题。通过比较研究,凸显了以什么样的价值观引领利益机制改革的极端重要性。其中学术分歧最大的是如何理解人的自由全面发展中的自由问题。本书通过对马克思主义自由的四对范畴、八个基本概念的比较,批判了资本主义片面突出的只是手段自由、形式自由、自发自由和个人主义自由的错误,凸显马克思主义自由的整体系统性、科学性与西方自由的形而上学局限性。

(3)协同创新的方法。我国当下的利益机制改革,与改革开放初期的单项利益机制改革的立竿见影显然不同。人的发展内容亦与改革开放初期解决温饱问题相异,人的发展价值意义追寻更为重要。是以,必须协调好人的自由全面发展与利益机制协同创新的关系。只有以社会主义核心价值观为引领,实现利益机制总系统的各个子系统协同创新,方可推进人的自由全面发展。

二、研究成果的主要内容和重要观点或对策建议

1. 主要内容

物与人的对立统一何以可能,是一个贯穿社会主义初级阶段与如何实现"中国梦"之难题。人的发展与利益机制,乃聚焦物的发展与人的发展关系问题。该书的旨趣即如何以自由、平等、公正、法治等社会主义核心价值观规范与引导利益机制的协同创新,为实现人的自由全面发展之社会主义现代化目标探索可能之路径。

本书共分九章,四大部分。

第一部分(第一、二章),重点厘清两个基本概念。一是以人为本的含义与实质。以人为本的最初思想起源,虽可归结为近代文艺复兴的人道主义,但以人为本的直接思想来源是马克思主义。从马克思主义的经典文献来看,以人为本的人,应是《神圣家族》中提出的"现实的人"。现实的人是自然人与社会人的统一,确定马克思主义人学思想逻辑起点对于正确理解我国经济新常态下的"以人为本"新内涵有十分重要的意义。新常态是我国经济发展大逻辑,人的自由创造个性是经济新常态赋予"以人为本"的新内涵。以人为本的价值目标是实现人的自由全面发展。二是利益机制含义、类型、特征和功能。

所谓利益机制,即利益主体以物质经济利益为载体通过一定的利益手段实现利益的方式。社会主义市场经济体制改变了计划经济条件下的社会运行方式,利益成为一个社会结构性概念。市场经济体制在本质上是利益机制,市场驱动即利益驱动。利益机制是驱动和调节社会经济活动的决定性环节。利益机制作为政府的政策工具,深刻地影响了人们日常物质文化生活。利益机制的类型具有多样性,利益是生产关系的直接表现。按生产关系属性,即区分为制度性、体制性、政策性等利益机制;按生产关系的功能,存在利益驱动、利益整合、利益调控、利益分配、利益共享、利益保障、利益防范、利益补偿、利益导向、利益平衡、利益表达、利益诉求等关涉经济、政治、民生等利益机制。利益机制对人的自由全面发展,有十分重要的积极功能,但也有消极作用。从而,如何以正确的价值观规范和引导利益机制协同创新,对实现人的自由全面发展具有十分重要的意义。

第二部分(第三、四章),探索中国道路的内涵与意义。第三章,中国道路与利益机制。中国道路成功的关键是发挥了体制性利益机制的作用。其发展经过了一个由基础作用阶段到决定作用阶段之渐进过程。实践证明,体制性利益机制积极影响了每个人的自由全面发展,但也带来负面影响。第四章,对以人为本与市场利益机制之间矛盾进行具体分析。首先分析了以人为本与市场利益机制之冲突。资本作为市场经济的生产要素,资本把人与人的关系颠倒为物与物的关系。资本改变了人的存在方式历史发展逻辑,资本的一般功能作用亦使人陷入物的依赖性关系的支配和统治。其次,扬弃物的依赖性关系统治是《资本论》的主题之一,亦是中国道路必须探索的问题。坚持以人为本,就要坚持以人的自由全面发展为价值理念,引导市场经济利益机制协同创新,扬弃物的依赖性关系统治。

第三部分(第五—八章),人的自由全面发展价值理念研究。马克思主义对自由究竟如何理解?苏联教科书中自由之指向是必然,忽视精神存在规律。从主体出发理解自由是马克思主义方法论之变革。第五章,马克思主义自由的张力与限制思想。自由作为主体的自由理想,是目的自由与工具自由之对立统一。自由作为主体自由的获得方式,是形式自由与实质自由之对立统一。自由作为主体自由的认识进程,是自发自由到自觉自由之对立统一。自由作为主体间的自由,是个人自由与社会自由之对立统一。总之,它们之间是对立的,但又统一于主体自由。对立是相互限制、相互作用,统一是指其形成主体自由的合力或张力。作为社会主义核心价值观的自由是马克思主义自由思想中国化的成果,中国道路之哲学意义就在于实现了自由张力与限制相统一的成功创新,即:坚持以人为本之目的自由核心要义,实现工具自由的科学发展;坚持以实质自由为决定因素,发挥了形式自由的能动作用;坚持尊重自发自由,同时强调自觉自由;坚持尊重与保障每一个人自由张力之释放,并通过制度安排防止个别人的自由成为其他人自由实现的障碍。第六章,比较中西自由方法论及践行原则。批判了现代西方自由之沉沦和异化,如目的自由被异化,工具自由成了唯一的统治者;张扬了形式自由,却掩盖了实质的不自由;自发自由被推向神坛,而极力歪曲与拒斥自觉自由;个人自由是唯一动力,一切人自由的实现条件被悬搁一边。社会主义核心价值观中的自由吸收了中华传统文化优秀成果,总结和概括出中国特色社会主义的实践原则。第七章,马克思主义平等的理论与实践。西方学者将社会主义理解为平等主义(柯亨),甚至认为社会主义缺乏自由(哈耶克)。这是十分错误的。马克思主义不是平等主义,自由和平等都是社会主义核心价值观。本章首先探索马克思主义平等观的思想来源,然后研究了马克思主义平等观之形成及基本内容。认为,无产阶级平等观是对资产阶级平等观的扬弃。平等必须以长期的历史条件为前提。平等是历史与现实的统一。第八章,自由与平等的制度公正研究。自由与平等究竟孰为优先,不同国家有不同的主张。从当代世界来看,对自由与平等的制度规范主要存在两种价值规范:一是中国制度公正规范的公平正义,二是新自由主义罗尔斯的制度正义。基于价值范畴合理性、价值范畴规范意义、价值范畴抽象层次,公正是优先于正义的价值德性;鉴于制度价值属性、制度价值作用方式、制度价值评价标准等,证明社会主义制度公正优先于罗尔斯以私有制为基础之制度正义。自由与平等实现之制度前提是公正,而不是正义。制度公正蕴含制度建立的基础公正、制度运行的体制公正、制度实现的机制公正、制度内生之伦理原则公正、制度规范之法律规则公正。社会主义制度基础公正奠定了自由平等发展价值前提,体制公正提供了自由平等发展价值平台,机制公正破解了自由平等发展价值实践之关键环节,伦理原则公正营造了自由平等发展和谐合作精神环境,法制公正规范了自由平等发展法治社会秩序。自由、平等、公正和法治为坚持以人为本的利益机制协同创新,实现每个人的自由全面发展,提供了科学的价值前提。

第四部分(第九章),以利益机制协同创新推进人的发展。在市场经济条件下,必须坚持以人为本为核心的价值原则,以利益机制协同创新推进人的发展,这是改变物统治人的现象具体路径。

一是要以自由引领利益机制协同创新,为人的发展提供物质前提。从生产关系属性来看,市场经济体制性利益机制最优,必须通过制度性利益机制、政策性利益机制的改革,实现其协同创新;从生产关系的功能来看,利益驱动机制是核心,立足于国情、民情,以其为核心,通过利益协调、利益整合、利益调控、利益分配、利益共享、利益保障等机制的改革,实现其协同创新;以协调人的自由全面发展之目的自由与实现现代化之工具自由、形式自由与实质自由、自发自由与自觉自由、个人自由与社会自由等关系,提高经济效率,为人的发展提供物质前提。

二是提升治理能力的基本路径在于科学选择利益机制与加强人的发展顶层设计。利益机制的选择对治理能力现代化有重要影响,是实现市场经济条件下治理能力现代化的关键。由于体制性利益机制最优,借鉴发达国家经验,实现政府治理能力现代化基本路径是科学选择并抓住体制性利益机制的牛鼻子,以自由、平等、公正、法治为价值规范,加强人的自由全面发展的顶层设计,以改善民生为抓手,推进人的全面发展。

三是以法治规范利益机制,激发社会活力,为人的发展提供法制保障。利益机制激发的社会活力具有两面性。这就要求,依法规范市场利益主体的欲望和行为,为其自主创业、自主经营保驾护航。首先,要以社会主义核心价值观引导利益主体的欲望和行为,激发其正能量。其次,要加强立法工作,依法厘清政府与市场之关系,建构利益主体正能量释放的社会机制,抑制和消除社会活力负能量的产生。

2. 重要观点或对策建议

第一,坚持以人为本,就是坚持以现实个人的物质实践活动为根本,就应该以从事物质实践活动的主体来看人民的主体地位及人民根本利益的价值导向和政策导向。经济新常态是我国经济发展的大逻辑,突出人的自由创造个性是经济新常态赋予"以人为本"的新内涵。在经济新常态下,突出以人为本要始终坚持以实现人的自由全面发展为理想目标,使万众创业、大众创新成为时代风尚。

第二,利益机制是利益主体以物质经济利益为载体通过利益手段实现利益的方式。在市场经济体制中,利益机制是驱动和调节社会经济活动的决定性机制。利益机制的类型具有多样性,不同利益机制有不同的功能和作用。顶层设计必须研究不同利益机制的功能作用,科学地利用好利益机制这个政策工具,通过正确价值观规范和引导利益机制的协同创新,以实现人民群众对美好生活的追求。

第三,社会主义现代化的最终目标是实现人的自由全面发展。但每个人的自由全面发展,不只是一个物的发展问题,更是人的自由、平等、公正和法治等社会价值的实现问题。在社会主义市场经济制度设计、政策制定中,必须重视自由、平等、公正、法治等社会核心价值观的规范和引领作用,重视人的自由全面发展价值实现问题。

第四,人的自由全面发展中的自由不是新自由主义之抽象自由,马克思主义的自由是目的自由与工具自由、形式自由与实质自由、自发自由与自觉自由、个人自由与社会自由的统一。中国道路的成功就在于实现了自由张力与限制相统一的成功创新。建议用自由的四对范畴关系和八个概念来规范与引领市场经济体制改革与对民主政治等的理解，并建议改进现行教科书对马克思主义自由观的粗糙解释。

第五，坚持自由、平等、公正和法治为价值原则规范与引导利益机制协同创新，是实现每个人的自由全面发展的科学价值前提。社会主义制度基础公正奠定了自由平等发展的价值前提，体制公正是自由平等发展的价值平台，机制公正是自由平等发展价值实践的关键环节，伦理原则公正营造的是自由平等发展和谐合作精神环境，法制公正是自由平等发展的法治社会秩序规则规范。建议用制度公正来规范和引领经济、政治、文化等方面的建设和改革。在中国学术体系、理论体系和话语体系建设中，突出制度公正的价值理念。

第六，在如何实现利益机制协同创新推进人的发展方面，体制性利益机制最优，必须通过制度性与政策性利益机制的改革实现协同创新。市场驱动即利益驱动，利益机制作为政策工具必须以利益驱动机制为核心，以协调人的自由全面发展与经济发展的关系。为了发挥体制性利益机制优势，改革应重视制度性、政策性利益机制的改革。利益机制作为政策工具，利益驱动机制是核心，利益机制改革的顶层设计要以这个核心来展开。

第七，科学选择利益机制是市场经济中提升政府治理能力的重要路径。由于利益机制的选择对治理能力现代化有重要影响，而体制性利益机制最优，要科学选择并抓住体制性利益机制的牛鼻子，它是市场经济条件下提升治理能力现代化的关键。

第八，利益机制激发的社会活力具有两面性，依法规范市场利益主体的欲望和行为十分重要。必须依法厘清政府与市场关系，建构市场利益主体正能量释放与抑制其负能量产生的社会规范机制，保障和激发市场利益主体正能量，为其自主创业、自主经营保驾护航。

第九，生产关系是一种交往关系，利益关系是生产关系的直接表现，交往普遍性是人的发展重要途径。"四个全面"是具有规范意义的话语体系。建议以"四个全面"建构一个规范意义的中国制度性、体制性、政策性利益机制话语体系，以推进"一带一路"、人类命运共同体、全球经济一体化等国际交往话语体系的建构，为人的自由全面发展营造良好交往环境。

三、成果的学术创新

1. 理论创新

其一，创新了马克思主义生产关系的层次结构、功能作用的理论。从苏联到我国学术界，生产关系一直停留于三要素结构理论。这些要素与上层建筑如道德价值究竟有何直接关系、如何反作用于生产力，缺乏有力的解释力。对此，国内外学术界多有质疑。本书认为，生产关系直接表现为利益，利益在社会主义生产关系中的作用方式是利益机制。道德价值的最终来源是生产关系，但其直接来源是利益关系。利益机制通过利益主体的利益实现方式，首先直接作用于经济基础并反作用于生产力。这就深化了生产关系的层次结构与功能作用的理论。

其二，创新了中国道路价值的理论。新自由主义认为，中国的发展只是一种"锐实力"，社会主义是走向奴役之路，无自由可言。这是错误的。社会主义核心价值观中的自由是中国道路价值的凝练。但是，中国道路的自由与西方自由究竟有何不同，一直尚未从自由本身来区分。本书从四对范畴、八个基本概念厘清了中国化马克思主义自由与西方自由的区别，创新了中国道路价值的理论。

其三，创新了市场经济条件下社会主义道德价值建设与实践的理论。自斯密以来，有理论一直认为，市场属于经济领域，与道德价值无涉。本书认为，市场经济是一种利益机制，是利益主体通过一定手段实现利益的方式。而利益主体只能是人。人与物之区别在于人有理想、目的、意图和价值指导。市场体制本身就内含道德价值主体因素。加强市场经济道德价值建设与实践,是市场经济本身的内在要求。

2. 学术观点创新

其一,创新了利益机制含义、类型、特征和功能作用等观点。生产关系直接表现为利益。按生产关系属性,利益机制可区分三种类型。鉴于其不同特征,提出了体制性利益机制优于制度性和政策性利益机制的观点。并认为,重视制度性、政策性利益机制的改革以推进利益机制的协同创新。按生产关系的功能,利益机制可以区分为利益驱动机制为核心的若干利益机制。但是,利益驱动机制是核心,改革都应以其为核心来推进其他利益机制的改革与协同创新。

其二,创新了人的自由全面发展中的自由究竟是什么的观点。自由是人类文明成果,非资本主义所特有。自苏联以来,研究自由的指向是必然,忽视了自由作为精神存在的规律。本书总结了中国道路的自由实践经验,创新地凝练出马克思主义自由:目的自由与工具自由、形式自由与实质自由、自发自由与自觉自由、个人自由与社会自由之统一等观点,并按照辩证法对立统一规律阐述了它们的张力与限制,彰显了作为社会主义核心价值观自由的科学内涵和中国特色,它超越和扬弃了资产阶级自由。

其三,提出了自由与平等实现的制度价值前提是制度公正的观点。社会主义制度公正是制度基础、制度运行体制、制度实现机制、制度内生伦理原则、制度规范的法律规则公正之整体。制度基础公正奠定了自由平等发展的价值前提,体制公正是自由平等发展的价值平台,机制公正破解了自由平等发展价值实践的关键环节,制度伦理公正营造了自由平等发展和谐合作精神环境,法制公正规范了自由平等发展的法治社会秩序。它们为坚持利益机制协同创新,实现人的自由全面发展,提供了科学的价值前提。

其四,提出了提升政府治理能力现代化在于科学选择利益机制的观点。在社会主义市场体制中如何实现政府治理能力现代化问题是一个全新的问题。市场经济是利益经济,从中国市场经济具体实践出发,借鉴发达国家治理能力现代化经验教训,提出了提升政府治理能力之关键在于科学选择和利用好利益机制的观点。

3. 实践路径创新

其一,中国的实践主要是中国道路的实践。中国道路的成功不是缺乏自由价值的"锐实力"。本书对中国道路实践经验规范为自由的张力与限制的四个基本原则,对于增强中国道路自信,激发中国道路的活力有重大实践价值。

其二,利益机制作为政策工具深刻影响人们的物质文化生活,事关改善民生和人民根本利益。利益机制协同创新的系统研究,对各级政府政策策略的顶层设计创新了实践路径。

其三,人的自由全面发展历来停留于理论高度,无法找到实践路径。本书对自由的四对范畴、八个概念的创新,对于如何践行社会主义自由核心价值观,提供了可操作性的具体实践路径。

其四,市场经济条件下政府能力现代化研究,一直停留于学术层面。本书研究了科学选择利益机制对治理能力现代化的重要影响,阐明了提升治理能力现代化的方法,创新了治理能力现代化的实践路径。

第一章　以人为本的含义与实质

以人为本是本课题的逻辑起点。问题是究竟如何理解以人为本？这就需要厘清以人为本的"人"的含义，诸如人、人民、个人之间的关系，它是价值观还是存在论？唯物史观前提是现实的人，而不是旧唯物主义如费尔巴哈的孤立的、脱离社会关系的抽象的人或资产阶级功利主义的个人，也不同于中国古代"民为邦本"中的建立在"人对人依赖关系"基础上的、隶属于奴隶主、封建主且缺乏社会主体内涵的人。从现实的人出发来理解以人为本的"人"，即以实践活动主体为前提来理解以人为本的"人"，就能实现存在论与价值观的辩证统一。

第一节　马克思主义人学视域的以人为本

马克思主义人学思想的逻辑起点究竟如何确定，一直是学术界理论研究的聚焦点。在国外马克思主义人本主义思潮那里，大都是根据马克思的《1844 年经济学哲学手稿》（以下简称《手稿》）来确定马克思主义人学思想的逻辑起点，尤其是苏联的戈尔巴乔夫，甚至用《手稿》中的人道主义思想来替代马克思主义的共产主义理论。在我国学术研究领域，人们把《德意志意识形态》（以下简称《形态》）的现实的个人看作是马克思主义人学思想的起点，但以《手稿》的人学思想作为马克思主义人学的逻辑起点的学者也不乏其人。马克思主义人学具有与人道主义不同的特殊内涵。马克思主义人学思想的逻辑起点究竟如何确定,不仅是一个在学术研究领域亟待澄清的理论问题,它更是我国究竟如何理解以人为本内涵理论前提中提出的一个现实课题。值得注意的是,《神圣家族》被忽视了。事实是,《神圣家族》是《手稿》与《形态》之间马克思主义人学思想发展的一个过渡性环节。马克思主义人学是研究现实的个人的存在和发展规律的科学。马克思主义人学思想的逻辑起点只能是现实的人的存在。但是,马克思对现实的人的论述既不是《手稿》,也不是《形态》,而是从《神圣家族》开始的。

一、《神圣家族》与马克思主义人学创立

1844 年《神圣家族》往往为一些研究者所忽视,认为《神圣家族》只不过是唯物主义无神论批判唯心主义唯灵论有神论的代表作,与马克思主义人学的创立没有什么联系。其实绝非如此,《神圣家族》对马克思主义人学创立有其特殊意义。它的特殊意义在于揭示唯物主义无神论与人学的关系、唯物主义人学与人的生活的关系。《神圣家族》是马克思主义人学思想的逻辑起点。在那里,马克思开始了"现实的人的存在"的真正探索。

"现实的人的存在"究竟是指什么? 马克思认为,《手稿》的哲学基础是费尔巴哈的人本主义唯物主义。既然费尔巴哈在自然观上是唯物主义,在历史观上是唯心主义,而《手稿》中的人的存在接近于费尔巴哈的抽象本质的自然人,那么,《手稿》中的人就不是历史唯物主义人学思想的逻辑起点。基于这一前提,我国的学者大多都把《德意志意识形态》中的"现实的个人",确定为马克思主义人学思想的逻辑起点。这看上去是毋庸置疑的,因为《形态》论述了为什么要以"现实的个人"为前提,即从他们的活动出发来看社会存在决定社会意识、人类社会历史发展的基本实现机制和动力机制决定上层建筑等历史唯物主义的基本问题。但是,这种观点忽视了一个重要的前提,即"现实的

个人"的概念还必须以现实的人的存在为逻辑前提。历史唯物主义何以要从现实的人的存在出发,从什么样的现实的人的存在出发,而不能从旧唯物主义的抽象的人的本质出发? 它们往往被作为确定马克思主义人学的逻辑起点的基本前提,往往被当成了一个不证自明的逻辑默认。历史唯物主义的人学不同于旧唯物主义,不能从逻辑默认的抽象的人的本质开始,而必须从现实的人的存在开始。马克思认为,人们要存在,"必须能够生活"。"但是为了生活,首先就需要吃喝住穿以及其他一些东西。因此第一个历史活动就是生产满足这些需要的资料,即生产物质生活本身,而且这是这样的历史活动,一切历史的一种基本条件"。① 在马克思主义人学研究中,人们突出了实践活动对历史生成、过程和结果的影响。而把人的生活、人的存在悬隔起来。这就是说,作为马克思主义人学的逻辑开端并不是"从最简单的基本的东西出发",而是从由最简单的基本的范畴,如人的存在、人的生活引出的次生过渡性的范畴,如人的活动出发。这不符合历史唯物主义的方法论要求,如《资本论》的逻辑起点,不是生产,而是最常见最简单的商品。人的存在、人的生活与人的活动相比较,人的生活也是人类社会最常见、最简单的现象。人的活动根源于人的生活需要,马克思说:"人们的存在就是他们的现实生活过程。"②人的生活是人的存在最为本质的规定。虽然人的存在不能等同于费尔巴哈那样的是一种完全脱离社会的生物性存在,因为活动是人和动物的一个突出标志,但是,自然存在始终是人的社会存在的前提。人的存在就是自然存在与社会存在的统一。如果说社会存在首先就是人的存在,那么人的存在的前提就是人们的现实生活过程。人的存在只有用人的生活的来规定,才可以揭示人的存在的本质内涵。

马克思作出关于人的存在是什么这一规定是《形态》,但是,第一次把人的存在与人的生活联系起来的是《神圣家族》。在《神圣家族》,马克思批判了

---

① 《马克思恩格斯选集》第 1 卷,人民出版社 1995 年版,第 79 页。
② 《马克思恩格斯选集》第 1 卷,人民出版社 1995 年版,第 72 页。

鲍威尔从精神批判出发建构"人的范畴"的唯心史观的错误观念,对历史究竟是什么,历史逻辑起点的人究竟是什么样的人进行了唯物主义的阐述。他说:"历史什么事情也没有做","历史不过是追求着自己目的的人的活动而已"①。在这里,马克思不仅认为,现实的人是历史的创造者,而且把唯物主义与现实的人联系起来,把历史规定为现实的人的活动的结果。这就是说,社会历史是一部人的活动史,而不是费尔巴哈抽象的人的本质的异化史。这一历史唯物主义的观点说明,马克思主义的人学思想超越费尔巴哈人本主义的唯物主义与《手稿》中异化概念有着不可分割的联系。因为《手稿》中的异化概念,虽然其中有费尔巴哈人道主义抽象的人的本质异化的影响,但马克思通过对与异化劳动(它与特定生产关系相联系)相对立的"对象化劳动"(它与生产力相联系)的理解,从中已经蕴涵了马克思在对费尔巴哈的肯定中,亦包含了对费尔巴哈抽象的人的本质的否定因素。因为,用对象化的劳动来看异化劳动,异化劳动只是人类社会对象化活动发展中的一种特殊形式。但是,"结果"决不等于逻辑开端,现实的人的存在的开端不是人的活动。因为人们要存在,首先要生活,现实的人的存在的第一个前提就是"人的生活"。离开了人的生活,人的活动就失去前提与意义,也就没有真正的历史和人学。可见,从无神论到马克思主义人学,不仅要彻底批判和推翻神学,而且唯物主义必须进入人的生活。脱离人的生活世界的人学,本质上还是唯心主义神学的翻版。马克思主义人学实质上就是研究人与人的生活世界的科学。在马克思主义人学创立过程,《神圣家族》的重要意义就在于马克思首次论述唯物主义与人的生活的关系,它为马克思主义人学的建立奠定了现实基础。

　　马克思认为,唯物主义在培根的经验论那里,物质就开始"带着诗意的感性光辉对整个人发出微笑"。但是,机械唯物主义以降,"唯物主义变得漠视人了。"②唯物主义与人的存在,人的存在与人的生活的现实联系,可以从18

---

① 《马克思恩格斯文集》第1卷,人民出版社2009年版,第295页。
② 《马克思恩格斯全集》第29卷,人民出版社2020年版,第364页。

世纪法国唯物主义那里找到最初的思想萌芽。法国唯物主义源于洛克的感觉论。洛克的感觉论证明，"哲学要是不同于健全人的感觉和以这种人的感觉为依据的理智，是不可能存在的"。法国的孔狄亚克立即用洛克的感觉论去反对 17 世纪的形而上学，从而使法国唯物主义摒弃了机械唯物主义的方法论。孔狄亚克把唯物主义与人的感觉、经验联系起来，明确提出："人的全部发展都取决于教育和外部环境"①。马克思认为，爱尔维修的唯物主义才具有真正法国的性质。他说："爱尔维修立即把唯物主义运用到社会生活方面（爱尔维修《论人》）。感性的特性和自尊、享乐和正确理解的个人利益，是全部道德的基础"②。唯物主义"论人"说明，人的存在和发展的逻辑前提就是人的社会生活。从人的社会生活看人的需要、欲望、物质利益与思想道德的关系，人的发展与外部环境的关系，以及关于工业的重大意义，其同共产主义和社会主义之间有着必然的联系。马克思说："既然正确理解的利益是整个道德的基础，那就必须使个别人的私人利益符合于全人类的利益。"③唯物主义从人的社会生活出发，马克思第一次提出了与《手稿》哲学人道主义的共产主义不同的、具有历史唯物主义内涵的共产主义等的基本概念。而费尔巴哈把人看作是脱离社会生活的抽象的人，反映了他的机械唯物主义方法论的局限性。

后来，在《路德维希·费尔巴哈和德国古典哲学的终结》中，恩格斯批判了费尔巴哈的人本主义，对马克思主义人学的一般内涵作出了科学规定。他说："对抽象的人的崇拜，即费尔巴哈的新宗教的核心，必定会由关于现实的人及其历史发展的科学来代替。"④马克思主义人学具有与一般唯物主义人道主义的人学不同的特殊内涵，它是指以现实的个人的存在和发展一般规律的科学。恩格斯还说："这个超出费尔巴哈而进一步发展费尔巴哈观点的工作，

① 《马克思恩格斯文集》第 1 卷，人民出版社 2009 年版，第 333 页。
② 《马克思恩格斯文集》第 1 卷，人民出版社 2009 年版，第 333 页。
③ 《马克思恩格斯全集》第 2 卷，中文第 1 版，人民出版社 1957 年版，第 167 页。
④ 《马克思恩格斯选集》第 4 卷，人民出版社 1995 年版，第 241 页。

是由马克思于 1845 年在《神圣家族》中开始的。"①恩格斯的论述再次证明马克思关于人学的逻辑起点是从《神圣家族》开始的,既不是通常人们认为的《形态》,更不是西方马克思主义所说的《手稿》。

二、《神圣家族》与马克思主义人学思想发展

《神圣家族》是马克思主义人学的开端,进一步说明《神圣家族》对于历史唯物主义创立的意义。马克思《手稿》中的人道主义倾向,是一个不可回避的问题。既然马克思主义开始是人道主义,那么,是否可以说马克思主义在历史唯物主义中完全否定了人道主义呢? 为了划清马克思主义与人道主义的界限,人们把《形态》中的现实的个人作为历史唯物主义的逻辑开端。这一点从社会历史的发展来看,无疑是可以成立的。与其说历史唯物主义是从现实的个人开始,不如说是从他们的活动开始。在这里,活动对于社会历史发展的意义凸显出来了。但是,人的存在,人的生活的却不见了。问题在于,马克思究竟是如何从人道主义走向历史唯物主义,唯物主义究竟是如何成为历史唯物主义和科学社会主义的哲学基础?《神圣家族》说明,这些观点和对马克思主义的质疑是毫无根据的。唯物主义与人有内在联系。唯物主义不同于唯心主义,在历史唯心主义那里,人道主义的人是一些脱离了社会生活的抽象的一般人。历史唯物主义的人,是可以感觉到的、活生生的、有血有肉的、在社会中生活的现实的人。唯物主义只有进入人的社会生活,才可能成为社会主义的哲学基础。② 马克思论述了作为历史的唯物主义是如何成为社会主义的哲学基础等问题,并没有重点论证作为历史唯物主义的唯物主义,是何以可能成为社会主义哲学基础的。《神圣家族》的重大意义,在于马克思探索了从一般唯物主义走向历史唯物主义的出场路径,即唯物主义并不是像苏联教科书所说的

---

① 《马克思恩格斯选集》第 4 卷,人民出版社 1995 年版,第 241 页。
② 谭培文:《唯物主义何以可能成为社会主义哲学基础的历史唯物主义》,《华中理工大学学报》(社会科学版)1998 年第 3 期。

那样,仅仅是把唯物主义"推广"到社会领域就创立了历史的唯物主义。唯物主义本来就与历史唯物主义有其内在联系,这种联系最初在 18 世纪的法国唯物主义就开始萌芽。马克思以人的社会生活作为马克思主义人学的逻辑开端,论述唯物主义人的存在与人的社会生活的关系,论述了人类历史发展与人的活动的辩证关系,从而使唯物主义向上发展为不同于旧唯物主义的历史的唯物主义,唯物主义成为了作为历史唯物主义的社会主义的哲学基础。在《关于费尔巴哈的提纲》中,马克思在论述历史唯物主义的实践观时,还特别揭示了人的社会生活与实践的关系。他说:"全部社会生活在本质上是实践的。"①这就是说,人的社会生活与人的社会实践不应该有本质的界限。人的社会生活过程说明了人的存在的内涵,实践揭示了人的社会生活的实质。马克思主义不是人学"空场"。唯物主义并不敌视人,历史唯物主义人的存在不是抽象的个人存在,现实的人的社会生活是现实个人活动的前提和归宿。

马克思主义人学的逻辑起点是人的生活说明,唯物主义只有进入人的社会生活,唯物主义才可以上升为作为历史的唯物主义。这就为我们进一步加深对以人为本的内涵的理解提供了理论和现实前提。从理论前提来看,马克思主义的以人为本,不能以人道主义的抽象的人的本质为前提,而是要以在社会生活中具体的活生生的现实的人为前提。从现实前提来看,现实的人的基本前提是人的社会生活。以人为本,以人民的根本利益为本,就是要把改善民生作为中国特色社会主义的基本出发点和落脚点。人的社会生活是以人的物质生活为基础的道德文化生活和政治生活的统一。人的道德文化生活和人的政治生活必须与物质生活相适应,同时,也将推进物质生活的进步和发展。

三、现实的人是马克思主义人学思想逻辑起点

马克思主义人学思想的逻辑起点究竟是什么？它历来就是理解马克思主

---

① 《马克思恩格斯选集》第 1 卷,人民出版社 1995 年版,第 56 页。

义与马克思主义人学(甚至是理解马克思是否存在不成熟的早期)的一个极为重要的问题。所谓逻辑起点,实际是指一个思想体系的科学开端。哲学的开端就是哲学逻辑的起点、出发点和根据。黑格尔十分重视哲学的开端,他对《逻辑学》的开端作了大量的论述,认为:"要找出哲学中的开端,是一件十分困难的事。"黑格尔重视哲学开端的思想是正确的。列宁说,开端就是"必须从最简单的基本的东西(存在、无、变易)(不要其他东西)出发,引申出范畴(不是任意地或机械地搬用)(不是'叙述',不是'断言',而是证明)——在这里,在这些基本的东西里,'全部发展就在这个萌芽中'。"①这就是说,马克思主义人学思想的逻辑起点就是指人学思想的逻辑开端。这个开端必须是最简单、最基本、最常见的,碰到过亿万次关系的现象。它不仅是一切矛盾的萌芽,包含了一切尚未展开的主要矛盾,其全部思想的发展都孕育在这个胚芽中。这一逻辑起点的确定,必然影响马克思主义人学的性质、内容、使命和对以人为本内涵理论前提的理解。黄楠森先生说:"马克思主义包括人道主义,但不等于和归结于人道主义。"②这是十分正确的。把马克思主义与人道主义绝对对立起来是错误的,它不仅不符合马克思主义思想发展的实际,也必将影响我国对以人为本内涵的全面理解。但是,把马克思主义等同于人道主义也是片面的,因为它贬低了马克思主义理论及其现代价值。问题是,马克思主义在什么意义上与人道主义有联系,为什么马克思主义不等同人道主义? 马克思究竟是如何从人道主义走向历史的唯物主义,唯物主义究竟是如何成为历史的唯物主义和科学社会主义的哲学基础? 这始终是一个如何理解以人为本的理论前提的一个难题。马克思的第一大发现是历史唯物主义。历史唯物主义首先是唯物主义,从唯物主义究竟是如何可能发展为作为社会主义的哲学基础的历史唯物主义? 在《神圣家族》中,马

---

① 列宁:《哲学笔记》,人民出版社1993年版,第79页。
② 中国人学学会编:《人学与现代化——全国第五届人学研讨会论文集》,广西人民出版社2004年版,第8页。

克思批判了鲍威尔从精神批判出发建构"人的范畴"的唯心史观的错误观念，阐述了唯物主义无神论与人道主义的关系，唯物主义人学与现实的人的关系，唯物主义与人的社会生活的关系。

首先，唯物主义无神论与人道主义的内在关系。在《神圣家族》中，马克思首先就肯定费尔巴哈的人道主义是"现实的人道主义"。所谓费尔巴哈是"现实的人道主义"，实际等于说，费尔巴哈唯物主义说明，无神论与人道主义有其内在联系，而唯心主义人道主义仍然不过是有神论的另一种说法，究其实质不能算是"现实的人道主义"。麦克莱伦在评述马克思的宗教观时，认为马克思批判了唯心主义宗教观抽象的虚幻人道主义，但并不认为无神论与人道主义就是绝对对立的。他说，马克思"坚持认为无神论与人道主义不可分割地联系在一起；确实，考虑到他提出问题所用的术语，这一点是无法否认的"①。麦克莱伦的观点有一定的正确性。马克思转向了费尔巴哈无神论的人道主义，仅仅是使用了费尔巴哈的"术语"。马克思在《神圣家族》中论述唯物主义与人道主义的关系，与费尔巴哈那样的人道主义已经有了本质的不同。

人道主义作为历史观虽然已经过时，但是作为一种文化价值观仍然具有一定的积极意义。肇始于文艺复兴的人道主义的核心就是人。"人道"本是相对于中世纪"神道"的统治而言。马莎·阿·休伊特认为，人道主义哲学公认的原则之一就是对超自然的宇宙观的拒斥，对伦理价值的超自然来源的否定。他说："人道主义着重研究的是人的存在和人的经验，而神学所关注的自古以来就是上帝与个人灵魂的拯救。"②人的存在是人道主义的第一个基本前提。在中世纪，人的存在是由神的存在创造的。马克思认为，唯物主义与人的存在，人的存在与人的生活之间建立现实的联系，可以追溯到近代欧洲和18

---

① ［英］戴维·麦克莱伦：《卡尔·马克思传》，王珍译，中国人民大学出版社2005年版，第81页。

② ［美］戴维·戈伊科奇等编：《人道主义问题》，杜丽燕等译，东方出版社1997年版，第334页。

世纪法国唯物主义,如法国的孔狄亚克把唯物主义人的感觉、经验与环境联系起来,明确提出:"人的全部发展都取决于教育和外部环境"①。孔狄亚克的唯物主义,不仅开始关心人,而且把社会的外部环境看作是人的全部发展的决定因素。马克思说:"既然是环境造就人,那就必须以合乎人性的方式去造就环境。"②既然人的本质是社会环境的产物,人性就不是先天的,那么,改造社会、改造环境,才能使社会和环境成为合乎人性的环境。

其次,唯物主义人学与现实的人的关系。这一步是与费尔巴哈的贡献有关。马克思说:"在黑格尔的体系中有三个要素:斯宾诺莎的实体,费希特的自我意识以及前两个要素在黑格尔那里的必然充满矛盾的统一,第一个要素是形而上学地改了装的、同人分离的自然。第二个要素是形而上学地改了装的、同自然分离的精神。第三个要素是形而上学地改了装的以上两个要素的统一,即现实的人和现实的人类。"③这就是说,现实的人是黑格尔人学思想的逻辑起点。但是,在黑格尔那里,现实的人是绝对精神的具体体现,这种人只是超自然的宗教人的另一种说法。"费尔巴哈把形而上学的绝对精神归结为'以自然为基础的现实的人',从而完成了对宗教的批判。"④费尔巴哈人本主义唯物主义哲学的合理之处,是把黑格尔的现实的人改造成了"以自然为基础的现实的人"。相对神化的宗教人而言,费尔巴哈把人从天上降到了地上,人变成一个有血有肉可以感觉、经验的自然人。这既是费尔巴哈人本主义唯物主义的合理性,但也是他的不足。因为现实的人不只是一种类似动物的自然存在。人的社会生活是人的存在的现实平台。如果人的存在不与社会生活相联系,这样的人仍然是脱离社会的抽象的人。马克思批判和改造了黑格尔、费尔巴哈,进一步论述了现实的人与社会生活的关系,揭示了现实的人何以可

---

① 《马克思恩格斯文集》第1卷,人民出版社2009年版,第333页。
② 《马克思恩格斯文集》第1卷,人民出版社2009年版,第335页。
③ 《马克思恩格斯文集》第1卷,人民出版社2009年版,第341—342页。
④ 《马克思恩格斯全集》第2卷,人民出版社1957年版,第177页。

能成为马克思主义人学的逻辑起点的现实根据。

再次,唯物主义与人的社会生活的关系。麦克莱伦认为,马克思早期从对费尔巴哈的"迷信"到开始摆脱"迷信"和超越了费尔巴哈,这一点是从《神圣家族》开始的。他在引用了马克思恩格斯《神圣家族》关于"对法国唯物主义的批判的战斗"一节中的一段话以后说,《神圣家族》"其中几个主题成为首次出现的'历史唯物主义概念',因此马克思在 12 年后再读这本书的时候,能够评论道:'我愉快而惊异地发现,对于这本书我们是问心无愧的,虽然对费尔巴哈的迷信现在给人们造成一种非常滑稽的印象。'"①在《神圣家族》,马克思对费尔巴哈的肯定,主要集中在两个方面,一是肯定了费尔巴哈关于物质决定精神这一唯物主义基本内核,批判了鲍威尔颠倒了"群众"与"精神"、"群众"与"批判"、物质与精神关系的错误;二是突出强调了费尔巴哈的"以自然为基础的现实的人",批判了黑格尔等用自我意识代替现实的人的错误。显然,前一个肯定不存在什么"迷信",后一个肯定才具有对费尔巴哈抽象的自然人的崇拜的一定成分。所谓的"迷信",即在肯定费尔巴哈时,忽视了费尔巴哈"以自然为基础的现实的人"所包含的缺陷。但总的来看,马克思又是问心无愧的。因为马克思在具体论述唯物主义的人究竟是什么样的人时,他既保留了费尔巴哈的自然人的唯物主义基本内核,同时又"超出"了费尔巴哈,赋予了人的社会生活规定。他不仅通过 18 世纪法国唯物主义阐述了现实的人与自然的关系,更为重要的是强调现实的人只有进入社会生活,唯物主义才可以成为社会主义哲学基础的历史(社会)的唯物主义。马克思认为,爱尔维修的唯物主义才具有真正法国的性质。他说:"爱尔维修立即把唯物主义运用到社会生活方面(爱尔维修《论人》)。感性的特性和自尊、享乐和正确理解的个人利益,是全部道德的基础"。② 18 世纪法国唯物主义"论人"说明,人的

---

① 麦克莱伦:《卡尔·马克思传》,王珍译,中国人民大学出版社 2005 年版,第 118 页。马克思的原话出自《马克思恩格斯全集》第 31 卷,人民出版社 1972 年版,第 293 页。

② 《马克思恩格斯文集》第 1 卷,人民出版社 2009 年版,第 333 页。

存在和发展的现实平台是人的社会生活。人的存在不是费尔巴哈那样的完全脱离人的社会生活的一种自然的生物性存在。现实的人是通过人的社会生活来显现的。黑格尔用自我意识来代替现实的人,把绝对观念当作现实的人的逻辑开端是错误的。费尔巴哈虽然把自然看作是现实的人的逻辑起点,但是,由于他的机械唯物主义方法论的局限性,现实的人在他那里变成了脱离社会生活的抽象自然人。

社会生活是人的存在和发展的现实平台。人的存在与发展,虽然离不开自然存在,但是,如果离开了社会生活这个现实平台,那就无法揭示唯物主义与社会主义的内在联系。马克思说:"笛卡儿的唯物主义汇入了真正的自然科学,而法国唯物主义的另一派则直接汇入社会主义和共产主义。"①"法国唯物主义的另一派"是指从孔狄亚克开启的和爱尔维修等真正代表法国性质的唯物主义哲学。爱尔维修的突出贡献是把他的唯物主义运用到社会生活方面。社会生活成为唯物主义的真正的现实的平台。人的存在和全部发展的原理就从这个平台的萌芽中生长出来。在这里,马克思对旧唯物主义的人道主义进行了积极的改造,第一次提出了具有历史的唯物主义内涵的人的存在和发展的基本概念和原理。换言之,唯物主义从人的社会生活出发,唯物主义就是历史(社会)的唯物主义而真正成为社会主义的哲学基础。

四、现实的人是自然人与社会人的统一

现实的人究竟是什么样的人? 在我国学术研究中,一直是一个含糊不清的问题。在大多数研究者那里,往往把现实的人等同于现实的个人。由于《德意志意识形态》把现实的个人规定为从事物质资料生产活动的个人,以致现实的人只是一种社会人。这是值得商榷的一个重要问题。在《路德维希·费尔巴哈和德国古典哲学的终结》中,恩格斯批判了费尔巴哈的人本主义,指

---

① 《马克思恩格斯文集》第 1 卷,人民出版社 2009 年版,第 334 页。

出："对抽象的人的崇拜,即费尔巴哈的新宗教的核心,必定会由关于现实的人及其历史发展的科学来代替。"①"这个超出费尔巴哈而进一步发展费尔巴哈观点的工作,是由马克思于 1845 年在《神圣家族》中开始的。"②这个超出费尔巴哈而进一步发展费尔巴哈观点就是"以自然为基础的现实的人"。这就是说,现实的人是自然人与社会人的统一。现实的人,既不是脱离社会的自然人,也不是脱离自然的社会人,更不是黑格尔式的扬弃了斯宾诺莎的实体与费希特的自我意识的"形而上学地改了装的以上两个因素的统一"。恩格斯的论述证明,马克思主义人学思想中的人是《神圣家族》中的"现实的人",而不是人们通常认为的《形态》中的"现实的个人",更不是西方马克思主义所说的《手稿》中的费尔巴哈的人道主义抽象的人。

由于马克思《手稿》中的人道主义倾向是一个不可回避的问题,为了划清马克思主义与人道主义的界限,人们把《形态》中的"现实的个人"作为历史唯物主义的逻辑开端。这一点从社会历史的发展来看,无疑是正确的。但是,在《形态》,"现实的个人"的内涵是指他们的活动,即从他们的活动出发来看社会存在决定社会意识、人类社会历史发展的基本实现机制和动力机制决定上层建筑等历史唯物主义的基本问题。由于"现实的个人"的内涵是指他们的活动,历史唯物主义的逻辑开端,与其说是从现实的个人开始,不如说是从现实的个人的活动开始。在这里,活动对于社会历史发展的意义凸显出来了。但是,人的主体存在,人的社会生活的却不见了。这种观点忽视了一个重要的前提,即"现实的个人"的活动还必须以现实的人的存在为逻辑前提。这个作为确定马克思主义人学的逻辑起点的基本前提,往往被当成了一个不证自明的逻辑默认。历史唯物主义的人学不同于旧唯物主义,不能从逻辑默认的抽象的人的本质开始,而必须从现实的人的存在和人的社会生活开始。马克思认为,人们要存在,"必须能够生活"。"但是为了生活,首先就需要吃喝住穿

① 《马克思恩格斯选集》第 4 卷,人民出版社 1995 年版,第 241 页。
② 《马克思恩格斯选集》第 4 卷,人民出版社 1995 年版,第 241 页。

以及其他一些东西。因此第一个历史活动就是生产满足这些需要的资料,即生产物质生活本身,而且这是这样的历史活动,一切历史的一种基本条件"①。这就是说,人的主体存在是第一个前提。但是,人的存在不完全等同于人的自然存在,只有能够生活的现实的人,才是人的现实存在。社会生活是人的社会存在的现实平台。马克思说:"而人们的存在就是他们的现实生活过程。"②这就是说,社会生活比人的活动更基本。生产物质生活资料的活动就是"生产物质生活本身"。这种"活动"只是社会生活的"首先"需要的部分,并不包括社会生活需要的全部,如精神生活。如果突出了实践活动对历史生成、过程和结果的影响,而把人的社会生活悬隔起来,那就把次生的中介性的活动范畴,替代了原生的社会生活范畴。马克思在《神圣家族》中就已经进行了明确的论述,他说:"历史什么事情也没有做,它'并不拥有任何无穷尽的丰富性',它并'没有在任何战斗中作战'!创造这一切、拥有这一切并为这一切而斗争的,不是'历史',而正是人,现实的、活生生的人。'历史'并不是把人当做达到自己目的的工具来利用的某种特殊的人格。历史不过是追求着自己目的的人的活动而已。"③在这里,马克思不仅认为,现实的人是历史的创造者,而且把唯物主义与现实的人联系起来,把历史规定为现实的人的活动的结果。现实的人是活动的主体,活动只能是现实的人的活动。社会历史是一部人的活动史,而不是费尔巴哈抽象的人的本质的异化史。但是,"结果"绝不等于逻辑开端,现实的人的存在的开端不是人的活动。因为人们要存在,首先要生活,现实的人的存在的前提就是"人的生活"。离开了人的生活,人的活动就失去目的与意义。可见,人的生活虽然包括物质生活和精神生活,但是,作为自然人的吃喝穿住等由动物性自然遗传的物质生活是第一性。所以,从人的生活开始,实质上也包括自然人的存在是社会人存在的前提与基础。

---

① 《马克思恩格斯选集》第 1 卷,人民出版社 1995 年版,第 79 页。
② 《马克思恩格斯选集》第 1 卷,人民出版社 1995 年版,第 72 页。
③ 《马克思恩格斯全集》第 2 卷,人民出版社 1957 年版,第 118—119 页。

国外马克思主义特别重视马克思主义人学思想的开端,如西方马克思主义人本主义思潮。在他们看来,只要发现了马克思主义人学思想的逻辑起点,就等于找到了理解马克思主义的"圣经"。他们出于有别于苏联和第二国际的马克思主义的另类理解,探索马克思主义的新的逻辑起点。他们置马克思主义的历史唯物主义等大量经典文献于不顾,把其理论兴奋点聚焦于 1932 年公开面世的《手稿》。他们从中找到了马克思主义人学思想的逻辑起点,并把其看作是"真正的马克思主义启示录",如卢卡奇、霍克海默、阿多诺、马尔库塞、弗洛姆、布洛赫、萨特、列斐伏尔等。他们从《手稿》发现,马克思主义不是苏联所说的共产主义和第二国际的"经济决定论",而是马克思当时继承的由西方文艺复兴以来开创的,通过费尔巴哈人本主义的唯物主义阐发的人道主义。弗洛姆认为,马克思学说的目标并不认为人的主要动机就是获得物质财富,而是使人克服异化,从经济压迫下解脱出来,成为具有充分人性的人。在马克思那里,人的本性就是人的本质。他说,《手稿》中所阐述的人的本质的思想在马克思一生的思想中具有连续性,虽然马克思后来不再使用"本质"这个词。"但是,马克思以一种更加符合历史变化的形式,在'人的一般本性'和每个时代'变化了的人的本性'之间的区别中,显然保留了关于人的本质的思想。"[1]在他们看来,马克思认为人类的社会史不是苏联马克思主义者所说的经济决定史,而是一部"人的一般本性"的发展史。因此,对于资本主义的批判,"异化概念"在《手稿》与《资本论》中都占居中心地位。弗洛姆说:"看一看异化概念在著述《经济学—哲学手稿》的青年马克思的思想中是怎样地占居中心地位,后来在撰写《资本论》的马克思的是怎样地继续占居中心地位,这对于理解马克思有着十分重要的意义。"[2]这就是说,马克思对资本主义的批判占居主导

---

① 陈学明主编:《二十世纪哲学经典文本·西方马克思主义卷》,复旦大学出版社 1999 年版,第 333 页。

② 陈学明主编:《二十世纪哲学经典文本·西方马克思主义卷》,复旦大学出版社 1999 年版,第 333 页。

地位的批判,就是人道主义与异化问题的批判。人的解放就是一种消除异化的解放。弗洛姆实际概括和总结了西方马克思主义人本主义是如何从《手稿》发现马克思主义人学的逻辑起点,又如何从《手稿》中的人道主义和异化概念出发批判资本主义的思想传统。青年卢卡奇在1923年写作的《历史与阶级意识》中的物化概念,虽然是从《资本论》切入马克思的,但是,他的物化意识对工人阶级意识的奴役、统治和解放的思想理路与早期马克思《手稿》中异化概念的思想,如果悬搁马克思关于"对象化劳动"的思想于不顾,那么,二者的确有异曲同工之妙。卢卡奇的物化意识与马克思的异化概念的关联,启发了西方马克思主义人本主义思潮对早期马克思在《手稿》中保留的费尔巴哈人道主义思想的"创造性"理解。以"批判的马克思主义"自称的法兰克福学派,如霍克海默、阿多诺、马尔库塞等,认为他们就是对马克思主义人道主义思想传统的继承和发展。他们"极力把马克思的理论人本学化,把异化学说看做是马克思的主要贡献"[1]。马尔库塞基于对发达工业社会意识形态研究,提出"单向度的人"的概念,弗洛姆甚至还提出"人道主义的社会主义"的理想目标。他说:"社会主义不仅是社会的经济和政治纲领,更是人的纲领;即在工业社会条件下,实现人道主义理想。"[2]存在的马克思主义从人的存在出发,但是,他们的人的存在既不是人的自然存在,也不是人的社会存在,而是一种具有意向性的活动的存在。苏联的戈尔巴乔夫,用《手稿》中的人道主义思想来替代马克思主义的共产主义理论的做法,可以看作是西方马克思主义人本主义思潮在政治上的反映。这是错误的。显然,西方马克思主义人本主义思潮对人的理解都曲解了马克思主义现实的人的科学内涵。在《神圣家族》,马克思首先就肯定费尔巴哈的人道主义是"真正的人道主义"。所谓费尔巴哈是"真正的人道主义",实际等于说,费尔巴哈唯物主义说明,无神论与人道主义

---

① 欧阳谦:《20世纪西方人学思想导论》,中国人民大学出版社2002年版,第236页。

② 埃里希·弗洛姆:《人的呼唤——弗洛姆人道主义文集》,王泽应等译,上海三联书店1991年版,第135页。

有其内在联系,而唯心主义人道主义仍然不过是有神论的另一种说法,究其实质不能算是"真正的人道主义"。麦克莱伦对此作出了肯定的回答。他说,马克思"坚持认为无神论与人道主义不可分割地联系在一起;确实,考虑到他提出问题所用的术语,这一点是无法否认的。"①麦克莱伦的观点有一定的正确性。马克思论述费尔巴哈唯物主义无神论的人道主义,仅仅是使用了费尔巴哈的"术语",在《神圣家族》中论述的人学思想,与费尔巴哈那样的人道主义已经有了本质的不同。早期马克思处于哲学上由唯心主义转向唯物主义自然观时期,在历史观上仍然是唯心主义,即人道主义者。这就是说,在历史唯物主义创立以前,马克思在历史观上仍然不可避免地遗留了费尔巴哈的人道主义。《手稿》中的费尔巴哈的人道主义仍然是马克思对社会历史观(如《手稿》中哲学人道主义的共产主义)的分析工具。在《形态》中,马克思以科学的实践观批判了费尔巴哈的人本主义,从此,他不再用抽象的异化概念来说明人的本质的内涵。在《形态》中,马克思使用异化概念,与《手稿》已有本质的不同,他们仅仅把异化概念看作是借用了"哲学家"的抽象概念②。《资本论》中使用的"物化",马克思要说明的是物质关系的物化,而不是人道主义人的本质的规定。阿尔都塞把《资本论》看作是马克思的科学时期与前期《手稿》中的人道主义的意识形态的"断裂",虽然割裂了马克思主义历史发展的整体联系,但是,他的合理性在于说明,《手稿》中的异化概念等不是马克思主义人学思想的逻辑起点。

五、确定马克思主义人学思想逻辑起点的意义

现实的人是自然人与社会人的统一,它说明社会人必须以自然人为前提。

---

①　[英]戴维·麦克莱伦:《卡尔·马克思传》,王珍译,中国人民大学出版社2005年版,第81页。

②　马克思说:"这种'异化'(用哲学家易懂的话来说)当然只具备了两个实际前提之后才会消灭。"括号中所指的"哲学家"就是在《德意志意识形态》中批判的费尔巴哈等从抽象的人的本质出发的德国青年黑格尔派。马克思特别用括号说明,异化是当时费尔巴哈等"哲学家"用以说明抽象的人的本质的概念,使用这个概念只是他们当时借用了"哲学家"的抽象概念。

这就是说,现实的人虽然是马克思主义人学思想逻辑起点,但是,现实的人的存在与发展是自然人与社会人之间的矛盾相互作用的过程,那种仅仅把现实的人归结为社会人而遮蔽自然人的存在,是片面的。现实的人的客观性就在于人的存在的第一个前提就是自然人。

首先,从存在论来看,人的自然存在是人的社会存在的基础。现实的人是包含现实的个人,又不等于现实的个人。在马克思那里,"现实的个人"主要是就人的社会性而言。由于现实的个人是指他们的生产物质生活资料的活动,现实的个人是社会历史的逻辑前提。但是,现实的个人又不等于现实的人。马克思说:"全部人类历史的第一个前提无疑是有生命的个人的存在。"① 这里的有生命的个人的存在,是指人的自然存在。在这段话的附注中,马克思删去了以下这句话:"这些个人把自己和动物区别开来的第一个历史行动不在于他们有思想,而在于他们开始生产自己的生活资料"②。问题是,马克思为什么要删去这句话? 在《德意志意识形态》,现实的个人的基本规定就是指他们生产自己的生活资料的活动。马克思说:"这是一些现实的个人,是他们的活动和他们的物质生活条件,包括他们已有的和由他们自己的活动创造出来的物质生活条件。"③这是人与动物、人与自然之间的本质区别。但是,区别不是人本身。人本身的第一前提是作为高级动物的自然存在。这就是说,马克思之所以删去这句话,无疑是因为仅仅用现实的个人存在,无法说明现实的人的存在。现实的人,他不仅包括从事物质生活资料生产的"现实的个人",而且也包括不能从事物质生产活动的有自然生命的个人存在,如婴儿、儿童,以及老弱病残等。马克思说:"自然界,就它自身不是人的身体而言,是人的无机的身体。人靠自然界生活。这就是说,自然界是人为了不致死亡而必须与之处于持续不断的交互作用过程的、人的身体。所谓人的肉体生活和精神

① 《马克思恩格斯选集》第 1 卷,人民出版社 1995 年版,第 67 页。
② 《马克思恩格斯选集》第 1 卷,人民出版社 1995 年版,第 67 页。
③ 《马克思恩格斯选集》第 1 卷,人民出版社 1995 年版,第 67 页。

生活同自然界相联系,不外是说自然界同自身相联系,因为人是自然界的一部分。"①这就是说,人是自然界的一个现实部分。人的存在首先是自然存在。自然是一个生态系统,现实的人不过是这个自然生态系统中的一个子系统。人与自然共存亡,现实的人的生存前提,就是尊重自然,顺应自然和保护自然。

其次,从人与政治国家的关系看,人的自然生命、生存和生活是人类最为基本的权利,否认了人的自然人的生命、生活和生存,就否认了人类最基本的生存权利。虽然政治国家具有阶级性,但是,政治国家的法律的基本出发点都是自然人,即"基于出生而为民事权利主体的人"②。法律政治思想是直接反映经济基础的政治上层建筑,哲学既是经济基础的一次方的再一次方的思想观念,又为一切政治上层建筑的建立提供思想观念的指导。这就是说,马克思主义人学,如果抛弃了自然人的基本前提,忽视了人的生命、生存的基本权利,那不仅不能正确反映经济基础和政治上层建筑,而且也不可能为政治上层建筑和经济基础的建立提供正确的思想观念。

最后,从价值观来看,人的自然生命存在是世界上最为珍贵的存在。人的生命价值大于天,没有生命就没有一切。马克思主义包括人道主义,但不等于人道主义。问题是马克思主义与人道主义究竟有何共同之处? 人道主义面向的人的存在就是有生命的自然存在,如近代唯物主义,尤其是 18 世纪以爱尔维修等为代表的法国唯物主义和费尔巴哈的唯物主义等。这与马克思主义是一致的。不同的是,在马克思那里,人是具体的,人可以区分为自然人和社会人,现实的人和现实的个人。马克思说,人的本质,在其现实性上,"它是一切社会关系的总和"③。这能否说马克思并不承认人的自然存在与精神存在? 这无疑是一种误读。事实上,所谓一切社会关系,概括起来,无非包括两种关系,即物质关系和精神关系。物质关系是精神关系的基础,在物质关系中,又

---

① 《马克思恩格斯文集》第 1 卷,人民出版社 2009 年版,第 161 页。
② 《法学词典》编辑委员会编:《法学词典》,上海辞书出版社 1984 年版,第 344 页。
③ 《马克思恩格斯文集》第 1 卷,人民出版社 2009 年版,第 501 页。

以人与自然的关系为前提。"人是自然界的一部分",突出人的自然生命存在价值是马克思主义价值观的基本出发点。我国以人为本的根本理念,不仅是马克思主义人学逻辑起点思想中国化的产物,而且以人为本的理念的实践丰富和发展了马克思主义的人学思想。

总之,坚持以人为本,就是坚持以现实的个人的物质实践活动为根本,就应该以从事物质实践活动的主体来看人民的主体地位,就应该从现实的个人的物质实践活动来看以人民的利益为根本利益的价值导向和政策导向,就应该从现实的个人的物质实践活动来看和谐社会利益的共建和共享,就应该从现实的个人的物质实践活动来理解人民与人类的关系、人与自然(环境)的关系,以及人与人的关系。

第二节　经济新常态下的"以人为本"新内涵

"以人为本"是科学发展观的核心概念。但是,究竟如何理解"以人为本"的内涵,始终存在作为价值观的政治话语和作为存在论的学术话语的不同表述、解读和分歧。经济社会发展新常态是相对旧常态而言,作为价值观的政治话语和作为存在论的学术话语的"以人为本",就出现了经济"旧常态"与新常态"以人为本"含义的不同和歧异,辨析新常态和旧常态的"以人为本"不同内涵,对于究竟如何坚持"以人为本",推进和发展新常态具有十分重大的理论价值和现实意义。

一、认识新常态是我国经济发展一个时期的大逻辑

2015年中央经济工作会议指出:"认识新常态,适应新常态,引领新常态,是当前和今后一个时期我国经济发展的大逻辑。"所谓逻辑是指由事物按一定规则运行的规律和趋势。规律是事物本质的、内在的、必然的联系。"经济发展的大逻辑",就是经济发展的大趋势和规律。如何认识这种趋势和规律,

主要有三个问题。

其一,新常态经济发展的中高速增长问题。中国经济新常态是与中国经济"旧常态"相对而言。所谓旧常态,其突出特征是经济高速增长,年增长率10%以上。由于国际经济弱增长的外部影响与我国经济结构转型、资源环境消耗过度、劳动力成本比较优势丧失等,中国经济从高速增长转向了中高速增长的状态。经济新常态即为这种中高速增长状态发展趋势和规律。

其二,新常态经济的可持续发展问题。经济长期10%以上的高速增长不可持续,提质增效升级下经济中高速发展新常态的可持续性也并非没有问题。经过几十年高速增长后,"由于体量和基数变大,每增长一个百分点,在保就业、惠民生方面的效应明显增大,同时,每增长一个百分点,对资源环境的消耗也成倍增加"①。在中国经济体量越来越大的情况下,现在平稳地持续一个百分点的增长不容易,而要增长一个百分点更不容易。从 2014 年开始,东北三省经济增速持续放缓,2015 年上半年全国 31 个省 GDP 增速排名,辽宁2.6%,黑龙江5.1%,吉林6.1%。事实上,早在 2014 年的 GDP 增速排名中,辽宁、吉林、黑龙江三省的经济增速分别是 5.8%、6.5%、5.6%,都未达到7%。② 东北是我国的工业基地,东北经济主要是工业增速下降,其中主要是能源业和制造业,与我国经济结构的转型升级密切相关。经济增长效率问题,是我国所有问题如综合国力的提升、民生的改善、教育科技的发展等中最为突出的问题。如何实现新常态的可持续性发展,是一个重要的问题。

其三,新常态经济发展的新引擎、新动力问题。新常态是特指经济发展问题,但是,新引擎、新动力就是一个与人有密切关联的问题。发展的不竭力量蕴藏在人民群众之中,实现新旧动能转换,推动发展转向更多依靠人力人才资

①　石建勋:《中国经济新常态的演变逻辑分析及展望》,《光明日报》2015 年 1 月 29 日。
②　参见《2014 年中国各省 GDP 数据一览表》,中商情报网,2015 年 2 月 19 日,http://www.askci.com/news/data/2015/02/19/82532gqz5.shtml。

源和创新。① 经济增长绝不可以拼资源消耗,更多依靠的是人力资本质量和技术进步,让创新成为驱动发展的新引擎、新动力。

无论是以政府自身革命带动重要领域改革,以大众创业、万众创新形成发展的新动力,还是"人力资本""创新驱动""政府改革""大众创业""万众创新"等核心概念,都是一个以"以人为本"为关键词的概念。这些概念,作为一个事物的存在必须以人的先在而存在;作为一种引擎和动力,都是指人的主观能动创造性、创新力。如"人力资本"无非是劳动力创造的大于劳动力价值的价值;"创新驱动"是指依靠人的科学技术实践的创新推动;"大众创业""万众创新"指的是企业家才能、人力资本素质和劳动者的创新能力,万众不是指一个人或几个人,而应该是每一个人。这就是说,探索和培育新常态经济中高速增长的新引擎、新动力,关键是人的问题,其内在机理机制就在于究竟如何坚持"以人为本"的理念和实践。

二、经济新常态赋予"以人为本"的新内涵

经济新常态究竟为"以人为本"的理解增添了那些新内涵? 这既是对旧常态"以人为本"内涵理解的一种实践检验,也是如何推进"以人为本"理论与实践研究的基本问题。

2004 年 3 月 10 日胡锦涛《在中央人口资源环境工作座谈会上的讲话》中说:"坚持以人为本,就是要以实现人的全面发展为目标,从人民群众的根本利益出发谋发展、促发展,不断满足人民群众日益增长的物质文化需要,切实保障人民群众的经济、政治和文化权益,让发展的成果惠及全体人民。"在这里,"以人为本"就是作为政治话语价值观的"以人为本",而不是学术话语存在论的"以人为本"。如果按照学术话语,"以人为本"的人是全称概念,是指"每个人",而不是人民。马克思在《共产党宣言》和《资本论》(1857—1858)

---

① 参见李克强:《政府工作报告》,《人民日报》2016 年 3 月 18 日。

手稿中,都表述得十分清楚。马克思恩格斯说:"代替那存在着阶级和阶级对立的资产阶级旧社会的,将是这样一个联合体,在那里,每个人的自由发展是一切人的自由发展的条件。"①人的全面发展是指每一个人的自由全面发展,而不是指人民的全面发展。人民是一个历史范畴和政治范畴。人民是指居民的大多数。作为历史范畴,人民是指那些推动历史进步的社会成员;作为政治范畴,人民是指这些成员的政治倾向。毛泽东说:"人民这个概念在不同的国家和各个国家的不同的历史时期,有着不同的内容。"②这就是说,"不同的国家和各个国家的不同的历史时期"的人民,是以其政治主张来界定的。比如,我国抗日战争时期,人民是指那些拥护抗日的阶级、阶层和社会集团;在当代,人民是指那些拥护和参与社会主义建设的阶级、阶层和社会集团等。如果以人为本的人是一般,个人就是个别,而人民则是特殊,那么,人民与"以人为本"的人的哲学范畴并非处在一个层次上。因此,以人民为本只能说明社会关系的"以人为本"人的特殊含义,不能替代社会关系"以人为本"人的一般内涵。实现人的全面发展是坚持以人为本的理想价值目标。"从人民群众的根本利益出发"是指以人为本在当代的价值取向,这里的人民就是政治概念和政治话语的人民。以人为本就是要"让发展的成果惠及全体人民",这是说的经济发展的价值取向问题。

黄枬森在谈到科学发展观的指导原则时,说:"以人为本无疑也是它的指导原则之一,即价值观,指明社会发展为了谁,依靠谁,为谁享有。"③并认为,对以人为本的理解是价值观。这是对的。政治话语的以人为本是价值观,不是历史观和存在论。虽然学术研究的话语不能以政治话语为话语,但是,中国学术研究必须为中国特色社会主义服务,必须为实现中国梦和建立中国特色

---

① 《马克思恩格斯选集》第1卷,人民出版社1995年版,第294页。
② 《毛泽东文集》第七卷,人民出版社1999年版,第205页。
③ 中国人学学会、武汉大学马克思主义哲学研究所编:《人学论丛2005—2006》,湖北人民出版社2007年版,第14页。

的学术话语和政治话语服务。这就是说,中国的学术话语和政治话语本质上是辩证统一的。"以人为本"从 20 世纪末中国人学研究的学术话语,上升为科学发展观的政治话语,本身就说明了二者的一致性。问题是,经济新常态下的"以人为本"究竟如何理解?经济新常态赋予"以人为本"什么新内涵?"以人为本"作为政治话语的内涵是什么?作为学术话语的内涵又是什么?

新常态聚焦的是经济增长新引擎、新动力问题。所谓经济新常态下的"以人为本",就是指的经济增长新引擎、新动力与"以人为本"的关系问题,即"以人为本"从何种意义上为经济增长提供新引擎、新动力,或如何依靠人的能力、素质和创造力,成为新常态下经济增长的新引擎、新动力的问题。在这里,如何理解"以人为本"的"人",仍然是新常态的核心问题。在过去,"以人为本"突出的是"为谁服务",发展成果应该由谁来共享的问题。这就是一个政治价值观问题。在新常态下,经济增长的新引擎、新动力的核心是人。新常态的新引擎、新动力就是依靠提高人的素质和能力,通过人的实践创造、创新和创业活动,推动和发展新常态。新常态的"创新""创业""创造"都是一种实践活动。"创新""创业"和"创造"既是一种生产实践活动、科技实践活动,也是生产活动中人们相互协作配合关系创新的活动。实践是人的存在方式。这就是说,"以人为本"突出的"创新驱动""大众创业""万众创新",是一个存在论问题。"以人为本"由"旧常态"的突出的价值观深化为存在论。

存在与价值的关系是"事实"与"应当"的关系,如果"事实"是指的现实、经验、对象,那"应当"就是指的思想、认识、精神、理想、愿景。存在与价值不同,价值不是一个实体概念,而是一种观念和意识。马克思说:"意识在任何时候都只能是被意识到了的存在,而人们的存在就是他们的实际生活过程。"①这就是说,以人的价值观念为基础的存在,最多只能是人们意识到了的存在,而不是现实个人的存在。现实个人的存在,就是他们的现实生活过程。

---

① 《马克思恩格斯选集》第 1 卷,人民出版社 1995 年版,第 72 页。

马克思主义认为,存在的第一个前提是人作为存在者的存在。存在就是人作为主体存在者去把握的事实、现实、经验和对象。马克思在阐述自己的新唯物主义时,就说:"从前的一切唯物主义(包括费尔巴哈的唯物主义)的主要缺点是:对对象、现实、感性,只是从客体的或者直观的形式去理解,而不是把它们当作感性的人的活动,当作实践去理解,不是从主体方面去理解。"①实践的唯物主义坚持从主体去理解对象、现实、感性事物,包括人自身的存在,就是从实践去理解对象、现实、感性事物,包括人自身的存在。换言之,人的存在规定,只有通过实践才能科学把握。

第一,人的存在就是由人的实践的活动所规定的。人是一个对象化的存在物。人的存在本质要由三大实践活动创造的对象来规定。人的实践活动具体展开为物质生产活动、社会关系交往实践活动和科学实验实践活动。它们相互区别,又相互联系。物质生产实践活动决定和推动了社会关系交往实践活动和科学实验实践活动的水平,社会关系交往实践活动和科学实验实践活动的发展促进和推动了物质生产活动的发展。因而,从区别来看,物质生产活动创造了物质文明,社会关系交往实践活动创造了政治文明,科学实验实践活动创造了精神文明;从联系来看,物质文明、政治文明和精神文明的发生和发展是物质生产活动、社会关系交往实践活动和科学实验实践活动相互作用的结果。所以,人的存在本质由实践活动来规定,不仅要包括物质生产活动、社会关系交往实践活动和科学实验实践活动本身,而且主要应由这三大实践活动所创造的对象,即由物质文明、政治文明和精神文明来规定。所谓个人自由个性全面发展的人,应是这三个方面的统一。在物质文明方面,个人自由个性主要体现为自由从事物质生产活动的技能和经验;在政治文明方面,个人自由个性主要体现为自由参与民主政治活动和民主管理国家事务的水平和能力;在精神文明方面,个人自由个性主要体现为自由自觉参加、创造、分享人类精

---

①　《马克思恩格斯选集》第 1 卷,人民出版社 1995 年版,第 54 页。

神文明成果建设的权利和素质。

第二,实践是人的存在和本质对立统一的基础。存在和本质的矛盾是一个"历史之谜"。人的存在和人的本质本应是一致的,但是,随着分工和私有制的产生,产生了个人利益和社会利益的矛盾。由于这种矛盾的不可调和,公共利益就采取国家这种与实际的单个人利益和共同利益相脱离的独立形式。一方面,每个人追求单个人的特殊利益,因而,对他们来说,共同利益就是与他们的特殊利益不相符合的利益。由于这种特殊利益与虚幻共同体所进行的斗争,使得国家对特殊利益的实际干涉和约束成为必要。在私有制虚幻共同体国家里,共同利益与个人特殊利益处于一种相互异在的状态。异化成为人的存在的特定方式,异化把人的本质异化为同存在相分割的东西。但是,费尔巴哈认为:"某物或某人的存在同时也就是某物或某人的本质;一个动物或一个人的一定生存条件、生活方式和活动,就是使这个动物或这个人的'本质'感到满意的东西。"①这就是说,人作为自然存在物,首先是一个对象性的存在物,他必须以自己的对象作为自己的存在条件。反过来说,如果他没有对象性的存在条件,比如环境、水等,他就不是一个存在物。同样,人作为社会存在,必须通过对象来确定自己的本质。人作为存在物,必须有自己的对象,通过对象来确定自己的本质。显然,用旧唯物主义直观人的存在和本质,存在只是被动的感性物。这种消极的人道主义在于它没有看到人和人的生存条件之间所存在的矛盾,存在和本质并不是统一的。如果他的存在同他的本质完全不符合,他作为一个人,就不是一个存在物。在前面一种存在和本质观看来,他只有忍受这种条件,因为,他的存在就是他的本质。显然,这是错误的。人的存在不是被动的、消极的、无所作为的,人的存在都是通过自己的实践活动创造的。环境可以影响人,但更重要的是人可以通过自己的活动去创造一个属于人的环境,这个环境反过来更适合人的存在。因此,人的存在不是存在主义现

① 《马克思恩格斯选集》第1卷,人民出版社1995年版,第97页。

象学的先验本质,人作为社会存在,必须通过对象来确定自己的本质。人的存在不是旧唯物主义的被动的客体,人的存在都是通过主体自己的实践活动创造的。所以,人的存在规定是由他的主体活动及其主体活动所创造的对象来确定的。实践是实现人的存在和本质协调一致的途径。"在实践中,即通过革命使自己的'存在'同自己的'本质'协调一致。"①在私有制社会,人的实践活动带来了人与人之间的自我异化和分裂,但是,实践是一个过程,由于实践活动的发展,物质生产力极大、普遍提高,政治文明的不断进步,精神文明的充分发展,人类终有一天可以使存在和本质相互协调发展和统一起来。

第三,在经济新常态下的以人为本的人,既不是指单个的个人,也不是指抽象的一般人,而是指的现实的个人。在"旧常态"下,以人为本的人究竟是指什么,是一个争论最多的问题,有的把人理解为人民,有的把人理解为个人,等等。那么,经济新常态所理解的人究竟是什么? 就存在论而言,马克思说:"这是一些现实的个人,是他们的活动和他们的物质生活条件,包括他们已有的和由他们自己的活动创造出来的物质生活条件。"②所谓现实的个人,即是指他们的生产物质生活资料的实践活动。以现实的个人为本,就是以现实的个人的实践活动为本。现实的个人的生产物质生活资料的实践活动就是人的根本存在根据与前提。按马克思主义,存在论、方法论与价值观是辩证统一的。坚持以现实的个人的实践活动为根本存在来理解以人为本的"人",就实现了马克思主义存在论、方法论与价值观的辩证统一。

在经济新常态下,坚持以人为本,就是要坚持以马克思主义存在论为根据,坚持以人的实践活动为本。从现实的个人的实践活动来理解以人为本,也就是以人为主体来理解这里的人。以人的主体为本,作为主体的人既是每个人,也是指社会的人的整体。主体是相对于客体而言,相对于客体,主体是指那些有意识的从事认识世界和改造世界活动的个人和社会。这种个人,既是

---

① 《马克思恩格斯选集》第 1 卷,人民出版社 1995 年版,第 97 页。
② 《马克思恩格斯选集》第 1 卷,人民出版社 1995 年版,第 67 页。

指人类的人,也是指每个个人。马克思恩格斯说:"全部人类历史的第一个前提无疑是有生命的个人的存在。"①实践的唯物主义超越一般唯物主义不在于否定这一前提,而在于如何理解这一前提。旧唯物主义从抽象的人的本质,如自爱(爱尔维修),或理性、道德意志和宗教的爱心(费尔巴哈)来理解个人,而唯心主义则把人看成是一种具有主体自我意识的客观精神(黑格尔)与人的概念(施蒂纳)。马克思主义从现实的个人存在出发,就是从他们的物质实践活动出发,这就把历史唯物主义与旧唯物主义和唯心主义对人的所谓资产阶级人道主义的理解区别开来。因为,只有在社会的实践活动中,才能显现个人与社会的有机联系。由于实践是社会的,个人的活动必须以社会的实践活动为前提。这里的社会,不是狭义上的某个具体的社会。在当代,社会是一个全球概念,所以这里的社会应该是广义的,既包括某个具体的社会,也包括整个人类社会。在全球化的时代,个人的活动都不能脱离世界而存在,每个人的实践活动与整个人类社会的生存发展息息相关。任何不顾人类、社会而存在的个人或小集团的存在,就将失去在当代人类、社会存在的可能。

在我国,坚持以人为本,就是以马克思主义方法论为根据,坚持从人是社会关系的总和出发来理解人与自然、人与社会的辩证关系。由于人的社会关系包括物质关系与精神关系,物质关系离不开人与自然的关系,精神关系又以物质关系为基础,所以,人与人的文化、道德、伦理、政治等精神关系,首先是为了推动人与人在物质生产活动中的关系和人与自然的关系的科学协调和发展。先进的文化、政治观念也必将有利于先进的经济制度的形成和巩固,以保证人与人的物质生产关系、人与自然的关系的和谐,反之亦然。其次,人与人在生产活动中的关系,离不开人与自然的关系。自然是人类生产活动的第一个前提。人与自然的和谐关系是实现人与人在生产活动中关系的基本物质条件。所以,人与自然的关系不能像旧唯物主义那样,把它从人与人的关系中对

---

① 《马克思恩格斯选集》第 1 卷,人民出版社 1995 年版,第 67 页。

立起来,把它从社会关系中、从人的实践活动中抽象出来,必须以人是社会关系的总和为方法论来看人与自然关系。这就是说,任何关系都是一种社会关系,它们本质上都是实践的。自然是人的实践活动的前提,但人与自然的关系却是在人的实践活动中形成的,人在人与自然的关系中生产和再生产了人与人的关系,人在人与人的关系生产中又再生产出了人与自然的关系。人与自然、环境的关系只能通过人的实践活动才能理解。马克思说:"人创造环境,同样,环境也创造人。"①实践不仅是认识世界的活动,也是改造世界、改造人本身,创造世界与环境的创新活动。

　　总之,坚持以人为本,就是坚持以现实的个人的物质实践活动为根本,就应该以从事物质实践活动的主体来看人民的主体地位,就应该从现实的个人的物质实践活动来看以人民的利益为根本利益的价值导向和政策导向,就应该从现实的个人的物质实践活动来看推进和发展经济新常态。如果说以往学术界无法解决的对"以人为本"究竟是政治话语的价值论还是学术话语中的存在论的分歧与争论,那么在经济新常态下可以得到解决。因为,在经济新常态下的"以人为本",无论是政治话语还是学术话语,最后应该统一为一种话语,那就是以"现实的个人"为前提推进和发展经济新常态的"大众创业、万众创新"的实践话语。

三、突出"以人为本"与发展新常态

　　经济新常态赋予了"以人为本"新内涵。坚持"以人为本",就是要坚持以万众实践和大众实践为基础,激发社会活力,实现大众创业,万众创新,推进和发展新常态。

　　第一,突出经济新常态的"以人为本",就是要坚持以现实的个人的劳动实践活动为根本,尊重劳动、尊重知识、尊重人才、尊重创造,以大众创业、万众

---

① 《马克思恩格斯选集》第1卷,人民出版社1995年版,第92页。

创新作为中华民族伟大复兴的根基。劳动创造世界、劳动创造人类本身的观点是历史唯物主义的第一块基石,离开这块基石,整个历史唯物主义大厦就会轰然倒塌。"文化大革命"结束以后,实践是检验真理的标准的讨论,突出了实践的重要性,带来了改革开放、建设四个现代化的热潮,劳动致富成为 20 世纪 80 年代大众创业的内驱力。但是,在 20 世纪 90 年代末的世纪之交,劳动的价值与意义逐渐开始被淡化。其原因主要有三:一是理论上从学院经济学到学术经济学,一些人大肆宣传西方经济学,宣传消费决定论和信息社会的劳动无用论,贬低马克思的政治经济学,批判劳动价值论。二是由于市场经济初期是各项法律法规建设还无法配套的"草莽"经济时代,一些不法分子乘机采用不法手段与一些腐败官员权钱交易,掠夺国家资产、资源,从而出现了"一夜暴富"的负面影响;加之一些地方政府与媒体的高价造星活动,所谓的一夜成名对社会产生了虚幻的财富诱惑力等。三是国家分配政策不到位,"造导弹的不如买茶叶蛋的"。因此,劳动的意义被贬低,勤劳致富已经过时,创业者不如那些投机取巧者。这就要求:首先,要坚持马克思主义的基本原理,批判地借鉴西方经济学某些积极合理的思想,反对陈腐的"全盘西化论",以马克思主义劳动创造世界、劳动创造人类本身的基本观点和中华传统文化中"天行健,君子自强不息""天道酬勤""勤劳为万善之本,懒惰为万恶之渊薮"等优秀基因来教育青少年,以劳动创造价值来看经济新常态下的万众创业、大众创业。其次,尊重知识、尊重人才、尊重创造。要批判读书无用论,彻底澄清知识无用论等错误观点,用政策扶植和支持人才创业和创新,发挥国家在分配领域的政策指导作用,利用分配杠杆,"保障人才以知识、技能、管理等创新要素参与利益分配,以市场价值回报人才价值,强化对人才的物质和精神激励,鼓励人才弘扬奉献精神"[1],引导社会尊重知识、尊重人才、尊重创造。最后,全面依法治国,加强知识产权的教育与保护。大力打击假冒伪劣等违法现象,

---

[1] 《中华人民共和国国民经济和社会发展第十三个五年规划纲要》,《人民日报》2016 年 3 月 18 日。

使知识、创造成为财富变成现实。

第二,突出经济新常态下的以人为本,以政府自身革命带动重要领域改革,激发每一个人的潜能与活力,以大众创业、万众创新,形成发展的新动力。在经济新常态下,如何在强化激励机制、进一步激发每一个人的潜能与活力、集聚优秀人才等方面积极作为,形成大众创业、万众创新的新动力? 计划经济时期,政府一统国家资源的配置,社会的活力释放被忽视了。改革开放以后,通过经济体制改革,明显激发了社会活力。但是,由于市场经济还不成熟,政府对市场的干预太多,社会活力仍未充分释放。新常态下,市场经济在资源分配中具有决定作用,这就要求政府通过自我改革,从市场经济的微观领域退出来,只做市场经济竞争的裁判者,不做运动员。政府坚持法不授权不可为,但并不是不作为,政府应在维护市场秩序、促进公平竞争、激发市场活力等方面有所作为。所谓市场经济的决定作用,首先是要有利于激发每个市场主体的潜能和积极性、创造性。每个市场主体只有自主自觉地通过平等竞争来获得资源分配,做到产权清晰、权责明确,只有自主创业、自主创新,以增强企业活力、提高效率为中心,提高国企核心竞争力,才是企业和市场主体的生存之道、发展之道。其次,市场经济是当代最有效率的伟大经济,但市场经济也是风险经济。风险社会正扑面而来。市场不是灵丹妙药,市场失灵的不确定性必然带来不确定的社会风险,影响社会动荡和秩序稳定。希腊主权债务危机说明,由民粹主义的民主竞选活动推高的福利国家模式不可模仿,没有从天而降的馅饼,没有白吃的午餐。过度福利不可持续,过度福利甚至是一个国家、一个阶级、阶层和群体走向堕落、衰退、灭亡的开始。全球化时代是一个国家激烈竞争的时代。国家之间的竞争,也就是经济、政治、科学技术、军事、文化教育等方面全方位的综合实力竞争。国离不开家,随着国家之间激烈竞争的全面展开,企业、公司、个人之间、行业之间等的竞争将日益加剧,经济危机、金融风险、股票风险、人民币贬值等风险,时时刻刻都紧随我们的鞍前马后,不再是远在天边的天方夜谭。因此,突出"以人为本",就是要尊重知识、尊重人才、尊重创造,激发劳动、资本和市场的社会活力,防止只讲等、靠、要,不讲劳动奉献的庸、懒、散的"劣习"。

第三,突出以人为本,就要始终坚持以实现人的自由全面发展为理想目标,使万众创业、大众创新,成为时代的风尚。人的自由全面发展,自由是第一关键词,"全面"主要指人的发展的整体性,如人的素质,应该是自然素质与社会素质、物质因素与精神因素的全面发展等。人的全面发展是古代就有的理想。如亚里士多德的《政治学》中谈到的体格与智虑全面发展或身心两俱,我国《周礼》所说的"六艺"(礼、乐、射、御、书、数)和我国教育方针提出的"德、智、体、美、劳"等。自由是马克思主义理想的灵魂和核心。在这里,自由不是政治概念上的自由,而是人的自由个性。在《资本论》手稿中,马克思从人的生存方式出发,认为,全部人类历史的个人,可以区分为"以人的依赖关系"为基础的古代个人和"以物的依赖性"为基础的现代的个人,以及未来社会的"建立在个人全面发展和他们共同的、社会的生产力成为从属于他们的社会财富这一基础上的自由个性"①。十分清楚的是,马克思所说的个人全面发展,是指人的自由个性的全面发展。个性是指个人在一定社会历史条件影响下,由于其内在生理、智力、精神素质不同而表现出来的特异性。这种特异性,形之于外,凸显出来的特征就是创造性。可见,自由个性即指一个人不同于另一个人的特点、特质、特性,即人的创造个性。只有每一个人都成为自由个性全面发展的人,每一个人都在各自的岗位、行业和工作上自由地创业、创新、创造,一个国家才可能是万众创业、大众创新的国家。这就要求,一是要在人才素质培养和教育上,突出自由个性的培养和教育。自由与全面发展是辩证的。如果只讲全面发展,不讲自由个性,那样的全面,可能就是塑造同一模式化的缺乏个性创造性的千人一面的人。全面不是面面俱到。全面是自由个性发展必备的自然和社会素质、自然科学素质和人文哲学社会科学素质。全面是具有

_____

① 《马克思恩格斯文集》第 8 卷,人民出版社 2009 年版,第 52 页。

自由个性的全面,不是毫无特色的全面。新常态需要的是人人成为创业、创新的科学家、技术人才、技术工匠、优秀的企业家和各行各业的劳动者,而不是缺乏任何个性特色的人,不是民粹主义鼓吹的"街角英雄"或"群氓"。二是为了使每一个人的创造性自由个性成为现实,必须提供一个有利于创造个性的环境,这就要求改革教育体制、行政体制,为全社会成为万众创业、大众创新的社会提供好的制度体制保障。三是在价值导向上,突出社会主义核心价值观的教育和实践,创业光荣、创新伟大,"营造崇尚专业的社会氛围,大力弘扬新时期工匠精神"①,使万众创业、大众创新成为时代的风尚。

第三节 以人为本的价值目标是
实现人的自由全面发展

以人为本是存在论与价值论的统一。坚持以人为本,就是坚持以现实的个人的物质实践活动为根本。这一点说明,以人为本是存在论。坚持以人为本,就应该以从事物质实践活动的主体来看人民的主体地位,就应该从现实的个人的物质实践活动来看以人民的利益为根本利益的价值导向和政策导向,就应该从现实的个人的物质实践活动来看和谐社会利益的共建和共享,就应该从现实的个人的物质实践活动来理解人民与人类的关系、人与自然(环境)的关系,以及人与人的关系等。这就是说,以人为本突出的是价值论。问题是,现实的人作为以人为本的人的存在本体论基础,其价值目标究竟是什么。

一、现实的人与自由自觉活动的关系

"以人为本"的价值观的核心就是以人为根本的价值观。这里的"人"究

---

① 《中华人民共和国国民经济和社会发展第十三个五年规划纲要》,《人民日报》2016 年 3 月 18 日。

竟是指什么？这里的"人"不是人道主义的人的抽象本质。人道主义的人之实质是大写的"人"，是现实的人。马克思在批判费尔巴哈等的人道主义时就指出："人＝'思维着的人的精神'"①。大写的一般人就是唯心主义。那么，这里的人是否可以指人民？人民是一个政治概念，不同时期有它不同的内涵。作为一定历史时期的政治解释，以人为本是指以人民的根本利益为本，这是正确的。但这不是一种哲学解释，更不是现实的个人的科学内涵。"人"的哲学解释必须返回到以人的存在本体论为前提。马克思说："全部人类历史的第一个前提无疑是有生命的个人的存在。"②人的存在本质是什么？人的根本就是人本身。近代大工业的实践是一本打开人的本质力量的书，大工业实践把人的主体性意义凸显出来。如何把握人的主体性问题成为文艺复兴以来的一个时代课题。显然，这里有两种不同的研究模式：一种是为人们所熟知的从笛卡尔到康德的，从主观能动性出发来把握主体性的哲学研究模式；一种是一直被人们长期所忽视的从洛克、斯密到马克思的哲学研究模式。笛卡尔提出："我思故我在"，把"我思"作为人的主体存在本质。这显然是唯心的。笛卡尔的贡献在于，他把这种主观的存在本质与客体存在对立起来，从精神方面凸显了人的主体本质。但是，在哲学上实现人的主体性革命的是康德。他把实践理性实践律令的主体性原则，阐述为是就人的行动目的而言的主体性。他说："你的行动，要把人性，不管是你身上的人性，还是别人身上的人性，永远当作目的看待，绝不仅仅当作手段。"③人的主体性从外在的自然和精神转换为人的行动的实践理性目的本身，这一转换往往被称为所谓的哲学中的哥白尼式革命。可是，人的主体性本质不只是一种实践理性。康德的人的主体性仍然未能跳出近代理性主义的窠臼。这种理性主义的哲学主体不是马克思主义主

① 《马克思恩格斯选集》第 1 卷，人民出版社 2012 年版，第 182 页。
② 《马克思恩格斯选集》第 1 卷，人民出版社 2012 年版，第 146 页。
③ 北京大学哲学系外国哲学史教研室编译：《西方哲学原著选读》下卷，商务印书馆 1982 年版，第 318 页。

体性的直接思想前提。马克思人的主体性理论的直接理论来源是斯密的劳动价值论。

在这里,马克思主义的变革是真正地实现了人的主体性认识的哥白尼式的革命,他把抽象哲学视角的人的主体性转换为一种经济活动中人的主体性。其实,关于人的主体本质,经济哲学认识才真正体现了西方文化传统的精髓。文艺复兴唤醒了人的主体意识,笛卡尔等哲学家所阐述的主体性,一方面反映了新兴资本主义反对神的统治的要求;另一方面,他们又把这种主体性与基督教的精神统治形而上学地绝对对立起来。这种形而上学正是当时自然科学的形而上学思维方式在哲学上的反映,它对于批判和推翻基督教的精神统治具有重要的历史意义。但是,批判毕竟不能代替建设。重建西方文化的近代主体性精神的正确哲学思维取向,只能通过对基督教文化的辩证扬弃才能实现。而路德、加尔文的宗教改革则弥补了这种缺失,宗教改革的真正意义是实现了对基督教文化的扬弃。路德推崇的是个人信仰高于一切,从而把一种外在的宗教信仰转变为个人内心信仰的主体本质。问题是,个人虽然从外在的信仰统治中解放出来,但人却成了一种内在信仰的奴隶。洛克经验论继承了中世纪唯名论的传统,从个人的经验出发来论证人的主体本质。洛克的真正贡献还在于"把当时的生活实践"归结为他的哲学体系,最初看到了劳动与私有财产的关系。他在论述劳动和财产权利时,认为,在自然状态下,人们可以自由地享有身边的任何东西。但是,当人们从事自己的劳动对这些自然物加工以后,这些东西就成了他的私人财产了。他说:"他的身体所从事的劳动和他的双手所进行的工作,我们可以说,是正当属于他的。"①洛克的语意是,资产阶级的对财产的私人所有权是他的劳动的创造物。虽然洛克是为资产阶级财产的主体本质辩护,但是他第一次触及劳动对于财产主体本质的意义。斯密是国民经济学的路德。斯密的劳动价值论事实上对于正确理解人的主体本质跨

---

① [英]洛克:《政府论》下篇,叶启芳等译,商务印书馆1964年版,第19页。

出了一大步。马克思扬弃了斯密的劳动价值论,创新了劳动是人的主体本质的哲学观念。马克思认为,历史唯物主义的前提,不是生物意义的个人,而是"现实的个人"。所谓现实的个人"他们是什么样的,这同他们的生产是一致的——既和他们生产什么一致,又和他们怎样生产一致。因而,个人是什么样的,这取决于他们进行生产的物质条件"①。现实个人或现实的人的本质特征就是劳动,劳动创造世界,劳动也创造了人类本身。

马克思借用费尔巴哈的术语并加以改造,认为人是"类存在物",人的本质是一种类本质,并指出,人的实践根本上不同于动物的本能活动。在资本主义条件下,由于劳动异化,人类自由活动的本质就被贬低为手段。《手稿》把对象化的劳动与异化劳动对立起来,从对象化的劳动出发,认为:"一个种的整体特性、种的类特性就在于生命活动的性质,而自由的有意识的活动恰恰就是人的类特性。"②由于生命活动的性质决定人的类特性是由人的活动性质决定的,人的类特性就是"自由的有意识的活动"。劳动本应是"自由的有意识的活动"。但是,由于不同的活动性质,决定了人的不同类特性。在资本主义社会,劳动却失去劳动本来的意义而转化为一种异化劳动。

马克思研究异化劳动其深层揭示的是外化劳动的价值和意义。第一,马克思说:"尽管私有财产表现为外化劳动的根据和原因,但确切地说,它是外化劳动的后果,正像神原先不是人类理智迷误的原因,而是人类理智迷误的结果一样。"③由于外化劳动是私有财产的根据和原因,市民社会的全部秘密原来隐藏在外化劳动之中,而不是相反。第二,马克思说:"因为对社会主义的人来说,整个所谓世界历史不外是人通过人的劳动而诞生的过程"④。异化劳动只是外化劳动在市民社会的特殊表现形式,外化劳动是理解市民社会的根

①《马克思恩格斯文集》第 1 卷,人民出版社 2009 年版,第 520 页。
②《马克思恩格斯全集》第 3 卷,人民出版社 2002 年版,第 273 页。
③《马克思恩格斯全集》第 3 卷,人民出版社 2002 年版,第 277 页。
④《马克思恩格斯全集》第 3 卷,人民出版社 2002 年版,第 310 页。

据和原因,也是理解世界全部历史的根据和原因。第三,马克思说:"私有财产的主体本质,作为自为地存在着的活动、作为主体、作为个人的私有财产,就是劳动。"①可见,对私有财产、对现实、对世界、对共产主义、对人本身,不能只从对客体去理解,而应从劳动活动、从实践、从主体去理解。

第一,劳动概念是"实践的唯物主义"的出发点。马克思的《关于费尔巴哈的提纲》可以证明,实践的唯物主义的前提当然是实践。"社会生活本质上是实践的。"实践是否是社会存在的本体论基础?实践是指主体和客体的相互作用。马克思说:"社会——不管其形式如何——是什么呢?是人们交互活动的产物。"②社会是人作为实践主体在一定的条件下作用于客体的相互活动建构起来的经济基础和上层建筑的统一体。但是,马克思说:"全部人类历史的第一个前提无疑是有生命的个人的存在。"③社会的存在的前提首先是个人的存在。那么,个人的存在本体论基础是什么?在我国哲学研究中,人们往往把它们等同起来。社会与个人的存在的确有一致性,这里无需赘述,但把二者等同是不恰当的。有一种观点认为,个人存在的前提是社会。那么,社会存在的前提是什么?又曰,社会存在的前提是个人。在这里二者走向了无限循环。无疑,这不是存在的本体论证明。可见,实践不能回答个人存在的本体论前提,实践也不能完全解答社会存在的本体论问题。个人存在的前提是何以可能的?

首先,个人存在的前提是劳动。实践和劳动的本体论性质是不同的。实践是指主体作用于客体的活动。实践主体的前提是由人的活动建构起来的作为社会的客体。劳动也可以说是主体作用于客体的活动,但这里客体的含义与社会意义上客体的含义是不同的。这里的客体是指自然,而不是指社会。劳动是动物由自然过渡到人的最重要的环节。劳动是人与自然进行物质、能

---

① 《马克思恩格斯全集》第3卷,人民出版社2002年版,第289页。
② 《马克思恩格斯选集》第4卷,人民出版社1995年版,第532页。
③ 《马克思恩格斯选集》第1卷,人民出版社1995年版,第67页。

量和信息的相互交换的过程。劳动的第一个前提是自然,而不是社会。青年卢卡奇曾经误读了马克思的社会与自然、劳动与实践的关系,他说:"自然是一个社会范畴。"①这一命题的错误实质在于抽去了自然这个马克思主义世界观"现实支柱"劳动概念的第一个前提。这一点,直至卢卡奇的晚年方才领悟和认识。后来在1967年的《历史与阶级意识》的"新版序言"中,他说,由于"劳动"被遗忘了,"马克思主义世界观的最重要的现实支柱不见了,从而,这种以最激进的方式推断马克思主义根本革命内涵的尝试失去了真正的经济基础。不言而喻,这意味着,作为这种物质变换的基础的自然本体论客观性必须消失"。相反,"如果不以真正的实践为基础,不以作为其原始形式和模型的劳动为基础,过度夸大实践概念可以走向反面:重新陷入唯心主义的直观之中"②。卢卡奇实际上批判了西方马克思主义葛兰西等人的离开劳动把马克思的实践解读为本体论的错误。实践只不过是劳动发展的复杂的社会形式,劳动才具有马克思主义的社会存在本体论内涵。在这里,卢卡奇是十分正确的。他说:"人们可以在劳动中,而且只有在劳动中,才能寻求并发现后来的更为复杂的社会现象的本体论形成过程。"③由此可见,既然社会的存在的前提首先是个人的存在,而个人的存在的本体论基础是劳动,所以,劳动是社会存在的真正的本体论基础。

其次,人的解放本质上是劳动的解放。人的解放是马克思主义经济哲学的价值目标,探索人的解放的途径成为实践的唯物主义与费尔巴哈等抽象的人道主义分歧的焦点,也是马克思主义转向政治经济学研究的真正动因。人的解放的现实途径是什么? 马克思在批判费尔巴哈、施蒂纳等关于人的解放的错误观点时指出:"只有在现实世界中并使用现实的手段才能实现真正的

---

① [匈]卢卡奇:《历史与阶级意识》,杜章智等译,商务印书馆1992年版,第203页。

② [匈]卢卡奇:《历史与阶级意识》,杜章智等译,商务印书馆1992年版,第11—12页。

③ [匈]卢卡奇:《关于社会存在的本体论·下卷》,白锡堃等译,重庆出版社1993年版,第115页。

解放。"这里的"现实的手段"是指什么？马克思在这里加的"边注"并未引起人们注意。马克思说："哲学的和真正的解放，——一般人。唯一者。个人。——地质、水文等等条件。人体。需要和劳动。"①所谓的"一般人""唯一者""个人"，无疑是指费尔巴哈、施蒂纳等把人的解放看成是人的最高本质的解放、词句的解放的错误观点。那么，人的解放的"现实的手段"是什么？在现实世界，由于实现人的主体本质的劳动是一种异化的劳动，异化劳动不仅不能使劳动成为人的主体本质，人在这种异化劳动中反而表现为人的主体本质的丧失。所以，人的解放就在于这种异化劳动的消灭。马克思认为，这种异化当然只有在具备了两个实际前提之后才会消灭，一是这种异化成为人类大多数的一种"不堪忍受的力量"，二是阶级矛盾的尖锐化。但是，马克思最后说："这两个条件都是以生产力的巨大增长和高度发展为前提的"②。生产力在实质上就是劳动者的劳动活动与协作关系。所以，人的解放本质上必须通过生产力高度发展，即通过劳动这种现实手段使劳动从异化劳动的非人的本质活动中解放出来。在那里，人能够而且可以通过自己的对象化的劳动来确证自己的主体本质。这一点，后来马克思在他的《资本论》中，多次作了深刻的阐述。

第二，关于世界自我创造的原理是"实践的唯物主义"的第一基本原理。"实践的唯物主义"，即共产主义的第一原理是什么？这一问题一直被人们所忽视。实践唯物主义的第一原理，应是马克思《1844年经济学哲学手稿》所阐述的世界是自我创造自我发展的原理。自然存在的本体论问题，是一般唯物主义早已解决的问题。马克思主义的哲学变革不再是一般唯物主义自然存在的本体论追问。旧唯物主义包括费尔巴哈的唯物主义，在自然观上是唯物的，但是在社会历史观上就是唯心的。因而，马克思探究的问题是，世界、社会、个人的存在究竟是何以可能的呢？马克思说："对社会主义的人来说，整个所谓

---

① 《马克思恩格斯选集》第1卷，人民出版社1995年版，第86页。
② 《马克思恩格斯选集》第1卷，人民出版社1995年版，第86页。

世界历史不外是人通过人的劳动而诞生的过程,是自然界对人来说的生成过程,所以关于他通过自身而诞生、关于他的形成过程,他有直观的、无可辩驳的证明。"①旧唯物主义从客体来理解人的存在,所以人的存在始终是一个自然的存在物。费尔巴哈关于宗教是人的本质自我异化的论述,虽然把人的本质归还给了人,但他把人的本质看作是一种自然本质,人的本质是人的最高本质,人的本质如同宗教一样仍然是在人之外的东西。所以,他不可能真正解答人的存在的本体论问题。黑格尔虽然在他的《精神现象学》中论述了劳动对于确证人的主体本质意义,但由于他仅仅把主体看成自我意识,当然这种唯心主义精神存在不是人的真实存在。劳动是一种对象化的活动,劳动通过对自然的对象化,从而把自然变成了为我的存在。劳动证明人与世界的存在不在人之外,而在人之内,即人和世界(社会)主体自身。劳动是人的主体本质的基本内涵。近代自然科学的发展,如生物进化论已经证明,世界和人的生成都是一个自我进化自我创造的过程。人的生成根源在人的主体自身的劳动实践活动。劳动创造世界,劳动创造了人的主体自身。劳动是人和世界存在自我创造自我发展的本体论基础。这就是实践的唯物主义的第一原理。

二、人的自由全面发展是马克思主义全部思想核心

人的自由全面发展作为共产主义的最终目标,虽然是《共产党宣言》提出来的,但是,这一思想是马克思主义全部思想核心,贯穿于全部文献的始终。在马克思那里,人的自由全面发展在不同时期又有不同的内涵。

第一,从费尔巴哈的人的类本质的自由到马克思的人的类本质活动的自由。《1844年经济学哲学手稿》时期,是马克思对人的自由思想认识的一个重要发展阶段。自由、平等、博爱是文艺复兴以来,资产阶级人道主义反对封建

---

① 《马克思恩格斯全集》第3卷,人民出版社2002年版,第310页。

统治最为基本的理念、最为响亮的口号与理论武器,它成为资产阶级思想家论证资产阶级国家合理性、合法性的理论出发点与根据。在德国古典哲学中,从康德、费希特到黑格尔,自由成为了自我意识的自由。但是,"黑格尔的自由理论已经从康德的纯粹主观形式领域引向由家庭、市民社会和国家所组成的伦理政治领域。在那里,国家是法和道德在伦理领域的最高统一,是自由的实现。但它毕竟披着客观精神的外衣,必须假借上帝之手才能完成自由的诉求"①。不过,黑格尔概念的自由终究不能替代现实的自由。费尔巴哈以人本主义唯物主义,批判了黑格尔唯心主义现实个人的概念自由,坚持以人的类本质来阐述人的自由。在费尔巴哈看来,上帝的自由应该归结为人的类本质的自由,因为上帝是人的本质自我异化的产物。费尔巴哈第一次以人本唯物主义世界观,真正批判了康德、黑格尔把自由的最终实现推到"上帝之手"的德国哲学保守主义的错误。在这里,马克思甚至认为,除开黑格尔的《逻辑学》辩证法思想,费尔巴哈的著作是当时德国最具革命性的著作。马克思一方面接受费尔巴哈人本主义唯物主义的自由思想,但是另一方面,他并没有停留于费尔巴哈,而是通过亚当·斯密、黑格尔的劳动概念来论述自由,从而既从费尔巴哈出发又开始超越了费尔巴哈。亚当·斯密创立了古典政治经济学,他把劳动视为自己的原则。因此,"恩格斯有理由把亚当·斯密称作国民经济学的路德"②。路德否定信仰是外部世界的本质,他把人们对宗教的笃诚变成了人的内在本质。黑格尔"把劳动看做人的本质,看做人的自我确证的本质;他只看到劳动的积极的方面,没有看到它的消极的方面"③。但是,黑格尔的劳动只是抽象的精神劳动。尽管劳动是人的本质,由于劳动只是精神劳动,劳动成为实现人的自我意识自由的一个环节。"只有费尔巴哈才是从黑格尔的观点出发而结束和批判了黑格尔的哲学。费尔巴哈把形而上学的绝对精神归

---

① 侯小丰:《形而上学自由概念的生成与终结》,《学术研究》2015 年第 9 期。
② 《马克思恩格斯文集》第 1 卷,人民出版社 2009 年版,第 178 页。
③ 《马克思恩格斯文集》第 1 卷,人民出版社 2009 年版,第 205 页。

结为'以自然为基础的现实的人',从而完成了对宗教的批判。"①费尔巴哈把人的本质看作是类本质,人在费尔巴哈那里,只是以自然为基础的类本质的人。人是一个类存在物,人的存在就是类存在,人的生活只是类生活。费尔巴哈批判了黑格尔自我意识的自由,但是,他抛弃了黑格尔关于劳动作为对象化的活动在实现自我意识自由的合理因素,从而使人的自由倒退为一种康德式的纯形式自由。马克思吸收黑格尔以斯密关于劳动作为私有财产主体本质的合理因素,借用费尔巴哈的术语并加以改造,把劳动看作人的主体本质,把劳动的物件化看作是人的本质的自我确证。他认为,人是"类存在物",人的本质是一种类本质,但是,在资本主义条件下,由于劳动异化,人类自由活动的本质就被贬低为手段。在异化的条件下,劳动不仅不能作为人的本质的自我确证,反而异化为人的类本质的丧失。由于生命活动的性质决定人的类特性是由人的活动性质决定的,人的类特性就是"自由的有意识的活动"。由于不同的活动性质,决定了人的类特性,异化劳动只是人在资本主义的人的类特性的一种特殊表现。马克思还从人的类特性是"自由的有意识的活动"这一命题出发,比较了人的生命活动与动物的生命活动的本质区别,从而得出了"人也按照美的规律来构造"②的结论。

第二,人的类本质活动的自由到实践的自由。自由不是天赋的,也不是人的所谓自然本性。如18世纪法国唯物主义,就把人的自爱,即爱自己胜过爱别人的自由看作人的自然本性,费尔巴哈虽然把自由看作人的类本质,但实质上还是一种自然本性。马克思把人的类特性看作"自由的有意识的活动",自由是一种劳动活动的自由,凸显了劳动活动作为自由的重要意义。劳动是一种对象化的活动,劳动是人类自由本质的实现和自我确证。劳动是自由的主体本质,说明了自觉活动的自由是主体对象性活动对自我意识自由的确证和实现,

① 《马克思恩格斯全集》第2卷,人民出版社1957年版,第177页。
② 《马克思恩格斯全集》第3卷,人民出版社2002年版,第274页。

这就破除了西方自由的形式自由的外在性。在这里，马克思从费尔巴哈的人道主义出发，已经超越了费尔巴哈。在《德意志意识形态》中，马克思恩格斯批判了费尔巴哈的旧唯物主义，人的类本质活动的自由提升为实践的自由。

西方文艺复兴以来，西方资产阶级学者把自由看成一种与生俱来的人性，这是错误的。在这一点上，费尔巴哈仍然重弹这种老调，费尔巴哈的唯物主义只不过是立足于市民社会的旧唯物主义。费尔巴哈把人的本质规定为人类个体的一般"共同性"。马克思说："一般人：'思维着的人的精神'"①。在费尔巴哈那里，所谓的人性，就是理性（思维）、意志（道德意志）和心（宗教的爱心），费尔巴哈的人就是理性人、道德人和宗教人。马克思批判了费尔巴哈的资产阶级人道主义的人性论，这是否说，马克思否认人的本质和人性？英国的学者肖恩·塞耶斯认为并非如此，他说："马克思主义的人性观是对人类需求与人类能力的一种历史与社会的考察，是人道主义的一种历史主义形式。"②肖恩把马克思主义归结为人道主义，这一点不可苟同。不过，关于人的本质属性的规定，马克思的确有不同。在马克思那里，人的本质属性是自然属性和社会属性的社会历史的统一。马克思突出强调人与动物的不同，人的本质属性是社会性。马克思认为，第一，人的本质是具体的、现实的，不是抽象的，是由他所处的社会关系决定的。第二，人的本质不是由社会关系的某一个片面决定的，而是由社会关系的总和决定的。这种社会关系的总和，不仅包括以生产关系为主的物质关系，而且还包括适应生产关系而产生的政治、思想、伦理道德等精神关系。这些社会关系在人的身上展现出来的本质特征就是人的本性。第三，"人的本质是发展变化的，不是凝固不变的，不存在适用于一切时代和一切个人的永恒的普遍本质。"③马克思主义的基本立场是，反对一切脱

① 《马克思恩格斯选集》第1卷，人民出版社1995年版，第102页。
② ［英］肖恩·塞耶斯：《马克思主义与人性》，冯颜利译，东方出版社2008年版，第4页。
③ 沈冲、高光主编：《〈马列著作选读·哲学〉疑难问题解答》，中共中央党校出版社1991年版，第10页。

离现实的社会关系对人性作抽象的先验逻辑默认。自由不是人性先天就有的,自由是实践的自由。实践的自由包含了劳动的自由,但实践又不同于劳动的自由。

实践可以区分为生产活动、科学试验和社会交往的实践等形式,其中生产活动的实践是最为基础的实践。生产活动,就是人类劳动的一般方式。劳动可以区分为体力劳动与脑力劳动,体力劳动的形式是物质生产活动,脑力劳动则主要表现为具有精神特征的科学试验活动和社会交往实践活动。这就是说,实践活动在实际上是劳动,劳动活动也可以说是实践活动。实践的自由也就是劳动活动的自由。但是,二者又有不同。实践是一个哲学范畴。实践是马克思主义哲学的一个突出特征。实践的观点是认识之第一的或最为基础的观念,实践是认识的来源,实践是认识发展的动力,实践是检验认识的唯一标准。"关于思维——离开实践的思维——的现实性或非现实性的争论,是一个纯粹经院哲学的问题"。① 可见,实践是哲学认识论的最为基础的范畴,劳动则主要是经济学、人类学理论中的基本概念。实践则主要从感性活动、从主体、从人的主观能动性去理解客体,劳动则主要就物质生产活动或人与自然的关系去理解人的活动。比如,劳动是人与自然的能量、信息的相互转化、相互交换的过程。自由是以人为主体的自由,从哲学认识论来理解自由,自由就是实践的自由,实践的自由更加符合马克思主义哲学认识论性质和特征。劳动的自由则更具有社会存在本体论性质(借用卢卡奇的表述)。

自由是主体的自由,而自我意识的自由并不是有生命的个人。马克思在《关于费尔巴哈的提纲》就公开宣布,马克思主义的新唯物主义虽然也是唯物主义,但是,新唯物主义的突出特征是以科学的实践观为基础的唯物主义或"实践的唯物主义"。从实践、主体来理解自由,自由是主体的自由,而不是黑

---

① 《马克思恩格斯文集》第 1 卷,人民出版社 2009 年版,第 500 页。

格尔所说的"自我意识的自由",也不是旧唯物主义的来自人生物本性与生俱来的自由。自我意识的自由,实质上就是指意识、意志的自由。黑格尔说:"意志而没有自由,只是一句空话;同时,自由只有作为意志,作为主体,才是现实的。"①按黑格尔,意志、意识即是自由,意志没有自由只是一句空话,意志只能是自由的,自我意识的自由就是意识的、意志的自由。这种意识、意志的自由同时替代了主体,主体唯一的内涵就是自我意识的自由。意识、意志被黑格尔看成为有生命的个人。这是极其荒谬的。

马克思说:"我们的出发点是从事实际活动的人,而且从他们的现实生活过程中还可以描绘出这一生活过程在意识形态上的反射和反响的发展。"②这就是说,从实践出发,就可以发现,意识、意志的自由不能替代主体的人,作为主体的人首先都是"从事实际活动的人"。意识、意志只不过是他们的现实生活过程的意识。马克思说:"意识[das Bewußtsein]在任何时候都只能是被意识到了的存在[das bewußte Sein],而人们的存在就是他们的现实生活过程。"③现实的个人的实际生活过程说明,道德、宗教、形而上学等思想意识形态,"它们没有历史,没有发展,而发展着自己的物质生产和物质交往的人们,在改变自己的这个现实的同时也改变着自己的思维和思维的产物。不是意识决定生活,而是生活决定意识。前一种考察方法从意识出发,把意识看作是有生命的个人。后一种符合现实生活的考察方法则从现实的、有生命的个人本身出发,把意识仅仅看作是他们的意识。"④从实践的唯物主义方法论出发,就是社会存在决定社会意识,而不是相反。

社会存在决定社会意识,不仅是由实践的唯物主义的前提和基础决定的,而且也与意识本身的性质有关。意识一开始就要受到物质的纠缠,思想、意识

① [德]黑格尔:《法哲学原理》,范扬、张企泰译,商务印书馆1961年版,第12页。
② 《马克思恩格斯选集》第1卷,人民出版社1995年版,第73页。
③ 《马克思恩格斯选集》第1卷,人民出版社1995年版,第72页。
④ 《马克思恩格斯选集》第1卷,人民出版社1995年版,第73页。

形态它们没有历史。马克思说,那些"发展着自己的物质生产和物质交往的人们,在改变自己的这个现实的同时也改变着自己的思维和思维的产物"①,思想、意识的存在与历史不是由意识本身来决定的,它的存在与历史是由社会存在来决定的。这是实践的唯物主义与一切唯心史观的本质区别。从柏拉图到中世纪的神的统治,再到近代资产阶级的国家、法的观念和哲学观念,如从笛卡尔、莱布尼茨、贝克莱、休谟、康德、黑格尔到德国费尔巴哈等青年黑格尔学派。在他们那里,思想的主体本质从来就被认为是思想的、先验的。德国的意识形态更具有典型意义。他们从意识出发,要么把意识看作是有生命的个人,如黑格尔、费希特、谢林、鲍威尔、施蒂纳等;要么把有生命的个人存在看作是一种意识(理论)的存在,如费尔巴哈等。

社会存在决定社会意识,因此,意识必须适合和满足社会存在的需要和要求。否则,意识或意识形态就不是真实的,而是虚幻的。马克思说:"思想、观念、意识的生产最初是直接与人们的物质活动,与人们的物质交往,与现实生活的语言交织在一起的。人们的想象、思维、精神交往在这里还是人们物质行动的直接产物。表现在某一民族的政治、法律、道德、宗教、形而上学等的语言中的精神生产也是这样。"②意识形态如哲学、宗教、伦理和政治观念,虽然不是人类产生和发展的前提,但是它们也是人类社会生产活动发展到一定阶段的产物,是人类社会构成的一个基本要素。其次,意识形态具有相对独立性。意识是人们物质活动的直接产物,分工的发展带来了物质劳动和精神劳动的分离,意识形态就开始成为一个相对独立的精神领域。马克思说:"从这时候起意识才能现实地想象:它是和现存实践的意识不同的某种东西;它不用想象某种现实的东西就能现实地想象某种东西。从这时候起,意识才能摆脱世界而去构造'纯粹的'理论、神学、哲学、道德等等。"③这就是说,无论是神学、哲

---

① 《马克思恩格斯选集》第 1 卷,人民出版社 1995 年版,第 73 页。
② 《马克思恩格斯选集》第 1 卷,人民出版社 1995 年版,第 72 页。
③ 《马克思恩格斯选集》第 1 卷,人民出版社 1995 年版,第 82 页。

学、道德的自由，还是社会的、政治的、经济的自由等，都不是什么纯粹的自我意识的自由，它们都是现存"实践的意识"自由。

第三，实践的自由到共产主义联合体中的自由。实践的自由区别了黑格尔的自由意识的自由，也把马克思的自由同旧唯物主义的环境决定论区别开来。既然人是由环境决定的，一切服从必然，这无异于取消了自由。以费尔巴哈人本唯物主义的贡献，不是自由，而是确立了自由是人的自由的本体论基础。只是费尔巴哈的人仅仅是一个抽象的人。在《神圣家族》，马克思就开始把现实的人与费尔巴哈的抽象的人区别开来了。以现实的人的存在前提替代旧唯物主义的抽象的人，还必须依赖于历史唯物主义世界观的认识和把握。《德意志意识形态》首次以实践为基础，认识到人类历史的前提不是抽象的人，而是现实的人。然后，以现实的人为前提，系统论述了辩证唯物主义与历史唯物主义的世界观，揭示了人类社会发展的一般规律，同时首次系统揭示了资本主义社会的基本矛盾，科学论证了共产主义社会取代资本主义社会的历史必然性以及无产阶级的历史使命。《共产党宣言》则标志着马克思主义的无产阶级世界观的确立，从而比较系统地论述了共产主义的目标和实现共产主义与人的自由发展的关系。列宁说："这部著作以天才的透彻而鲜明的语言描述了新的世界观，即把社会生活领域也包括在内的彻底的唯物主义、作为最全面最深刻的发展学说的辩证法以及关于阶级斗争和共产主义新社会创造者无产阶级肩负的世界历史性的革命使命的理论。"①从社会生活发展学说的辩证法来看，共产主义的最终目标就是推动每一个人的自由全面发展。马克思说，共产主义就是这样一个联合体，"代替那存在着阶级和阶级对立的资产阶级旧社会的，将是这样一个联合体，在那里，每个人的自由发展是一切人的自由发展的条件"②。叶汝贤认为，对"每个人的自由发展是一切人的自由发展的条件"这句话是《共产党宣言》关于未来社会的核心命题，是马克思和恩

①　《列宁选集》第 2 卷，人民出版社 1995 年版，第 416 页。
②　《马克思恩格斯选集》第 1 卷，人民出版社 1995 年版，第 294 页。

格斯终生探索与实践的主题。① 这是对的。这里所说的"联合体"就是指的共产主义。问题在于,如果说每一个人的自由发展是未来社会的核心命题,那共产主义理想又处于何种地位? 共产主义一直是社会主义的理想目标,如果说每一个人的自由发展是未来社会的核心命题,那么是否与社会主义的理想目标相矛盾? 或者说,等于否定的共产主义的理想目的? 这是一个不能不厘清的问题。

首先,共产主义究竟是什么? 共产主义是政治的、经济的,还是伦理价值方面的? 马克思恩格斯对此进行过严格的界定。他们说:"建立共产主义实质上具有经济的性质"。② 这就是说,建立共产主义不是政治的,也不是伦理价值的,共产主义是一种理想的社会经济制度。其次,共产主义既然是一种经济制度,那它与人的自由全面发展的关系就是物与人的关系,物对于人的自由全面发展而言,物只具有工具价值,人是目的价值。制度是为人服务的,建立共产主义经济制度的目的是为了实现人的自由全面发展。最后,这是或否定了共产主义制度不是人类的理想目标? 肯定人的自由全面发展是共产主义制度建立的目标并未否定共产主义本身的意义。共产主义既然是一种经济制度,那么作为经济制度而言,相对于封建的、资本主义制度等,共产主义经济制度仍然是目前科学证明的一种最为理想的制度。所以,共产主义制度是人类社会最为理想的经济制度,是社会主义的理想目标。

第四,从共产主义联合体的自由到人的存在方式的自由。共产主义联合体的自由是每一个人的自由全面发展的自由,但是每一个人的自由究竟是什么样的自由,仍未涉及。《经济学手稿(1957—1958年)》是马克思历经15年"一生的黄金时代的研究成果"。在那里,马克思从人的存在方式出发,把人的解放划分为三个不同阶段:在古代奴隶社会和封建社会,由于"人是一个政

---

① 参见叶汝贤:《每个人的自由发展是一切人的自由发展的条件——〈共产党宣言〉关于未来社会的核心命题》,《中国社会科学》2006年第3期。
② 《马克思恩格斯选集》第1卷,人民出版社1995年版,第122页。

治动物"(亚里士多德语),人的存在方式是建立在人对人的依赖和人对人的政治统治的基础上;资本主义社会把人从人对人的统治与依赖中解放出来,但又使人陷入了物对人的依赖和统治的水深火热之中;马克思说,只有"建立在个人全面发展和他们共同的社会的生产能力成为从属于他们的社会财富这一基础上的自由个性,是第三个阶段"①。这里所说的"第三阶段",无疑是指共产主义。共产主义与前资本主义社会的封建社会、奴隶社会的人对人的统治不同,也与资本主义社会物对人的统治不同,共产主义社会是一个既摆脱了人对人的依赖关系,又摆脱了人对物的依赖关系的社会。在那里,每一个人全面发展,由于"他们共同的社会生产能力成为他们的社会财富",而不是某些个人的私人财富,财产、资本不再是成为支配、统治人的外在力量,物质力量不再成为压制和改变人的自由个性的无法抗拒因素,每个人都是一个具有自由个性的全面发展的人。在这里,必须澄清两个问题,自由个性与通常所说的自由是否是一致的? 人的解放与自由是否相同?

首先,人的解放与自由是否相同? 马克思在这里所说的人类存在方式的三个阶段,既是人的自由发展过程,也是人类的解放过程。那么,自由与解放是否相同?

解放是马克思主义在中国传播以后赋有特殊含义的一个概念。据德国学者李博考证,中国马克思主义术语中的'解放'概念是从日语中翻译过来的。他认为,在古汉语中,"解"和"放"仅为"松绑,释放"的意思。"'解放'一词原是'从监狱里释放'"的意思,而现代日语词句的意思是"摆脱压迫的解放"等。日语新造词"kaihō"(名词)于 19 世纪和 20 世纪交替后不久,以汉语"解放"的形式进入到现代汉语词汇当中。"中国马克思主义术语中的'解放'概念也增添了新的内容。人们不仅只讲'被压迫阶级的社会解放',而且也讲'摆脱

---

① 《马克思恩格斯全集》第 30 卷,人民出版社 1995 年版,第 107—108 页。

帝国主义的民族解放'。"①按这一解释,名词解放(emancipation)与自由(liberate)虽然不是一个词,但它们的含义又有其一致性。解放就是指摆脱旧的、落后的或剥削阶级国家的统治,从而获得社会、民族与个人的自由。如果按照伯林的区分,这种解放只能是一种消极的自由,即我希望我的生活和决定取决于外在的客观条件的"'免于……'的自由",而不是希望自己成为主体"'去做……'的积极的自由"。② 在马克思主义的文献中,人的解放与人的自由是一致的。人的解放不只是指摆脱旧的、落后的或剥削阶级国家的政治、经济、观念对人的统治,即摆脱人对人与人对物的依赖与束缚的自由,更为重要的是,人的解放主要是指主体自身作为活动的主体"'去做……'"的积极的自由,即人作为主体在政治、经济、社会生活领域的自由自觉的活动。

在《论犹太人问题》中,马克思把宗教信徒与国家的关系问题,归结为"政治解放与人的解放的关系问题"③。在马克思看来,任何一种解放,按其实质都是"人的解放"。熊子云说,有的把这里的"人的解放","同现今通常所说的'消灭一切压迫和剥削的社会主义革命'的命题等同起来,这种理解不符合马克思当时思想状况的"④。这样理解,的确与当时仍然未能完全摆脱费尔巴哈的人本主义影响的马克思思想状况不相符合,但是,这种理解它表明了一个重要观点,即马克思主义关于人的解放理论的极端重要性。马克思主义人的解放理论是否等同马克思主义的共产主义理论?

恩格斯在《共产主义原理》开篇就说:"共产主义是关于无产阶级解放的条件的学说。"⑤这就是说,作为马克思主义核心的科学社会主义就是人的解放条件的理论。他认为,无产阶级革命就是通过生产的巨大发展,消灭私有

---

① [德]李博:《汉语中的马克思主义术语的起源与作用》,赵倩等译,中国社会科学出版社2003年版,第225—226页。

② [英]以赛亚·伯林:《自由论》,胡传胜译,译林出版社2003年版,第200页。

③ 《马克思恩格斯全集》第1卷,人民出版社1956年版,第443页。

④ 熊子云:《马克思主义形成史》,北京师范学院出版社1987年版,第102页。

⑤ 《马克思恩格斯选集》第1卷,人民出版社1995年版,第230页。

制,逐步使国家的政治权威"消失",实现人的解放。他说,在那里,"人终于成为自己的社会结合的主人,从而也就成为自然界的主人,成为自身的主人——自由的人"①。

人的解放主要包括经济解放和政治解放,发展生产旨在实现人的经济解放;适应生产发展的需要,逐步使国家的政治权威"消失",目的在于人的政治解放,使人成为自由的人。恩格斯还说:"完成这一解放世界的事业,是现代无产阶级的历史使命。深入考察这一事业的历史条件以及这一事业的性质本身,从而使负有使命完成这一事业的今天受压迫的阶级认识到自己的行动的条件和性质,这就是无产阶级运动的理论表现即科学社会主义的任务。"②江泽民说:"共产主义社会,将是物质财富极大丰富,人民精神境界极大提高,每个人自由而全面发展的社会。"③在这里,"每个人自由而全面发展"就是指人的解放的具体内容。共产主义社会就是实现人的解放的社会。胡锦涛进一步把人的解放理论与中国特色社会主义联系起来,他说:"科学发展观,第一要义是发展,核心是以人为本,基本要求是全面协调可持续,根本方法是统筹兼顾"④。坚持以人为本,以人民的根本利益为出发点,不断推进人的自由和全面发展。发展中国特色社会主义,无论是经济建设、政治建设、文化建设、社会建设,都要不断解放。可见,人的解放与共产主义的理论逻辑是一致的,人的解放与人的自由及其发展过程是相通的。人的解放是共产主义的核心和实质,共产主义是实现人的解放的制度保障。过去,人们认为,新中国成立后,摆脱了旧中国"三座大山"的统治,人民就获得了彻底的解放,因而,不再有人的解放的问题了。这不符合马克思主义发展辩证法。马克思说:"我们所称为

① 《马克思恩格斯选集》第 3 卷,人民出版社 1995 年版,第 760 页。
② 《马克思恩格斯选集》第 3 卷,人民出版社 1995 年版,第 760 页。
③ 江泽民:《在中国共产党成立八十周年大会上的讲话》,《人民日报》2001 年 7 月 1 日。
④ 胡锦涛:《高举中国特色社会主义伟大旗帜 为夺取全面建设小康社会新胜利而奋斗——在中国共产党第十七次全国代表大会上的报告》,《人民日报》2007 年 10 月 24 日。

共产主义的是那种消灭现存状况的现实的运动。"①共产主义是一种不断通过经济解放、政治解放,实现人的解放的现实运动。既然共产主义与人的解放都是现实的运动过程,中国特色社会主义是共产主义的初级阶段,坚持以人为本的科学发展观过程也是马克思主义的人的解放理论的实践过程。那么,人的解放程度(包括经济解放、政治解放)就是检验社会主义以人为本的科学发展观实践过程的标准。离开了这一标准,科学发展观就失去了核心价值理念。

其次,自由个性与通常所说的自由是否是一致的? 自由是价值理念,而自由个性则不同,它所指称的是个人自由的特质。何谓自由个性? 麦克斯·施蒂纳匠心独具,自有创意。他把个人的自由个性说成是"唯一者"的唯一的独自性。马克思在《德意志意识形态》中,对这一晦涩而又荒谬的定义作了深刻的批判。马克思说:"'唯一性'——如果像上面所谈的,把它了解为独创发展和个人行为——不仅是以同善良意志和正确意识完全不同的东西为前提的,而且是以同桑乔的幻想恰恰相反的东西为前提的。"②"唯一者"是桑乔,即麦克斯·施蒂纳那本惊世之作《唯一者及其所有物》中的最基本的范畴。"唯一者",就是"我",现实存在的自我一致的利己主义。"唯一者"的唯一特性就是独自性。施蒂纳说:"独自性就是我的全部本质和存在,就是我自己。"③独自性相当于自由,但又高于自由。自由仅仅是一种摆脱,比如,我摆脱了外物的束缚,因而我自由。但独自性不同,它不仅"要摆脱你所不欲的东西",而且"也要拥有你所意欲的东西"。所以,独自性的第一含义是,摆脱一切你所不欲的东西,因而成为了自由者;第二含义是,又要把你所想要的东西看作是你自有的东西,这样你就成为了所有者,拥有了你所意欲的东西。这种以善良意图为前提,在意识界域内自我消融、自我归附的独创发展的活动,即被施蒂纳

① 《马克思恩格斯选集》第1卷,人民出版社1995年版,第87页。
② 《马克思恩格斯全集》第3卷,人民出版社1960年版,第516页。
③ [德]麦克斯·施蒂纳:《唯一者及其所有物》,金海民译,商务印书馆1989年版,第168页。

称之为独自性或唯一的个人个性。马克思认为"独创发展和个人行为",绝不是以善良意图为前提的,而恰恰是以与施蒂纳的幻想相反的东西为前提。科学分析个人个性,必须以人的现实存在为前提。人的存在就是一个共性和个性的统一体。个人首先是一般人,即具有人的共同社会本质,这叫共性。个人又是特殊的个体或特殊形式具体类型的人。由于各个个人自身自然素质的不同,他们所处的社会历史条件、生活、教育的环境等不同,因而各个个人形成了自己的特殊的个性。所以,个人个性是指个人在一定社会历史条件影响下,由于其内在生理、智力、精神素质不同而表现出来的特异性。这种特异性,形之于外,凸现出来的特征就是创造性。具体而言:其一,所谓个性,只能是现实中的个人个性,而不是那种抽象的远离社会现实生活的孤立的个人个性和想象的个人个性。其二,"现实中的个人""是从事活动的,进行物质生产的,因而是在一定的物质的、不受他们任意支配的界限、前提和条件下活动着的。"①其三,现实中的个人个性,既不能用"直观的形式去理解",也不能仅仅只是抽象地发展其能动的方面,而应"把它们当作感性的人的活动,当作实践去理解","从主体方面去理解"。正是因为现实中的个人的实践活动,即个人的感性活动,本质上是一种能动的创造性活动,所以,个人个性就是以个人为主体的创造性活动表现出来的特异性。由于"个人创造世界的活动和个人从世界获得推动力"是相互统一的。因而,个人的"独创发展",既是能动的,又是受动的。一方面,个人的感性活动因为是一种有目的的对象性活动,个人可以以活动为中介,将目的对象化,创造一个人类(包括个人)需要的对象世界,因此,个人的创造性活动是能动的。另一方面,任何个人的创造性活动,其实都不是唯一的、独自的。它必须从外界获得推动力,换言之,"独创发展"本身是受制约的。首先,个人创造的个性,是"在现有的生产力所决定和所容许的范围之内取得的"。现代人的个性不同于古代人的个性;古代人的个性不同于原始的

---

① 《马克思恩格斯选集》第 1 卷,人民出版社 1995 年版,第 71—72 页。

"野人之子"的个性。它们是由生产力不同水平决定的。其次,现存关系影响个人所具有的生理的、智力的和社会的缺陷。不同的社会制度,不同的交往关系,不仅造就了人们的生理素质、智力素质的不同,而且影响他们的社会交往能力。比如,马克思谈到,那些常年生活在贫民窟里,缺乏照顾、缺少教育、饮食恶劣,患有瘰疬病的儿童,就比不上那些具有丰富的营养,受到周到教育的儿童生理素质和智力素质等。因此,个人个性不是没有前提的,个人个性受他的生存环境、生活条件、现存的交往关系的限制。个人的创造性活动是受动的,是有前提的。施蒂纳把个人的创造个性看作是没有前提的观念的创造,是十分荒唐可笑的。马克思认为,就是个人的观念,也只能是存在(我)的观念,而观念本身必须从外界获得推动力,他说:"意识也是一切力量,根据上述学说,它也是'经常在自行活动'。桑乔要是同意这一点就不应该想法改变意识,而只应当想法改变对意识起作用的'推动力',但这样一来,桑乔的整本书就都白写了。"①自由个性不是什么唯一者的独自性,自由个性是每一个人的自由全面发展所表现的一种创造性特征。这种创造性特征也是每一个人的自由全面发展的要求。

1894 年 1 月,恩格斯思想晚期,卡内帕请恩格斯为《新纪元》找一段题词,用简单的句子表示社会主义新纪元的基本思想,以区别旧纪元。恩格斯还是说:"代替那存在着阶级和阶级对立的资产阶级旧社会的,将是这样一个联合体,在那里,每个人的自由发展是一切人的自由发展的条件。"②总之,每个人的自由全面发展是马克思主义全部思想的核心与实质。

---

① 《马克思恩格斯全集》第 3 卷,人民出版社 1960 年版,第 496 页。
② 《马克思恩格斯选集》第 4 卷,人民出版社 1995 年版,第 730—731 页。

第二章 利益机制含义、类型、特征和功能

随着我国的经济发展常态转型为新常态,更加需要将市场经济体制的作用充分发挥出来。2013年《中共中央关于全面深化改革若干重大问题的决定》指出:"建设统一开放、竞争有序的市场体系,是使市场在资源配置中起决定性作用的基础。必须加快形成企业自主经营、公平竞争,消费者自由选择、自主消费,商品和要素自由流动、平等交换的现代市场体系,着力清除市场壁垒,提高资源配置效率和公平性。"这就是说,必须发挥市场在资源分配中的决定作用,而不是基础作用。虽然决定作用与基础作用只有一字之差,但是,它们之间有十分重要的区别。市场的决定性作用意味着市场对资源配置由政府与市场主导,转型为由市场主导。这将对我国经济、政治和社会等的发展产生深远的影响。利益机制是我国市场经济的重要组成部分。利益机制在经济、政治、社会发展中的作用和影响将更加深刻。利益机制是利益主体以利益客体为载体通过利益手段实现利益的方式。那么,在市场起决定作用条件下利益机制的含义、特征和功能究竟是什么?究竟如何来充分发挥利益机制的作用,如何科学利用利益机制来推进中国特色社会主义道路,实现中国特色社会主义的共同理想,这是亟须探索的重大问题。

第一节　利益机制的含义和类型

社会主义市场经济体制改变了计划经济条件下的社会运行方式,利益成为一个社会结构性概念。市场经济体制本质上就是利益机制。利益机制是驱动和调节社会经济的决定性机制。利益机制作为政府的政策工具,深刻地影响了人们的日常生活。但是,利益机制的含义究竟如何,随着改革开放的深入,它的作用和功能究竟有何变化,是一个亟待研究的基本问题。

一、什么是利益

什么是利益? 这是研究利益机制不可回避的问题。有的把利益说成"好处""实惠",有的把利益说成"关系";有的把利益说成"需要",不一而足。如在《辞海》中,利益被解释为"好处"[①];在我国 2007 年出版的《哲学大辞典(分类修订本)》"历史唯物主义"类别中,尚找不到利益概念的解释,而在"伦理学"类别中,认为:"利益是人们通过社会关系表现出来的不同需要。"[②]在这里把利益规定为好处与需要,利益就成为了一种伦理价值概念。陈庆云根据魏英敏先生的研究提出:"利益是人们为了生存、享受和发展所需要的资源和条件。"[③]从历史唯物主义视角来理解"利益",显然具有一定的合理性。但是,人们生存与发展需要的条件,不仅有物质的,也有精神的。这就可能导致对马克思主义利益的多元理解。笔者认为,在马克思主义文本中,马克思对利益的概念界定具有特殊与一般两种内涵。历史唯物主义利益概念的一般内涵是"指人类赖以生存和发展的物质生活条件"。[④] 在这里,利益概念的内涵是

---

① 辞海编辑委员会编:《辞海》,上海辞书出版社 1980 年版,第 1736 页。
② 冯契主编:《哲学大辞典(分类修订本)》上,上海辞书出版社 2007 年版,第 797 页。
③ 陈庆云:《公共管理研究中的利益分析》,《中国行政管理》2005 年第 5 期。
④ 谭培文:《马克思主义的利益理论》,人民出版社 2002 年版,第 98 页。

针对人类社会的两个领域而言的。人类社会的生存和发展可以区分为两个基本领域:一个是指精神文化生活的思想领域,一个是物质生活的利益领域。从满足人们物质生活的基本需要来看,利益就是指物质生活基本条件。在资本主义条件下利益概念具有特殊内涵。"利益在虚幻的共同体中是一种颠倒的抽象的社会关系。"①这里的虚幻的共同体,是指以资本主义私有制为基础的国家,国家本应代表社会的共同利益,但是在资本主义私有制条件下,国家却变成了少数资本家特殊利益的代表,并不代表社会的共同利益。这样的共同体就是虚幻的共同体。在这样一种共同体中,资本、金钱成为支配社会的唯一统治者,人与人的关系被颠倒与抽象为一种物与物的关系。在这样一种关系中,人与人的关系不再重要,重要的是资本、金钱、货币等物的形式。我国正处在社会主义的初级阶段,利益概念的内涵既不同于人类社会利益概念的一般理解,也与资本主义条件下的利益概念内涵具有本质的区别。作为以公有制为基础的社会主义,人与人的关系不再颠倒为物与物的关系,人与人之间在生产关系领域是一种活动的相互协作、相互配合的关系。但是,在多种经济成分并存的条件下,资本作为生产要素仍然在发展生产力中发挥着重要作用。在这样的条件下,利益还会以资本、金钱、货币等物的形式使人与人的关系表现为物与物的关系。

利益的基本内涵是物质利益。在社会主义条件下,历史唯物主义利益概念的基本内涵是物质经济利益。利益当然可以区分为物质利益、精神文化利益和政治利益等。但在马克思看来,利益最为基本的内涵是物质利益。精神文化利益和政治利益,只是由物质利益决定或派生的不同利益形式。马克思说:"物质生活的生产方式制约着整个社会生活、政治生活和精神生活的过程。"②这里所说的物质生活,是指吃、穿、住、行等人们赖以生存和发展的最为基本的物质生活资料。这些物质生活资料就是我们所说的物质利

---

① 谭培文:《对和谐社会利益概念的马克思主义解读》,《马克思主义研究》2008 年第 2 期。
② 《马克思恩格斯全集》第 31 卷,人民出版社 1998 年版,第 412 页。

益。物质生活的生产方式即以物质生活为目的的生产方式,这就赋予了物质利益经济性质。在这个意义上,物质利益就是物质经济利益。物质生活制约着整个社会生活、政治生活和精神生活,物质利益是社会利益、政治利益和精神利益的前提和基础。正如精神与物质、思维与存在相对立一样,利益第一,思想第二,思想(文化精神)是利益的产物。在这里,马克思所指的利益就不是思想,也不是一般主观心理需要、欲望等,而是指客观的物质利益。利益是一定社会的经济关系的表现,经济关系是客观的,利益也是客观的。当蒲鲁东把正义、公平等政治原则,看作经济利益时,恩格斯说,按蒲鲁东,"'各社会中起调节作用的、有机的、至高无上的、支配其他一切原则的基本原则',并不是利益,而是公平。"①蒲鲁东把公平、正义、平等、自由的政治原则或政治利益,说成是在一切原则下起支配作用的基本原则,这是错误的。这就是说,公平、正义等只是一些政治伦理的基本原则,即使可以称之为政治利益,它们与物质利益相比,所起的作用完全不同。政治利益、文化精神利益,虽然也与人类生存和发展有关,但是,它们与物质利益相比较,物质利益是基础和前提,政治利益、文化精神利益是从物质利益派生的。马克思说:"社会——不管其形式如何——是什么呢?是人们交互活动的产物。人们能否自由选择某一社会形式呢?决不能。在人们的生产力发展的一定状况下,就会有一定的交换[commerce]和消费形式。在生产、交换和消费发展的一定阶段上,就会有相应的社会制度形式、相应的家庭、等级或阶级组织,一句话,就会有相应的市民社会。有一定的市民社会,就会有不过是市民社会的正式表现的相应的政治国家"②。政治国家的公平、正义的原则,都是经济关系的直接产物,是一定经济关系的物质经济利益在政治上的表现。换言之,有什么样的物质利益,就会产生什么样的政治和精神利益。在资本主义生产关系条件下,利益就是经济关系直接表现出来的物质的、经

---

① 《马克思恩格斯文集》第 3 卷,人民出版社 2009 年版,第 320 页。
② 《马克思恩格斯文集》第 10 卷,人民出版社 2009 年版,第 42—43 页。

济的利益。

　　利益的主体性、客观性。利益具有属人性，人和社会始终是利益的主体。在资本主义社会，私有财产是资本主义物质生活本身最为重要的核心利益。马克思说："私有财产的主体本质，私有财产作为自为地存在着的活动、作为主体、作为人，就是劳动。"①私有财产不是外在于人的物质利益，私有财产的主体是人。私有财产本质上就是人的劳动活动创造的，本应属于劳动者这个主体的物质利益。在资本主义条件下，这个主体却变成了资本家，而不是劳动者。社会主义公有制，本质上就是要改变私有财产的主体属性，把由劳动者创造的财产归还给劳动者。可见，按马克思主义的利益规定，利益具有主体性、客观性和实现手段等几个要素。利益的主体是人和社会，是人们在一定生产关系中通过主体的生产活动创造的属于人和社会的物质生活条件。马克思说："利益不是仅仅作为一种'普遍的东西'存在于观念之中，而首先是作为彼此有了分工的个人之间的相互依存关系存在于现实之中。"②普遍的公共利益不是一个虚幻的观念。资产阶级一方面把社会的、公共利益看作是虚幻的，认为只有个人利益才是实在的；另一方面又总是把资本家个人的特殊利益抽象为一个普遍观念。这是相互矛盾的。利益具有客观性，利益与社会分工的个人之间是相互依存的关系。这就是说，由于社会的分工导致了财富的不同占有，资产阶级占有的利益和物质财富不是资本家个人独自创造的。资本本来就是一种社会力量，资本是许多任务人通过相互协作的生产活动创造的。资本表示劳动者的相互协作关系。利益有自己的实现手段。在资本主义条件下，资本家私人利益的实现，主要是通过资本这个利益机制剥削劳动者创造的剩余价值。在社会主义条件下，资本主义的利益机制被改变，劳动者的劳动活动是获得利益的主要途径和手段。

---

①　《马克思恩格斯文集》第 1 卷，人民出版社 2009 年版，第 178 页。
②　《马克思恩格斯文集》第 1 卷，人民出版社 2009 年版，第 536 页。

二、利益机制的含义

机制的"机"在古汉语中本是指"弓弩上发射箭的机关"。《韩非子·说林下》说:"操弓关机"。所以,"机"即为机器、器械运动变化过程的机关,可以引申为事物的关键、要点。古汉语的"制"为制造、制作、制动之意。如《诗经·豳风·东山》:"制彼裳衣"。制还有禁止、遏止等意,引申为控制、掌握等,如:《荀子·天论》:"制天命而用之。"机制(mechanism)在古汉语中其基本含义是控制、影响事物运动的机关和关键。

利益机制,不是机械、机器、器械运动变化过程的机关,而是指适合一定生产力发展水平既直接反映生产关系运动性质并对生产关系的运动变化具有关键作用的结构要素。首先,利益机制是社会的。主体是实践活动和认识活动的承担者,如社会和个人,机械机制不具有主体的性质,机械机制就是无主体的机制。利益的机制既然是社会的,利益机制就具有属人性,社会和个人是利益机制的主体。其次,利益机制是客观的。利益是生产关系的直接表现。生产关系是客观的,利益机制也是客观的。利益机制的载体是看得见的物质的、经济的利益。所以利益机制不同于精神文化思想机制。思想文化机制的来源是利益,但它的形式是不同的,比如民族认同中的文化机制,语言机制就是其中一个重要的因素。语言是共同劳动的产物,但语言就不是物质的,而是思维的表现形式。最后,利益机制是人的物质活动来实现利益方式,利益机制的运动不同于机械运动和生物运动机制的性质;利益机制是生产关系内部各种相互关系具有调节作用的关键因素。利益的机制与利益机制强调的重点有别,但实质上是一致的。所以,利益机制就是直接反映生产关系运动性质的利益主体以物质的经济利益为载体通过一定的利益手段实现利益的方式。

三、利益机制的构成要素及其关系

机制是事物相互作用的运动体系中起关键作用的因素。利益机制

（interest mechanism）是利益体系内部具有关键、关联作用的各要素之间相互作用、相互影响的过程。利益机制的构成要素有利益主体、利益客体或载体、利益的实现方式或手段。也可以说，利益机制是利益主体、利益客体和利益手段等要素相互作用相互联系的机理和原理。它们相互作用和影响了价值认同，推动和谐社会建设。

首先，利益主体是利益机制中具有能动作用的重要因素。利益主体的活动都是人们有目的有意识的活动。尽管这种目的必须受外在必然性的支配，但是利益主体出于何种意图、目的、动机，对利益机制运作过程的性质和方向具有能动作用。利益机制是一定条件下人们有目的地通过利益的实现手段作用于具体物质利益客体的过程。比较而言，利益主体的目的只是利益机制运作过程的出发点，主体的目的必须通过具体实际的手段和具体的利益机制的客体才能实现。所以，它还不是利益机制中最为关键的因素。

其次，利益机制中起关键作用的因素是利益主体的利益实现手段。利益主体是利益机制中具有能动作用的重要因素。利益机制是在一定条件下人们有目的地通过利益的实现手段使用具体物质利益客体，如劳动成果和劳动对象中的土地、水系、矿床等资源的过程。利益机制的客体是具体的人造物和进入人的活动视野的自然物，也不可能成为利益机制中的关键因素。利益机制的实现手段则不同，它是利益主体和利益客体联系的桥梁和中介，它是利益主体有目的地利用客体的实现利益的方式。黑格尔在《逻辑学》中论述目的、手段和客观性的关系，他说："目的通过手段和客观性相结合，并且在客观性中和自身相结合。"因为目的是有限的，人们就自己目的来说，他却服从自然界。而手段则不同，手段是联系主观目的和外在自然的中项。所以，黑格尔认为："手段是比外在合目的性的有限目的更高的东西；——犁比由犁所造成的、作为目的的、直接的享受更尊贵些。工具保存下来，而直接的享受却是暂时的、并且会被遗忘的。人因自己的工具而具有支配外部自然界的力量，然而就自己的目的来说，他却服从自然界。"列宁肯定黑格尔的论述的合理性，他在黑格尔的论述旁边加了两个批注:"黑格尔的历史唯物主义的胚芽""黑格尔和历史唯物主义"。① 黑格尔实际涉及了生产力中劳动者劳动的目的,生产工具和生产资料三个要素的关系,黑格尔在论述他的唯心主义的辩证法时,突出了手段、工具的重要性是合理的。在利益机制的三个要素中,利益主体的目的之所以是有限的,就是因为主体的目的必须服从外在的利益客体,并受利益客体的制约和规定;而利益客体却是被动的,就其自身而言,它无法把自己与利益主体联系起来,而利益机制的实现手段不同,它通过自身把目的对象化为客体,同时又通过利益客体实现利益主体的目的。由于利益机制是一定经济关系中利益主体(社会与个人)有目的地以具体物质利益客体为载体通过一定的利益手段的利益实现方式,所以工具式的手段既是一定利益关系的测量器和指示器,也是人们衡量、评价、选择和认同一定社会价值的标准与尺度。

最后,利益机制是一定社会利益主体有目的地实现利益的方式。利益机制的一个共同特征是它始终都以利益为前提和基础。恩格斯说:"每一既定社会的经济关系首先表现为利益。"②可见,利益机制虽然以利益为前提和基础,但它不同于具体的物质利益。由于利益机制是一定经济关系中利益主体(社会与个人)有目的地以具体物质利益客体为载体通过一定的利益手段的利益实现方式,利益机制就是由一定经济关系表现出来的利益关系内部各要素之间相互作用、相互影响的过程或原理。马克思说:"'价值'这个普遍的概念是从人们对待满足他们需要的外界物的关系中产生的。"③价值是主体对客体的需要满足的关系,利益关系实际是一种价值关系。所以,利益机制是一定社会利益主体有目的地实现利益的方式。

---

① 列宁:《哲学笔记》,人民出版社 1993 年版,第 159 页。
② 《马克思恩格斯文集》第 3 卷,人民出版社 2009 年版,第 320 页。
③ 《马克思恩格斯全集》第 19 卷,人民出版社 1963 年版,第 406 页。

第二节　利益机制的类型与特点

随着社会主义市场经济体制的建立,利益机制获得实质性丰富内涵和多样化形式。为了应对国际金融危机复杂的利益格局和我国加强以民生为重点的社会建设的有利形势,政府与学术界言必称"利益机制"。各种各样的利益机制的指称随之兴起。那么,究竟如何认识和把握它们,成为我国深化市场经济体制改革中的一个重要问题。

一、利益机制类型划分的标准

市场经济体制下,利益机制发挥着发展经济杠杆作用。各种各样的利益机制不断地见诸于一些学者的论著和政府的文件中,如利益驱动机制、利益协调机制、利益整合机制、利益调控机制、利益分配机制、利益共享机制、利益保障机制、利益防范机制、利益补偿机制、利益导向机制、利益平衡机制、利益表达机制、利益诉求机制等,不胜枚举。要认识和把握它们,那就必须依据一定的标准。那么,区分和厘清它们之间关系的标准是什么? 从利益来看,有政治利益、精神利益、文化利益等,在马克思主义那里,利益是物质利益。物质利益是起基础和决定作用的利益,而政治利益、精神利益或文化利益只不过是由物质利益决定的不同的表现形式。比如,政治利益虽然与政治有关,但是,政治只不过是不同的阶级、阶层根本利益关系的反映。法律是政治核心内容,法律是人民意志的集中体现,法律反映全体人民的根本利益,法律的作用就是保障和维护人民的根本利益。不同的法律保障的是不同阶级和阶层的物质利益。文化本来就是一定时期人们物质利益文明发展过程的精神成果,文化来自物质利益文明,文化又反过来可以化人,使人成为与一定时代物质利益文明发展相适合的人,从而通过人的物质利益创造活动,推动人类物质文明和精神文明的发展。这就是说,政治利益、文化利益和精神利益等都是物质的利益机制的不同表现形式。利益既然是物质利益,说利益机制就是物质利益机制,那就必须正确理解利益。利益在马克思主义概念范畴体系中,究竟应该以什么为前提? 在以往历史唯物主义的教科书中,尤其是从苏联引进的历史唯物主义教科书,根本找不到对利益概念的专门规范和论述。但这并不代表马克思恩格斯的文献不涉及利益概念。恩格斯说:"每一既定社会的经济关系首先表现为利益。"①利益是经济关系的表现,而经济关系最为根本的就是指生产关系。生产关系是人们在生产中相互协作和配合的关系。如果说生产关系表现为利益,那就等于说,利益在实际上是一种关系,是以劳动者为主体对生产资料的占有、分配和协作之间的关系。利益机制就是人们如何实现占有、分配和协作之间利益的手段与方式。

生产关系相对于生产力称之为生产关系,生产关系相对于上层建筑则是经济基础。生产关系是物质的,利益机制也是物质的。生产关系是社会基本矛盾的基础领域。从社会基本矛盾来看利益机制,利益机制几乎关涉社会结构基本领域,如利益驱动机制关涉生产力领域,利益表达、利益诉求机制与上层建筑相联系,其他利益机制则是指生产关系。利益是生产关系的直接表现,利益机制本质上属于生产关系范畴。利益机制相对生产关系而言,表现出动态的生产关系。利益机制作为生产关系运动性质的直接表现,按其属性,其类型可分为制度性的利益机制、体制性的利益机制与政策性的利益机制等。制度性的利益机制,如所有制关系、分配关系;体制性的利益机制,如市场经济体制,计划经济体制;政策性的利益机制,如政府宏观调控有关经济政策,加快我国西部地区区域社会经济发展的经济政策,有关就业、创业、教育培训等改善民生的政策,人口政策等。利益驱动机制是就功能而言,不是指属性。利益表达、利益诉求机制则与上层建筑有关,本书未涉及。制度性、体制性和政策性利益机制,由于属于生产关系的不同方面,它们对于人们利益的实现就有着不同的特点。

----

① 《马克思恩格斯文集》第 3 卷,人民出版社 2009 年版,第 320 页。

二、利益机制的多样性特征

利益机制的类型具有多样性,从不同标准来划分,就会有不同类型的利益机制。如果以生产关系属性来区分,可以划分为制度性利益机制性、体制性利益机制、政策性利益机制;如果以生产关系的功能来区分(调节人与人在活动中的相互协作的关系),可以区分为经济、政治、民生、政治等利益机制。利益是生产关系的直接表现。从生产关系的属性来划分利益机制,更能把握好利益机制的不同类型和它们的功能、特点,而不是先看它们的功能、特点,然后再分析其属性。这就是说,依据生产关系的属性来区分利益机制的类型,可以比较准确地把握利益机制内容,并从其内容揭示其形式、特点和功能。

1. 制度性利益机制特点

制度性利益机制的特点是基础性和稳定性。制度是社会的基础,对于动态的生产关系,制度性利益机制对于体制和政策具有核心作用。马克思在分析人类社会各种社会形态时,其基本根据就是一定社会的所有制性质及其由所有制性质所决定的分配制度。财产所有制度和分配制度虽然都是制度,但财产所有制度和分配制度又有所不同。丹尼尔在分析诺思的制度创新模型时说:"对诺思制度变迁模型来讲是内生的,而纯粹的收入再分配情况是外生的。"①这就是说收入再分配直接是财产制度决定和派生的。当然这是针对资本主义的制度而言,在这里,劳动的价值被完全忽略。马克思认为,亚细亚的所有制形式,土地是一个大实验场,即共同体的基础。相反,在资本主义社会,劳动对资本的关系的历史过程的前提正是:"劳动者把土地当做生产的自然条件的那种关系的解体,即他把这种条件看做是自身的无机存在,看做是自己

---

① [美]丹尼尔:《经济利益与经济制度——公共政策的理论基础》,陈郁等译,上海三联书店、上海人民出版社 1996 年版,第 35—36 页。

力量的实验场和自己意志所支配的领域的那种关系的解体。"①丹尼尔在论述分配机制、政策机制与利益机制的关系时说:"如果效率和分配观念是福利经济学和公共政策的核心,那么经济制度也是核心。"②这是正确的。因为,在资本主义条件下,资本成了一种动态的制度性的利益机制,资本通过体制性的机制可以支配劳动者的劳动,改变劳动与生产资料的自然结合,资本通过市场机制就决定了工资、利润和地租在分配中的比例。马克思的《1844 年经济学哲学手稿》在"异化劳动和私有财产"一章,马克思说:"我们把私有财产,把劳动、资本、土地的互相分离,工资、资本利润、地租的互相分离以及分工、竞争、交换价值概念等等当做前提。"③在马克思看来,私有财产制度是资本主义利益机制的前提,私有财产制度在资本主义具体表现为劳动、资本和土地三个部分。它决定了资本主义的分配制度。同时它是体制性利益机制,如市场分工、市场竞争、市场交换、价值交换的基础。在我国社会主义市场经济条件下,资本仍作为生产要素参与分配。制度在利益机制中发挥更为核心的基础作用,它决定了利益机制的性质和方向。由于制度性利益机制的基础性,所以制度性利益机制与其他利益机制相比具有相对稳定性。相对稳定性既为其他利益机制提供了基础平台,但也说明基础性本身具有一定的历史惰性。具体表现为当它不适应生产力发展水平时必然影响其他利益机制作用的发挥,成为生产力发展的"桎梏",阻碍和延滞生产力的发展。比如"文化大革命"中的"一大二公三纯",使社会主义利益机制变成了单一的形式,这就禁锢了社会主义生产关系对于生产力发展的活力。

2. 政策性利益机制特点

政策性利益机制的特点是工具的灵活性和快捷性。政策性的利益机制一

---

① 《马克思恩格斯文集》第 8 卷,人民出版社 2009 年版,第 149 页。

② [美]丹尼尔:《经济利益与经济制度——公共政策的理论基础》,陈郁等译,上海三联书店、上海人民出版社 1996 年版,第 6 页。

③ 《马克思恩格斯文集》第 1 卷,人民出版社 2009 年版,第 155 页。

般由政府部门来制定和实施。政策虽然必须以法律为依据并作为法律补充形式。但政策相对于那些需要由法律规定的制度,从制定到实施,不需要经过一系列的较长过程与比较固定的法律程序,所以它具有较大的灵活性,而且见效快。毛泽东说:"政策和策略是党的生命"。① 毛泽东指出政策的极其重要性,同时也有一定的警示意义。即由于政策具有策略性质,政策就是一种策略,不得带有随意性。如果随意使用就可能损害人民群众的利益,危害一个政党和国家的生命安全。所谓政策随意性是指政府部门在信息不充分即反映各种利益群体的信息不对称的情况下,政策制定有可能脱离客观实际,甚至有可能受某些制定者利益偏好的影响,出现相互矛盾的政策。美国学者德博拉甚至把其研究公共政策的专著就署名为"政策悖论"。他说:"悖论会破坏逻辑的大多数基本原则:一样东西不能同时为两样东西。两个相互矛盾的解释不能同时为真。悖论就是这样一种不可能的情况,政治生活中充满了这样的情况。"②丹尼尔也认为,大多数经济学者都渴望对经济问题提建议和开药方,他引用福利经济学的观点说:"如此热衷于制定政策的经济学家常常在应遵循何种政策的态度上大相径庭,甚至拥护相互矛盾的政策。"按他的说法,最后唯一的结果就是"公众对有关公共政策的经济知识的应用及可应用性的怀疑和不抱任何幻想"③。他们论述公共政策的角度不同,但意思只有一个,即政策具有一定随意性。政策制定者难免受某些偏好影响,往往出现一些政策悖论。制定政策是这样,理解和执行政策也是这样。

3. 体制性利益机制特点

体制性的利益机制不同,它是介于制度与政策二者之间的机制。它既具

---

① 《毛泽东选集》第四卷,人民出版社 1991 年版,第 1298 页。

② [美]德博拉:《政策悖论:政治决策中的艺术》(修订版),顾建光译,中国人民大学出版社 2006 年版,第 1 页。

③ [美]丹尼尔:《经济利益与经济制度——公共政策的理论基础》,陈郁等译,上海三联书店、上海人民出版社 1996 年版,第 1、13 页。

有结构的稳定性,又有灵活性与实效性特点。体制是一定政治、经济制度的结构形式。结构本身就是指事物内部各个部分、各种要素有机联系起来的相对稳定的排列组合模式。利益体制作为一种经济制度的利益结构形式,即人们进行生产活动所需要的生产资料要素、通过市场交换进行活动的相互协作、资源分配等要素形成的相对稳定的排列组合的利益实现模式。利益体制既然是利益实现的各种要素排列组合的模式,便具有相对稳定性,这就克服了政策性机制的不足。因为利益体制是生产关系的利益实现方式,它首先受生产关系的性质制约。制度性利益机制对体制的制约直接表现为体制性利益机制的稳定性。体制性利益机制的结构稳定性,说明体制性的利益机制是不可能随意改变的,这就克服了政策性利益机制的随意性。利益体制既然是利益实现的结构形式,那它又有一定灵活性和实效性。因为利益体制并不是制度本身,同一结构可以形成多样化的较为灵活的形式,资本主义可以用,社会主义也可以用。利益体制还作为制度结构的利益实现形式,人们获得的利益可以通过利益体制直接实现出来。它可以给人们带来直接的实在的利益。如市场经济体制,作为经济人的利益直接实现方式,它不同于制度性的利益机制,不是社会制度性质的决定性因素。但也要看到,市场体制是经济人利益的直接实现方式,经济人直接实现的利益不可能完全相等。马克思在论述资本主义通过市场利益机制进行资本的积累过程时说:"交换价值制度,以劳动为尺度的等价物的交换,会转化为不通过交换而对他人劳动的占有,转化为劳动与财产的完全分离,或者更确切地说,会把这种情况当做这一制度的隐蔽背景而显示出来。"①资本主义的交换价值制度,表面看来是等价物的交换,但是它把大量的活劳动力抛到劳动力市场,劳动者虽然摆脱了昔日对封建主的人身依赖关系,丧失了自己一切财物和生产的任何客观的物质存在形式而自由了,但这只不过是"自由得一无所有"。他们的唯一活路就只有出卖自己的劳动能力或是

---

① 《马克思恩格斯文集》第 8 卷,人民出版社 2009 年版,第 163 页。

做乞丐、流浪等。这样一来,资本通过以劳动为等价物的交换,就转化为不通过交换而对他人劳动的占有。这是因为制度是利益内生的因素,利益分配是制度外生的利益。在资本主义条件下,按劳分配被排除在制度之外,资本成了决定利益分配的决定性因素。在社会主义条件下,虽然社会主义市场体制与资本主义市场体制有本质的区别,但是市场的通行原则就是等价交换,经济人通过市场交换和竞争,在信息不对称、需求不确定所引起的价格与价值不一致等诸多因素的影响下,经济人直接实现的利益也不可能完全相等。尤其是在非公有制的多种经济共同发展的条件下,资本作为生产要素参与分配就有可能排斥按劳分配的制度,把利益分配当作资本外生的利益形式。这样一来,按劳分配的制度就有可能蜕变成按资分配的制度。由劳动创造的价值成为了被资本占有的财富。财富就有可能迅速地集中到少数人的手中,出现新的贫富差距。利益机制的不同特点说明,不同利益机制就有不同的特殊作用。只有把握这些利益机制的不同特点,才能在实践中使这些利益机制的实效性得以充分发挥。

利益机制的类型可以按各种标准来划分,但无论是按其属性而言,还是按功能而言,其中占主导地位的机制是社会主义市场经济的利益机制。从属性来看,社会主义市场经济体制与社会主义制度是一致的,市场经济利益机制与所有制关系中资本投入与运作机制也是一致的。甚至可以说,只有市场经济利益机制才可能出现所有制关系中资本投入与运作机制。市场经济利益机制是我国现阶段资源分配的主要杠杆和手段。所谓资源分配就是调整生产资料如资本、土地、原料等在各部门、各产业中合理流动。而在计划经济时代,市场经济的利益机制只是辅助的资源分配方式。在那里,生产资料由国家所有,国家只有通过统一的计划来调节。

市场经济利益机制与政策性的利益机制相联系。由于我国政府推行一系列宏观调控有关经济政策,市场体制在政策性中的利益机制似乎并不重要。恰好相反,我国最大的国情就是我国还处在社会主义初级阶段,社会主义市场经济是基本的经济体制,也是我国最为基本的政策性利益机制。如加快我国西部地区区域社会经济发展的经济政策,其实质就是增强西部地区在世界和全国的市场竞争力。因为,政府的政策最为基本的就是要从我国的实际出发,我国所坚持的社会主义市场经济体制,不仅是一种按属性区分的利益机制,而且市场经济体制本身就是一种功能性的利益机制。市场作为利益驱动机制,市场机制通过利益主体的平等竞争,调动利益主体生产、经营和管理等积极性,从而发展生产、改善经营、加强管理、降低成本,获得较多的利润。市场机制也具有利益协调、整合和平衡作用。市场利益机制通过价格、价值的作用,协调、平衡各生产者、经营者和管理者之间的利益。总之,利益机制具有实效性、可操作性和政策导向性特点。利益机制的实效性是指利益机制对利益主体的活动和获得利益的手段产生实际效用的方式。利益机制使人们可以看到实际的利益,可以用事实说话,对人们价值认同具有实际的效果。利益机制的可操作性是指可以具体直接地应用,不像思想领域问题,不可具体操作,操作的难度大,看不见,摸不着。利益机制的政策导向性是指利益机制一般是政府使用较多的政策工具,政策的使用往往具有明确的政策目标,政府使用一种利益机制,其目的就是解决某一个或几个具体问题。具体问题解决了,利益机制的政策目标就实现了,否则,就叫未达目标。

第三节　利益机制的功能分析

利益机制是生产关系运动的一种动态结构。利益机制功能主要是通过利益实现方式,来调节人们之间的利益关系和调整人与人在活动中的相互协作、相互配合的关系,从而推动生产力的发展和巩固社会经济基础以及维护社会的稳定。这就是说,利益机制的正能量可以区分为经济、政治、社会等方面,即利益机制积极的正能量是推动经济的高速发展、政治治理能力治理效率的提升和社会的和谐稳定。相反,利益机制的负作用也是不容忽视的。由于利益机制是一种物的政策工具,利益机制对人的自由全面发展也可能产生一定的负面影响。

一、利益机制的积极功能

利益机制相对生产关系而言,表现出了动态的生产关系。利益机制是生产关系运动性质的直接表现,利益机制的具体作用既与生产关系的作用有一致性,又有其特殊性。从一致性来看,利益机制的使用可以推动生产力的发展,还可以对上层建筑的形成巩固发挥基础性的作用。从特殊性来看,利益机制不等同于生产关系,利益机制表现了生产关系或社会基本矛盾运动的复杂性和丰富性,利益机制的作用也表现出其复杂性和特殊性,利益机制如果符合了生产关系和生产力发展的要求,利益机制就可以促进生产力的发展,相反如果利益机制并不反映和适合生产关系和生产力的要求,就可能阻碍生产力和生产关系的发展。尤其是利益机制是物的作用和张力,如果这种张力和作用成为"一只看不见的手"或"看得见的手",对于人的自由全面发展也可能产生一定的负面影响。

1. 利益机制是发展生产力的内驱力

在对马克思主义文献的理解中,一般认为,利益就是生产力发展的内驱力,这无疑是正确的。但是,利益如何成为发展生产力的内驱力呢? 它的具体实现的机制是什么呢? 这一重大问题一直被人们所忽视。事实上,利益在社会发展中的作用,一般唯物主义都已作了肯定的回答。如爱尔维修就认为"利益在世界上是一个强有力的巫师"。马克思肯定了 18 世纪唯物主义观点的合理性。马克思通过莱茵省议会关于林木盗窃法辩论的社会实践提出了一个"物质利益疑难"的重大问题。所谓的物质利益之谜,实际就是物质利益是如何实现的? 物质利益在资本主义社会的实现机制究竟是什么? 马克思通过政治经济学的研究,创立了历史唯物主义,从而破解了这个"物质利益疑难"。

马克思在《政治经济学批判·序言》中说："社会的物质生产力发展到一定阶段，便同它们一直在其中运动的现存生产关系或财产关系（这只是生产关系的法律用语）发生矛盾。于是这些关系便由生产力的发展形式变成生产力的桎梏。"①在这里，马克思肯定了生产力对生产关系的决定作用和生产关系对生产力发展的反作用，这一点毋庸置疑。问题是，在社会主义条件下，生产关系是如何成为生产力发展的内驱力的呢？这一重要的关键问题，在我国一些学术研究中，往往被忽视。按恩格斯"每一既定社会的经济关系首先表现为利益"。这就是说，不同的社会经济关系就会有不同的利益机制，不同的利益机制既要受一定的社会经济关系的制约和限制，又通过启动、调整和强化生产关系，推动生产力的发展。资本主义的市场经济的利益主体就是资本家，利益机制的客体就是资本，资本主义就是以资本作为利益机制的实现手段，剥削了由劳动者的劳动创造的剩余价值。马克思的《资本论》系统地揭示了资本主义如何运用利益机制，实现了资本主义生产关系，发展了资本主义生产力。这就是说，生产关系对生产力的动力作用，不是一种静态的生产关系就可以作用于生产力，而是利益机制通过启动、调整和强化生产关系，推动了生产力的发展。

首先，利益机制激发生产关系的活力，推动生产力的发展。马克思对"物质利益之谜"的破解，主要是通过《资本论》来完成的。在《资本论》中，虽然论述这个问题的基本原理是历史唯物主义，但就不再是笼统的局限于基本原理的一般说明，而是具体的揭示资本家是如何运用资本主义的利益机制，实现资本主义生产关系推动资本主义发展的。马克思说，《资本论》的"最终目的就是揭示现代社会的经济运动规律"②。这就是说，要研究现代社会的经济运动规律，就必须揭示资本（资本主义物质利益的代名词）的运动结构和运动性质。在这里，马克思虽然没有使用利益机制的概念，但表述了利益机制的基本

---

① 《马克思恩格斯文集》第 2 卷，人民出版社 2009 年版，第 591 页。
② 《马克思恩格斯选集》第 2 卷，人民出版社 1995 年版，第 101 页。

内涵。换言之,如果不了解物质利益的实现机制,根本就无法理解物质利益运动的奥秘;只有真正揭示出了利益的实现方式,才能真正认清资本主义资本运动和发展的实质。可见,所谓的物质利益之谜,实际就是资本主义的物质利益是如何实现的,资本主义生产关系条件下物质利益的社会实现机制究竟是什么? 在马克思看来,资本主义市场经济体制是资本主义制度经济关系的利益唯一实现方式。资本主义就是通过市场经济这个唯一的利益机制,尤其在 20世纪 30 年代即一些西方国家建立所谓福利国家以前,西方资本主义市场经济体制是资本主义制度的经济关系唯一的利益实现方式(这里仅指经济运动,不包括资本主义对外的武装侵略),即通过资本与劳动力商品的等价交换,从而剥削劳动力的劳动的剩余价值来实现其物质利益的。资本主义的利益机制,在一定程度上激发了资本主义生产关系的活力。"资产阶级在它的不到一百年的阶级统治中所创造的生产力,比过去一切世代创造的全部生产力还要多,还要大。"①但是,由于利益机制要受一定社会经济关系的制约和限制,资本主义性质的利益机制总是给社会带来一系列灾难性的后果,比如,20 世纪 30 年代的世界经济危机,21 世纪由美国次贷危机引发的世界金融危机等,从而又阻碍了生产力的发展。

在社会主义条件下,利益机制通过激发生产关系的活力,极大地推动了生产力的发展。这是因为,利益机制主体目的和利益机制的性质、内容、实现手段和使命与资本主义已有本质的不同。社会主义利益机制的主体是人民,其目的就是维护人民的根本利益,资本主义利益机制的主体就是资本家,其目的就是维护资本家的利益。社会主义利益的内容具有制度性、体制性与政策性,而资本主义利益机制的内容基本就是体制性,也可能有政策性,但不可能有制度性的,因为制度是其本根,改变制度就等于改变了资本主义的社会性质。社会主义市场经济的利益主体是国家、企业和个人,利益机制的客体

①　《马克思恩格斯文集》第 2 卷,人民出版社 2009 年版,第 36 页。

就是作为生产资料的资本等,但是利益机制的实现手段就是对劳动成果与价值按劳动贡献和资本要素来分配。而资本主义利益机制的实现基本手段就是作为私有制的资本。社会主义利益机制的使命是协调各方面的利益关系,实现社会主义公平正义,提高生产率,资本主义利益机制的使命是实现剩余价值增殖。

其次,利益机制通过调整生产关系,使生产关系更加适合生产力水平,推动生产力的发展。在马克思看来,政治经济学就是研究生产关系的科学。人们往往对生产关系作静态的理解,但是生产关系不是静态的,而是动态的,处在一个相互作用的矛盾运动之中。马克思研究的是资本主义生产关系运动过程,研究资本主义的物质利益是如何实现的,并非解释它的静止状态。比如,马克思认为,生产关系在一定条件下就会变成生产力的"桎梏"。在这里,人们都注意到了生产关系对生产力发展的阻碍与促进作用。问题是,生产关系在与生产力矛盾运动中,为什么可能成为生产力发展的"桎梏"?社会主义生产关系是否有可能出现"桎梏"?我国有一种学术观点认为,社会主义生产关系由于基本适应生产力,所以不会成为生产力发展的"桎梏"。这是一种误读。其实,社会主义生产关系同样可能成为生产力发展的"桎梏"。"桎梏"即镣铐,比喻那些束缚人或事物的东西。在这里,马克思就是指的一般生产关系对生产力的阻碍和束缚作用,并未肯定这就是资本主义的生产关系。任何一种生产关系一旦成为"桎梏",如果不及时调整,一方面会阻碍和束缚生产力的发展,另一方面也会或慢或快地使上层建筑发生变革。改革开放以来,我国通过市场经济体制性的利益机制、制度性的利益机制和政策性的利益机制对生产关系的自我调整,使社会主义生产关系更加适合生产力发展水平,从而推动生产力的发展,出现了中国经济腾飞和崛起的"神话"。

最后,利益机制强化占统治利益的生产关系,推动生产力的发展。一定的经济基础总是占统治地位的生产关系的总和。这是因为任何一种经济基础都不可能是纯而又纯的。如果不顾生产力发展水平的复杂性,追求纯而又纯的生产关系,必然阻碍生产力的发展。这是因为生产力发展水平程度非一致性必然导致生产关系的复杂多样性。在任何一种经济基础中,总是有占统治地位的、有新生的处于萌芽状态的和正在走向衰落灭亡的旧的生产关系。所谓生产关系适应生产力的水平,是指一定经济制度设置中占统治地位的生产关系。中国社会主义实践证明,如果新生的生产关系过快发展,必然阻碍生产力的发展;如果正在走向衰落灭亡的旧的生产关系死灰复燃,也必然破坏占统治地位的生产关系,严重阻碍生产力的发展。这些问题在本质上就背离和损害了社会主义占统治地位的生产关系性质,破坏了中国产品在国内外的市场,严重地阻碍国民经济的发展。国家要通过立法手段运用制度性和政策性的利益机制,通过打击、处罚来抑制这些非社会主义生产关系因素的滋生和发展,保护和强化占统治利益地位的社会主义生产关系。

这就是说,如果不了解物质利益的实现机制,根本就无法理解物质利益的奥秘;只有真正揭示出了利益的实现方式,才能真正认清资本主义运动和发展的实质。因为,利益是一个从客体出发去理解的对象,利益究竟是如何成为社会经济、政治、道德价值发展的驱动力,都必须通过一定制度设置中主体的活动来实现。主体的活动具体可以区分为社会和个人。社会活动的主体在这里是指政府作为人民根本利益的代表,有目的地根据生产力发展的需要设置出制度性的利益机制、体制性的利益机制和政策性利益机制等,协调个人与个人、个人与社会等利益关系,从而调动各方面的积极性,推动生产力的发展。利益关系本质就是一种价值关系。这里的目的就是一种价值目的。比如市场机制的设置最初的价值目的就是打破大锅饭,克服平均主义,实现效率与公平,发展生产力。个人作为主体的有目的活动,则是从制度设置的利益机制的价值目的出发,充分发挥自己的主观能动性,通过自己的劳动,实现对社会的贡献和获得自己的正当利益。实践证明,市场经济作为社会主义制度设置的一种利益机制,激发了利益主体的潜能,实现了它的价值目的,成为了生产力发展的内驱力。

2. 利益机制是生产关系运动自我调节的关键手段

我国历史唯物主义教科书指出了社会主义经济基础具有自我调节作用。这一基本原理无疑是正确的。问题是,究竟是如何自我调节的? 调节的具体机制是什么? 在这一至关重要的问题上,论述往往都十分笼统和含糊。按恩格斯,一定的生产关系既然直接表现为利益,生产关系的自我调整只有通过利益机制来调节。在《德意志意识形态》中,马克思认为,由于生产力发展,首先就产生"单个人的利益或单个家庭的利益与所有互相交往的个人的共同利益之间的矛盾",从而就出现了"国家"这个作为"共同利益"的独立形式。他说,为了把这种利益矛盾控制在一定的秩序中,"使得通过国家这种虚幻的'普遍'利益来进行实际的干涉和约束成为必要"①。这里的通过利益来进行实际的干涉和约束,就是指的利益机制对生产关系的自我调节、控制、干涉和约束。这就是说,所有的国家,对生产关系的自我调节都必须通过一定利益机制调节、约束和控制。当然,这里"虚幻的'普遍'利益"是指那些并不真正代表普遍利益的以私有制为基础的国家。它与社会主义国家通过利益机制来进行生产关系的自我调节,从而实现社会主义的公平正义具有本质的区别。社会主义利益机制不但对生产关系具有约束、控制作用,还有协调和发展作用。社会主义利益机制通过制度性、政策性的利益机制,既可以约束私人利益非法侵占国家的公共利益,把单个个人利益控制在与人民根本利益保持一致的范围内;也可以协调国家、集体和个人利益的关系,把各种不同利益约束在一定的范围;还可以通过体制性的利益机制发展共同利益,如市场经济体制。在社会主义初级阶段,根据我国生产力发展水平,我国主要是通过制度性、体制性和政策性利益机制的自我调整,既发展了单个人的合法利益,也极大地推动了国家的共同利益的发展,从而巩固了社会主义的经济基础,发挥出了社会主义的优

———————
① 《马克思恩格斯文集》第 1 卷,人民出版社 2009 年版,第 536、537 页。

越性。

比如,市场经济作为体制性的利益机制也是调节利益分配的主要手段。从我国 20 世纪末改革开放的历程来看,就经历了三次利益分配格局大的调整。首先是 20 世纪 80 年代初,我国率先在农村实行了包产到户的联产承包责任制,把劳动贡献与劳动者获得的劳动成果联系起来。这就改变了传统经济体制的"一大二公三纯"中出现的干多干少一个样的平均主义的分配模式。20 世纪 80 年代末,我国经济体制改革逐渐由农村转到城市,它包括工业、商业、科技、教育等各行各业。在改革中,尽管这些不同行业的做法不同,但是价值导向的原则是一致的,即尽可能做到个人努力、贡献同个人的收入相统一。邓小平说:"每个人都应该有他一定的物质利益,但是这决不是提倡各人抛开国家、集体和别人,专门为自己的物质利益奋斗,决不是提倡各人都向'钱'看。"①"每个人"都应有他一定的物质利益,这样的个人价值导向的原则,无疑是正确的。但它同排斥社会、集体、他人的唯利是图的极端个人主义有本质的界限。20 世纪 90 年代,我国实行市场经济体制改革,利益机制成为了利益分配的主要杠杆。"过去实行平均主义、大锅饭,最为突出的问题是,在成果分配上,不同经济主体的不同利益不能在收益上得到体现。因而,责、权、利无法在劳动者个人那里达到内在统一。市场经济中,国家、集体和个人进入市场以后,它们都是平等的经济主体。各自利益在实现过程中的矛盾,只有通过平等竞争的市场利益机制来解决。作为社会政治原则,国家集体利益无疑高于个人利益。但在市场经济活动中,它们事实上都成为了平等竞争对手。个人作为经济主体,可以同代表国有、集体利益的经济主体在市场经济活动中竞相高下。由于把国有(集体)企业推向市场,责、权、利在每一劳动者个人那里达到有机统一。"②

---

① 《邓小平文选》第二卷,人民出版社 1994 年版,第 337 页。
② 谭培文:《论社会主义初级阶段个人的价值导向》,《社会主义研究》1996 年第 5 期。

3. 利益机制是思想上层建筑的物质基础

长期以来,有一种理论认为,道德是非经济因素,市场是经济因素,市场无道德。这种理论显然是没有根据的,对社会实践产生了极其负面的影响。在这种理论的影响下,市场极端功利主义曾一度扩张起来,一些地方政府和个人,把利益机制当作一种与伦理价值无涉,满足个人欲望和实现个人利益最大化的物质刺激的工具。虽然道德思想是非经济因素,但道德的基础是利益。道德与利益有一种不可分割的内在联系。把道德与经济绝对对立起来,等于取消了道德的基础,道德成为一种先验的良心和意志。恩格斯说:"人们自觉地或不自觉地,归根到底总是从他们阶级地位所依据的实际关系中——从他们进行生产和交换的经济关系中,获得自己的伦理观念。"①这就是说,生产和交换的经济关系本身就包含了自己的伦理价值关系,一定社会的道德价值观念只不过是这种经济伦理关系再一次方而已。利益机制虽然始终都以利益为前提和基础,但它不同于具体的物质利益。利益机制的伦理价值就是一定社会政治伦理关系再一次方的利益基础。因为任何社会都有自己的价值理念,这种价值理念都是适应一定社会利益基础再一次方的结果。利益基础是一个客体因素。利益要进入主体需要与活动的视野,还必须通过一定的中介与桥梁。资产阶级把私人利益看作是完全不受任何社会条件制约的个人个性的表现,这是错误的。马克思说:"私人利益本身已经是社会所决定的利益,而且只有在社会所设定的条件下并使用社会所提供的手段,才能达到;也就是说,私人利益是与这些条件和手段的再生产相联系的。"②可见,无论是私人利益还是社会利益的实现,都离不开一定的社会条件和手段。只有通过一定的手段和方式,利益才可能转换为利益主体的现实利益。利益机制作为利益主体利益的实现方式,利益机制就是社会价值理念与物质利益基础的中介与桥梁。

---

① 《马克思恩格斯文集》第 9 卷,人民出版社 2009 年版,第 99 页。
② 《马克思恩格斯文集》第 8 卷,人民出版社 2009 年版,第 50 页。

利益对价值理念的基础作用通过一定的利益机制才能具体体现出来,利益主体则是把通过利益机制实现的社会与个人的利益作为认同和评价社会价值的基础,而不是一种远离社会主体现实利益的客观对象。旧唯物主义虽然也把利益作为道德价值的客观基础,但是它始终不能说明利益同社会的辩证关系。实践的唯物主义立足从主体、从主体的实践活动来理解利益,这就科学地说明了利益与社会、与道德价值的辩证关系。社会主义价值的基础是利益,但是由于利益机制是利益主体利益的实现方式,所以利益机制作为工具式的手段既是一定利益关系的测量器和指示器,也是人们评价、选择和认同社会主义价值的基础。

首先,利益机制通过维护占统治地位的生产关系,实际上也就强化了思想上层建筑的经济基础。马克思主义认为,一个阶级是社会上占统治地位的物质力量,同时也是社会上占统治地位的精神力量。虽然如此,统治地位与非统治地位总是相对的,不是一成不变的。由于生产关系的复杂多样性,随着各种生产关系的发展,就有出现各种物质力量发展不平衡的可能性,即占统治地位的物质力量逐渐弱化为一般地位从而失去自己的统治地位,相反不占统治地位的物质力量,也可能上升为统治地位的情况。但是,这种变化是一个发展过程。任何物质力量的发展,必然要通过精神力量发展表现出来,即当某种物质力量发展到一定程度,必然会有适应这种发展产生的利益诉求、价值诉求,甚至政治诉求。利益机制通过生产关系的调整,维护和加强自己占统治地位的生产关系,从而巩固自己占统治地位的经济基础,维护自己的上层建筑。即社会主义利益机制通过对生产关系的自我调整,巩固和加强了自己占统治地位的物质力量,从而增强了自己占统治地位的精神力量,推动了社会主义的价值观的产生和形成。

其次,利益机制通过协调人民内部各种利益差别,实现了公平正义,有助于推进社会主义价值认同。根据马克思的论述,由于生产力的发展必然出现分工。在以私有制为基础的社会,"分工和私有制是相等的表达方式,对同一件事情,一个是就活动而言,另一个是就活动的产品而言"①。所以分工的发展必然出现各种利益差别和对立。在我国经济制度下,由于分工的发展,行业与行业、个人与个人、国家与企业和个人等之间的利益所得表现出极其复杂的结构和层次。比如,在公有制体制下有不同行业的收入差别问题,有其他混合经济中的资本与劳动在利润分配中所占比例的利益矛盾问题,还有在市场经济中形成的不同利益集团的既得利益是否相互平衡的比较利益问题等,这些就会引起不同的利益诉求和价值诉求。如果这些诉求不能及时得到响应,各种利益集团势力形成的群体性的事件就可能出现,并直接质疑社会主义价值存在的可能性,从而离散和解构社会主义价值观的凝聚力。面对各种各样的利益诉求,利益机制可以有效地协调和平衡各种利益矛盾,逐步实现公平正义,推进人们对社会主义价值的认同。

最后,利益机制通过对社会主义生产关系的自我调节,能不断地完善社会主义制度,批判和抵制各种反马克思主义思潮。21 世纪前后,由于苏联的解体,新自由主义等反马克思主义思潮对社会主义的攻击达到了高潮。社会主义初级阶段不可避免地存在各种各样的利益矛盾,但是,社会主义制度性质决定社会主义发展是为了人民,社会主义发展的利益必然要由人民共享,社会主义能通过利益机制协调平衡各种利益关系,解决好人民内部的各种利益矛盾,使人民得到了看得见的实惠。这就为批判和抵制各种反马克思主义思潮,推动社会主义价值认同提供了事实依据。

4. 利益机制是协调利益关系的政策工具

全部社会生活中最为普遍的价值关系就是利益关系。所谓全部社会生活,无非是指物质生活、精神文化生活和政治生活等。源于物质经济生活、精神文化文明生活和政治生活的价值冲突或矛盾实质是一种利益冲突与利益矛

---

① 《马克思恩格斯文集》第 1 卷,人民出版社 2009 年版,第 536 页。

盾。正确处理各种利益矛盾也就缓和与抑制了各种价值冲突。亨廷顿在《文明的冲突与世界秩序的重建》中把当代世界的冲突理解为文化和文明的价值冲突是片面的。价值冲突是一种思想文化观念的冲突，思想的冲突根源于利益的冲突，价值的冲突和融合根源于利益的冲突与认同。不同文明、不同国家、不同民族地区之间的价值冲突只是一种观念形式，其根源产生于不同的利益矛盾冲突。世界不同文明价值冲突的缓和与抑制在于正确处理各种利益矛盾。利益机制是利益的具体实现方式。利益机制是正确处理各种利益矛盾、缓和与抑制各种价值冲突、维护社会和谐稳定的基本政策工具。

利益机制维护社会和谐稳定的作用可以表现为三个方面。

一是对价值冲突的平衡作用。价值冲突是价值矛盾的运动状态，平衡只是价值矛盾的静止状态。运动是绝对的，静止是相对的。价值冲突可以说是价值矛盾的一种常态。所以，价值冲突的出现不足为怪。问题在于寻找价值冲突的根源和解决途径，从而实现价值冲突的平衡。价值冲突的根源在于利益冲突，价值关系的不平衡实质是利益矛盾内在力量的发展出现了不平衡。如果利益矛盾打破了这种平衡，那么突发事件则不可避免。利益机制通过政策工具，正确处理和协调各种利益矛盾，使价值冲突的各方保持在一种平衡稳定状态，以维护社会秩序的和谐稳定。

二是对价值冲突的离散瓦解作用。利益机制不仅对价值冲突具有积极平衡作用，利益机制对价值冲突还具有极为重要的离散和瓦解等作用。由于价值是客体对主体需要满足的关系，利益认同是价值认同的基础，利益冲突的离散和瓦解必然带来价值矛盾冲突的离散和瓦解。比如计划经济体制下，平均主义的大锅饭严重挫伤了人们的积极性。市场经济利益机制的建立，很快地瓦解和离散了平均主义所引起的价值冲突。市场经济利益机制极大地激发了每一个人的潜能，推动了生产力的发展，发挥了社会主义制度的优越性，平稳地度过了苏联解体和东欧剧变给我国带来的危机。但是，由于市场经济带来了贫富差距，新的价值冲突又产生了。国家和政府以改善民生等为利益机制，协调了各方面的利益关系和利益矛盾,使新价值冲突逐渐离散和瓦解,维护了社会的稳定。

三是对价值冲突的融合作用。价值冲突的根源是利益冲突,价值冲突的融合的途径是利益融合。在资产阶级取得统治地位后,利益机制成为了实现意识形态价值认同和融合的物质手段。这一点在当代资本主义那里尤为典型,利益机制一直是西方核心国家推行其合作霸权的杠杆和手段。第二次世界大战后,利益机制成为推动西方发达国家"欧洲认同"的动力。所谓的"欧洲认同"或欧洲一体化进程,从1951年《欧洲煤钢共同体条约》签署诞生开始到1973年欧共体的《欧洲认同宣言》,再到2004年《欧洲宪法条约》的通过,其主要作用因素有三:经济一体化的利益机制因素、意识形态一体化的政治、文化安全因素和战后福利国家制度的社会同构性因素等。[1] 其中,利益机制在所谓的欧洲价值认同中发挥了重要的杠杆作用。从20世纪中欧洲煤钢联营到后来的所谓的欧洲货币一体化等,从20世纪70年代的"华盛顿共识"到后来的"欧共体"等国际组织,无非是通过市场经济等利益机制最终实现其对西方资本主义一体化的价值认同与融合。通过利益融合来推进价值冲突的融合是资本主义实践中一条基本经验,它对我国统筹国内和国外和平发展两个大局,维护社会稳定,具有一定的借鉴意义。

二、利益机制的消极作用

利益机制的积极作用是主要的,但是,任何事物是都是辩证的,只有辩证地去把握利益机制,我们才能够比较科学地协同、协调社会内部各种各样的关系。利益机制的作用也是这样。利益机制无疑是市场经济体制条件下驱动生产力发展的最能产生实际作用的制度、体制和政策工具。但是,利益机制的消极作用也是不容忽视的。

---

[1] 参见马胜利、邝杨主编:《欧洲认同研究》,社会科学文献出版社2008年版,第6页。

1. 利益机制对价值冲突具有催化作用

所谓价值冲突的催化作用即加剧价值矛盾的冲突，使价值矛盾由量的扩张上升到质的突变。价值冲突的催化作用是由利益矛盾内部冲突产生的。当利益矛盾处在一种量变阶段，利益的冲突往往保持和控制在一定的秩序范围。但是，当社会利益矛盾冲突突破了量变的界限，那么，利益的对抗必然加剧价值冲突和社会内部对抗。科学的利益机制必然促进社会和谐，而错误的利益机制必然加剧价值冲突和对抗，给社会稳定带来不可预料的严重后果。在一些地方政府，还有学校、医院等公共服务行业，甚至在个别军队内部，也简单地引进了市场化的机制。这就削弱了政府公共服务部门的服务功能，政治工作在政府和这些部门出现了被边缘化的现象。在一些政府部门，甚至出现了一些干部的腐败问题，成为影响社会稳定的因素。

2. 利益机制对传统的伦理道德价值必然带来冲击作用

利益机制突出了物质利益的作用，它们开始颠覆和挑战传统和现代的伦理道德价值的底线。在我国传统社会，人们在长期的生活实践中依靠自己风俗、习惯形成了许多优秀的道德文化价值，维系了民族的伦理关系。但是，利益机制用金钱、货币、资本等作为具体的载体成为推动现代化发展的动力。这就无情地冲击和斩断了我国农耕时代遗留下那种温情脉脉的带有血缘痕迹的人与人之间的伦理关系，在市场机制下，昔日的熟人关系已经变成了一个陌生人社会。一些人为了牟取暴利，甚至敢冒挑战法律正义的危险，粗制滥造、制假造假、危害社会和威胁人的生命安全，挑战社会伦理道德的底线。

3. 利益机制对于坚持以人为本将产生负面影响

利益机制毕竟是物的作用问题。利益机制既然是一种物的利益结构，如果利益机制提升到国家层面的力量，那么，利益机制就可成为支配和统治一个社会的力量。比如,市场经济体制作为一种体制性的利益,金融、资本、价格、市场竞争就成为市场经济中物的支配力量,这就可能再度出现物的东西支配人、统治人的现象,使得人与人的关系"异化"为物与物的关系。

第三章　中国道路与利益机制

经过改革开放 40 多年的高速增长,中国已经由一个积贫积弱的国家,跻身为世界第二大经济体。"中国速度""中国道路""中国模式"和"北京共识"等关键词成为了国内外学术界探索中国经济成就的热词。它们中的哪一个能够准确概括中国的成功? 中国成功的深层原因究竟是什么? 中国的成功与利益机制的关系如何? 中国的成功对世界贡献了什么样的经验? 这些经验对世界和中国具有什么样的普遍意义?

第一节　中国道路的内涵辨析

中国的成功举世公认,但中国的成功究竟是"中国模式"的成功,还是"中国道路"的成功,还是所谓的"北京共识"的结果呢? 实践证明,中国的成功当然不能简单地说是北京共识,也不能称之为中国模式论的结果,中国的成功是中国道路的成功。

一、中国道路的含义

中国道路是中国特色社会主义建设与发展之路。中国道路的形成经历了一个不断探索的过程。新中国成立后,我国进行社会主义建设是从学习苏联模式开始的,中国道路的探索也是始于对苏联模式的认识、评价与反思。国内许多学者认为,中国道路的探索应该上溯至毛泽东时代。正是以毛泽东同志为主要代表的中国共产党人最先提出了摆脱苏联模式的影响,进行马克思主义与中国建设的具体实际"第二次结合"的重大课题。这一历史时期对中国社会主义建设道路和模式所进行的理论与实践的双重探索,为中国特色社会主义道路的开辟提供了物质前提、理论基础和经验启示。

时代列车驰入 21 世纪以来,我国成功地一跃成为世界第二大经济体。这就是中国道路的成就。中国道路的探索当然离不开以毛泽东等为代表的中国共产党人的探索,是他们把马克思主义与中国具体实践结合起来,开辟了中国新民主主义革命道路。把马克思主义与中国建设的具体实际"第二次结合"起来,成功地创新了中国特色社会主义建设和发展之路的是邓小平理论。邓小平理论是马克思主义中国化的产物,这已是一个确定无疑的共识。国内外极少数人立足于历史虚无主义立场,否定邓小平理论与马克思主义的联系,这是十分错误的。

1. 邓小平理论探索了一条社会主义建设道路

通览三卷本的《邓小平文选》,的确难以找到邓小平直接使用过"马克思主义中国化"的概念,但这一点绝不能否定邓小平理论是马克思主义中国化的新成果。从《邓小平文选》可以看出,邓小平关注的不是概念问题,而是马克思主义中国化的实质究竟是什么的问题。马克思主义中国化是马克思主义基本原理与中国的具体实际相结合。邓小平在他的文献中多次论述了这一问题。比如,1956 年在《关于修改党的章程的报告》中,邓小平说:"马克思列宁主义的普遍真理与本国的具体实际相结合,这句话本身就是普遍真理。"①这里的"关键",既非马克思主义,也非本国的具体实际,而是二者之间的"结

---

① 《邓小平文选》第一卷,人民出版社 1994 年版,第 258—259 页。

合"。他说:"如果普遍真理不与中国的实际相结合,或者结合得不好,那末就会造成很大的损失"①,"结合"是一个过程,而检验"结合"好不好的标准却不是过程,而是过程的"结果",这才是马克思主义中国化的实质问题。那么,马克思主义与中国实际相结合的实质是什么? 邓小平指出:"中国革命的成功,是毛泽东同志把马克思列宁主义同中国的实际相结合,走自己的路。现在中国搞建设,也要把马克思列宁主义同中国的实际相结合,走自己的路。"②这就是说,从中国革命的经验来看,把马克思列宁主义同中国的实际相结合的实质就是要探索一条适合中国具体实际的革命和建设之路。在《邓小平文选》中,"文化大革命"结束后,无论是对历史与现实的回顾,还是对国内外的经验教训的总结,邓小平对马克思主义中国化问题聚焦的,始终是社会主义建设中的中国道路问题。在党的十二大上,邓小平指出:"无论是革命还是建设,都要注意学习和借鉴外国经验。但是,照抄照搬别国经验、别国模式,从来不能得到成功。这方面我们有过不少教训。把马克思主义的普遍真理同我国的具体实际结合起来,走自己的道路,建设有中国特色的社会主义,这就是我们总结长期历史经验得出的基本结论。"③按马克思,"建立共产主义实质上具有经济的性质"④,而我国的国情是社会主义初级阶段,把马克思主义共产主义原理同我国的具体国情结合起来,其结论就是"走自己的道路,建设有中国特色的社会主义"。这就是说,"结合"的实质就是要解决中国特色社会主义建设道路问题。把马克思主义共产主义原理与我国的具体国情结合起来,其结论就是"走自己的道路,建设有中国特色的社会主义"。可以说,邓小平理论集中到一点,就是一个全面系统地探索与建构了中国特色社会主义道路的理论。第一,邓小平论述了走中国特色社会主义建设道路的可能性。他认为,"和平

---

① 《邓小平文选》第一卷,人民出版社1994年版,第259页。

② 《邓小平文选》第三卷,人民出版社1993年版,第95页。

③ 《邓小平文选》第三卷,人民出版社1993年版,第2—3页。

④ 《马克思恩格斯选集》第1卷,人民出版社1995年版,第122页。

与发展"是当代世界的时代特征,这就为走中国特色社会主义建设道路提供了可能的国际环境。我国人民在中国共产党的领导下,在政治上建成了一个统一稳定的国家,这就使我国走中国特色社会主义建设道路有了可能的国内条件。第二,邓小平具体地分析了中国处于社会主义初级阶段的基本国情与我国生产力不发达危及社会主义未来命运的严峻风险,深刻地阐述了走中国特色社会主义建设道路的必要性。第三,邓小平理论从基本路线、基本手段和基本目标等方面系统地论述了走中国特色社会主义建设道路的基本内容。概括起来,就是以经济建设为中心,以社会主义市场经济为手段,以全面实现现代化为目标。

旗帜决定方向,道路决定命运。我国新民主主义革命的胜利,归功于毛泽东同志把马克思主义与中国具体实际相结合,探索了一条适合自己国情的新民主主义革命道路。在苏联解体、东欧剧变、我国社会主义前途和命运经受严峻挑战的困境情势下,邓小平探索的中国特色社会主义建设道路是我国走出这一困境,争取社会主义建设事业新胜利的成功之路。毛泽东思想成功地探索了一条新民主主义革命道路,实现了马克思主义中国化的第一次飞跃。而邓小平理论成功探索了一条社会主义建设之路,是马克思主义中国化第二大理论成果,实现了马克思主义中国化的第二次飞跃。

2. 邓小平理论开创了中国化马克思主义的新境界

改革开放以来的中国特色社会主义建设道路的实践证明,邓小平理论之所以是马克思主义中国化的第二大成果,是因为邓小平理论开创了中国化的马克思主义新境界。

首先,邓小平理论开创了中国特色社会主义道路自信新境界。自信是主体认识在自发自觉阶段建立的一种信念,而不是望文生义意义上的自己相信自己,更不是自我中心论。自信是主体以实践为基础的认识,经过一个自发到自觉的辩证统一过程。中国特色社会主义道路自信,并非是主观自大或自以为是之意。中国特色社会主义建设道路的探索遵循的是实践、认识、再实践、再认识的循环往复的认识前进规律。如果我们把新中国成立以来我国对社会主义建设道路的探索看作是一个过程，那么，改革开放以前，我国社会主义建设道路的探索无疑是处在自发过程。邓小平的中国特色社会主义建设道路理论的形成与提出，标志着我国社会主义建设道路的探索上升到了自觉过程。对于自发而言，这是一个极为关键的阶段。根据辩证法，自觉是自信，但是，缺乏自发的自觉还不是真正的自信，真正的自信是由自发的肯定阶段，到自觉对自发的扬弃阶段，最后走向否定之否定的自发自觉辩证统一阶段。因为，任何理论都必须在实践中检验和发展，邓小平的理论也不例外。实践不仅是自发提升到自觉的基础，也是自觉上升为自发自觉阶段的动力。邓小平理论经过中国特色社会主义建设实践的检验证明是正确的，并经过以江泽民、胡锦涛、习近平等为代表的几代领导人的不断发展，由自觉阶段逐渐上升为自发自觉相统一的自信阶段。从这个意义上来看，中国道路的自信虽然不是邓小平提出来的，但正是邓小平理论对中国特色社会主义建设道路的成功探索，奠定了中国特色社会主义道路自信的基础境界。

其次，邓小平理论开创了中国制度自信新境界。中国特色社会主义建设道路的成功实践，为制度自信提供了现实基础。中国特色社会主义赖以建立的现实前提，是中国社会主义初级阶段基本国情。所谓社会主义初级阶段，首先是社会主义的，"就是不发达的阶段"。马克思主义是建设中国特色社会主义指导思想。中国是不是社会主义，既不能以苏联社会主义模式为标准，也不可以改革开放以前"一大二公三纯"为根据来看中国特色社会主义制度。因为苏联的制度，中国制度的参照系；而我国改革开放以前的社会主义制度，是中国制度自信的自发阶段，而适应社会主义初级阶段基本国情产生的中国特色社会主义经济制度，是制度认识的自觉阶段。社会主义初级阶段的基本经济制度，虽然是一个不断自我完善的过程，但实践证明，社会主义初级阶段基本经济制度，适合了社会主义初级阶段的生产力水平，解放和发展了生产力。

只有在这里,我国对社会主义初级阶段经济制度认识才开始进入自发自觉的自信新境界。

最后,邓小平理论开创了中国理论自信新境界。中国特色社会主义理论自信,虽然与中国特色社会主义建设道路自信、制度自信,在实践基础上有一致性,但又有其特殊内涵。一种理论只有通过实践反复检验证明是具有真理性的科学理论,才是值得自信的理论。中国实践证明,邓小平提出中国特色社会主义建设道路理论是正确的,它不仅是马克思主义中国化的新成果,而且说明中国化马克思主义理论自信进入了新境界。

3. 邓小平理论的中国意义与世界意义

邓小平理论作为中国化马克思主义成果具有不可否定的中国意义与世界意义。在世界社会主义运动遭受一系列挫折的国际背景下,在中国社会主义现代化错过了世界现代化发展的黄金期并大大落伍于世界发达国家现代化步伐的紧急关头,邓小平理论回答了"什么是社会主义""怎样建设社会主义"等一系列的问题,成功地探索了一条后发展国家步入世界中等发达国家水平并有可能跻身发达国家行列的中国特色社会主义建设道路。在这个意义上,邓小平理论破解了中国作为后发展国家如何实现快速发展的难题。

中国是世界上人口最多的大国。新中国成立前中国还是一个半封建、半殖民地性质的国家。自1840年以来,世界上大大小小的帝国主义都张开血盆大口对中国进行烧杀抢掠、蚕食瓜分,造成生灵涂炭、百业凋零。辛亥革命以后,又经历了数年的军阀混战。更有不可忘记的是,从1931年"9·18"事变开始,日本把侵略中国的战争,从东北扩展到华北,然后很快地将战争推向了全中国。为了不至于亡国灭种,救亡图存,中国人民奋起反抗。日本投降以后,又进行了三年的解放战争,直至1949年,新中国才建立起来。改革开放前30年,中国共产党人带领中国人民虽然取得了突出成就,但是,中国经济在国际上还是处于极其落后状态。正是改革开放开启的"中国道路",改变了中国经济落后面貌。

邓小平理论的世界意义是科学地破解了共产主义实现的世界历史性一般性与社会主义建设道路的特殊性如何辩证统一的世界难题。"走自己的道路",社会主义建设道路必须适合各国的具体国情。这就是结论。这一结论,不仅体现了邓小平理论在国际共产主义运动中的世界意义,而且也彰显了邓小平理论对世界一切后发展国家破解发展难题的世界意义。

二、"北京共识"无法替代中国道路

所谓"北京共识",是相对于西方的"华盛顿共识"(Washington Consensus)而言。华盛顿共识是西方在 20 世纪 70 年代由英国首相撒切尔夫人与美国总统里根在华盛顿达成的,由 20 世纪 80 年代华盛顿的三大机构——国际货币基金组织、世界银行和美国政府,提出的在西方国家接受新自由主义理论,减少政府干预,促进贸易和金融自由化,全面实现私有化、自由化、民主化和市场化的一系列政策主张,以摒弃 30 年代经济危机以后在凯恩斯理论影响下的国家调控市场理论。赵晓说:"1989 年,曾担任世界银行的经济学家约翰·威廉姆森执笔写了《华盛顿共识》,系统地提出指导拉美经济改革的各项主张,包括实行紧缩政策防止通货膨胀、削减公共福利开支、金融和贸易自由化、统一汇率、取消对外资自由流动的各种障碍以及国有企业私有化、取消政府对企业的管制等,得到世界银行的支持。"①毋庸置疑,"华盛顿共识"实际是市场原教旨主义的翻版。它充分张扬了欧洲自由主义价值观,具有"经济体制、政治体制和文化体制"的三重特性,具有市场化和私有化、自由化、民主化、多党制等多重内涵。依据"华盛顿共识",资本主义私有化、民主化和多元化是一切非市场经济体制国家向市场经济过渡的前提条件。但是,20 世纪 80 年代,按照"华盛顿共识"新自由主义的配方在拉美国家推广,而绝大多数拉美国家陷

---

① 赵晓:《从"华盛顿共识"到"北京共识"》,《中国经济周刊》2004 年 8 月 23 日。

入了长达10余年的通货膨胀暴涨、债务危机爆发的经济困难。紧随其后的苏联,按照"华盛顿共识"新自由主义的配方,20世纪90年代实行所谓的"休克疗法",造成了俄罗斯的经济全面倒退。更为严重的是,"华盛顿共识"新自由主义的配方害了拉美国家、俄罗斯等,最后那些作为"华盛顿共识"始作俑者的西方国家,也难逃被惩罚的厄运。2008年,席卷世界的美国次贷危机爆发了。美元贬值,物价飞涨,失业率飙升,华尔街正在经历一场百年不遇的金融震荡,雷曼破产、美林被卖、AIG差点破产于人们对金融高管的一片指责声中,还诞生了一些新的名词,首席执行官也被戏称为首席欺诈官。占领华尔街运动持续了将近一年时间。出乎意料的是中国招商银行纽约分行于美国当地时间2008年10月8日下午4点半,在曼哈顿麦迪逊大街535号18楼正式开业,给人气低迷的华尔街注入了一剂强心针。中国招商银行纽约分行的开业,获得了美国政界和金融界的高度评价。一些学者认为,以可持续的经济增长作依据,"北京共识"才最有可能对"华盛顿共识"形成新的强有力的挑战。"北京共识"从何而来呢?曾任《时代》周刊外国报道编辑,目前大部分时间在中国生活和工作的拉莫先生曾发表一篇名为《北京共识》的论文,'北京共识'一词由此不胫而走。在拉莫那里,对"北京共识"的定义是:坚决进行革新和试验(如中国经济特区);积极维护国家边境和利益(如台湾问题);以及不断精心积累具有不对称力量的工具(如4000亿美元外汇储备)。其目标是:在保持独立的同时实现增长。① 虽然拉莫的"北京共识"的提法并不一定准确,也未必能够真正得到人们共识,拉莫提出了"北京共识"概念,也蕴含了对中国道路肯定不同于"华盛顿共识"的合理因素,但是,中国道路具有特殊含义,不是"北京共识"可以替代的概念。

其一,"北京共识"是相对"华盛顿共识"提出来的概念,可见,"北京共识"的参照系是"华盛顿共识"。这仍然是西方中心论下的一种翻版,把中国

---

① 参见赵晓:《从"华盛顿共识"到"北京共识"》,《中国经济周刊》2004年8月23日。

道路归结于与"华盛顿共识"一种不同的共识,好像是对中国道路的肯定,但是所谓"北京共识"的议题设置是西方的,这就可能消除和解构中国特色社会主义道路的特殊议题下设置的概念。如果我们不讲中国特色社会主义道路,那么,"北京共识"就会替代"中国道路",从此中国道路就会失去自己的话语权。

其二,中国道路是在中国特色社会主义理论的实践探索中形成的,而不是什么"共识"的结果。中国特色社会主义道路,不是产生于 20 世纪末,不是与"华盛顿共识"同时产生的,也不是在"华盛顿共识"产生以后由西方提出和概括的命题。没有中国长期的经济建设实践,就不会有中国特色社会主义道路。

其三,中国道路的理论根据是马克思主义,而不是新自由主义框架下的另外一种共识。中国道路的理论是马克思主义中国化第二大理论成果,是邓小平等把马克思主义理论与中国具体实际相结合的产物。这里所指的中国具体实际,是指中国的具体国情、中国社会主义建设的经验教训和中国民族文化的具体特点。中国处在社会主义初级阶段,这是中国最基本的又不同于世界上任何一个国家,尤其是西方任何一个国家的实际国情。对中国道路的探索历经了几代人的艰难探索,有成功的经验,也有失败的教训。邓小平总结了这些经验和教训,开创了中国特色社会主义道路,并经过改革开放 40 多年的实践证明是正确的。中国道路的提出和实践成功,具有中国民族文化的深厚底蕴。这就是中国文化"实事求是"的精神。"实事求是"本是古代的治学精神和态度。毛泽东将其上升为党的作风。党的十一届三中全会以后,将其提升为毛泽东思想的精髓,并作为党的思想路线。中国道路的提出和形成,是实事求是的思想路线的充分体现。这些,正是与"华盛顿共识"不同的"北京共识"无法涵盖和替代的。而且,中国道路是中国特色的话语体系,"北京共识"终究属于西方话语范式。以"中体、西用、马魂"的原则,我们可以在学术话语中作为话语概念、在中西比较中采用。但是,根据"中体""马魂"的基本原则,中国的崛起只能用中国特色社会主义道路来概括和规定。如果我们抛弃中国特色的话语体系,采用西方提出的"北京共识"话语命题,那必然陷入西方话语体系的陷阱。

三、"中国模式"难以替代中国道路的科学内涵

"中国道路"是否可以概括为"中国模式",这也是中外学术界最为聚焦的一个问题。"中国模式"这个概念首先是由美国《时代》周刊高级编辑乔舒亚·库珀·雷默(Joshua Cooper Ramo)于2004年5月在《北京共识:提供新模式》中提出的。王丹莉认为,乔舒亚·库珀·雷默提出的"北京共识"概念扮演了催化剂的角色,它拉开了此后备受国内外学界关注的"中国模式"讨论的序幕。2008—2009年,关于"中国模式"的讨论达到了一个高潮,大量研究成果相继问世。① 这就是说,"中国模式"是伴随"北京共识"概念而出现的概念。无论是国外的学者,还是国内的各个学科学者,用"中国模式"来研究中国道路的成功,都是对中国特色社会主义理论与实践的肯定。问题在于是用"中国模式",还是用"中国道路"来概括中国特色社会主义的理论与实践,哪一个更为准确和科学? 二者比较而言,"中国道路"优于"中国模式"的概念。

1. 从两个概念的含义来看,"中国道路"比"中国模式"更准确和科学

中国道路与中国模式的核心差别是道路与模式的不同。道路是路线、路途、路径之意。道路是一个过程,既没有绝对的起点,也没有绝对的终点。道路有选择之意,因为道路不是一条,道路往往有许多条,比如条条大路通罗马,即是此意。中国道路就是一个中国人民选择的路径,一个已经经过实践证明是正确的,还在继续探索的路线。模式有样式、模板、模型之意。模式是一个已经定型的东西,是一个以此为样板、模型、模板的东西。如果是一个定型的

①　参见王丹莉:《"中国模式"研究之新动向与再认识》,《中国经济史研究》2013年1月4日。

样板、模型和模板,这看来是一个肯定,但定型的样板又是一个固化的模型。中国模式,可以借鉴,但如果当作一个固化的模型,本身就是教条主义的翻版。显然,中国道路的含义优于中国模式的含义。

2. 从两个概念揭示的内容来看,"中国道路"更加符合中国社会主义经济建设实际

中国道路就是一个探索的过程、一个不断选择摸索前进的过程。正如邓小平所说:"摸着石头过河"。所谓摸着石头过河,就是不断探索前进,以前是这样,现在是这样,将来还是这样。这符合中国特色社会主义建设理论与实践的具体实际。中国特色社会主义建设的理论与实践是一个开放系统,不仅要面对中国的具体实际,还离不开世界全球化的进程。而世界经济政治大格局的任何一点变化,也可能对中国的经济发展产生正反不同的效应。比如,中东伊拉克、利比亚、叙利亚等国的变故,给中国在该地的投资就带来一些不可弥补的损失。中国道路是一个探索的过程,还不能说已经形成固定模式、模型和样板。

3. 从历史的经验教训来看,"中国道路"是一个更有生命力的概念

在国际共产主义运动中,苏联就自称是社会主义革命与建设的模式。苏联第一次把马克思主义理论付诸实践,在世界上第一个取得社会主义革命的胜利,并对如何建设社会主义进行了探索。这是国际共产主义运动的一个伟大创举。但是,苏联有的政治家和思想家就把他们的理论与实践看成是社会主义革命唯一的模式,并要求其他国家模仿或作为教条主义的模型。这就是错误的,而且带来极大的消极影响和危害。在我国新民主主义革命时期,王明等人将苏联的模式教条化,并将其搬到中国,其结果是对中国革命造成了无可挽回的损失。模式不可能是永恒的,苏联最后的分裂和东欧的剧变,证明苏

联的模式论是错误的。我国从新民主主义革命到社会主义建设,立足于本国的国情,吸取了苏联社会主义革命与建设的经验和教训,坚持把马克思主义与中国的具体实际相结合,不仅开辟了一条新民主主义革命成功的道路,而且也探索出一条符合社会主义初级阶段实际的中国特色社会主义建设道路。坚持中国道路的实践和探索,符合马克思主义辩证法,符合中国社会主义革命和建设的规律。

第二节 中国道路成功的体制机制

在日常话语中,体制机制常常连在一起,有时甚至被互用。其实,严格经济学意义上的体制与机制其含义是不同的。体制是指市场经济体制,机制是指市场经济体制中一些关键要素,比如金融、价格、竞争等。这属于经济学具体研究的体制机制。本书主要采用的经济哲学研究方法,特别注重的是体制与机制的哲学方法论意义。以哲学方法论来看,体制相对制度是体制,而体制相对于机制也可以称之为一种机制。比如市场经济体制,由于市场经济是一种利益经济。在这个意义上,市场经济体制也可以说就是一种利益机制。鉴于本文的主题关键词是"利益机制",市场经济体制也将其规定为体制性的利益机制。

一、机制的基本含义

"机制"(mechanism)本义为机械装置、机构、结构的关键。作为现代词,"原指机器的构造和动作原理。生物学和医学通过模拟借用此词。生物学和医学在研究一种生物的功能(例如光合作用或肌肉收缩)时,常说分析它的机制。这就是说要了解它的内在工作方式,包括有关生物结构组成部分的相互关系,以及其间发生的各种变化过程的物理、化学性质和相互联系"。在这里,机制由本来的机器的构造和动作原理引申为后来在生物学等的有机体的内在构造、功能变化过程的运动性质及其相互关系。机制作为哲学概念它包括有关事物结构、组成部分的相互关系以及其间发生的各种变化过程的运动性质和相互关系。因此，机制是事物内部结构要素之间相互作用过程的运动性质和相互联系的机理或原理。其一，机制是指事物内部的结构要素，如机器的动力机制、机器的传动机制、机器的自我控制机制。其二，机制是指一个事物内在变化过程相互作用相互联系的关键作用的因素，如技巧、手法和途径。这些因素对机器的运动变化过程具有稳定性的控制作用。其三，机制是事物结构要素相互作用相互联系过程的运动性质，比如化学的分子的化合和分解、生物的新陈代谢等。新陈代谢就是生物生命运动的基本机制。生物生命运动依靠各个器官运动的相互联系来维持，但是它们的功能作用的基本性质就是新陈代谢。现代医学证明，保持生命旺盛就在于启动生命各个器官的新陈代谢。循环系统、消化系统、神经系统、排泄系统等，它们相互联系相互作用的机制就是新陈代谢。各个生命器官一旦停止新陈代谢，生命就意味着死亡。其四，机制是控制事物运动趋势的机理和基本原理，不是那些只具辅助作用的表面现象和因素，而是事物运动的内在性质的机理和原理。其五，机制在英文中就是哲学意义的机械论，即西方18世纪唯物主义以机械的、力学的观点来解释世界、生物机体、人类社会等复杂的有机联系的哲学理论。比如霍布斯和拉美特利等人。霍布斯把人的身体构造比作一部机器，把人的心脏、神经和关节分别比喻成钟表的"发条""游丝"和"齿轮"。拉美特利的《人是机器》一书，就把人看成一部复杂精巧的机器。这是它的片面性。但作为机制概念来理解，机械论也有其合理性，那就是把事物复杂的联系和变化简化为一个或几个具有稳定性的关键因素和结构环节。尤其是对复杂的"似自然性"的社会现象的探索，发现了运动变化的机制，也就等于掌握了运动变化的关键因素，对社会运动的了解由纷繁复杂的现象进入到了本质或规律。比如在经济发展中，随着分工的发展，出现了农业、工业、商业、金融、科技、文化产业和服务业等等，都是对经济发展有不可忽视作用的行业。由于各种各样的行业出现，有效地配置资源就成了一个社会协调生产关系的重要问题。近代经济发展的实践证明,市场经济是有效配置资源推动经济发展的机制。机制不同于系统。"系统(system)指由若干相互联系、相互作用的要素所组成的、具有一定结构和功能的有机整体。与'要素'相对。"系统的最本质的特点是整体性,而机制是指整体中具有决定意义的结构要素。要素是构成系统的基本单元。但要素和系统既相依存又相转化。没有无要素的系统,也没有无系统的要素。要素具有层次性。一要素相对于由它和其他要素组成的系统是要素,相对于组成它的其他要素时则是一个系统。机制是一个系统的结构要素,但机制不是一般的结构要素,而是指在运动变化结构中具有关键作用的结构要素。机制作为一个结构要素,对于组成它的其他要素,也是一个系统。比如,市场机制,相对于社会的各种经济生活活动系统,市场机制只是经济活动中一个要素结构,但是市场机制相对于它内部的各个构成要素,市场机制就是一个系统。市场机制还包括价值、价格、竞争等要素。市场机制作为事物内部结构要素之间相互作用的过程,它还包含若干小的机制,如价格机制、竞争机制等。实践证明,市场经济中的价格机制是影响市场运作的最为关键的机制。

二、中国道路成功的机制

机制是事物相互作用的运动体系中起关键作用的因素。中国道路成功的机制,实际探索的是中国道路成功的关键因素是什么。国内外学者的研究浩瀚如林,各有不同的见解和解读。比较有代表性的观点,有程恩富的"四主型制度"说,张维为的"八因素"说和俞可平的"多角度"说。程恩富认为,中国模式体现在经济、政治、文化和社会四个板块中。在经济建设上体现为"四主型制度":公有制为主体的多种产权制度,多种生产要素分配制度,多结构市场制度及全方位开放制度;政治上"三者统一、四层制度":坚持党的领导、人民当家做主、依法治国有机统一,坚持和完善人民代表大会制度、多党合作制度和政治协商制度、民族区域自治制度以及基层群众自治制度;文化建设上体现

"一个体系、两个主体"：坚持社会主义核心价值体系,形成"公有制为主体、民族文化为主体"的两主体格局;社会建设上体现"一个格局、一个网络、四个机制"：健全各方共同参与的社会管理格局,建立政府社会联控联防机制。[①] 张维为认为,中国模式主要指的是在过去改革开放中形成的比较独特的一种发展模式。这个模式有些独特的地方,可以归纳为八点：第一,它有一个具有现代化导向的比较强势、比较有效的政府;第二,它有实事求是的思想路线;第三,关注民生;第四,处理好了稳定、改革和发展的关系;第五,渐进改革,拒绝休克疗法;第六,渐进式的改革,不是一步到位;第七,我们的经济模式是社会主义市场经济;第八,有一个非常好的开放态度。[②] 俞可平认为,从基本的社会经济、政治和文化制度方面来看,"中国模式"的要素是：经济上以公有制为主导的混合所有制;政治上坚持中国共产党领导的多党合作制;意识形态上坚持马克思主义的一元与社会思潮的多元并存;在军队与政治的关系上,实行文官领导军队的制度,坚持党指挥枪的原则;在国家与社会的关系上,政府引导下的公民社会已经形成;从政府与市场的关系看,坚持市场导向的经济改革,同时辅之以强有力的政府调控;从改革与稳定的关系看,"中国模式"正确处理改革、发展与稳定的关系;从改革和发展的策略看,"中国模式"推行增量的经济与政治改革,以渐进改革为主要发展策略,同时进行必要的突破性改革。[③] 他们所称的"中国模式"实际上是说的"中国道路"。从他们的研究可以看到,无论是程恩富的"四主型制度"说、张维为的"八因素"说,还是俞可平的"多角度"说,实际是对"中国道路"成功的因素的全面总结。这无疑是正确的。但是,如果从经济上来看改革开放以后中国道路的成功,其突出的关键是什么呢? 所谓关键,就是机制。

---

① 参见程恩富：《如何理解中国模式》,《人民日报》2010 年 10 月 9 日。

② 参见张维为：《中国模式是"最不坏"的模式》,人民网,2009 年 7 月 20 日。

③ 华林：《"我对中国模式充满着期待"——访中共中央编译局比较政治与经济研究中心俞可平教授》,《社会科学报》2009 年 12 月 24 日。

既然中国道路成功的关键是机制,那么中国道路成功的机制究竟有哪些?有比较才有鉴别。比较改革开放的前后,中国道路最为突出的不同,就是改革开放以前实行的是计划经济体制,改革开放以后实行的是市场经济体制。这一点是他们研究中国模式不同点中的一个共同点。他们一致认为,中国道路成功的关键首先是经济的,没有经济的成功就没有中国道路,或者他们所说的"中国模式"。既然中国道路首先是经济的,那么中国经济成功的关键是什么呢?程恩富认为,在经济建设上体现为"四主型制度":公有制为主体的多种产权制度、多种生产要素分配制度、多结构市场制度及全方位开放制度。这里说的多结构市场制度,就是指市场经济体制。张维为明确认为,我们的经济模式就是社会主义市场经济。俞可平的观点是,坚持了市场导向的经济改革,同时辅之以强有力的政府调控。这里也突出了社会主义的市场经济体制。事实上,在政治上、文化上和改善民生等方面,的确也是一些中国特色,但是中国道路从经济上看,最为突出的关键就是建立了市场经济体制。因为政治文化等的变化虽然也突出了中国道路的特色,但这些变化是由经济基础决定的,并为经济基础服务的。因此,中国道路成功的关键是建立了社会主义市场经济体制。市场经济是利益经济,市场体制就是利益机制。机制既然就是关键的意思,那等于说中国道路成功的关键因素就是社会主义市场经济体制的建立。

三、中国道路的成功与市场经济体制的建立

这里的中国道路主要是指中国特色社会主义建设的道路,而不是指新民主主义革命道路,但也不能割裂社会主义建设的道路与新民主主义革命道路的联系。这就出现了两个问题:一是社会主义建设的道路与新民主主义革命道路的联系是什么?二是中国特色社会主义建设的道路是否包括改革开放前30年的社会主义建设道路的探索?

首先,社会主义经济建设的道路与新民主主义革命道路的联系是什么?新民主主义革命道路与社会主义经济建设道路的任务、目标是不同的。前者

是马克思主义基本原理与中国革命的具体实际相结合,后者是马克思主义基本原理与中国经济建设的具体实际相结合。但是,它们都是道路的探索。新民主主义革命的胜利是由于农村包围城市的道路正确,而不是照抄照搬苏联十月革命城市暴动的模式。中国社会主义经济建设的成功也是因为社会主义经济建设道路的正确,而不是照抄照搬苏联经济建设的道路。旗帜决定方向,道路决定命运。中国新民主主义道路的正确选择,使中国取得了新民主主义革命的胜利。中国特色社会主义道路的正确选择,使中国取得了社会主义建设的成功。道路不是某个人选择,道路是基于中国国情的选择,是历史的选择,是人民的选择。道路是决定中国社会主义革命与建设胜利的关键性因素。社会主义革命和建设虽然是两个不同的阶段,但是新民主主义革命是社会主义(革命与建设)的准备阶段。从发展观的角度来看,社会主义(革命与建设)道路与新民主主义革命道路又是不可分割相互统一的,即统一于中国(革命与建设)道路。

其次,中国特色社会主义建设的道路,是否包括改革开放前30年社会主义建设道路的探索。中国道路的成功,绝不可否定前30年的探索。十一届三中全会关于社会主义建设阶段主要矛盾的分析就继承了党的八大的对国内主要矛盾的分析。1956年4月,毛泽东的《论十大关系》,就把马克思主义理论与中国社会主义建设实际结合起来,实事求是对中国特色的社会主义建设道路和规律进行了探索,提出了我国建设社会主义的基本原则等问题。可以说,《论十大关系》对我国社会主义建设道路探索,为1956年8月中国共产党第八次全国代表大会作了理论和思想准备。党的八大党章规定:"党在自己的活动中坚持马克思列宁主义的普遍原理和中国革命斗争的具体实践密切结合的原则"①。认为,在社会主义改造基本完成以后,国内主要矛盾是人民对于经济文化迅速发展的需要同当前经济文化不能满足人民需要状况之间的矛

---

① 《中国共产党党章汇编》,人民出版社1979年版,第146页。

盾。因此,全国人民的主要任务是发展生产力,实现国家工业化,逐步满足人民日益增长的物质和文化需要。由于当时中国缺乏社会主义建设的实践经验,所以,当时理论与实际的结合,还不能上升为具体的理论与具体的实际的结合,在某种意义上看,仍然只是抽象的理论与抽象的实际的结合。换言之,马克思主义具体理论与中国社会主义的具体实践的结合,对于全党的认识而言,仍然是自在的,还不是自觉的、自为的。马克思主义关于社会主义建设的具体理论基础只能根源于社会主义建设具体实践之中。可以说 1978 年中国共产党第十一届三中全会之所以恢复了八大的正确路线,究其根源却深藏于1958 年至 1978 年近 20 年的社会主义建设实践的经验和教训之中。所以,改革开放以后对中国道路的探索,绝不可能形而上学地把它们与前 30 年的探索对立起来,否则就可能掉进历史虚无主义的陷阱。

第三节　市场经济利益机制建立的过程分析

改革开放以来,从破除了计划经济的体制机制障碍到逐步建立社会主义市场经济利益机制,可以区分为三个阶段。

一、市场经济利益机制的建立阶段

从十一届三中全会到 20 世纪 90 年代中,这个时期可以看作是社会主义市场经济利益机制的建立阶段。

社会主义市场经济中,随着市场主体地位的提高,个人的价值导向问题愈益突出了。所谓个人的价值导向,即根据一定历史阶段个人生存和发展需要或要求等方面的特点,为激励和调动个人在生产等活动中的积极性而确定的某种目标指向。它包括两个方面,一个是精神理想方面,如集体主义、革命理想等;一个是物质利益方面,如个人收入、税收利润、福利待遇等。本节拟对改革开放以来,邓小平同志关于以物质利益为主要内容的个人价值导向理论,进行一些研究。

邓小平建设中国特色的社会主义理论,是一个完整的体系,其中一个重要内容是在突出社会主义理想信念的同时,重视社会主义利益机制对生产力的解放和发展的驱动作用。

在党的十一届三中全会上,邓小平首次提出让一部分人和地区靠勤劳先富起来的思想。邓小平说:"在经济政策上,我认为要允许一部分地区、一部分企业、一部分工人农民,由于辛勤努力成绩大而收入先多一些,生活先好起来。""我们提倡按劳分配,对有特别贡献的个人和单位给予精神奖励和物质奖励;也提倡一部分人和一部分地方由于多劳多得,先富裕起来。"①富即是收入高,物质生活富裕的意思。先富起来,就是一种物质利益机制。由于"辛勤努力",一部分人和地区可以"先富裕起来",这一论述标志我国现阶段在经济政策上对分配性利益机制的一次重大改革。当时,正值"文化大革命"结束之际,其中令人发聋振聩的是:(1)"富"的观念的转变。过去,"富"总是同资本主义联系在一起。富是资本主义,穷是社会主义,"左"的思潮甚至空喊"宁要社会主义的草,不要资本主义的苗"的错误口号。现在富开始转变为与社会主义紧密相连的概念。(2)开创计划经济体制平均主义分配政策改革的先河。"富"不仅与社会主义相联系,"富"还与劳动与个人相联系。它同计划经济条件下,把劳动者个人的八级工资制,作为社会主义应加以限制"法权"的平均主义分配倾向,以及只提"精神"导向的理论,形成鲜明对照。勤劳致富,就是我国现阶段每一个劳动者和地区追求的一个目标。

邓小平肯定了"包产到户"的思想,开启了农村利益机制改革的探索。计划经济体制机制下,由于"大跃进"、大锅饭,加上20世纪60年代前后的三年自然灾害,粮食歉收,一度出现了全国性的饥荒。为了渡过难关,我国曾在一些地区试行了"包产到户",但是,后来却被认为是资本主义而被否定。十一

---

① 《邓小平文选》第二卷,人民出版社1994年版,第152、258页。

届三中全会以后,邓小平在1980年的一次讲话中充分肯定了这一经验。他说:"农村政策放宽以后,一些适宜搞包产到户的地方搞了包产到户,效果很好,变化很快。"邓小平又说:"有的同志担心,这样搞会不会影响集体经济。我看这种担心是不必要的。我们总的方向是发展集体经济。"①这种"担心",隐含的命题是:个人与集体是对立的,就像天平上的砝码,个人重了,集体则轻。强调个人的价值导向,实行"包产到户",它将伤害集体。这种非此即彼的思维方式显然是错误的。事实上,个人与集体,除个人富、集体穷或集体富、个人穷之外,还可以有第三种选择,即个人和集体都富。正确的选择就是第三种方式。他用历史唯物主义阐述了实行"包产到户",调动劳动者个人积极性,发展生产的意义。他说:"可以肯定,只要生产发展了,农村的社会分工和商品经济发展了,低水平的集体化就会发展到高水平的集体化,集体经济不巩固的也会巩固起来。关键是发展生产力,要在这方面为集体化的进一步发展创造条件。"②邓小平选择的正确性,很快被实践证明。在农村,由于劳动者个人积极性调动起来,"几年工夫就见效了",农村面貌焕然一新。改革逐渐由农村转到城市,它包括工业、商业、科技、教育等各行各业。在改革中,尽管这些不同行业的做法不同,但是突出利益机制改革的原则是一致的,即尽可能做到个人辛勤劳动、贡献同个人的收入相统一。邓小平说:"每个人都应该有他一定的物质利益,但是这绝不是提倡各人抛开国家、集体和别人,专门为自己的物质利益奋斗,绝不是提倡各人都向'钱'看"③。"每个人"都应有他一定的物质利益,这样的利益机制改革导向,无疑是正确的,但它同排斥社会、集体、他人的唯利是图的一切向"钱"看的错误思想有本质的界限。

邓小平提出了市场经济的理论,逐步建立了市场经济利益机制。1992年南方谈话中,邓小平指出:"计划经济不等于社会主义,资本主义也有计划;市

---

① 《邓小平文选》第二卷,人民出版社1994年版,第315页。
② 《邓小平文选》第二卷,人民出版社1994年版,第315页。
③ 《邓小平文选》第二卷,人民出版社1994年版,第337页。

场经济不等于资本主义,社会主义也有市场。计划和市场都是经济手段。"①
这一理论的提出,是利益机制的第三次广泛而深刻的改革。市场经济就是一
种利益机制。在社会主义经济政策中,"利益"真正成为生产力发展的内驱
力。由于我国现实存在以公有制为主体的多种经济成分,因而国家、集体和个
人作为不同的经济主体的相对利益仍有一定的差异。过去实行平均主义、大
锅饭,最为突出的问题是,在成果分配上,不同经济主体的不同利益不能在收
益上得到体现。因而,责、权、利无法在劳动者个人处达到内在统一。市场经
济中,国家、集体和个人进入市场以后,它们都是平等的经济主体。各自利益
在实现过程中的矛盾,只有通过平等竞争的市场机制来解决。作为社会政治
原则,国家集体利益无疑高于个人利益。但在市场经济活动中,它们事实上都
成为了平等竞争对手。个人作为经济主体,可以同代表国有、集体利益的经济
主体,在市场经济活动中竞相高下。由于把国有(集体)企业推向市场,责、
权、利在每一劳动者个人那里达到有机统一。利益机制的改革,破除了计划经
济的体制机制障碍,调动了劳动者个人和企业的积极性,解放和发展了生
产力。

　　这三个阶段的改革,体现了我国利益机制改革的渐进发展过程。如果把
一部分人和地区先富起来,当作对利益机制改革的"个别"的话,那么,农村
"家庭联产承包责任制"则是利益机制改革过程中的"特殊",而市场经济利益
机制的建立就是"一般",因为它涉及"每个人""每一个企业"的责、权、利的
问题。因而,这三个阶段,就是一个利益机制改革从个别、特殊到一般的发展
过程。市场经济利益机制改革的前提是从根本上解决平均主义和大锅饭的问
题。利益机制的内容是物质利益,由于生产关系直接表现为利益关系,利益机
制的改革实际是社会主义生产关系自我完善。市场经济利益机制的建立,破
除了计划经济体制机制障碍,建立了适应我国生产力水平的利益机制,极大地

---

① 《邓小平文选》第二卷,人民出版社 1994 年版,第 373 页。

激发了劳动者的积极性,发展了生产力。

任何伟大的理论都必须从既有的思想前提出发。邓小平利益机制改革的思想前提就是历史唯物主义。邓小平说:"革命是在物质利益的基础上产生的,如果只讲牺牲精神,不讲物质利益,那就是唯心论。"①这就是说,如果"只讲牺牲精神,不讲物质利益",就可以界定它是历史唯心主义,而不是历史唯物主义。马克思主义认为,人类历史,实质是一部个人的生存方式的历史。人类要生存,首先要吃、穿、住等,要生产满足这种需要的生活资料。因此,无产阶级取得政权以后的第一步,就是发展生产力。马克思恩格斯说:"如果没有这种发展,那就只会有贫穷、极端贫困的普遍化;而在极端贫困的情况下,必须重新开始争取必需品的斗争,全部陈腐污浊的东西又要死灰复燃。"②可见,极左时期批判所谓的"唯生产力论",推出的"宁要社会主义的草,不要资本主义的苗"的极左口号,是多么的荒唐可笑。他们完全违背了马克思主义的基本原理,违背了唯物主义最为基本的精髓,把物质的苗与草看成两种主义的界限,把社会主义当成是只"长草"的、荒凉的、极端贫困的、不需要吃喝穿住的社会主义。

在社会主义初级阶段,在还没有实现以社会为唯一的利益主体以前,取消物质利益机制对发展生产力的驱动作用,仅仅只讲"精神",它必然导致唯心主义。马克思在批判布鲁诺·鲍威尔主张群众运动就是为了"满足思想"时,说:"群众对这样或那样的目的究竟'关怀'到什么程度,这些目的'唤起了'群众多少'热情'。'思想'一旦离开'利益',就一定会使自己出丑。"③在这里,马克思阐明物质利益机制的一个根本原则,即思想不能离开利益,因为"人们奋斗所争取的一切,都同他们的利益有关"④。所以,"四人帮"那种以"满足

---

① 《邓小平文选》第二卷,人民出版社 1994 年版,第 146 页。
② 《马克思恩格斯选集》第 1 卷,人民出版社 1995 年版,第 86 页。
③ 《马克思恩格斯全集》第 2 卷,人民出版社 1957 年版,第 103 页。
④ 《马克思恩格斯全集》第 1 卷,人民出版社 1956 年版,第 82 页。

思想"作为社会主义唯一原则的理论,不是历史唯物主义,而是历史唯心主义。

社会主义的本质是发展生产力,它的首要因素就是要调动劳动者和企业的积极性。要调动劳动者和企业的积极性,其办法无非是两个:一靠革命精神,二靠物质利益驱动。如果把物质利益看作是思想教育的异在,因而在经济政策上搞平均主义、收入均等、利益均等,干多干少一个样,干好干坏一个样,其结果只能是严重地影响劳动者的生产积极性,阻碍我国生产力的发展。为此,邓小平指出:"加强思想政治工作,讲艰苦奋斗,都很必要,但只靠这些也还是不够。最根本的因素,还是经济增长速度,而且要体现在人民的生活逐步地好起来。人民看到稳定带来的实在的好处,看到现行制度、政策的好处,这样才能真正稳定下来。"①这里的"实在的好处""政策的好处",都是指那些使劳动者看得见的物质利益,即指劳动者个人真正认识到改革对于他们的实际意义和价值。只有这样,生产力才能发展,国家才能稳定,社会才能进步。所以,邓小平的理论就是生长在这一现实的土壤之中。邓小平说:"为国家创造财富多,个人的收入就应该多一些,集体福利就应该搞得好一些。不讲多劳多得,不重视物质利益,对少数先进分子可以,对广大群众不行,一段时间可以,长期不行。革命精神是非常宝贵的,没有革命精神就没有革命行动。但是,革命是在物质利益的基础上产生的,如果只讲牺牲精神,不讲物质利益,那就是唯心论。"②在这里,邓小平阐明了物质与精神、现实与理想、个人与集体等辩证原则,是马克思主义的理论在中国社会主义初级阶段的具体化。

马克思说:"全部人类历史的第一个前提无疑是有生命的个人的存在。"③人类历史,实质是一部个人的生存方式的历史。人类要生存,首先要吃、穿、住等,要生产满足这种需要的生活资料。人们生产物质生活资料的生产方式就

① 《邓小平文选》第三卷,人民出版社 1993 年版,第 355 页。
② 《邓小平文选》第二卷,人民出版社 1994 年版,第 146 页。
③ 《马克思恩格斯选集》第 1 卷,人民出版社 1995 年版,第 67 页。

把他们联系起来,而且他们总是作为"处在生产力和需要的一定发展阶段上的个人而发生交往的"①。这就是说,不同的生产力水平就有不同的交往方式和个人与个人的结合。因此,从人的生存方式出发,全部历史的个人,可以区分为古代的"单个的人",现代的"现实的个人"和未来社会"全面发展的个人"。在古代,即"最初的社会形态",由于生产力水平太低,"单个的人"不得不服从以血缘为基础而形成的共同体。因而隶属于每个民族成了单个的人最自然的利益。这种单个的人,他的特点是以"人的依赖关系"为基础。在现代,大工业的发展无情地割断了人们自然形成的脐带。但由于资本主义生产的特有性质,现代的个人摆脱了"人的依赖关系",却又陷入"物的依赖性"关系。② "现实的个人"创造了物,物却成了人的异在,反过来支配人。现实的个人只有代表先进生产力改变这种生产的特有性质而建立共产主义。在那里,个人就是"全面发展的个人"。这种个人,既摆脱了人的依赖关系,又摆脱了物的依赖关系。它的前提条件是,"私有制和分工的消灭同时也就是个人在现代生产力和世界交往所建立的基础上的联合。"③我国正处于社会主义初级阶段,适应生产力多层次结构建立的以公有制为主体的多种经济成分并存的交往关系中的个人,可以肯定,既不是古代的单个人,也不是马克思论述的资本主义社会中的"现实的个人"。但由于社会主义是未来社会的初级阶段,因而,我国现有的个人既不可避免地带有从资本主义发展而来的"现实的个人"的某些痕迹,同时又有"未来社会""全面发展的个人"新的因素萌芽。作为从资本主义脱胎过来的个人,他仍然没有完全摆脱以物的依赖性为特征的利己倾向,因而,不讲物质利益的价值导向,是不切实际的。但另一方面,我国现有的个人又是正在走向全面发展中的个人,因而又应强调共产主义的集体主义、自我牺牲精神对个人的价值导向。那么,可不可以用"革命精神"的价值导向

---

① 《马克思恩格斯全集》第3卷,中文第1版,人民出版社1960年版,第515页。
② 《马克思恩格斯全集》第46卷(上),中文第1版,人民出版社1979年版,第104页。
③ 《马克思恩格斯全集》第3卷,人民出版社1960年版,第516页。

来消灭以个人的物的依赖性为特征的利己倾向呢？恩格斯在给马克思的信中说："抛开一些可能的物质上的愿望不谈,我们也是从利己主义成为共产主义者的。"①所以,从利己主义发展的集体主义是不可能由"愿望"来决定的。在它们后面,还有深层原因。马克思在批判德国哲学家施蒂纳自我一致的利己主义个人理论时,运用历史唯物主义阐明对待个人利己主义的正确立场。他说,对于施蒂纳来讲,"共产主义简直是不能理解的,因为共产主义者既不拿利己主义来反对自我牺牲也不拿自我牺牲来反对利己主义,理论上既不是从那情感的形式,也不是从那夸张的思想形式去领会这个对立,而是在于揭示这个对立的物质根源,随着物质根源的消失,这种对立自然而然也就消灭。"②可见,自我牺牲的"全面发展的个人"与利己主义的个人的对立归根结底是个人利益和社会利益的对立,只有这种利益对立的消失,自我牺牲和利己主义的对立才能自然而然地消灭。因此,从历史唯物主义原理出发,个人的价值导向的内容是客观的,不是主观的。它根源于物质利益当中。在社会主义初级阶段,在还没有实现以社会为唯一的利益主体以前,否定物质利益对劳动者和企业的基础作用,仅仅只讲"精神",它必然导致唯心主义。

二、市场经济利益机制作用的基础阶段

1993 年,《中共中央关于建立社会主义市场经济体制若干问题的决定》明确规定:"社会主义市场经济体制是同社会主义基本制度结合在一起的。建立社会主义市场经济体制,就是要使市场在国家宏观调控下对资源配置起基础性作用。"③这一决定主要目标是市场经济体制在资源分配中处于基础作用。市场经济作为一种利益机制,市场经济体制处于基础作用,那就是市场经

---

① 《马克思恩格斯文集》第 10 卷,人民出版社 2009 年版,第 24—25 页。
② 《马克思恩格斯全集》第 3 卷,人民出版社 1960 年版,第 275 页。
③ 《中共中央关于建立社会主义市场经济体制若干问题的决定》,《人民日报》1993 年 11 月 17 日。

济利益机制处于基础作用。这是改革开放 15 年以来,中国经济体制机制一次富有历史意义的改革,其主要表现是对生产关系进行了改革。《决定》指出:"必须坚持以公有制为主体、多种经济成分共同发展的方针,进一步转换国有企业经营机制,建立适应市场经济要求,产权清晰、权责明确、政企分开、管理科学的现代企业制度;建立全国统一开放的市场体系,实现城乡市场紧密结合,国内市场与国际市场相互衔接,促进资源的优化配置;转变政府管理经济的职能,建立以间接手段为主的完善的宏观调控体系,保证国民经济的健康运行;建立以按劳分配为主体,效率优先、兼顾公平的收入分配制度,鼓励一部分地区一部分人先富起来,走共同富裕的道路;必须围绕这些主要环节,建立相应的法律体系,采取切实措施,积极而有步骤地全面推进改革,促进社会生产力的发展。"①为了奠定社会主义市场经济体制的基础地位,以市场经济利益机制作为基础驱动机制来发展和解放生产力,必须进行大胆改革。这些改革,首当其冲的是通常认为的决定社会制度性质的生产关系所有制改革问题,如公有制为主体多种经济成分共同发展问题。这是一个十分敏感而又具有历史意义的问题。在这里,以公有制为主体,无疑是坚持了社会主义的基本制度。新的改革内容是,多种经济成分,即除开公有制外,还可以发展个体的民营经济、外国资本、中外公私合资等所有制形式。这就等于出现了多种形式的制度性利益机制。由于制度性利益机制多样化,分配性利益机制也进行了大的改革,那就是实行按劳分配为主体,效率优先、兼顾公平的收入分配制度。以按劳分配为主体是社会主义的基本分配制度,而效率优先、兼顾公平就突出了效率第一的原则。这是分配性的利益机制的一次大胆突破,是对改革开放前的大锅饭、干多干少一个样、干好干坏一个样现象的一次彻底的颠覆。作为利益机制,它必然会激发劳动者的积极性,通过辛勤劳动提高劳动效率,一部分地区一部分人可以很快地先富起来,然后走向共同富裕。在所有制与分配制度

---

① 《中共中央关于建立社会主义市场经济体制若干问题的决定》,《人民日报》1993 年 11月 17 日。

之间,建立了作为基础的市场经济体制性的利益机制。那就是,突破了苏联一直实行的和我国改革开放以前一直坚持的计划经济模式,企业、个体、外资等建立了以自主生产、自主经营,自主交换、自负盈亏的市场经济体制为基础的利益机制。这是自新中国成立初的社会主义改造以来我国对生产关系的一次大的调整和改革。

在改革开放以前,即社会主义改造基本完成以后,从最初的互助组、初级合作社、到高级合作社,再到人民公社,一味追求的是生产关系的"一大二公三纯"。在"左"的思想影响下,甚至错误地认为,既然共产主义实行的是单一的全民所有制,中国实现了单一的全民所有制,就建成和实行了共产主义。于是,取消了商品经济,实行"一平二调",全国普及了公共食堂,取消了农民的自留地。其结果是,不到一年,从1959年开始公共食堂就办不下去了。加之1959年开始的三年连续自然灾害和苏联撕毁合同、撤走专家,我国经济建设、国计民生出现了严重困难时期,粮食严重缺口、副食品短缺、布匹供应成了大问题。从而,生活必需品实行了定量供应,各种票证应运而生,如粮票、肉票、豆腐票、布票、烟票、肉票、鱼票、自行车票等。这些情况的发生,的确与苏联社会主义模式的影响有关,毛泽东在1959年3月17日的《党内通信》就指出,这样"脱离于群众",一是行不通,二是要失败。1960年多次指出,"坚决制止重刮'共产风'等违法乱纪行为",永远不许"一平二调",坚决退赔,刹住"共产风"等。然而,更为重要的问题,还是我们在理论上对什么是共产主义与什么是社会主义的问题没有搞清楚。第一,在具体分析社会主义社会的基本矛盾时,未能正确地把握它们之间的关系,忽视了生产力对生产关系的决定作用,忽视了生产关系的客观性,过分地夸大了生产关系的作用和意义。第二,简单地把共产主义本质理解为公有制加按需分配,社会主义的本质就是公有制加按劳分配。第三,把计划经济等同于社会主义。毛泽东和中央其他领导人逐步发现与觉察了这些问题。在1958年11月党中央第一次郑州会议上首先讨论的就是什么叫社会主义、社会主义与共产主义之间是否还有一个过渡等问题。为此,毛泽东发出了关于读书的建议:"建议读两本书。一本,斯大林著《苏联社会主义经济问题》;一本,《马恩列斯论共产主义社会》。"①1959年12月—1960年2月,毛泽东带头学习理论,并对"大跃进"等问题进行理论反思,作出《读苏联〈政治经济学教科书〉的谈话》。这个时期毛泽东对马克思主义理论的理解,尤其是关于科学社会主义主要内容的理解,显然也是不确切的。他说:"马克思主义三个组成部分中的科学社会主义部分所研究的,是阶级斗争学说、国家论、党论、战略策略,等等。"②毛泽东甚至认为,在坚持社会主义革命和建设中改变上层建筑和生产关系优先于生产力的发展。毛泽东说:"一切革命的历史都证明,并不是先有充分发展的新生产力,然后才改造落后的生产关系,而是要首先造成舆论,进行革命,夺取政权,才有可能消灭旧的生产关系。消灭了旧的生产关系,确立了新的生产关系,这样就为新的生产力的发展开辟了道路。"③毛泽东还引用恩格斯的话说:"在社会主义制度下,'按照预定计划进行社会生产就成为可能',这是对的。"④事实上,马克思、恩格斯的社会主义理论的前提是资本主义发达生产力。共产主义的实现离不开高度发达生产力,共产主义绝不是任意依靠提高生产关系的公有制水平就可以实现的。这种理解上的误读,与当时的马克思主义研究实际水平不高有关。十一届三中全会以后,批判了"两个凡是",恢复和确立了党的马克思主义思想路线。1980年邓小平在《坚持党的路线,改进工作方法》一文中说:"马克思、恩格斯创立了辩证唯物主义和历史唯物主义的思想路线,毛泽东同志用中国语言概括为'实事求是'四个大字。实事求是,一切从实际出发,理论联系实际,坚持实践是检验真理的标准,这就是我们党的思想路线。"⑤马克思主义的思想路线,是马克思主义世界观和方法论的统一。马克思主义思想路线的确

---

① 《毛泽东文集》第七卷,人民出版社1999年版,第432页。
② 《毛泽东文集》第八卷,人民出版社1999年版,第131页。
③ 《毛泽东文集》第八卷,人民出版社1999年版,第132页。
④ 《毛泽东文集》第八卷,人民出版社1999年版,第118页。
⑤ 《邓小平文选》第二卷,人民出版社1994年版,第278页。

立,标志着中国共产党把马克思主义普遍真理同中国社会主义具体实际结合进入了思想理论上的自觉阶段。思想路线是政治路线的世界观前提和基础,思想路线是具体把握社会主义理论和实践的方法论原则。由于世界社会主义运动还没有成功的实践经验可借鉴,实事求是,解决社会主义实践应如何的问题是更为重要的问题。十一届三中全会实事求是地分析了我国的国情,肯定和恢复了党的八大路线,解决了我国社会主义建设应如何的问题。因而,全党和全国人民的工作重点应转移到社会主义经济建设上来,大力发展生产力,实现社会主义四个现代化。然后,邓小平以马克思主义思想路线为方法论原则,回答了社会主义究竟是什么的问题。当党的工作重心转移到社会主义经济建设上来以后,一些人对中国还是不是社会主义提出质疑。马克思在《共产党宣言》等文献中论述了共产党的性质和共产主义革命的任务,但是,社会主义的本质究竟是什么,马克思并未对其作出具体规定。恩格斯在《社会主义从空想到科学的发展》中生动地描绘了未来社会(包括社会主义和共产主义两大历史阶段)的基本特征,但是也未对社会主义本质进行具体抽象和概括。这就是说,把马克思主义同中国社会主义实践相结合,必须研究社会主义的本质,具体把握科学社会主义理论的科学内涵。邓小平实事求是地揭示了社会主义的本质内涵,从而解决了社会主义究竟是什么的问题。他说:"社会主义的本质,是解放生产力,发展生产力,消灭剥削,消除两极分化,最终达到共同富裕。"①邓小平的论述实现了对马克思主义科学社会主义本质的具体把握。

1. 社会主义初级阶段基本理论为中国特色社会主义道路的正确选择提供了理论前提

2001 年 7 月 1 日,江泽民《在庆祝中国共产党成立八十周年大会上的讲话》中说:"在长期社会主义建设的基础上,我们总结国内国际的历史经验,经

---

① 《邓小平文选》第三卷,人民出版社 1993 年版,第 373 页。

过艰辛探索,实行了改革开放的新政策,确立了党在社会主义初级阶段的基本理论、基本路线、基本纲领。"党在社会主义初级阶段的基本理论、基本路线、基本纲领的提出,是中国共产党人形成和开辟了一条建设有中国特色社会主义正确道路的具体标志。党在社会主义初级阶段基本理论,确立了党在社会主义初级阶段的历史方位;党在社会主义初级阶段的基本路线,确立了党在社会主义初级阶段建设有中国特色社会主义的具体途径;党在社会主义初级阶段的基本纲领,确立了党在社会主义初级阶段建设有中国特色社会主义的具体目标。党在社会主义初级阶段的历史方位确立,是中国共产党把马克思主义具体理论与中国的社会主义建设具体实际结合起来,开始进入了自为阶段的重要标志。它是党选择和确立社会主义建设的具体途径和目标的实际前提和出发点。社会主义初级阶段基本理论为建设有中国特色社会主义道路的正确选择提供了理论前提。邓小平说:"社会主义本身是共产主义的初级阶段,而我们中国又处在社会主义的初级阶段,就是不发达的阶段。一切都要从这个实际出发,根据这个实际来制订规划。"①共产主义是一个现实的具体过程,而不是像当时一些人所说的是一种渺茫的幻想。马克思说:"共产主义对我们来说不是应当确立的状况,不是现实应当与之相适应的理想。我们所称为共产主义的是那种消灭现存状况的现实的运动。这个运动的条件是由现有的前提产生的。"②科学社会主义理论,在这里具体化为可以用中国社会主义实践经验证明的现实运动。共产主义是一个从社会主义初级阶段逐步向共产主义高级阶段的发展过程。我国已进入了马克思所说的社会主义,但是中国的社会主义是社会主义的初级阶段,即不发达阶段。在中国的社会主义建设的具体实践中,"左"的错误总是教条地搬用马克思主义的"条条框框",搬用苏联的计划经济模式,追求社会主义的"一大二公三纯";右的错误倾向,则否定我国基本经济制度的社会主义性质。邓小平社会主义的初级阶段理论的提

---

① 《邓小平文选》第三卷,人民出版社 1993 年版,第 252 页。

② 《马克思恩格斯选集》第 1 卷,人民出版社 1995 年版,第 87 页。

出,为正确认识中国的国情,批判、纠正和防止社会主义建设中的"左"、右两种错误,制定社会主义初级阶段的基本路线提供了科学的理论依据。

2. 社会主义初级阶段的基本路线确立了建设有中国特色的社会主义具体途径

十一届三中全会纠正了"以阶级斗争为纲"的错误方针,把党和国家的工作重点转移到经济建设上来,实际上为社会主义初级阶段的基本路线的形成和提出规定了中心内容。经过党的十二大对社会主义实践经验和教训的总结和概括,党的十三大把马克思主义原理同中国社会主义具体实践结合起来,明确地提出了社会主义初级阶段的基本路线。邓小平在十三大召开之前说:"搞社会主义现代化建设是基本路线。要搞现代化建设使中国兴旺发达起来,第一,必须实行改革、开放政策;第二,必须坚持四项基本原则,主要是坚持党的领导,坚持社会主义道路,反对资产阶级自由化,反对走资本主义道路。"[1]1987年召开的党的十三大,对党在社会主义初级阶段的基本路线明确规定为:领导和团结全国各族人民,以经济建设为中心,坚持四项基本原则,坚持改革开放,自力更生,艰苦奋斗,为把我国建设成为富强、民主、文明的社会主义现代化国家而奋斗。这一基本路线,可以概括为"一个中心,两个基本点",即以经济建设为中心,坚持四项基本原则,坚持改革开放。坚持以经济建设为中心,大力发展生产力,实现社会主义现代化,这是社会主义初级阶段基本路线的核心内容。这一核心内容是由社会主义初级阶段的主要矛盾决定的。发展生产力是解决社会主义初级阶段的主要矛盾,推动社会主义由初级阶段发展和进入共产主义高级阶段的基本动力。四项基本原则是强国之本,是实现社会主义现代化的政治前提,尤其是坚持中国共产党的正确领导为实现社会主义现代化提供了政治保障。改革开放是大力发展生产力,实现社会

---

[1] 《邓小平文选》第三卷,人民出版社1993年版,第248页。

主义现代化的强国之路。"两个基本点"相互统一,共同服务于经济建设这个中心,以实现党在社会主义初级阶段把我国建设成为富强、民主、文明的社会主义现代化国家奋斗目标。社会主义初级阶段的基本路线确立了建设有中国特色的社会主义具体途径。

3. 社会主义初级阶段的基本纲领规定了建设有中国特色的社会主义目标和要求

社会主义初级阶段的基本纲领是以社会主义初级阶段基本理论为前提而制定的基本路线的展开。江泽民说:"建设有中国特色社会主义的经济、政治、文化的基本目标和基本政策,有机统一,不可分割,构成党在社会主义初级阶段的基本纲领。"①所谓建设有中国特色社会主义的经济,就是在社会主义条件下发展市场经济,不断解放和发展生产力。适应社会主义初级阶段的经济体制,主要包括两个主要方面:一是所有制的形式和结构,它是初级阶段经济体制的基本框架;二是经济运行方式和机制,它是初级阶段生产、交换、分配和消费的具体运作模式。这两个主要方面既相互联系又相互区别。由于苏联社会主义模式的影响,一些人总是把"一大二公三纯"加计划经济与社会主义形而上学地等同起来,以至影响和妨碍了社会主义生产力的发展。邓小平说:"计划经济不等于社会主义,资本主义也有计划;市场经济不等于资本主义,社会主义也有市场。计划和市场都是经济手段。"②邓小平不仅阐明了社会主义与资本主义的不同,同时辩证地论述了社会主义经济制度与市场经济运行机制的联系,从而提出了建立社会主义初级阶段市场经济体制基本思想。党的十五大概括了社会主义市场经济体制的基本内容:"坚持和完善社会主义公有制为主体、多种所有制经济共同发展的基本经济制度;坚持和完善社会主义市场经济体制,使市场在国家宏观调控下对资源配置起基础性作用;坚持和

---

① 《十五大以来重要文献选编》上,人民出版社 2000 年版,第 19 页。
② 《邓小平文选》第三卷,人民出版社 1993 年版,第 373 页。

完善按劳分配为主体的多种分配方式,允许一部分地区一部分人先富起来,带动和帮助后富,逐步走向共同富裕……保证国民经济持续快速健康发展,人民共享经济繁荣成果。"①市场经济是一种现代经济,经济的商品化、市场化程度越高,越有利于经济的发展。社会主义市场经济体制与社会主义的经济制度相结合,为社会主义初级阶段的经济发展提供了动力机制,反映了社会主义初级阶段经济规律的客观要求。它有利于提高社会生产率,发挥社会主义制度的优越性。

三、市场经济利益机制的决定作用阶段

2013 年 11 月党的十八届三中全会的召开,标志着我国改革开放进入了一个新阶段。"全面深化改革,必须立足于我国长期处于社会主义初级阶段这个最大实际,坚持发展仍是解决我国所有问题的关键这个重大战略判断,以经济建设为中心,发挥经济体制改革牵引作用,推动生产关系同生产力、上层建筑同经济基础相适应,推动经济社会持续健康发展。"②如果把十一届三中全会看作是经济体制机制的改革起点阶段,1993 年十四届三中全会可以看作是经济体制机制的改革转折阶段,那么,2013 年十八届三中全会就是经济体制机制的改革攻坚阶段。所谓经济体制机制,实际是指利益机制,因为因经济上的利益机制包括制度性利益机制、体制性利益机制和政策性利益机制。利益是生产关系的直接表现。利益机制的改革实质上是社会主义生产关系的自我调整和自我完善。学术界一直有一种倾向,把社会主义生产关系看成是社会主义性质的决定性因素。因此,改革开放开始阶段,尽管实行包产到户等,但是生产关系尤其是所有制的社会主义公有制性质没有能触动。十四届三中全会之所以可以看作是转折阶段,因为首次提出了以公有制为主体,多种经济成分共同发展的新的生产关系新形式。这就是说,多种经济成分不是社会主

---

① 《十五大以来重要文献选编》上,人民出版社 2000 年版,第 18—19 页。

② 《中共中央关于全面深化改革若干重大问题的决定》,人民出版社 2013 年版,第 5 页。

义生产关系的另类,它们也属于社会主义性质。市场利益机制随着经济体制机制改革逐步建立起来了。但是,国营企业和许多事业单位,仍然未能推向市场。即使这样,也还是有人认为:"革命几十年,一夜回到解放前"。这是错误的,同时也应该看到,中国渐进式改革推进是正确的。改革开放以前,中国的经济体制与苏联计划经济模式大同小异。经济体制利益机制的改革,如果像苏联那样搞什么"休克疗法",一步到位,那只能带来社会动乱和经济崩溃。苏联的"休克疗法",不仅未能挽救经济,其结果是国家解体,经济从此一蹶不振,民生艰难,从 20 世纪 90 年代到现在还无法摆脱国家分裂后的动荡,甚至是连绵不断的血腥战争,如乌克兰内部的民族分裂。中国则完全不同,渐进式的经济体制改革,尤其是 1995—2013 年这一阶段的市场经济利益体制机制改革,推动中国经济每年 10% 左右的高速增长,中国建立了比较完备的市场规范法律体系,逐步培育为比较完善的市场经济体制。

2013 年的《中共中央关于全面深化改革若干重大问题的决定》(以下简称《决定》),开启了经济体制机制的改革攻坚阶段。1993 年虽然开始了社会主义市场经济体制的建设阶段,但是,市场利益机制的改革仍然尚未涉及国企和事业单位等深水区。市场在资源分配中只是基础作用,而不是决定作用。

《决定》认为,经济体制改革是全面深化改革的重点,必须紧紧围绕使市场在资源分配中起决定性作用深化经济体制改革。这就是说,"使市场在资源分配中起决定性作用",这是全面深化改革的任务和目标。

《决定》指出:"建设统一开放、竞争有序的市场体系,是使市场在资源分配中起决定性作用的基础。必须加快形成企业自主经营、公平竞争,消费者自由选择、自主消费,商品和要素自由流动、平等交换的现代市场体系,着力清除市场壁垒,提高资源分配效率和公平性。"

1. 自觉自由是激发市场活力的关键。市场经济是当代最伟大的、最有效率的经济。市场经济的突出特征就是市场主体根据自己掌握的信息,自主生产和经营。这里的"自主",是经济主体自觉自由的主张。自主经营、自主消费实际就是企业自觉自由地选择经营,自觉自由地选择消费。自由就是选择,选择就是责任。自主自由地选择经营,也就是自主担负经营责任,即自负盈亏。"市场决定资源分配是市场经济的一般规律。"市场在资源分配中起决定性作用,那就是资源分配完全由市场自由交换来决定,实现商品和要素自由流动。

这就极大地激发了每一个市场主体的潜能和积极性。我国建立市场经济体制以后,民营企业之所以迅速崛起,很快地占到我国 GDP 总量的 50% 以上,其原因在于民营企业充分地利用了自主经营、自主消费的市场机制。据全国工商联"2014 中国民营经济大家谈"活动中公布数据显示,2013 年中国民营经济贡献的 GDP 总量超过 60%,在全国至少 19 个省级行政区的贡献超过50%,其中广东省超过了 80%。① 比如我国的家电行业,是国家完全放开给民营的行业。不到几年,家电行业不仅在国内占领了市场,而且许多企业已经成为国际品牌,走出了国门,如海尔、美的、格力等等。

2. 平等是自由交换的基本准则。市场机制是一个以物换物的平等自由交换、自由贸易为中介的利益机制。用来交换的物就是商品。商品的使用价值是无法比较的,可以比较的是商品的交换价值,即生产商品的社会必要劳动时间。它的表现形式就是价格。市场经济体制下平等交换的机制主要是资源和价格机制。如果一些行业垄断了资源,如我国一些尚未推向市场的个别行业,就出现了资源垄断、价格垄断等与市场体制不相适应的现象,这必然造成不平等交换的现象。这不仅影响资源要素的自由配置,也影响了生产效率。这种资源和价格垄断的不平等,甚至还是收入分配不平等的一个重要成因。《决定》指出:"完善主要由市场决定价格的机制。凡是能由市场形成价格的都交给市场,政府不进行不当干预。推进水、石油、天然气、电力、交通、电信等领域价格改革,放开竞争性环节价格。政府定价范围主要限定在重要公用事

---

① 参见《2013 年我国民营经济贡献 GDP 总量超过 60%》,新华网,2014 年 2 月 28 日。

业、公益性服务、网络型自然垄断环节,提高透明度,接受社会监督。"①市场决定价格,就是使价格真实反映价值。平等交换的现代市场体系,要着力清除市场壁垒,提高资源分配效率和公平性,提高产品质量,缩短产品的社会必要劳动时间,实现经济新常态下提质增速的目标。

3. 效率和公平是市场经济利益机制的目标。效率与公平是我国建立市场经济体制以后的一直争论不休的问题。从 20 世纪 90 年代的效率优先,兼顾公平,到 21 世纪的效率与公平兼顾,再到第一次分配兼顾效率,第二次分配兼顾公平,经历了一个从学术研究到国家政策的不断调整和改革的过程。事实证明,在市场经济体制下,最突出的不公平还是市场不平等的资源分配和不平等的交换,以及市场经济法律法规不健全。商品的价值是由社会必要劳动时间决定的。那些技术水准高、质优价廉的产品在市场竞争中必然会胜过那些技术含量低、产量消耗大、质量差的产品。市场价格的竞争实际是生产技术、产品产能、劳动力必要劳动时间和企业管理能力与水平的竞争。产品由国家定价,在海量的市场信息面前,国家因获得的信息十分有限而必然会造成信息的极不对称。在国家与市场信息不对称的条件下的国家定价,往往有可能造成一部分商品的价格与价值分离。这就可能使那些质优价廉的企业无法胜出,从而获得优质资源的配置。相反,那些质次价高、产能消耗大的企业反而可以同样获得优质资源的配置而不被淘汰。更为要害的是,由于价格大大违背价值,这就可能造成一些人因此获利而致富,一些人甚至因此受损而贫困。比如,改革开放以前的工农业剪刀差问题,由于国家定价无法反映粮食的价值,粮食的收购变成了粮食的平调,从而出现了农村长期落后、农民收入长期过低等现象。《决定》指出,政府必须积极稳妥从广度和深度上推进市场化改革,大幅度减少政府对资源的直接配置,推动资源分配依据市场规则、市场价格、市场竞争实现效益最大化和效率最优化。公平、公正、法治的市场,更不可

---

① 《中共中央关于全面深化改革若干重大问题的决定》,人民出版社 2013 年版,第 15 页。

缺乏对产品发现、发明和设计、商品商标品牌的保护。《决定》指出："加强知识产权运用和保护,健全技术创新激励机制,探索建立知识产权法院。打破行政主导和部门分割,建立主要由市场决定技术创新项目和经费分配、评价成果的机制。发展技术市场,健全技术转移机制,改善科技型中小企业融资条件,完善风险投资机制,创新商业模式,促进科技成果资本化、产业化。"[①]

第四节　市场经济利益机制影响分析

如何认识利益机制,还是一个很少有人进行深刻探索的问题。利益机制不等于市场经济,但市场经济必然是利益机制。在市场经济体制中,与生产关系直接联系的有制度性利益机制、体制性利益机制和政策性利益机制。相对于改革开放以前,我国对利益机制进行重大改革的是体制性利益机制的改革,即由计划经济体制转变为市场经济体制性利益机制的决定作用。由于体制性利益机制的改革,也带来对制度性利益机制和政策性利益的相应改革和调整,因此在这里的利益机制就重点突出市场经济体制利益机制。关于制度性利益机制、体制性利益机制和政策性的利益机制的一般作用影响在前面已做了论述,这里突出的是社会主义市场经济体制性利益机制产生的两种不同影响。

一、市场经济体制性利益机制的积极影响

第一,激发了生产关系的活力,发展和解放了生产力。市场经济是利益经济,仅仅从经济上来理解市场经济,那就可能掉进亚当·斯密的市场"看不见的手"的陷阱。市场经济不是一种远离人的经济活动,市场经济中的"经济人",尽管在人的前面增加经济的属性,但经济人也是人。对于这一点,斯密本人也未否定。斯密论述经济人在市场交换时,认为人需要相互说明,人不能

---

① 《中共中央关于全面深化改革若干重大问题的决定》,人民出版社 2013 年版,第 15 页。

像动物一样可以靠别人的恩惠来生存,最好的办法是相互交换,即"请给我以我需要的东西吧,同时你也可以获得你要的东西"。他说:"我们所需要的相互帮忙,大部分是依照这个方法取得的。我们每天所需的食料和饮料,不是出自屠户、酿酒家或烙面师的恩惠,而是出于他们自利的打算"。① 在市场的相互交换过程,经济人总是从有利于自己出发,这就肯定了人在相互交换中的存在性。问题是,这种存在究竟是何种意义的存在呢? 按马克思,人在经济活动中的存在,不是单个的原子式的存在,相互交换不是自己同自己交换,而是生产者与消费者活动的交换。既然是生产者与消费者之者的活动的交换,那就是生产关系。经济活动相互帮助、相互交换,这就是生产关系。生产关系就是人与人之间在相互协作中的关系,相互帮助就是相互协作之意。生产关系直接表现为利益或利益关系。斯密甚至把分工看成是"许多利益的分工"。由于不同利益的分工,那就有许多利益的协作。在市场经济条件下,这种相互协作,不是一种恩赐,而是通过相互交换来实现的。交换就是实现相互协作的利益机制。市场经济那只"看不见的手",不是别的,就是一种利益机制。在斯密那里,利益机制之所以是"看不见的手",不是因为斯密缺乏创造能力和水平,而主要是时代的局限。首先,斯密处在资本主义市场经济自由竞争时代;其次,斯密是政治经济学发展的抽象阶段,抽象阶段是对经验具体的超越,但是,抽象往往是缺乏联系的孤立、片面和静止的抽象,无法揭示整体内部之间的联系。斯密碰到的就是这样的困境。当他解释不通"经济人总是从有利于自己的利己心出发何以会达致有利于他人(相互帮助就一定有利他的一面)和社会的目的"时,他就把达到这个目的的原因归结为"看不见的手"。显然,这在学术上是不允许的,也是他的败笔。最后,当时由于马克思主义经济学尚未产生,许多经济现象还缺乏科学经济范畴来概括。在没有科学范畴来概括时,用"看不见的手"来表示,是智慧的,也是无奈之举。市场经济作为体制性

---

① 亚当·斯密:《国民财富的性质和原因的研究》(上卷),郭大力等译,商务印书馆1972年版,第14页。

的利益机制,更是一种动态的利益关系。利益关系是生产关系的直接表现,市场经济利益机制通过利益关系的动态运动,将静态生产关系启动为动态的生产关系。动态的生产关系,突出表现为生产协助活动的流动性、资源分配和消费分配的流动性。生产关系的流动性也是社会流动性。如改革开放以后出现的民工潮、下海潮以及各种人才的"孔雀东南飞"流动潮等。生产关系由计划经济下的一潭凝固不变的死水,通过市场经济体制利益机制的建立,真正成为了活跃的生产关系。生产关系适合生产力要求,从而发展和解放了生产力。

2007 年以后,世界爆发了金融危机,但是,中国经济仍然保持一种稳步增长的良好态势。

郑志国认为,经国家统计局初步核算,2014 年中国国内生产总值为636463 亿元,按汇率折算越过 10 万亿美元大关,在世界上仍居第二位。而根据国际货币基金组织按购买力平价法的测算,2014 年中国国内生产总值为17.6 万亿美元,超过美国的 17.4 万亿美元,成为世界第一大经济体。但是,"中国作为发展中国家的身份在未来 30 年左右不会改变。目前中国的总人口接近 14 亿人,是美国人口的 4 倍多。如果中国人均消费水平要赶上美国,经济总量就得达到美国的 4 倍多,这必然受到资源环境的客观约束。"①我国社会主义体制性利益机制的建立,激发了生产关系的活力,推动了生产力的发展。但是,我国要进入发达国家行列,还需要长时间的努力奋斗。

第二,推动了经济发展,提高了综合国力,改善了民生,推进了对社会主义制度优越性的价值认同。"认同"一词来自德文(identitat),原指身份证明之意。价值认同是指人们通过物质交往实践对一定价值观念或体系的一致认可和同意。中国特色社会主义共同理想是整个核心价值体系的思想内容实质和核心。社会主义市场经济作为体制性的利益机制对我国特色社会主义共同理想认同产生的影响,可以概括为三个方面。

---

① 郑志国:《理性看待中国经济总量位次跃升》,《中国社会科学报》2015 年 3 月 3 日。

(1)市场经济推进了人们对社会主义制度优越性的价值认同。

一种社会制度的优与劣、善与恶取决于这种制度的本质。认同一种制度的优与劣、善与恶不是出于主观意志,而是基于对一种制度本质的价值判断和选择。封建社会相对奴隶制是善的,奴隶制的恶是由于奴隶制本质上是一种人对人本身奴役的非人性制度。资本主义制度相对封建制度,封建制度是恶的,因为封建制是通过土地的人身依附造成对农民剥削的制度。资本主义用一种物的依赖关系代替了封建的人对人的依赖关系,从而解放了生产力。伊格尔顿认为,资本主义本身就是恶。他引用马克思的话说,在资本主义"人类能力的发展是以占大多数的个人甚至阶级为代价的"[1]。社会主义制度优越性是由社会主义本质决定的。邓小平说:"社会主义的本质,是解放生产力,发展生产力,消灭剥削,消除两极分化,最终达到共同富裕。"根据社会主义的本质,邓小平提出了判断和认同社会主义的价值标准是:"是否有利于发展社会主义社会的生产力,是否有利于增强社会主义国家的综合国力,是否有利于提高人民的生活水平。"[2]

社会主义市场经济体制与社会主义制度在本质上是一致的。市场经济是现代社会最有效率的经济体制。社会主义市场经济利益机制激发了我国生产关系的活力,解放和发展的社会主义社会生产力,增强了综合国力,提高了人民的生活水平,充分发挥了社会主义制度的优越性,推进了我国人民对中国特色社会主义共同理想的价值认同。

2008 年 8—10 月,我们就当前大学生信仰现状,对广西 10 所高校进行了专门的调研。调研样本覆盖了文、理、工、师、农、医、财等学科专业;调查的对象主要有汉族、壮族、苗族、瑶族、仫佬族、侗族、毛南族、水族、仡佬族、彝族、京族等民族的大学本科生、研究生,教师及组织、宣传、教务、团委、学工等部门的管理干部;调查主要采取了开座谈会、重点访谈、自填式问卷以及结构式访问

① [英]伊格尔顿:《马克思为什么是对的》,李杨等译,新星出版社 2011 年版,第 62 页。
② 《邓小平文选》第三卷,人民出版社 1993 年版,第 373、372 页。

等方法。先后召开小型座谈会 7 次;重点访谈高校师生 93 人次;对不同的群体发放问卷 800 份,回收问卷 690 份,回收率为 86.25%,其中有效问卷为 690份。调查结果显示,75.75%的大学生认为今天马克思主义没有过时。尤其是对广西高校师生进行关于马克思主义的态度的访谈时,91%的受访者都认同中国特色社会主义理论体系,对中国化的马克思主义充满信心。① 广西高校大学生对中国特色社会主义共同理想的价值认同具有普遍的意义。广西是全国少数民族人口最多的省区。不同民族不同地区的大学生,由于其文化素质高和对网络信息获取充分,他们的亲身感受,更能对社会作出较为合理的科学的价值选择和评价,能较为真实地反映我国各族人民对中国特色社会主义认同的程度。反观国外 2011 年伦敦的街头骚乱、美国持续数月之久的占领华尔街运动,按华尔街示威者的说法,他们是一场代表 99%的人反对只占美国总人口 1%的超级金融富豪的运动。"占领华尔街"运动现场推荐的书目首先就是马克思的《资本论》,这在一定程度反映了他们对资本主义制度的不认同。

(2)市场经济推进了对中国特色社会主义价值目标的认同。

中国特色社会主义就是"要在发展社会主义社会物质文明和精神文明的基础上,不断推进人的全面发展"②。中国特色社会主义的价值目标是实现人的全面发展,它是否意味着放弃了共产主义理想目标? 问题在于究竟如何理解共产主义与人的全面发展的关系。1894 年,《新纪元》杂志要求恩格斯用一段话来表述未来社会主义新纪元的基本思想时,恩格斯说:"除了《共产主义宣言》中的下面这句话,我再也找不出合适的了:'代替那存在着阶级和阶级对立的资产阶级旧社会的,将是这样一个联合体,在那里,每个人的自由发展是一切人的自由发展的条件。'"③显然,共产主义"联合体",是指一种社会制

---

① 谭培文:《当代大学生信仰与信仰教育研究——兼以广西壮族自治区高校为例》,《广西师范大学学报》2010 年第 2 期。

② 江泽民:《在庆祝中国共产党成立八十周年大会上的讲话》,人民出版社 2001 年版,第43 页。

③ 《马克思恩格斯文集》第 10 卷,人民出版社 2009 年版,第 666 页。

度形态,而人的全面发展是实现这种制度的内容与实质。共产主义作为一种社会形态与历史上经历的各种社会形态相比,是目前人类追求的最高社会理想,所以具有目的价值意义。但是,相对人的全面发展而言,共产主义只具有工具价值意义。因为任何一种社会形态都具有物的性质,社会形态按其实质是一种经济形态。马克思说:"建立共产主义实质上具有经济的性质,这就是为这种联合创造各种物质条件,把现存的条件变成联合的条件。"[①]这种经济的性质不同于其他社会形态的经济性质,它推翻了一切旧的生产关系和交往关系的基础,自觉扬弃了旧的物质前提,人不再受物的盲目性支配,而使它们受联合起来的个人的自觉支配。物的现代化和经济的现代化的目的是为了人的现代化,共产主义制度的最终目的是实现人的全面发展。

人的全面发展是一个现实的实践原则,也是人类始终追求的一个价值目标。从我国古代《周礼》提出礼、乐、射、御(驭)、书、数等"六艺"即心身、知情意行、文治武功的全面发展到近代德、智、体的和谐发展,从亚里士多德《政治学》中"超群拔类"的人,即体格和智虑或身心两俱全面发展的人到康德对人的真、善、美的追求,始终是人类的价值理想。实现人的全面发展既是坚持共产主义理想在当代的具体体现,又是我国社会主义市场经济实践活动提出的客观要求。"文化大革命"对人的生命价值践踏,从而带来了改革开放以后人们对人道主义价值积极意义的反思和肯定。胡乔木认为,人道主义作为世界观和历史观已经过时,作为价值观仍然有一定的积极意义,但应该冠以"社会主义人道主义"的名称提倡实行。[②]"文化大革命"以后,实践是真理标准的讨论,使实践的主体性问题在 20 世纪 80 年代凸显出来。但是,真正推进中国特色社会主义价值目标认同的是 20 世纪 90 年代市场经济体制的建立。随着社会主义市场经济体制确立,中国的现代化迈上了快车道。但是,由于市场经济是一柄双刃剑,一方面是市场主体的自主经营、自主交换、自负盈亏、自我实

---

① 《马克思恩格斯文集》第 1 卷,人民出版社 2009 年版,第 574 页。
② 李连科:《中国哲学百年论争》,商务印书馆 2004 年版,第 241 页。

现,人的自我意识的觉醒和人的主体性的弘扬,激发了社会的活力,带来了经济的繁荣;另一方面也出现了物的价值升值,人的价值贬值的负面效应。

市场经济体制的实践唤醒了人的主体意识,人的主体性的弘扬呼唤马克思主义人学研究的理论自觉,提出了马克思主义人学研究的需要与要求。20世纪90年代中国人学理论研究的热潮及中国人学学会等学术研究机构的成立,实际上是满足这种需要和要求。(在以黄楠森先生为主要代表的一批专家的努力下,1991年北京大学哲学系成立了"人学研究中心",2002年成立了中国人学学会。从1997年开始至今,每年召开一次全国人学研讨会,并每年出版一本全国人学研讨会的论文集,发表与收集的论文就有1000多篇。)一大批有学术含量的研究人学论文论著如雨后春笋般展示在世人面前,如黄楠森等编著的《人学词典》(中国国际广播出版社1990年版)、袁贵仁的著作《马克思的人学思想》(北京师范大学出版社1996年版)、韩庆祥的著作《马克思主义人学思想研究》(河南人民出版社1996年版)等。全国人学理论研究集中地突出了人学研究的时代主题,即人与现代化、人与物的关系、人的全面发展、人学基础理论等问题。靳辉明认为:"所谓人学就是以人这一特殊的社会存在物为研究对象,探讨其生存和发展的最一般规律的科学。"[1]黄楠森首次使用"以人为本"的命题来阐述这些问题。他认为,以人为本的口号是否正确,要看对什么而言。他说:"以人为本如果是与以物为本相对立,无疑应选择以人为本,因为物是死的,它的作用如何,靠人去创造和发挥。"[2]显然,黄楠森先生所阐述的以人为本的原则不是本体论,而是一种价值观。马克思主义人学"以人为本"命题阐述,表明了当代中国开始摆脱重物轻人的旧唯物主义错误的纠缠,而真正转向对人的现代化、人的全面发展的价值关怀。

---

[1]　靳辉明:《对我国人、人道主义和文化问题研究的反思》,载中国人学学会编:《人学与现代化·全国首届人学研讨会论文集》,广西人民出版社1998年版,第92页。

[2]　黄楠森:《关于人学的几个争论的问题》,载中国人学学会编:《人学与现代化·全国首届人学研讨会论文集》,广西人民出版社1998年版,第139页。

21 世纪初,对人的价值关怀由哲学命题逐步进入社会的主流话语和政府的决策体系,集中体现为 2003 年胡锦涛提出了"以人为本"的科学发展观。它的基本内容虽然包括四个方面,其首要前提是以人为本。坚持以人为本就是从人民群众的根本利益出发,以实现人的全面发展为目标。[①] 在社会主义初级阶段,发展仍然面临一个"以物为终极关怀,还是以人为终极关怀"的两难选择问题。社会主义初级阶段生产力的水平还不高,还是一个发展中阶段,物质财富还十分匮乏,全党全国人民仍然必须坚持大力发展生产力,以经济建设为中心,聚精会神搞建设。但是,社会主义社会的性质决定它的价值目标、取向与资本主义社会完全不同。资本主义社会是物对人的统治,社会主义社会的价值取向是人,而不是物。社会主义社会就是以人为终极关怀的社会。大力发展生产力,其目的是不断满足人民群众日益增长的物质文化需要,实现人的全面发展。

21 世纪,实现人的全面发展不仅上升为中国特色社会主义理想的价值目标,同时成为了指导我国一系列政策制定与实施的实践原则,如加强以改善民生为重点的社会建设,如突出了分配、就业、教育、医疗、社会保障等方面对人的全面发展等政策设计、安排和实施,获得全国各族人民的一致拥护、赞成和普遍认同。

(3)市场经济推进了人们对中国特色社会主义价值原则的认同。

中国特色社会主义核心价值体系内化为人们的价值理念,就是规范和指导人们行为的价值原则。马克思主义指导思想既是核心价值的灵魂,也是一项指导中国特色社会主义实践的基本价值原则;改革创新的时代精神,爱国主义的民族精神与"八荣八耻",内化为人们的意识,就是指导人们行为的实践原则。在学术研究中,我国很少有人肯定社会主义核心体系的价值原则是来源于市场经济利益机制实践的认同,这是值得商榷的。中国特色社会主义价

---

① 参见胡锦涛:《在中央人口资源环境工作座谈会上的讲话》,《人民日报》2004 年 4 月 5 日。

值原则的形成既是市场经济实践认同的产物,同时又是指导市场经济利益机制实践的价值原则。一定社会的道德价值观念只不过是这个社会生产和交换的经济关系本身的经济伦理关系的反映而已。旧唯物主义虽然也把利益作为道德价值的客观基础,但是它始终不能说明利益同社会的辩证关系。实践的唯物主义立足从主体、从主体的实践活动来理解利益,这就科学地说明了利益与社会、与道德价值的辩证关系。社会主义核心价值的基础是利益,但是由于利益机制是利益主体利益的实现方式,所以利益机制作为工具式的手段既是一定利益关系的测量器和指示器,也是人们评价、选择和认同社会主义核心价值的基础。中国特色社会主义价值原则的形成不是主观的臆造,而是人们对社会主义市场经济利益机制实践评价、选择和认同的结果,同时它们又是引领市场经济利益机制实践发展,达到对这些价值原则新的认同的推进器。20 世纪后半叶,苏联的剧变对马克思主义提出了新的挑战,但在 90 年代后,由于中国社会主义市场经济体制的建立,国内外对马克思主义认同重新从低谷走向了新的高潮,对马克思主义的指导原则形成了普遍共识。1995 年以来我国不仅出版了《马克思恩格斯选集》《马克思恩格斯全集》中文第二版,还出版和发行了《马克思恩格斯文集》10 卷本等。2006 年设立了马克思主义理论学科一级学科硕士点 73 个、博士点 21 个;2007 年全国还设立了 22 个博士后科研流动站;每年招收了马克思主义理论学科的博士生就有上千人。适应全国党员干部的需要,2011 年中央组织部、中央宣传部等还主编了马列主义经典著作选编与导读等。20 世纪末到 21 世纪以来出版和发表的马克思主义理论研究的论著、论文比新中国成立以来任何时候都要多。在国外,21 世纪之交,马克思多次蝉联"千年思想家"榜首。英国思想家伊格尔顿还出版了《马克思为什么是对的》的新著(新星出版社 2011 年中文版)。在国际金融危机中,马克思的《资本论》成了国外许多政治家、思想家阅读和研究的主要书籍。改革创新、爱国主义和"八荣八耻"等,不仅成为人们的价值理念,而且成为普遍的行为实践原则。21 世纪初取得的人文社会科学、自然科学技术创新成果、专利比新中国成立以来任何时候都要多,感动中国人物不断涌现,道德模范层出不穷,"北京奥运""上海世博"展现了全民族、海内外华人对社会主义祖国的一致认同。

第三,加快了生产和交换的经济关系变革,推进了社会主义道德价值的建设。市场经济究竟是推进了社会主义道德价值的进步,还是带来了道德价值的"滑坡"? 这是改革开放以后引发的两种对立的观点。人们大多把市场经济看作是双刃剑,认为市场经济推动生产力的发展,但也带来了道德价值的滑坡。对这一观点的最为有力的理论支持是亚当·斯密提出了"经济人假设"。在斯密看来,经济人都是利己的,在实然、事实、经济领域不存在道德价值问题,道德价值只存在于非经济的应然领域。亚当·斯密的《国富论》与《道德情操论》的两种相互矛盾的论述,被学术界概括为"斯密问题"。所谓斯密问题,即在《国富论》中,斯密认为,经济人都是利己的;而《道德情操论》中,斯密又认为人是利他的。人的本性究竟是利己的,还是利他的? 这就形成了两个决然相反的悖论。章海山认为,其实在斯密那里,本来就不存在所谓的斯密问题,因为,经济领域和非经济领域,是两个不同的领域。在经济领域,就是要从利己出发,实现利己与利他的统一;在非经济的道德领域,就是要从利他的同情心出发,通过看不见的手,实现利他与利己的一致。① 这样区分当然推进了对斯密问题的认识,问题是,把经济领域同非经济领域对立起来,这就肯定了非经济领域的道德性,却完全否定了经济领域的道德价值可能性。

这里的市场,虽然是指一般,但是,社会主义市场经济既然是市场经济,那就等于说,社会主义市场经济与社会主义的伦理价值是不兼容的。这就完全否定了市场经济对我国道德建设、道德进步的意义,很难使人苟同,它就等于把经济、利益与道德伦理价值的关系绝对对立起来,割裂了道德价值与经济、

---

① 参见章海山:《经济伦理学——马克思主义经济伦理思想研究》,中山大学出版社 2001 年版,第 9 页。

利益之间的关系。马克思说:"正确理解的利益是全部道德的原则"①。道德思想虽然是非经济因素,但道德的基础是利益。道德与利益有一种不可分割的内在联系。把道德与经济绝对对立起来,等于取消了道德的基础,道德成为了一种先验的良心和意志。恩格斯说,人们总是"从他们进行生产和交换的经济关系中,获得自己的伦理观念"②。市场经济是一种利益经济。利益成为社会主义市场经济的结构性概念。市场经济是以"经济人"为利益主体,通过市场的平等的等价交换,从而实现各自的利益目标的经济活动。市场经济作为体制性的利益机制,更是一种动态的利益关系。市场经济改变了计划经济条件下生产和交换的经济关系,建立了一种全新的生产和交换的经济关系。在计划经济条件下,生产资源分配的基本原则就是符合国家计划要求和需要,服从国家计划需要是唯一的伦理价值标准。在计划经济体制下,不计成本得失,不问利润盈亏,统一于计划就是最高的伦理要求。市场经济利益机制则完全不同,自由、平等、公正成为生产和交换的基本价值理念。生产经营完全建立在自主自由的基础上,资源分配必须通过自由、平等的等价交换的市场来实现。生产和交换的经济关系本身就包含了自己的伦理价值关系。一定社会的道德价值观念既来源于一定的经济伦理关系,同时一定道德价值观念又必须通过一定的经济伦理关系来实现。市场经济利益机制虽然始终都以利益为前提和基础,但它不同于具体的物质。利益机制是一定社会经济伦理关系实现的利益基础。利益基础是一个客体因素。利益要进入主体需要与活动的视野,还必须通过一定的中介与桥梁。马克思说:"私人利益本身已经是社会所决定的利益,而且只有在社会所设定的条件下并使用社会所提供的手段,才能达到;也就是说,私人利益是与这些条件和手段的再生产相联系的。"③资产阶级把私人利益看作是完全不受任何社会条件制约的个人个性的表现,这是错

①　《马克思恩格斯文集》第1卷,人民出版社2009年版,第335页。
②　《马克思恩格斯文集》第9卷,人民出版社2009年版,第99页。
③　《马克思恩格斯文集》第8卷,人民出版社2009年版,第50页。

误的。无论是私人利益还是社会利益的实现,都离不开一定的社会条件和手段。只有通过一定的手段和方式,利益才可能转换为利益主体的现实利益。利益机制作为利益主体的利益实现方式,就是社会价值理念与物质利益基础的中介与桥梁。这就是说,利益对价值理念的基础作用是通过一定的利益机制才能具体体现出来。马克思说:"'价值'这个普遍的概念是从人们对待满足他们需要的外界物的关系中产生的"①。价值是主体对客体的需要满足的关系,利益关系实际表现为一种价值关系。市场经济是个人和社会的现实利益实现基本方式。市场经济通过调节人与人之间的利益关系,对人们的行为方式产生一定导向和规范作用。

首先,市场经济是道德价值形成的基础。利益与道德的关系是伦理学的基本问题。利益是道德的基础,由于经济关系直接表现为利益,经济关系实质是一种利益关系。经济关系内部要素的相互作用形成了一定的利益机制。利益机制通过利益内部要素之间的作用和影响来分配、调节资本所有者、劳动者和非生产者等各个方面的利益关系。在这种利益关系的相互作用下各个利益主体获得的利益不同,从而表现为不同的利益。这里的表现形式是利益,而利益形成基础是利益机制。封建社会通过地主对土地的占有形成了把农民束缚于自己的土地上的利益机制。由于这种封建的利益机制,就产生了所谓以封建等级制为核心的国家、家庭、君臣、父子等的道德价值观念。对于封建统治者,究竟用什么样的利益机制来维持这种等级秩序的伦理道德观念呢?孟子说:"无恒产而有恒心者,惟士为能。若民,则无恒产,因无恒心。苟无恒心,放辟邪侈,无不为已。""是故明君制民之产,必使仰足以事父母,俯足以畜妻子,乐岁终身饱,凶年免于死亡;然后驱而之善,故民从之也轻。"②"善"是指伦理道德,道德的实质就是一种价值观。这里"恒心",就是一种永久不变的对社会"仁政"核心价值的认同与信念。孟子在这里的思想无疑包含了一种

---

① 《马克思恩格斯全集》第19卷,中文第1版,人民出版社1963年版,第406页。
② 《孟子》,杨伯峻、杨逢彬注释,岳麓书社2000年版,第17页。

朴素的价值认同思想。"制民之产"就是一种制度性的利益机制,即通过制度机制规定老百姓有固定的产业。只有以"制民之产"这种制度性的利益机制,使老百姓都有固定的产业,老百姓才会有恒久不变的道德价值认同、认可和拥护"仁政"的核心价值观念,安定地居住在国土上,同时引导他们遵守、践行"善"的实践原则。尽管孟子提出的"制民之产"的制度性利益机制在古代具有空想性质,但是,孟子看到了利益机制在伦理价值建构中的关键作用。孟子在人、人心与利益需要、欲望之间,把人的利益欲望、需要、要求放在基础地位,论述了利益机制在推进价值认同方面的基础作用。资本主义推翻了封建阶级的政治统治,用物的统治、资本的统治替代了封建社会人对人的统治,形成了以资本、金钱为核心的国家、家庭、父子等人与人之间的伦理价值观念。社会主义市场经济与社会主义制度是一致的。社会主义市场经济必然产生与社会主义利益关系相适应的伦理价值关系。马克思说:"交换价值的交换是一切平等和自由的生产的、现实的基础。作为纯粹观念,平等和自由仅仅是交换价值的交换的一种理想化的表现;作为在法律的、政治的、社会的关系上发展了的东西,平等和自由不过是另一次方上的这种基础而已。"①在这里存在的一般误读是,马克思对市场经济交换价值的交换历来就持否定和批判态度。这是毫无根据的。第一,马克思在这里批判的是资产阶级政治上的平等自由的虚伪性、形式与内容的分离。恩格斯认为:"平等应当不仅仅是表面的,不仅仅在国家的领域中实行,它还应当是实际的,还应当在社会的、经济的领域中实行。"②第二,马克思肯定了交换价值的交换在道德价值形成中的基础作用,并未否定平等自由的积极意义。按马克思,市场经济的基本价值也是社会主义平等自由产生的基础。

其次,市场经济是道德价值发展的驱动力。资本主义市场经济是资本主义道德价值形成的基础,更是资本主义道德发展的驱动力。在《共产党宣言》

① 《马克思恩格斯全集》第 30 卷,人民出版社 1995 年版,第 199 页。
② 《马克思恩格斯文集》第 9 卷,人民出版社 2009 年版,第 112 页。

中,马克思说:"资产阶级在它已经取得了统治的地方把一切封建的、宗法的和田园诗般的关系都破坏了。它无情地斩断了把人们束缚于天然尊长的形形色色的封建羁绊,它使人和人之间除了赤裸裸的利害关系,除了冷酷无情的'现金交易',就再也没有任何别的联系了。它把宗教虔诚、骑士热忱、小市民伤感这些情感的神圣发作,淹没在利己主义打算的冰水之中。"①资本主义道德原则就是利己主义,利己主义是资本主义市场利益机制的必然产物,利己主义通过市场利益机制这只看不见的手,推动了资本主义道德的发展。在资本主义看来,金钱就是上帝,经济人都从利己主义出发,金钱的统治替代了封建的、奴隶的社会的人对人的统治。金钱的统治比未来消灭了人对人的统治和物、金钱对人的统治的共产主义社会无疑是落后的。但是,金钱的关系比奴隶社会和封建社会的原始的"血缘的""宗法的"统治是一个巨大的历史进步。资本主义利益机制成为了彻底消除封建社会、奴隶社会的道德关系的超级洗涤剂,它通过金钱交易渗透到骑士、小市民等每个人仍然残存着旧的封建的、原始的血缘关系的毛孔,洗刷了他们身上保存了上千年的一切旧的痕迹。资本主义市场经济就是推动资本主义利己主义道德观形成的推动力。社会主义市场经济作为体制性的利益机制是我国社会主义道德发展的动力。社会主义市场经济利益主体与资本主义经济人的出发点是不同的。社会主义市场经济的利益主体价值目的首先应该是"利他"的社会效益。我国市场经济带来了人们普遍的道德观念提升和对社会主义核心价值的认同。

最后,市场经济是人们道德价值的选择的客观根据。道德选择是主观选择,但这种选择不是任意的、没有前提的,选择自觉与不自觉地受必然性支配。虽然道德价值的选择是道德意志的选择,但道德意志是一个知、情、意、念、行的发展过程。知就是认知,认知离不开感觉。感觉不是来源主观的观念,感觉来源于生活实践。生活实践是主动和受动、能动和被动的统一。人们的社会

---

① 《马克思恩格斯文集》第 2 卷,人民出版社 2009 年版,第 33—34 页。

实践行为方式就是指人们的一定的共同活动方式,这种活动方式本身就是生产力。人们的生活实践首先面临客观必然性的支配,即以一定生产力水平为基础的经济制度和政治制度的制约。经济制度和政治制度的直接表现就是经济利益和政治利益。市场经济利益机制是个人和社会的现实利益的实现方式。市场经济通过调节人与人之间的利益关系,对人们的行为方式产生一定导向和规范作用。在市场经济体制中道德选择作为一种道德意志的主观选择,它的客观根据不在意志自身,而是一定社会的利益机制。它们之间的关系就是实然与应然、历史标准与价值标准的关系。应然受实然的制约,道德价值评价和选择的标准不能离开历史标准,即道德是否有利于推进历史的发展和进步。社会主义市场经济促进了社会主义制度的发展和进步,这就是善。个别人非道德行为之所以是恶,就是因为这种行为破坏和阻碍了市场经济体制的建立,破坏了社会主义制度的优越性。

二、市场经济利益机制的负面影响

社会主义制度与市场经济在本质上是一致的。但是,社会主义市场经济也具有市场经济的一般特点。

第一,按亚当·斯密,市场经济首要前提是现实的人嬗变成了自利的"经济人"。社会主义市场经济的"经济人",改变了现实的人的生存发展状况,人们从计划经济下的"单位人"转变成了市场经济中自主经营、自负盈亏的市场主体。中国由一个"熟人"社会转型为一个"陌生人"的社会,这就改变了高度集中的计划经济、政治体制与现实的人的关系。虽然社会主义制度对"经济人"的自利倾向有一定的制约作用,但是,由于市场经济是利益经济,利益上升为一个社会结构概念,利益成为现实的人的生存发展的内在驱动力。利益是道德的基础,正确对待个人利益与社会、国家利益的关系成为现实的人生存与发展面临的一个十分严峻的问题。

第二,等价交换成为市场经济的通行规则。一方面,等价交换的原则推进了市场主体物质的、精神文化的和政治的全面的需求,增强了市场主体普遍的交往;另一方面,等价交换原则必然侵入日常生活世界的个人生活和公共的、政治的生活领域。当等价交换的原则成为日常生活通行规则时,人的尊严变成了交换价值,金钱、财富成为了人们追求的唯一目标,人与人之间的关系就会蜕变为赤裸裸的金钱关系。传统的伦理约束力,尤其是在计划经济时代形成的政治伦理规则,受到了前所未有的冲击和挑战。

第三,物的依赖性统治是市场经济不可回避的严酷现实。市场经济是现代最有效率的经济。贫穷不是社会主义,马克思说,没有生产力的发展,"那就只会有贫穷、极端贫困的普遍化;而在极端贫困的情况下,必须重新开始争取必需品的斗争,全部陈腐污浊的东西又要死灰复燃"[①]。市场经济发展了生产力,为现实的人的生存和发展提供了基本物质前提。但是,市场经济又是一个普遍物化的经济。资本作为下金蛋的母鸡,带来了普遍的物化与世俗化。物化导致了精神世界的感性化,牵引和驱使人们在一个平面的边缘追逐,跟着感觉走,赏心悦目的东西价位倍增,而标明族群记忆、价值底蕴深厚的民族文化反而遭到冷落。现实的人平面化、同质化和过度感性化而陷入一种"无根""被抛"的生存困境,甚至出现了马克思在《手稿》和《资本论》中所揭示的劳动者与他的劳动创造物相对立,即一些现代化发达国家的发展过程难以摆脱的物的价值增值与人的价值贬值的矛盾问题。如何提升人的价值,以正确的价值观引领利益机制的协同创新,成为防止和摆脱物的价值增殖与人的价值贬值困境的一个极为重要的时代课题。

---

① 《马克思恩格斯文集》第 1 卷,人民出版社 2009 年版,第 538 页。

第四章　以人为本与市场利益
机制的矛盾分析

　　利益机制是一定生产关系的利益实现方式。但在资本主义看来,市场就是一切。以资本主义私有制为基础的市场经济,既是体制性的利益机制,也是制度性、政策性利益机制。市场支配无非就是物的支配。在一些学术研究中,许多学者对市场经济下人的异化等进行追问和批判,并把这种异化归结为物的异化。这是对的。社会主义市场经济也是市场经济,市场经济的决定作用,就意味着物的利益机制的决定作用或物可能支配人的现象。问题是,物作为一种客体的实物,何以可能成为支配人的异化物呢? 对此,马克思有过许多论述,如何根据马克思主义论述,揭示其内在机理,一直还是一个极少有人去探索的问题。根据马克思《资本论》的论述,物化或异化的机理不是物本身,而是一定的生产关系。生产关系直接表现为利益,物化或异化的机理就是利益机制。市场经济是一种利益机制,社会主义市场经济如何避免资本主义的异化卷土重来,才是坚持以人为本的真正旨归。

第一节　以人为本与市场经济利益机制的冲突

　　中世纪是神支配人的时代,神通过教会机制支配了国家政治、社会和每一个国民。资产阶级用人道主义的人道替代了神道,以人道主义的人性替代神道社会的神性。这是历史的一个大的跨越和进步。不过,资产阶级真正的致命武器还不是思想,而是利益机制。资本主义社会是商品高度发达的社会,货币本是一种用来交换媒介物的特殊商品,而在资本主义,货币变成了资本。货币可以成为资本,而资本不是普通的货币,资本是可带来剩余价值的价值。资本就是资本家用来获得剩余价值的利益机制。资本主义在价值观上虽然用人道主义替代了中世纪神道的统治,但是,在经济、社会生活等领域却用资本的统治替代了神的统治。金钱就是上帝,资本成为统治世界的神。中世纪,支配世界的是神和精神,而在近代资本主义社会,支配这个世界的是资本、金钱和物。以人为本是人道主义的基本精神,在资本统治的逻辑下,人却成为资本、物的支配物。

一、资本利益机制的一般形式

马克思认为,"资产阶级即资本的发展"①,资本主义生产关系统治就是资本统治,资本不是个人的产物,资本是一种生产关系。如果说生产关系直接表现为利益,资本就是资本主义起支配决定作用的利益机制。在社会主义市场经济体制下,资本只是制度性利益机制中起辅助作用的利益机制,只是社会主义市场经济中对资源分配起决定作用的利益机制。与社会主义不同的是,在资本主义,个人主义是其核心价值理念,资本是以私有制为基础的私人资本。资本主义统治就是私人资本的统治。资本不仅是体制性利益机制,更是制度性利益机制,也是政策性利益机制。在《资本论》中,马克思对资本利益机制的一般形式进行过深入研究。马克思认为,资本的唯一目的是剩余价值的生产。这种生产可以区分为直接生产和再生产。马克思说:"资本的直接生产过程,就是资本的劳动过程和价值增殖过程。这个过程的结果是商品产品,它

① 《马克思恩格斯选集》第 1 卷,人民出版社 1995 年版,第 278 页。

的决定性动机是生产剩余价值。""资本的再生产过程,既包括这个直接的生产过程,也包括真正流通过程的两个阶段,也就是说,包括全部循环。"①从商品生产的一般形式来看,它总是按这样的一个公式在运作:P...W—G—W...P,即从生产出发,再经过商品、货币、商品,再进入生产等等。但是,在资本主义社会就不同,商品生产的运作公式是:G—W...P...W—G,即货币(资本)到商品(生产资料)进入生产过程,再制造商品,再到货币(G)。

　　第一种形式,它只是生产活动的一般形式,生产商品只是为了交换一种为自己所需要而生产的劳动产品或商品(W)。交换并不是劳动产品成为人们生活必需的劳动产品条件。交换只是这些劳动产品成为商品的机制。在古代,人们本瞧不起"交换"。如在我国古代,农是本,商是末,从而有"商蠹"之说。西方亚里士多德的《政治学》认为,我们的财物,皆为自己所用,这是正当的,而如果用来交换则当别论。因为,如果用来交换的产品虽然各自满足了急需,但这也不是财物的正当使用,生产物品的原意是为了自己使用,而不是用来交换。而如果生产的产品不是为自己所用,而是用来交换而谋利,则是"不正当的"。他说:"我们所有的财物,每一件都可以有两种用途。财物是同一财物,但应用的方式有别,其一就是按照每一种财物的本分而作正当的使用,另一则是不正当的使用。以鞋为例:同样是使用这双鞋,有的用来穿在脚上,有的则用来交易。那位把鞋交给正在需要穿鞋的人,以换取他的金钱或食物,固然也是在使用'鞋之所以为鞋',但这总不是鞋的正用,因为制鞋的原意是为了自己要穿着,不是为了交换。"②由于古代生产力水平比较低,利益最直接的只是具体物质生活资料。农业提供了人们吃穿住最直接的生活资料,所以,农业是人类生存之本。从 P...W—G—W...P,生产是目的,既是作为出发点的目的,也是最终的目的,通过商品 W、G(G 只是一种特殊的商品)的交换实现自己需要的利益机制。这就是古代人的利益机制的一般形式。

①　《马克思恩格斯文集》第 6 卷,人民出版社 2009 年版,第 389 页。
②　[古希腊]亚里士多德:《政治学》,吴寿彭译,商务印书馆 1965 年版,第 25 页。

在第二种形式中,利益机制就表现出一种特殊含义。在资本主义,货币(G)既是货币,但更是资本。而资本(G)通过购买劳动力的商品(W),无论是直接生产,还是再生产过程,都是为了追求剩余价值的生产。所以,资本利益机制的一般形式是:$G—W...P...W'—G'$。资本的劳动过程和价值增殖过程,其结果就是增量的商品产品(W'),它的决定性动机是生产剩余价值(G')。在资本主义,交换被上升为正当的利益机制。亚当·斯密首先作了交换的正当性、合理性的理论论证。他认为,人与动物区别在于,动物一到壮年期,在自然状态下不需要别的动物援助,同样可以独立生活,但人就不一样,人类几乎随时都需要同胞。然而,人仅仅依赖别人的恩惠那是不行的。最好的方式就是刺激他们的利己心,使有利于他,并告诉他们,给他做事,是对他们自己有利的,他要获得利益和达到目的,就容易得多了。这就是交换即"互通有无,物物交换,互相交易"①。离开交换,人类就不能生存。交换被提升为人类生存之本,人类生存的第一个前提是什么呢?不是生产物质生活资料的生产活动,而是交换。交换是人与动物相辑别的标志。交换不仅是十分必要的,交换变成了人类赖以生存的基本条件,交换更是可能的,因为人人都有利己之心,只有相互交换才有可能各自从对方获得自己需要的利益,从而实现自己的目的。交换是满足人们利己之心的最好方式。交换是自然规律,它符合人性是自私的这一生物本性,它是普遍的,也是永恒的。亚当·斯密第一次对交换的价值评价,推翻和纠正了古代人对商品交换的偏见。交换成了资本实现自己价值,并获得超过自己本身价值之价值的利益机制。

交换的普遍化,首先是改变了昔日劳动者与劳动产品的关系。商品是用来交换的劳动产品。但是,商品一旦成为商品,商品就表现为二重性质,它既有使用价值,又有交换价值。作为商品,首先必须有使用价值。这就是斯密所说,有利于我或对我有用的产品。没有使用价值的东西,不能成为商品。马克

---

① [英]亚当·斯密:《国民财富的性质和原因的研究》上卷,郭大力等译,商务印书馆1992年版,第12页。

思说,正是"物的有用性使物成为使用价值。但这种有用性不是悬在空中的。它决定于商品体的属性,离开了商品体就不存在。因此,商品体本身,例如铁、小麦、金刚石等,就是使用价值,或财物"。但是,有用物要用来交换,就必须"为有用物的量找到社会尺度"①。"交换价值首先表现为一种使用价值同另一种使用价值相交换的量的关系或比例"②。这就是说,商品交换实质是劳动产品一般量的比较,而撇开了劳动产质量的差别。换言之,在商品交换中劳动产品的有用性消失了。这种劳动不再有什么差别,全部化为相同的抽象人类劳动。这种由劳动产品剩下来的东西,"只是同一的幽灵般的对象性,只是无差别的人类劳动的单纯凝结,即不管以哪种形式进行的人类劳动力耗费的单纯凝结。这些物现在只是表示……商品价值"。因此,"在商品的交换关系本身中,商品的交换价值表现为同它们的使用价值完全无关的东西"③。换言之,商品的交换关系,表现为同它劳动产品物理性质完全无关的东西。利益在这里已不是直接的与物理性质相一致的物质生活资料,利益的实质是这种特殊的关系。在这里,人们不可能再把那些劳动的产品直接作为自己的有用物。相反,人们不得不把自己的一切有用物(包括劳动力商品)抽去质的性质,把它变成与物理性质完全无关的交换价值。

其次,商品关系掩盖了劳动力活动的真实性质。商品是由劳动创造的用来交换的产品。商品是一种二重性的东西,即使用价值和交换价值。可是在商品关系中,劳动也体现为一种二重性的劳动。商品是劳动的创造物,商品包含了劳动的二重性,商品中的使用价值是具体劳动创造的,而商品的交换价值则是由抽象劳动来决定的。商品是有用物。这是它的质的规定。这种有用物只有特定性质的具体劳动才能创造出来。如要做一件上衣,就要进行特定种类的缝纫生产活动;要生产粮食,就要从事具体的劳动。但是,商品的交换价

① 《马克思恩格斯文集》第 5 卷,人民出版社 2009 年版,第 48 页。
② 《马克思恩格斯文集》第 5 卷,人民出版社 2009 年版,第 49 页。
③ 《马克思恩格斯文集》第 5 卷,人民出版社 2009 年版,第 51 页。

值则不同了。它是劳动产品相互交换一般的量的比较,因而它就不再过问具体特定活动那种质的规定,它"把生产活动的特定性质撇开,从而把劳动的有用性质撇开,劳动就只剩下一点:它是人类劳动力的耗费"。"但是,商品价值体现的是人类劳动本身,是一般人类劳动的耗费。"①即社会必要劳动时间。商品的价值就决定于生产商品的一般的社会必要劳动时间。而生产商品的劳动活动的真实价值被掩盖了。人们关注的是那种标示社会必要劳动时间的符号或等价物,即金钱。昔日,人们依靠自己的聪明才智,可以创造出自己所需要的财富和生活条件。而如今则不同了,人们面对的不是物质生活条件,而是创造了一个与自己需要无关的,同自己相异的对立物。劳动者的劳动力不是劳动者自己的劳动力,而是可以在市场买卖交换的商品。劳动力一旦被买卖,"原来的货币占有者作为资本家,昂首前行;劳动力占有者作为他的工人,尾随于后。一个笑容满面,雄心勃勃;一个战战兢兢,畏缩不前,像在市场上出卖了自己的皮一样,只有一个前途——让人家来鞣。"②这就是天赋人权的真正乐园。这就是用等价物交换的等价物,这就是他们都只支配自己的东西。"因为双方都只顾自己。使他们连在一起并发生关系的唯一力量,是他们的利己心,是他们的特殊利益,是他们的私人利益。"③劳动在这里,与其说是创造有使用价值的产品,不如说,劳动仅仅创造的是一种使劳动无法摆脱他所创造的异己力量支配的特殊关系。劳动活动的真实价值被这种特殊利益关系掩盖了。利益机制的真实含义随着这种特殊关系而嬗变。正如马克思说:"黑人就是黑人。只有在一定的关系下,他才成为奴隶。纺纱机是纺棉花的机器。只有在一定的关系下,它才成为资本。脱离了这种关系,它也就不是资本了,就像黄金本身并不是货币,砂糖并不是砂糖的价格一样。"④资本只有在一定

---

① 《马克思恩格斯文集》第 5 卷,人民出版社 2009 年版,第 57 页。
② 《马克思恩格斯文集》第 5 卷,人民出版社 2009 年版,第 205 页。
③ 《马克思恩格斯文集》第 5 卷,人民出版社 2009 年版,第 204—205 页。
④ 《马克思恩格斯文集》第 1 卷,人民出版社 2009 年版,第 723 页。

的关系下,它才成为资本。这种关系就是资本主义以私有制为基础的生产关系。资本是基于资本主义生产关系形成的一种利益机制。资本是资本主义利益实现的机制。脱离了资本主义生产关系,资本只是一种生产要素,它就失去了为所欲为地统治、支配、奴役劳动力和劳动力商品的功能。

二、资本把人与人的关系颠倒为物与物的关系

资本是市场经济条件下的生产要素。但是,在资本主义生产关系中,资本把人与人的关系颠倒为物与物的关系。资本何以可能把人与人的关系颠倒为物与物的关系呢? 仅就政治经济学视角来看,马克思从三个方面揭示了这个问题:一是通过劳动异化的论述,揭示了人的类本质、人与人被人的产品异化的现象;二是通过商品拜物教、货币(资本)拜物教的研究,发现了资本主义的资本支配下人与人的关系颠倒为物与物的关系;三是通过资本支配人的现象,揭示了物支配人的历史合理性和共产主义摆脱人支配人、物支配人现象的历史必然性。

通过劳动异化的论述,马克思揭示了人的类本质、人与人被人的产品异化的现象。在《1844 年经济学哲学手稿》中,马克思针对亚当·斯密论证资本主义私有制合理性的政治经济学进行了批判。马克思认为,虽然斯密肯定了劳动的价值,但是,他的经济学并未给劳动提供更多有价值的东西,而是在为资本主义私有制下对劳动剥削的合理性辩护。斯密不去说明私有制的来源,而当他要涉及私有制的根源时,就把私有制归结为一种抽象的虚幻自然状态。马克思认为,斯密所说的自然状态,除开使人们堕入五里雾霾之中以外,其他什么问题也说明不了。自然状态无非就是一种原始状态。私有财产不是原始的自然状态就存在的,它有一个"在现实中所经历的物质过程"①。由于局限于当时政治经济学研究水平,马克思还未能从历史唯物主义和人类学的高度

---

① 《马克思恩格斯文集》第 1 卷,人民出版社 2009 年版,第 155 页。

揭示私有财产制度的来源。但是,马克思立足于当前的经济事实,揭露出了资本主义资本统治下的物支配人的异化现象。在私有财产的资本统治下,"工人生产的财富越多,他的生产的影响和规模越大,他就越贫穷。工人创造的商品越多,就越变成廉价的商品。物的世界的增值同人的世界的贬值成正比。劳动生产的不仅是商品,它还生产作为商品的劳动自身和工人,而且是按它一般生产商品的比例生产的"①。

　　私有财产是异化的结果。财产究竟来自何方,这在封建自然经济条件下不是什么问题。但是,随着商品经济的发展,财富不再以直接的实物形式出现,而以金银货币的间接形式表现出来。因而,财富究竟来自何方呢?这个问题开始复杂起来。在西欧,从 15 世纪末开始,封建制度日益瓦解崩溃,资本主义生产方式蓬勃发展起来。地理大发现,扩大了世界市场,刺激了商业、航海业和工业的空前发展。在最早的资本主义国家,贸易成为了发财致富的手段,因而出现了炽烈的"黄金渴望",由此,出现重商主义思想。他们认为,金银即货币是财富的唯一形态,一切经济活动的唯一目的是为了攫取金银。而在 17世纪下半叶,法国出现重农学派,比如,弗朗斯瓦·魁奈。他们从"自然秩序"观念出发,认为,货币并不是国民的真正财富,它的职能只是作为流通手段,它既不是能消费,又不是能不断再生产的财富。社会财富都是从土地上生产出来的产品,社会财富的真正源泉是农业,财富就是农业生产出来的"纯产品"(剩余农产品),农业是唯一能生产财富的生产部门,农业生产才是真正的生产。国民经济学继承重农学派的传统,确信一切财富都在劳动中,即在人本身中,而不是在人之外的某种状态中。所以,恩格斯把斯密称之为经济学中的路德是对的。但是,国民经济学只看到劳动的积极方面,而没有看到消极的方面。劳动本身对人的本质力量进行了确证和实现,但在当前雇佣劳动中,劳动却变成了异化劳动。由于异化劳动,财富与劳动的关系变复杂了。首先,"劳

---

① 《马克思恩格斯文集》第 1 卷,人民出版社 2009 年版,第 156 页。

动所生产的对象,即劳动的产品,作为一种异己的存在物,作为不依赖于生产者的力量,同劳动相对立"①。

　　劳动本身是一种对象化的活动,但雇佣劳动即异化劳动,劳动的对象化表现发生了"对象的丧失和被对象奴役"。劳动的对象化,劳动所创造的对象,即劳动的产品,不仅不属于他自己,而且是一种"对象的丧失",或财富的丧失。这种财富成为一种对象,但它使劳动者成为被这种财富奴役的对象。换言之,私有财富是劳动创造的,但这种劳动是异化劳动,异化劳动创造私有财产,私有财产反过来成为奴役劳动者的对象。其次,劳动者同自己劳动相异化。劳动对工人本应是人本身肯定自己本质的活动,工人在劳动中是既自在又舒服的事情。可是异化劳动就不同,劳动对于工人来说,是外在的东西,是不属于他的本质的东西。他在自己的劳动中不是肯定自己,而是否定自己;不是感到幸福,而是感到不幸等。这种外在的劳动,对于劳动者是一种自我牺牲、自我折磨等。这种异化劳动,是财富的异化带来的。因而,它是第一种异化的直接的后果。由此,还引起以下两个后果:一个是人同自己的类本质相异化,另一个是人与人之间的关系相异化。财富的确是在劳动中创造的。在当前,劳动却表现为消极的方面,异化劳动创造的财富,不仅不属于劳动者自己,而且反过来成为统治劳动者的一种异化的力量。

　　斯密的政治经济学,实际上不是劳动价值的经济学,而是私有制下对劳动剥削合理性的经济学。斯密所说的劳动,在资本主义生产关系条件下不再是人类一般的对象化活动,而是一种异化劳动。私有财产既是异化劳动的结果,又是其根据。从其静态方面看,它们相辅相成,协调发展;但从动态来看,异化劳动是根据,私有财富是真正的结果。可见,所谓私有财富或私人利益的含义,一言以蔽之,它是异化劳动的结果。

　　通过商品(资本)拜物教的研究,发现了资本主义的资本支配下人与人的

---

①　《马克思恩格斯文集》第 1 卷,人民出版社 2009 年版,第 156 页。

关系颠倒为物与物的关系。在《资本论》中,马克思从资本主义最普遍、最常见、最简单的细胞商品出发,发现货币、金钱,甚至资本,原来也是一个有价值的用来交换的特殊商品。但是,这些商品一旦在资本主义生产关系中,本来是商品的商品、货币、资本就会以一种奇异的方式出现。马克思说:"人通过自己的活动按照对自己有用的方式来改变自然物质的形态。例如,用木头做桌子,木头的形状就改变了。可是桌子还是木头,还是一个普通的可以感觉的物。但是桌子一旦作为商品出现,就转化为一个可感觉而又超感觉的物。它不仅用它的脚站在地上,而且在对其他一切商品的关系上用头倒立着,从它的木脑袋里生出比它自动跳舞还奇怪得多的狂想。"①商品本来离不开自然物质形态的有用性,但是,任何自然物只要变成商品,自然物的有用性似乎已经不重要了,而作为商品的交换价值却使它产生了"比它自动跳舞还奇怪得多的狂想"。人通过自己的活动按照对自己有用即有利的方式来改变自然物质的形态,使其转化为物质生活资料。这就是人类真正的利益。但是,在资本主义社会,这些物质生活资料,却被颠倒了。物成了"一个可感觉而又超感觉的物。它不仅用它的脚站在地上,而且在对其他一切商品的关系上用头去倒立着",物的东西本应是可感觉的东西,但现在却看不见了,成了超感觉的东西。人们看到的不再是直接的可感的真实的具体的物,而是间接的不可感的虚假的抽象的商品关系。在这种特殊关系中,物的性质发生变化,人的地位因此而变更,劳动共同活动创造的社会关系上升为支配劳动活动的异己力量。人与人共同活动之间的关系,全面采取了物与物的关系的虚幻形式。马克思说:"因此,要找一个比喻,我们就得逃到宗教世界的幻境中去。在那里,人脑的产物表现为赋有生命的、彼此发生关系并同人发生关系的独立存在的东西。在商品世界里,人手的产物也是这样。我把这叫做拜物教。劳动产品一旦作为商品来生产,就带上拜物教性质,因此拜物教是同商品生产分不开的。"②神

---

① 《马克思恩格斯文集》第5卷,人民出版社2009年版,第88页。
② 《马克思恩格斯文集》第5卷,人民出版社2009年版,第90页。

是人的本质的自我异化。神的本质本不是神的，神的本质是人赋予的，是人把人类认识自然、改造自然的本质赋予了神。神一旦集中了人的本质，就成了一个与人相异在的统治力量，反过来统治人和支配人。人纷纷拜倒于它的脚下，受它的统治和支配。由劳动创造的商品、货币、资本也是这样，它本是人的活动创造的，但是，只要把它们置于资本主义生产关系中，它就成为一个至高无上的统治力量。在那里，金钱是唯一的神，资本是这个世界独一无二的统治者。

商品世界的这种商品、货币、资本拜物教，并非从所谓的自然状态自然而然地降临到这个世界。它来源于生产商品的劳动所特有的社会性质。

自然形态的使用物何以成为商品？最初当然与社会分工有关。随着分工和交换的发展，产生了财产的私人所有制。在资本主义条件下，商品"只是因为它们是彼此独立进行的私人劳动的产品。这种私人劳动的总和形成社会总劳动。因为生产者只有通过交换他们的劳动产品才发生社会接触，所以，他们的私人劳动的独特的社会性质也只有在这种交换中才表现出来。"①这就是说，在资本主义社会，由于生产资料的私人占有，因而生产者的产品都是私人劳动的产品。他们要进行交换，又必须是自己的产品成为社会总劳动的一部分。同时，生产者也只有通过交换才能证明自己私人劳动的产品。换言之，"劳动产品只是在它们的交换中，才取得一种社会等同的价值对象性，这种对象性是与它们的感觉上各不相同的使用对象性相分离的。"②

这种对象性就因此成为可感觉又超感觉的物。物都是可以感觉的。这就是它的使用价值，即有用的物。但商品的交换价值，却成为了与物相脱离超感觉的虚幻形式。这就是价值物。劳动产品就这样分裂为有用物和价值物。生产者的私人劳动真正取得了二重的社会性质。"一方面，生产者的私人劳动必须作为一定的有用劳动来满足一定的社会需要，从而证明它们是总劳动的

---

① 《马克思恩格斯文集》第 5 卷，人民出版社 2009 年版，第 90 页。
② 《马克思恩格斯文集》第 5 卷，人民出版社 2009 年版，第 90 页。

一部分,是自然形成的社会分工体系的一部分;另一方面,只有在每一种特殊的有用的私人劳动可以同任何另一种有用的私人劳动相交换从而相等时,生产者的私人劳动才能满足生产者本人的多种需要。"①资本主义的人与人的利益关系就这样表现在特殊的交换关系上。首先,私人劳动必须作为一定的有用劳动满足社会需要。私人劳动本来性质是为私人利益生产的劳动,但由于交换的需要,它不得不以社会利益为目的,作为一定的有用劳动满足社会需要,才能证明它的劳动是社会总劳动的一部分。这就是说,它的利益只有在社会利益中才能得以真正实现。因而,利益不只是个人直接生产物质生活资料的利益,而且体现为一种它与社会需要的关系。只有通过这种关系它才可能获得它所要获得的私人利益。其次,这种关系的实现途径和中介是交换,通过等价的交换,每一种特殊的有用的私人劳动同任何其他私人劳动相交换。生产者私人劳动才能满足生产者本人的多种需要,他才可得到他所需要的利益。否则,他的私人劳动就可能因不能实现而无法满足自己的这种需要和利益。

总之,劳动者直接个人生产的,都不再是那种直接的物质资料生活条件。在商品生产中,任何私人劳动只要能够提供满足一定社会需要的利益就是合理的。至于这种私人利益自己的性质和运作方式如何,这些都是无关紧要的。人与人的利益关系因而在这种交换关系中,似乎完全可以不顾在这种商品关系中生产商品的特有社会性质,只要使私人的劳动产品转换为社会劳动的一部分,实现商品的交换价值就可以了。人与物的关系,就这样被颠倒了,似乎不是劳动的使用价值重要,而是劳动的抽象价值重要;不是人最重要,而是作为等价物的金钱、货币最重要;不是人与人的活动协作关系最重要,而是物与物的交换关系最重要。生产关系首先表现为利益关系。利益表现为利益交换的关系,物与物的利益交换关系以特有的方式反过来上升为统治人的力量。

---

① 《马克思恩格斯文集》第 5 卷,人民出版社 2009 年版,第 90—91 页。

三、资本改变了人的存在方式的历史发展逻辑

资本不是作为等价物的货币,而是在与劳动力商品的等价交换中通过对劳动力商品劳动的支配获得剩余价值的价值。资本主义物对人的支配,实质上就是资本对人(劳动者)的支配。这是人类的生存方式发展变化过程的一个特殊阶段,但也是一个不可避免的阶段。

马克思认为,人类要发展,首先要生存,需要吃、穿、住等物质生活资料。所以,人类历史发展的第一个前提就是生产物质生活资料的生产。人们在进行物质生活资料生产的同时,也同时生产人口、家庭等社会关系。社会关系本来就是"许多个人的共同活动",但是由于生产力的发展及财产占有和利益分配所带来的影响,社会关系越来越复杂化。社会关系越是复杂,它对整个社会形态结构的制约就愈益突出。有时社会关系突出表现为人的关系,那么这个社会上升为人的统治的社会;有时社会关系表现为一种交换关系,那么这个社会就表现为物的统治的社会。从人的生存方式来考察人与人、人与物的历史发展,人类生存方式的历史演变的状况和特征,大致可以划分为三个阶段:即人对人依赖关系为基础的社会,人对物的依赖关系为基础的社会和摆脱以上两种状态的共产主义社会。在《政治经济学批判》(1857—1858 年手稿)中,马克思说:"人的依赖关系(起初完全是自然发生的),是最初的社会形式,在这种形式下,人的生产能力只是在狭小的范围内和孤立的地点上发展着。以物的依赖性为基础的人的独立性,是第二大形式,在这种形式下,才形成普遍的社会物质变换、全面的关系、多方面的需要以及全面的能力的体系。建立在个人全面发展和他们共同的、社会的生产能力成为从属于他们的社会财富这一基础上的自由个性,是第三个阶段。第二个阶段为第三个阶段创造条件。"①

---

① 《马克思恩格斯文集》第 8 卷,人民出版社 2009 年版,第 52 页。

这里所说的三种社会形式或人的三种生存状态,实际上考察了以人为本与物质、利益机制等之间历史关系,为我们理解古代的、近代资本主义的人与人的关系、物与人的关系提供了理论前提和历史根据。更为重要的是,在中国特色社会主义条件下,它为究竟如何理解人与物的关系提供了一个历史方位的坐标系。

1. 在古代,首先自然发生的是人的依赖关系

以人为本的思想起源无疑是人道主义。黄楠森先生说:"马克思主义包括人道主义,但不等于和归结于人道主义"①。这是十分正确的。把马克思主义与人道主义绝对对立起来是错误的,它不仅不符合马克思主义思想发展的实际,也必将影响我国对以人为本内涵的全面理解。马克思主义包括人道主义,是说马克思主义包含了人道主义的合理成分,比如为了人,尊重人的生命和价值;马克思主义不等于人道主义,是说马克思主义超越了人道主义,马克思主义的理想目标是共产主义的人的自由全面发展,是全人类的最终解放,而不是人道主义一般的人性、人道等理性原则。

人道主义虽然是近代文艺复兴的积极思想理论成果。但是,人的依赖关系或人与人的关系这种嬗变最初起源于古代。在古代,生产力水平低下,人类虽然从自然中解脱出来,但离人类的解放仍然相距甚远。因为"解脱"与"解放"是截然不同的两回事。所谓"解脱"仅仅是脱离了自然的外观,人类从实质上来讲,仍然是自然的,它和它的能力、它的关系、它的生活条件和方式,等等。它未形成真正的社会的人的那种现实关系,它尚未达到社会的人的现实生活条件,它仍然依赖土地、自然条件而生活。在中国古代,就是那种"日出而作,日入而息"的自满自足的生活方式。在西方,埃及古代的狮身人面兽就形象地描绘了这种人依赖自然的状况。狮身人面兽,它的头是人的,而它的身

① 中国人学学会编:《人学与现代化——全国第五届人学研讨会论文集》,广西人民出版社 2004 年版,第 8 页。

躯还是一个自然动物的——狮子。换言之，人刚刚从自然中探出了一个头，而人仍然无法摆脱自然的束缚。由于这样，人与人的关系就是一种自然关系。人依赖人，人依赖于部落、城邦，人依赖于那些部落头领、城邦首领才能生活，否则，他不是征服自然，而可能被自然征服，他不是战胜不同部落的侵犯、抢杀、掠夺，而是被不同的部落掳掠和枪杀。人是一个城邦动物，人只有依赖于城邦才能维持生存。根据亚里士多德关于《政治学》中的记载，由于男女不能单独地延续其种类，因而需要配偶。男女这种关系的结合首先就组成家庭。在这种家庭中，妻子是奴隶，而次于妻子的则是牛，再是犁等工具。他说："先营家室，以安其妻，爱畜牡牛，以曳其犁。"然后，若干家庭就形成了村坊。他说："村坊最自然的形式是由一个家庭繁殖而衍生的聚落；因此，有些人就称聚居的村人为'同乳子女'（ὁμογάλακτας），或称这样的聚落为'子孙村'παίδων λαῖδας。""家庭常常由亲属中的老人主持，各家所繁衍的村坊同样地也由年辈最高的长老统率，君主正是家长和村长的发展。""等到由若干村坊组合而为'城市（城邦，πόλις）'，社会就进化到高级而完备的境界，在这种社会团体以内，人类的生活可以获得完全的自给自足；我们也可以这样说：城邦的长成出于人类'生活'的发展，而其实际的存在却是为了'优良的生活'。早期各级社会团体都是自然地生长起来的，一切城邦既然都是这一生长过程的完成，也该是自然的产物。""由此可以明白城邦出于自然的演化，而人类自然是趋向于城邦生活的动物（人类在本性上，也正是一个政治动物）。"①亚里士多德对古希腊人与人这种自然依赖关系作了客观的描绘。首先，最初的人与人的关系，就是一种自然关系。从人的繁衍来看，人只有保留一种自然关系才能延续后代，人只有依赖自然才能生活，人无法割断与自然这种原始的自然脐带。可以说，人的社会关系只是自然关系的延伸。其次，人与自然形成的关系最突出的特征，就是人与人的关系。人要繁衍后代，男子要依赖于女子，妻子

---

① ［古希腊］亚里士多德：《政治学》，吴寿彭译，商务印书馆1995年版，第5—7页。

是奴隶,甚至连生活也得依赖于男子。由于这种互相依赖则产生了家庭,家庭是最初的社会关系的基本形式,家庭中不仅有了夫妻,而且还有了子孙。子孙一开始对家庭具有更大的依赖性,然后有了"村坊",最后又发展为城邦。可见,家庭是因为人的自然依赖关系建立起来的。村坊、城邦正是这种依赖关系的放大和发展。希腊的"王"字意思即为"家长"。① 最后,这种人的依赖关系形成最根本的原因是为"优良的生活"。由于生产力的发展水平低下、交往片面化和单向性、人对人的武装侵掠抢杀、野兽对人类的生存的威胁,人只有在"王"(家长)的统率下以部落、村坊、城邦为堡垒,才能得以生存或过上"优良的生活",否则,就可能走向毁灭而不能生存。因而,人对人只有建立一种最自然的以血缘脐带为基础的关系,这种关系的顶点就是封建社会。封建社会的"王"(家长),不再是一家之"家长",而成为数千家、数万家的最大的家长,所以,在皇帝看来,"溥天之下,莫非王土;率土之滨,莫非王臣。"(《诗经·小雅·北山》)在中国,封建帝王与臣民的关系就是主人与奴仆的关系。"臣"字在甲骨文中为ᠪ,郭沫若认为,它像竖起的眼睛。人跪着,身体弯曲头低下,眼睛就直竖起来,即男性奴隶。因而,凡取此字为义的形声、会意等字,其意义多与奴隶、屈身等有关。② "臣"的本义就是奴仆,《韩非子·五蠹》曰:"虽臣虏之劳,不苦于此矣。"这里"臣虏"即为奴隶或被俘的奴隶。这种人与人的依赖关系,在欧洲一直延续到近代文艺复兴之前,在中国一直延续到 20 世纪初,辛亥革命以前。文艺复兴以后,资本主义由于生产力的发展而逐渐大踏步地走向了成熟的市民社会。市民社会的发展的直接结果就是利益上升为人的统治。资本主义用金钱、物的力量推翻了封建社会人的统治,金钱、物成了人与人之间唯一的关系。马克思说,在金钱面前,"一切神都要退位。金钱贬低了

---

① 依谬勒:《语言学讲稿》(M.Müller, Lectures on the Science of Language)卷二,第 282 页;转引自亚里士多德:《政治学》,吴寿彭译,商务印书馆 1995 年版,第 6 页。
② 达世平等编着:《古汉语常用字字源字典》,上海书店出版社 1994 年版,第 284 页。

人所崇奉的一切神,并把一切神都变成商品"①。从此,人们对物的依赖性关系代替对人的依赖性关系。马克思在《共产党宣言》中说:"资产阶级在它已经取得了统治的地方把一切封建的、宗法的和田园诗般的关系都破坏了。它无情地斩断了把人们束缚于天然尊长的形形色色的封建羁绊,它使人和人之间除了赤裸裸的利害关系,除了冷酷无情的'现金交易',就再也没有任何别的联系了。它把宗教虔诚、骑士热忱、小市民伤感这些情感的神圣发作,淹没在利己主义打算的冰水之中。"②

2. 资本主义社会是物的依赖性关系为基础的阶段

资本主义用物的依赖性代替了封建社会的人的依赖性关系,无疑是历史的一大进步。在一些研究中,往往把资本主义用物的依赖性关系代替了封建社会的人的依赖性关系看作是负面消极的。其实,这是一种误读。如果相对共产主义而言,显然资本主义的物的依赖关系是落后的、负面的。但是,相对古代社会,它就具有进步的历史意义。马克思通过资本支配人的现象论述,实际上也揭示了资本主义的物支配人的关系的历史合理性。

首先,物的依赖性关系替代人的依赖性关系,割断了前资本主义那种仍然以血缘脐带为联系的自然关系,人类社会向更高的社会形态迈出了一大步。几千年奴隶社会、封建社会所形成的那种原始的血缘自然关系,已渗透到了人们的每一个毛孔。人类虽然经历了数万年的发展,从原始的母系氏族部落社会到世袭的贵族奴隶制社会,再到封建的君主家族血缘世袭传承的统治,都是一种血缘的、宗法的、落后的自然关系,这并非人类进步的标志,而是一件十分不光彩的事情。人类为摆脱这种关系,也曾付出了高昂的代价。比如,历史上的各种改革与革命,有商鞅变法、王安石变法以及一个朝代对另一个朝代的

---

① 《马克思恩格斯文集》第 1 卷,人民出版社 2009 年版,第 52 页。
② 《马克思恩格斯文集》第 2 卷,人民出版社 2009 年版,第 33—34 页。

更替,但对于根深蒂固地渗入人们每一个毛孔的血缘关系,皆都无济于事。只有资本主义用金钱、物的力量才真正彻底地摧毁了人对人的血缘的、自然的依赖关系。因为,金钱、资本渗透到了人们的每一个毛孔,它像除污剂一样,彻底洗刷了数万年所形成的根深蒂固的那种血缘关系,它无情地斩断了封建社会的人身依赖关系的羁绊。人才真正向人的自由发展攀升了一步。

其次,物的依赖性关系替代人的依赖性关系,极大地推动了生产力的发展。人对人的依赖关系,由于是一种狭隘的自然关系,它遮蔽人们的视野,缚住了人们的手脚,禁锢人们的思想,妨碍了人类的普遍交往,从而极大地阻碍了生产力的发展。而以物为基础的依赖关系则相反,它由于割断了人们的血缘自然关系,人类从昔日那种田园乡村中狭隘的自然的原始联系和行会、帮工个体师傅之间的宗法关系中解放出来。这就为市场经济资源合理配置提供了现实可能。市场资源的合理有效配置则极大地推动了生产力发展。马克思说:"资产阶级在它的不到一百年的阶级统治中所创造的生产力,比过去一切世代创造的全部生产力还要多,还要大。"①

最后,物的依赖性关系替代人的依赖性关系,推动了人类精神文明的发展。在人的依赖性关系为基础的社会,人类的精神空间极其狭窄和片面,在那里,只有自然偶像崇拜、个人迷信和田园诗般的乡愁和怀旧。而物的依赖性关系,极大地推动了精神文化的发展,它用物的精神推翻了神的精神统治,使神从天上掉到了地下。它使那些昔日以神自称的神圣化的贵族老爷,也把自己泡在利己主义的冰水之中,它用物的方式唤起人们普通交往和共同联系的市场意识,人类开始揭开罩在自己脸上的面纱,毫不腼腆地大方地由后台走向社会的前台,面向大众。在人对人的血缘、家族统治下,血缘、家族、皇权是至高无上的。在那里,等级的不平等比平等更为重要,等级的尊严高于真理、正义的尊严。而以物的依赖性为基础的社会,物、金钱成为了衡量一切的标准。

① 《马克思恩格斯文集》第2卷,人民出版社2009年版,第36页。

虽然物的标准还不是最好的标准,但是,物的客观标准替代了血缘、家族、皇权的主观的、随心所欲的标准。平等、公正是物、金钱之下的平等、公正。总之,它用以物为基础的精神文化逐渐代替了昔日封建的以人为基础的精神统治,它使人类精神空间大大扩充了。但是,以物的依赖性关系为基础的统治带来的后果是,因为"金钱是一切事物的普遍的、独立自在的价值。因此它剥夺了整个世界——人的世界和自然界——固有的价值。金钱是人的劳动和人的存在的同人相异化的本质;这种异己的本质统治了人,而人则向它顶礼膜拜"①。这就是说,资本主义以物的依赖性关系替代人的依赖性关系,虽然相对于古代社会是一个历史进步,但不过是前门拒虎,后门进狼,人类刚刚摆脱了人对人的统治,却又陷入了物、金钱、资本对人的统治的泥坑。

第二节　马克思关于扬弃物的依赖性关系思想

如何避免出现资本主义物支配人的异化现象,即扬弃和消灭异化,马克思几乎毕其一生,都在对这个问题进行探索,其中最为典型的可以区分为三个时期:一是《1844 年经济学哲学手稿》时期,二是《德意志意识形态》时期,三是《资本论》时期。这里重点探索《1844 年经济学哲学手稿》时期。

一、《1844 年经济学哲学手稿》的扬弃物的依赖性关系思想

1844 年马克思转向政治经济学的研究。这一转向在马克思主义发展史上具有十分重要的意义,同时开启了马克思认识资本主义物的依赖性特点的先河。尽管马克思当时在哲学上还处在费尔巴哈的人本主义唯物主义占主导地位时期,但是,马克思借助费尔巴哈的人本唯物主义哲学基础,发现了资本主义不同于古代社会的突出特点,那就是物支配人的现象,而不是像古代社会

---

① 《马克思恩格斯文集》第 1 卷,人民出版社 2009 年版,第 52 页。

那样是人统治人、人支配人的社会。这种现象并非如黑格尔或青年黑格尔派,认为人类社会的任何变化是出自人们的主观意志或客观的绝对精神,那是黑格尔的唯心主义。人类社会之所以出现人统治人和物支配人的现象,是历史的社会经济发展必然进程造成的,而不可能是人们愿意去人统治人、人支配人,就可以随心所欲地去统治人和支配人。同样,人们也不可能是愿意用物的东西去支配人、统治人就可以任意地去支配人或统治人,而是因为在那个时代,一个人的生活、生存离不开另一个人、依赖于另一个人,或人的生活、生存离不开物(如资本主义的资本)的统治和依赖于物的支配。这就是说,古代社会,如奴隶社会的奴隶、封建社会的农民,奴隶主之所以可以支配奴隶,是因为奴隶主掌握了人们赖以生存生产的所有物质生活资料,包括作为工具的奴隶,封建地主之所以可以统治和支配农民,是因为地主掌握了农民赖以生存的土地。反过来说,不是奴隶主、地主主观上愿意统治和支配奴隶、农民就可以统治和支配他们,而是奴隶离不开,也只能依赖于奴隶主的物质生活资料才能生存,农民只能依赖于掌握土地的地主才能生存。在资本主义社会就不同,资本主义不像奴隶社会和封建社会那样,不是人支配人,而是物或资本在支配人。当时,马克思还不可能得出通过《资本论》研究所能得出的结论,但是就是基于人本唯物主义对经济学的研究,才发现了从物的、经济的基础来揭示社会历史发展最终原因的历史唯物主义曙光。

以人本唯物主义为哲学基础来研究政治经济学,也就是以人为本来研究政治经济学,马克思肯定了斯密的劳动价值论的合理性,批判了斯密论证物、私有财产、资本统治人、支配人的合理合法性的错误。斯密的劳动价值论真正哲学意义是把私有财产的本质归还给了人本身。如果说,路德的宗教改革把信仰的主体本质归还给了信徒,那么,斯密就是经济学中的路德,他把财富的主体本质归还给了劳动。但是,斯密的劳动不是肯定人的本质力量的劳动,而是异化劳动。劳动是对人的本质的肯定。这一点,黑格尔有过十分深刻的论述。马克思说:"黑格尔是站在现代国民经济学家的立场上的。他把劳动看做人的本质,看做人的自我确证的本质;他只看到劳动的积极的方面,没有看到它的消极的方面。"①尽管黑格尔的劳动是抽象的精神的劳动,但是,黑格尔"把劳动看做人的本质,看做人的自我确证的本质",这有一定的合理性。马克思吸收了黑格尔的人道主义哲学的合理因素,以人本唯物主义为基础对斯密的异化劳动进行了批判。认为,异化劳动的实质还是资本、私有财产在统治人、支配人,就是客观的东西支配人的主体本质。问题是如何扬弃劳动异化、资本支配人的现象?马克思认为,只有共产主义才有可能扬弃劳动异化、资本支配人的现象。马克思说:"共产主义是对私有财产即人的自我异化的积极的扬弃"②。这就是说,共产主义具有扬弃异化劳动,摆脱人支配人、物支配人现象的历史必然性。马克思在经济学视域内对共产主义做了前瞻性考察。共产主义要解决的核心内容是私有财产问题。对待私有财产,只能是"积极的扬弃",即克服财产的私有性质,将客观的财产归还为主体的劳动。因而,共产主义既不可以像小资产阶级共产主义那样只消灭资本或私有财产本身,也不可以像空想的共产主义那样保留私有制,仅仅改变劳动的形式,更不能像粗陋的平均主义共产主义那样,实行财产普遍化、平均化,也不仅仅是只是在政治方面把人的政治本质归还给人。这就是说,共产主义既把全部财产返回社会的人,而且把劳动变为确认人的本质的活动。马克思立足于费尔巴哈人本主义唯物主义的哲学基础,吸收了斯密政治经济学把客观财产归结为劳动的主体本质的合理因素,批判了当时在欧洲流行的几种有代表性的共产主义的错误观点。

一是蒲鲁东的小资产阶级共产主义。这种共产主义对私有财产只从客体方面去考察,如蒲鲁东。他在《什么是所有权》一文中,对私有财产作了鞭挞,认为,"财产就是盗窃"。他看到,劳动是私有财产的本质,资本是它的形式,因而他只要求消灭资本本身。蒲鲁东仍然停留在粗糙的共产主义的观点上。

---

① 《马克思恩格斯文集》第1卷,人民出版社2009年版,第205页。
② 《马克思恩格斯文集》第1卷,人民出版社2009年版,第185页。

这种共产主义只从客观上看到了现今社会的丑恶,即在私有制中,从物质财富的不平等的分配中。它没有看到政治领域和精神领域的异化,人的个性、才能和感情等等的异化。

二是粗陋的平均主义共产主义。它们用普遍的私有财产来反对私有财产,即对私有财产怀有忌妒和平均化欲望。它"对整个文化和文明的世界的抽象否定,向贫穷的、需求不高的人——他不仅没有超越私有财产的水平,甚至从来没有达到私有财产的水平——的非自然的简单状态的倒退,恰恰证明对私有财产的这种扬弃决不是真正的占有"①。可见,私有财产的这种扬弃不是真正的占有。"私有财产的水平",是一种什么样的"水平"呢? 私有财产的水平,无非是私有财产发展的一定程度。这是私有财产认识上的一个新的飞跃。而这种平均化的粗劣的共产主义,它是较低层次的共产主义,有如柏拉图式的理想王国。它不是马克思当时认为的共产主义,就是说,当时的共产主义也不是马克思自己的概念,而是马克思论述私有财产时引出的一个概念。波普尔把马克思共产主义与柏拉图式的理想国联系在一起,认为马克思的共产主义是继承了柏拉图等人的理想国的原始的共产主义,其实是十分错误的。马克思认为,这种平均化,是"非自然的简单状态的倒退,恰恰证明私有财产的这种扬弃决不是真正的占有"。

三是以傅立叶为代表的空想共产主义。他们只注意私有财产的主观方面,把私有财产理解为同自身相异化的人。但他们还不清楚,作为社会劳动的非形式的异化劳动是私有财产的本质,因而认为罪恶的根源在于劳动的特殊状态中。如傅立叶认为,只有农业劳动才是最好的劳动,而圣西门过分称赞工业劳动。所以,这种共产主义不主张废除私有制,只主张改变劳动的组织形式。"私有财产的积极本质"是什么? 人的需要本性与人的利益关系如何? 在最高形式的共产主义中,我们完全可以找到答案。最高形式的共产主义既

---

① 《马克思恩格斯文集》第 1 卷,人民出版社 2009 年版,第 184 页。

注重私有制的主观方面,即要求废除异化的一切形式,劳动成为人的本质的确认和实现;又注重私有制的客观方面,把保存先前发展的全部财产返回自身、返回社会的人。它既是同私有财产相对立,又是私有财产本身历史运动的必然产物。所以马克思说:"共产主义是对私有财产即人的自我异化的积极的扬弃"①。所谓"积极的扬弃"这一点说明,共产主义(既不是粗糙的共产主义的财产普遍化、平均化,也不仅仅是只是在政治方面把人的政治本质归还给人,它既把全部财产返回社会的人,而且把劳动变为确认人的本质的活动。)"它是人向自身、也就是向社会的即合乎人性的人的复归,这种复归是完全的复归,是自觉实现并在以往发展的全部财富的范围内实现的复归。"②

总之,在共产主义,利益是社会的人自身的利益,是保存了以往发展的全部发展的全部财富的利益。当然,在这里,马克思的共产主义,还不是他正式使用的概念。但是在这里,关于共产主义的论述中,共产主义仅仅是一种"原则"。因为,"共产主义并不是人类发展的目标,并不是人类社会的形态"③。

二、《1844 年经济学哲学手稿》思想的学术地位问题

如何确定《手稿》的学术地位,是国内外马克思主义研究中一个聚焦点。而要厘定其学术地位,务必先确定《手稿》研究的方法论前提。整体性的方法是探索《手稿》学术地位的首要方法。马克思主义是整体存在的马克思主义,没有离开整体存在的马克思主义哲学、政治经济学和社会主义。用整体的马克思主义来看《手稿》,《手稿》是整体的马克思主义产生的开山之作,但在方法论和思想内容等方面仍是一部不成熟的著作。"现代社会主义"是实践的马克思主义,是整体的马克思主义的核心。从整体的马克思主义来探索《手稿》等文献,对建设中国特色社会主义有重要的理论与实践意义。

---

① 《马克思恩格斯文集》第 1 卷,人民出版社 2009 年版,第 185 页。
② 《马克思恩格斯文集》第 1 卷,人民出版社 2009 年版,第 185 页。
③ 《马克思恩格斯文集》第 1 卷,人民出版社 2009 年版,第 197 页。

首先,探索《手稿》学术地位可能的方法问题。

关于《手稿》在马克思主义思想史中的学术地位问题,是国内外马克思主义研究中一个始终存在重大分歧的学术聚焦点。在国内一直存在着"不成熟"论(陈先达)、"两种逻辑"论(孙伯鍨)、"转折论"(黄楠森)、"起点论"(王东)、"成熟论"(张奎良)等之学术分歧;在国外,甚至还有"顶峰论"或"高峰论"等论见。① 在《手稿》写作 170 周年以后,关于《手稿》究竟是马克思主义的"成熟"或"不成熟"之作的学术争论又雀然而起。根据国际和苏联马克思主义研究的经验教训,正确定位《手稿》在马克思主义中的学术地位,对如何准确理解马克思主义是一个具有理论价值与实践意义的重大问题。马克思主义是方法论,如何正确定位《手稿》在马克思主义中的学术地位,必先厘定研究《手稿》的方法论前提。只有确立研究马克思主义的科学方法论前提,才可能真正把握《手稿》在马克思主义中的学术地位。研究《手稿》,不同学科有不同的解读方法,如哲学的、经济学的、美学的等。但研究《手稿》在马克思主义思想发展中的地位,是指如何通过《手稿》看马克思主义,或通过马克思主义来看《手稿》的问题。说到底,就是《手稿》与马克思主义的关系问题。毋庸置疑,作为哲学方法论,实质上是一个个别与整体的关系问题。《手稿》是马克思主义的个别,马克思主义是整体。整体性的方法是探索《手稿》在马克思主义中的学术地位的首要方法。

所谓整体性方法有两层含义:一是指真理是一个多样性的统一性整体。在谈到政治经济学的研究方法时,马克思认为,亚当·斯密仅仅局限于具体到抽象,而"具体—抽象—具体"才是真正的科学方法。最后一个具体之所以是具体,因为"它是许多规定的综合,因而是多样性的统一"②。只有通过对对象、感性、现实等的抽象,再从抽象上升到具体的多样性的统一的整体,才可以

① 参见冯颜利:《建国 60 年来〈1844 年经济学哲学手稿〉研究述评》《重庆邮电大学学报(社会科学版)》2010 年第 1 期。
② 《马克思恩格斯文集》第 8 卷,人民出版社 2009 年版,第 25 页。

把握事物的本质,实现主观与客观相符合。二是指任何个别只有将其与整体联系起来时,这个个别才是这个整体中有意义的个别,如果把这个个别从整体中分离出来,这个个别就蜕变成了另一事物,就不再是这个整体中的个别。

马克思说:"黑人就是黑人。只有在一定的关系下,他才成为奴隶。纺纱机是纺棉花的机器。只有在一定的关系下,它才成为资本。脱离了这种关系,它也就不是资本了,就像黄金本身并不是货币,砂糖并不是砂糖的价格一样。"①资本主义生产关系是一个多样性统一的整体。《资本论》通过资本的生产过程、资本的流通过程、资本的总过程的分析,再具体地呈现了资本主义的生产关系。从而说明,资本只有在这个生产关系的整体中才是有意义的,离开了这个整体,黑人只是黑人,货币不是资本。黑格尔说:"真理是全体"②。真理不是某一个孤立的、静止的部分,而是部分多样性的统一整体。如果不顾整体的内在联系将许多互不相干的孤立部分看作真理,那么,真理就可能成为谬误。黑格尔在谈到概念的整体性时,认为,一只手只有与身体联系在一起时,这只手才是有机体的一部分。"割下来的手就失去了它的独立的存在,就不像原来长在身体上时那样,它的灵活性、运动、形状、颜色等等都改变了,而且它就腐烂起来了,丧失它的整个存在了。"③这就是说,身体是各个部分有机统一的整体,身体的各个部分只是有机统一于身体的整体存在时,部分的存在才是整体有意义的部分。一个部分要是从整体的有机联系中孤立出来,这个部分就不再是原来意义的部分,而是转变成了另一种东西。

马克思主义整体性方法之所以可能,是因为马克思主义只有作为整体的马克思主义而存在,马克思主义才是马克思主义。在《反杜林论》中,恩格斯第一次用整体性的方法,论述了整体的马克思主义究竟是什么。根据恩格斯的论述,整体的马克思主义既不是马克思主义哲学,也不是马克思主义的政治

---

① 《马克思恩格斯文集》第 1 卷,人民出版社 2009 年版,第 723 页。
② 黑格尔:《精神现象学》(上),贺麟等译,商务印书馆 1979 年版,第 12 页。
③ 黑格尔:《美学》第一卷,朱光潜译,商务印书馆 1979 年版,第 156 页。

经济学,而是以"现代社会主义"为核心的马克思主义哲学、政治经济学和社会主义的统一整体。现代社会主义不是"封建的社会主义"、"小资产阶级的社会主义"、德国的"真正的"社会主义、保守的资产阶级的社会主义、批判的空想的社会主义,而是"科学的社会主义"①。在马克思那里,科学社会主义即指共产主义或作为共产主义第一阶段的社会主义。

"现代社会主义"是实践的马克思主义,是马克思主义存在的现实形态。离开现代社会主义现实存在,马克思主义哲学、政治经济学就倒退为只是解释世界的科学。恩格斯说:"唯物主义历史观和通过剩余价值揭开资本主义生产的秘密,都应当归功于马克思。由于这些发现,社会主义变成了科学"②。按恩格斯,唯物主义历史观只是为现代社会主义提供了科学世界观和方法论,尤其是唯物主义辩证法中联系与发展的观点说明,虽然资本主义的生产力在历史上发挥过巨大的作用,但是,事物发展的辩证法决定它的存在绝不是永恒的,它终究会被更先进的社会主义制度所代替。而政治经济学揭示了现代社会主义的经济根源与现实路径。剩余价值学说阐明,社会主义替代资本主义,不是出于人们的主观的良好愿望,而是因为资本主义基本矛盾运动的必然结果。这就是说,马克思主义只有作为整体的马克思主义存在,马克思主义才是马克思主义。这里尤其要防止两种倾向,一是部分不能离开整体而存在。如果把马克思的个别词句、个别结论或某个部分、某篇著作的内容,从整体中孤立出来,割裂其与整体的联系,它们同样会蜕变成非马克思主义的。这就是国内外各种各样的马克思主义不断呈现的原因,如结构主义的马克思主义、分析的马克思主义、人道主义的马克思主义、生态的马克思主义、女权主义的马克思主义等。它们皆称自己为马克思主义,但实质是似马非马,它们之间甚至相

---

① 参见恩格斯的《社会主义由空想到科学的发展》一文,按恩格斯的说明,该文是 1880 年恩格斯应拉法格的请求把《反杜林论》中的三章(《引论》的第 1 章,第三编:"社会主义"部分的第 1 章和第 2 章)改写为一篇独立的通俗的著作。载《马克思恩格斯选集》第 3 卷,人民出版社 1995 年版,第 850 页注释 353。

② 《马克思恩格斯选集》第 3 卷,人民出版社 1995 年版,第 366 页。

互抵牾。二是整体不是用外在的甚至自己建构的整体来整合马克思主义,马克思主义本身是一个整体存在。如卢卡奇,他承认马克思主义方法论就是总体性方法,但是,在他的《历史与阶级意识》一书中,仅用一个摆脱物化意识统治的阶级意识的范畴总体来取代马克思主义。

乔恩·埃尔斯特说:"人们常常听到这样一种观点,即在今天,马克思身上仍然有效的东西是他的方法,而非任何实质性的理论命题。正如我将在以后各章中表明的那样,我不赞成这种观点。"①尽管乔恩所持的分析马克思主义方法并非一定是马克思的,但是,他肯定了一个马克思主义方法的当代存在,并且认为,方法的存在不是孤立的,并不否认马克思的理论命题的有效性。这是对的。方法的存在绝不是脱离马克思主义基本理论原理而孤立存在,方法的存在必须以马克思主义理论、命题的存在为前提。马克思主义整体性的方法之所以可能,是因为马克思主义只有作为整体的马克思主义的存在而存在。相反,脱离了马克思主义整体存在的整体方法,方法就成了主观臆造的方法。马克思在批判蒲鲁东的"方法"时说:"每一个社会中的生产关系都形成一个统一的整体。"而蒲鲁东的方法不是从这个整体存在出发,而是用主观的构想来析分经济关系,"并在自己的逻辑顺序中实现着无人身的人类理性。"②蒲鲁东的哲学方法,实际上成为了脱离存在的"无人身的人类理性"。这是十分荒谬的。马克思的整体性方法论原理为人们解读《手稿》以及其他马克思主义的文献提供了方法论根据。

其次,《手稿》是马克思主义产生的标志,但其思想内容并不成熟。

《手稿》究竟是一部马克思主义的成熟之作,还是一部并不成熟的著作,由于所持视角不同,导致的结论往往迥异。需要指出的是,视角只是看问题的角度,正如万花筒一样,不同的视角就会有不同的镜像。事实上,对《手稿》的

---

① [美]乔恩·埃尔斯特:《理解马克思》,何怀远等译,中国人民大学出版社2008年版,第3页。

② 《马克思恩格斯文集》第1卷,人民出版社2009年版,第603页。

文本的解读,并不排斥研究者所持视角的意义。在海德格尔那里,"语言是存在之家"。加达默尔甚至认为:"真正的问题也并不是存在以什么方式才能理解,而是在什么意义上理解就是存在,因为对存在的理解展示了此在的存在特性。"①马克思主义需要语言的解释与理解,但解释总是解释者的解释,而不等同于整体的马克思主义的存在。如果撇开马克思主义究竟是如何存在的,就先依据某个概念、命题而断言马克思主义是怎样的,这显然是不科学的。马克思主义认为,事实是"从事实本身的联系而不是从幻想的联系来把握的事实"。② "除此之外,唯物主义并没有别的意义。"这就是说,马克思主义的实质就是从事实本身的联系来把握事实,而不是从主观的幻想来建构事实。在《手稿》与《手稿》以前的所有文献中,如果要寻找某个概念、命题等,将其看作是马克思主义的萌芽,如市民社会是国家的前提(如《黑格尔法哲学原理批判》)、人类的解放是政治解放与宗教解放的前提(如《论犹太人问题》)、《手稿》中"对象化劳动"等命题与概念包含了历史唯物主义思想的最初萌芽等,皆无可非议。但是,要认为它们就是马克思主义产生或成熟的标志,那就是以偏概全、以部分替代整体。我们可以说,在某一个文献存在马克思主义的哲学原理、经济学原理或科学社会主义原理。但是,不能认为,那就是整体的马克思主义产生的标志。作为马克思主义,只有整体的马克思主义存在。离开了这个前提,没有孤立的马克思主义哲学、经济学和科学社会主义。这就是说,《手稿》是否是马克思主义成熟之作,既不能单以哲学的视角,也不能只用经济学或社会主义的视角来看,而必须从是否作为整体的马克思主义存在来看。在《手稿》之前的所有著作,无论是形式还是内容,既可以看作是哲学的或政治的,也可以看作是经济学之类的。毋庸置疑,这些著作,都存在和包含了马克思主义思想的最初胚芽,但都不能看作是整体的马克思主义的产生。而《手稿》就不同了,它是作为整体的马克思主义产生的标志。在《手稿》中,马

---

① [德]加达默尔:《哲学解释学》,贾镇平等译,上海译文出版社 1994 年版,第 49 页。
② 《马克思恩格斯文集》第 4 卷,人民出版社 2009 年版,第 297 页。

克思第一次对马克思主义的经济学、哲学等理论进行了初步论述,并在"笔记本Ⅲ",用了大量篇幅加上一个增补,阐述了共产主义的七个问题等。① 杨适、王东、安启念等学者都认为,马克思在第三手稿中关于共产主义的论述是全书的中心部分。安启念甚至从文本结构对共产主义是全书的中心内容作出了说明,他说,《手稿》"体现出一个完整的逻辑结构:共产主义问题(笔记本Ⅰ揭示的工人的非人状况)、共产主义的实质(人的本质的回归)、共产主义的实现途径(劳动实践的发展)、马克思主义共产主义思想的哲学基础及其由来。《手稿》从经济学入手。中心问题是共产主义和人的解放。但落脚点是哲学。经济学研究和哲学研究都是围绕对共产主义和人的解放问题的研究展开的。这就是《手稿》的文本结构。"②《手稿》中的共产主义是否是科学的共产主义,留到下文再说。但从《手稿》的逻辑结构来看,共产主义思想无疑是《手稿》的中心内容。马克思第一次以共产主义为核心从整体上论述了他的哲学、经济学和共产主义理论的统一。以整体的马克思主义存在来看《手稿》,《手稿》是标志马克思主义产生的开山之作。但是,《手稿》又是思想内容、方法等并不成熟的著作。

一是方法本身的不成熟。《手稿》第一次把哲学、政治经济学和共产主义作为一个统一的整体来探索。但是从方法论看,在哲学上,虽然他基于费尔巴哈的唯物主义立场,初步认识到批判地继承黑格尔的辩证法遗产的"必要性"。比如其中特别加上一节:"对黑格尔辩证法和整个哲学的批判"。但是,他对整体方法的内涵尚未完全把握,最为典型的表现是对古典政治经济学批判,他甚至还不明白究竟什么方法才是研究政治经济学的科学方法。在《1857—1858年经济学手稿》中,马克思认为,研究政治经济学既不能像重商学派、重农学派一样从表象具体或经验出发,也不是亚当·斯密的"从具体到

① 参见马克思:《1844年经济学哲学手稿》,人民出版社2000年版,第78—133页。
② 安启念:《〈1844年经济学哲学手稿〉笔记本Ⅱ基本内容及全书文本结构研究》,载《马克思主义与现实》2008年第1期。

抽象"的方法,而是"具体—抽象—具体"的方法。他说:"具体之所以具体,因为它是许多规定的综合,因而是多样性的统一"①。因为,最后一个具体作为具体的"整体",不再是一个混沌的表象,"而是一个具有许多规定和关系的丰富总体"。这就是说,整体不是部分简单相加之和,整体就是具体的总体,是多样性的有机统一。相反,在《手稿》中,他不仅不赞成亚当·斯密"从具体到抽象"的方法,甚至还认为自己的方法是"完全经验的"。②虽然这里的"经验",是为了进一步阐述自己的唯物主义的方法论立场,但是也说明《手稿》的经济学研究方法的局限性。二是论述共产主义的理论前提与实践前提并不科学。共产主义是马克思主义的核心,《德意志意识形态》指出:"对实践的唯物主义者即共产主义者来说,全部问题都在于使现存世界革命化,实际地反对并改变现存的事物。"(马克思加了边注:费尔巴哈。)③这就是说,实践的唯物主义者,才可能是真正的共产主义者。实践的唯物主义是共产主义的世界观基础。而费尔巴哈以哲学人道主义唯物主义为哲学基础的共产主义,只能是假共产主义。但是,在《手稿》中,马克思却认为,《手稿》的哲学基础是费尔巴哈的人道主义的唯物主义,他说:"对国民经济学的批判,以及整个实证的批判,全靠费尔巴哈的发现给它打下真正的基础"④。显然,把费尔巴哈的人道主义看作是"实证的批判"的理论前提是不科学的。

剩余价值学说是共产主义的另一个重要理论前提,剩余价值理论的创立是通过《资本论》等的研究和发表来实现的。而在《手稿》中,马克思虽然把劳动与资本的对立看作根本的对立,但是马克思对亚当·斯密的劳动价值理论并未予以肯定,他说:"国民经济学虽然从劳动是生产的真正灵魂这一点出发,但是它没有给劳动提供任何东西,而是给私有财产提供了一切。"⑤这就是

---

① 《马克思恩格斯选集》第 2 卷,人民出版社 1995 年版,第 18 页。
② 参见马克思:《1844 年经济学哲学手稿》,人民出版社 2000 年版,第 3 页。
③ 《马克思恩格斯文集》第 1 卷,人民出版社 2009 年版,第 527 页。
④ 《马克思恩格斯文集》第 1 卷,人民出版社 2009 年版,第 112 页。
⑤ 《马克思恩格斯文集》第 1 卷,人民出版社 2009 年版,第 116 页。

说,《手稿》的劳动还不是经济学意义上价值生产的劳动,而是哲学意义的"生产"活动或人的自我创造的对象化活动。

共产主义理论产生离不开历史唯物主义和剩余价值学说等理论前提,但就其内容而言,首先来源于"现代社会主义"的实践。在《手稿》中,马克思对共产主义实践的历史与现实的考察,还不是科学实践观意义的考察。《手稿》虽然也有"实践"观的萌芽,如马克思认为,"工业的历史和工业的已经生成的对象性的存在,是一本打开了的关于人的本质力量的书,是感性地摆在我们面前的人的心理学;对这种心理学人们至今还没有从它同人的本质的联系,而总是仅仅从外在的有用性这种关系来理解"①。马克思把工业实践看作一本打开人的本质力量的书,这里蕴含了科学实践观思想的萌芽。但是,即使在这里,还有其他一些地方、甚至在多数语境中,实践都是一种实现费尔巴哈人道主义"人的本质"逻辑默认语境中的实践。更为要紧的是,正如《关于费尔巴哈的提纲》所说,费尔巴哈仅仅把理论的实践看作是人的实践。这就是说,《手稿》由于缺乏科学的实践观为基础,不仅不可能论述共产主义理论的实践前提,也不可能立足科学的实践观去考察共产主义的实践来源与过程。换言之,这里的共产主义还是一个缺乏科学内涵的共产主义。

三是共产主义的科学内涵缺失。在《手稿》中,马克思阐述了共产主义的内涵,他说:"共产主义是对私有财产即人的自我异化的积极的扬弃,因而是通过人并且为了人而对人的本质的真正占有;因此,它是人向自身、也就是向社会的即合乎人性的人的复归"②。显然,这里的共产主义只是人道主义与自然主义相一致的哲学共产主义。共产主义哲学基础当然也包含了人道主义、自然主义思想的合理因素,它们可以看作是以人为本、人与自然和谐思想中最初起源的一个思想基因。但是,共产主义不是哲学人道主义的共产主义。马

---

① 《马克思恩格斯文集》第 1 卷,人民出版社 2009 年版,第 192 页。
② 《马克思恩格斯文集》第 1 卷,人民出版社 2009 年版,第 185 页。

克思在《德意志意识形态》说,共产主义必须"以生产力的巨大增长和高度发展为前提","建立共产主义实质上具有经济的性质"①。共产主义是一种以经济制度为基础的社会形态。但是,《手稿》却说,共产主义不是一种社会形式,社会主义才是以共产主义为中介的一种社会形式。可见,《手稿》的"共产主义"与《德意志意识形态》《哥达纲领批判》中的共产主义大相径庭。在《哥达纲领批判》中,马克思明确把共产主义与社会主义划分为两个阶段:社会主义社会是共产主义社会的第一阶段,共产主义社会才是高级阶段。② 这就是说,社会主义是共产主义的中介,而不是相反。严格地说,虽然《手稿》提出了共产主义,但是,这里的共产主义不是科学社会主义意义的共产主义,而是哲学的人道的共产主义。把共产主义看作是以费尔巴哈人道主义哲学为基础的共产主义,这是马克思在还未能对费尔巴哈等旧哲学信仰进行彻底清算以前的一种遗产,是马克思探索科学共产主义过程中的不成熟的思想,不能看作是整体的马克思主义的共产主义思想。

三、坚持从整体性方法研究《手稿》的意义

首先,从整体研究《手稿》,才能科学把握马克思主义。《手稿》是一部内容极其丰富的著作,其中最为引人注目的有哲学、经济学、共产主义等理论,还有美学、生态学、伦理道德、宗教观等内容。任何一个方面的延伸和放大,都可以建构一个完全不同的马克思主义。这也是我国改革开放以来,《手稿》研究一直是学术研究关注的聚焦点的一个原因。这些研究不仅不会影响《手稿》的价值和意义,而且丰富了马克思主义的内涵。但是,如果要探索《手稿》在马克思主义学术思想史中的地位,那就不能从个别引申出一般,而必须从马克思主义整体存在出发来厘定《手稿》的学术地位。因为只有在具体的多样性统一的整体中,才可以真正再现和把握好各个个别的本质,而个别也不再是一

① 《马克思恩格斯选集》第 1 卷,人民出版社 1995 年版,第 86、122 页。
② 参见《马克思恩格斯文集》第 3 卷,人民出版社 2009 年版,第 435 页。

个混沌的表象。这就是说,《手稿》只是马克思主义整体性存在的一个个别,这些个别包含了整体的马克思主义的元素,但不能等同整体的马克思主义存在。作为整体方法论的马克思主义来看一部著作的学术地位,那就必须看一部著作是否与整体的马克思主义的内容和实质一致。从整体的马克思主义来看《手稿》,《手稿》是整体的马克思主义产生的开山之作,但其思想内容上,马克思主义还处于不成熟阶段。如果像苏联戈尔巴乔夫时期那样,离开整体的马克思主义,认为《手稿》是马克思主义发展的高峰,从而将马克思主义降低为一般人道主义,那是十分错误的。

其次,从整体研究《手稿》,才能建构马克思主义学术研究的中国话语。由于马克思主义的科学性和影响力,自从马克思主义产生以来,尤其是 20 世纪 30 年代《手稿》面世以后,马克思主义已经成为一种国际思潮,不仅有中国化的马克思主义,苏联的马克思主义,还有西方马克思主义,甚至还有国外的后工业社会的后马克思主义。如何正确解读《手稿》等马克思主义经典文本,成为 21 世纪以来建构中国化马克思主义的学术话语一个重大课题。从国外的各种各样的马克思主义来看,虽然也从《手稿》等马克思主义经典文本出发,但是,要么把马克思主义解读为以阶级意识为总体性范畴的马克思主义(如卢卡奇),要么把马克思主义解释为理论与实践相统一的总体性的马克思主义(如科尔施),要么把马克思主义还原为结构主义的马克思主义(如阿尔都塞),要么把马克思主义演变为分析主义方法的马克思主义(如科亨),要么把马克思主义说成社会批判理论的马克思主义(霍克海默),要么把马克思主义等同于人道主义的马克思主义(如苏联等),还有把马克思主义解构为后工业社会的碎片化的多元主体的霸权游戏的马克思主义(拉克劳、莫菲等)等,不一而足。这些研究可以作为中国化马克思主义话语建构的资源。但是,作为中国化的马克思主义研究的学术话语特色,就是整体性马克思主义存在和方法,这是与苏联和国外马克思主义等都具有本质区别的学术话语。这就是说,无论是对《手稿》还是其他经典文献的研究,应从整体性的马克思主义话语出发,形成于不同国外马克思主义研究的学术话语。

再次,从整体研究《手稿》,才能凸显其对中国特色社会主义的价值与意义。《手稿》是整体的马克思主义产生的标志。这就说明,在马克思那里,马克思主义几个部分是一个不可分割的整体。在这个整体中,"现代社会主义"是其核心,而马克思主义哲学、经济学等都是以现代社会主义实践为基础并适应现代社会主义实践的需要而建构的理论。从而,马克思主义哲学、马克思主义经济学等都必须满足现代社会主义实践的需要和要求,而为现代社会主义实践服务。中国特色社会主义是以公有制为主体的多种经济共同发展的现代社会主义。这就要求:第一,在理论上,无论是哲学、经济学、政治学、伦理学都必须为中国特色社会主义实践服务,从而建构中国特色社会主义的世界话语体系。第二,由于中国的国情特点,中国特色社会主义又是"现代社会主义"的初级阶段的社会主义,马克思在《手稿》中,分析私有财产下的异化劳动而带来的一些消极现象,还不可避免地在我国经济、政治等领域存在,并侵袭我国的经济、政治、文化等领域。因此,在市场经济起决定作用的条件下,必须坚持以人为本的科学理念,倡导社会主义核心价值观,防止人与人的关系的异化;在经济上既要肯定经济新常态下劳动创造的价值和意义,也要通过制度建设和法制建设,努力防止资本逻辑下劳动异化现象的出现;在政治上要严厉打击权力寻租等政治权利异化等腐败行为,防止金钱拜物教、权利拜物教等现象渗透到社会、政治等公共领域。

第三节　坚持以人为本的中国道路价值探索

以物的依赖性为基础是市场经济体制为主体的现代社会的特征。中国特色社会主义是否有可能走出"物的依赖性"陷阱,这是一个全新的探索领域。

一、中国道路的价值探索

中国道路实际是指中国特色社会主义的发展道路,中国道路的价值研究是指对中国特色社会主义发展道路的价值认识、价值评价、价值判断、价值选择与价值实践的研究。中国道路的价值认识有三个层面的价值内涵：一是中国道路的中国意义与世界意义，这是认知层面的显性价值；二是中国道路的中国意义与世界意义蕴含的价值，即中国道路是有价值观的崛起所指的价值，这是理性层面的观念价值；三是中国道路的价值究竟如何破解可持续性发展的中国难题与世界难题，引领中国与世界的当代与未来？这是实践层面的价值。

在 20 世纪 90 年代，美国总统尼克松就曾在《1999 年：不战而胜》一书中说："我们时代的奇迹之一是中国在惨遭 20 世纪各种最可怕的天灾人祸之后，在 21 世纪必将成为一个头等强国。"21 世纪以后，国际社会又出现热炒中国模式与有关中国发展前景的争论，如"中国发展不确定论""中国崩溃论"等。这显然是错误的。不过，如何摆脱"有增长无发展"怪圈等问题，如何实现中国道路的中国意义和世界意义的辩证统一问题，在世界历史性理论语境中实现中国发展道路一般性与特殊性问题，面临构建人类命运共同体的机遇和挑战，中国发展道路如何反思、认识、评价和选择自己的价值问题等，也是我们必须探索的重要问题。

中国道路价值的多种解读，为中国道路的价值研究提出了难题。基于价值认识的原理，中国道路的价值可以区分为大众话语意义的感性认知层面显性价值，与理性观念层面隐性价值。因而，中国道路的中国意义与世界意义，是中国道路的价值第一个层次的感性认知层面的显性价值。它是中国道路价值认识的逻辑起点。

1. 中国破解后发展道路难题

中国道路的中国意义是政治、经济、文化、社会、生态等全方位推进，打造了中国特色社会主义的发展道路。中国道路的成功塑造了后发展国家发展的榜样。中国在总结 20 世纪社会主义国家对社会主义发展阶段问题的曲折认识、实践历程和历史经验，从中国与世界社会主义运动的发展和两种社会制度相互关系的大视角,始终立足于社会主义初级阶段理论和社会主义本质理论的理论意义和现实意义。中国道路是在准确把握世界历史发展的规律与"和平发展的时代主题"特征下,在全球化和国际经济政治新秩序下走出一条加速社会生产力发展的社会主义市场经济道路。中国道路凝练和践行了自由、平等、公正、法治的社会发展价值理念。中国的改革开放,逐步破除制约社会发展的体制机制障碍,激发了自由的社会活力,提高了经济效率。同时不断探索效率与公平的科学契合点,保障了社会公平正义,共享发展成果,把和谐社会建设作为主题。中国坚持"以人为本"的科学发展观,始终把实现的人的自由全面发展作为社会主义现代化的最终价值目标,探索一条与西方现代化物的价值升值、人的价值贬值相歧异的道路。中国的崛起是一个五千年连绵不绝的伟大文明的复兴,是一个"文明型国家"的崛起。

2. 中国破解世界性发展道路难题的世界意义

英国《卫报》一篇文章认为,19世纪,英国教会世界如何生产;20世纪,美国教会世界如何消费;如果中国要引领21世纪,就必须教会世界如何可持续发展。实施可持续发展战略不仅是后发型中国道路实现中华民族伟大复兴的必然选择,而且已成为当今世界与先发展国家的最大瓶颈与难题。中国道路如何谋求可持续发展,是向世界展现中国道路世界意义的一个重大课题。中国道路通过经济、政治、文化等多维路径,逐步彰显破解世界性发展难题的世界意义。我国人民科学准确地揭示了社会主义本质。在经济发展上,加速经济转型和经济结构变化合理性,破除"有增长无发展"等难题;在政治上建构和谐稳定的政治环境,抵御了所谓的"颜色革命"。中国道路的崛起不是"无根发展",而是文化价值观的崛起。

3. 中国道路在世界历史性语境中凸显了社会主义优越性

中国道路的中国意义与世界意义实质上是社会主义优越性的体现。中国道路是社会主义本质的实践。中国道路的成功说明社会主义相比资本主义的最大优越性,是解放和发展生产力;而生产力的发展为消灭贫困、消灭剥削提供了物质前提。中国道路的成功推动生产关系改革与自我完善,这是社会主义市场经济体制下避免两极分化与实现共同富裕的制度保障。中国道路的优越性突显出社会主义相比资本主义的优越性,事实证明了马克思主义的世界历史性理论阐述的社会主义革命与建设的一般性与特殊性原理的科学性。

4. 中国道路在继往开来中选择了自己的价值

中国道路就是中国从一个后发国家逐步走向现代化的中国特色社会主义发展道路。这条道路从毛泽东开始探索,在邓小平领导下逐步形成,并随着中国特色社会主义伟大实践而不断丰富发展。中国道路的价值观的形成离不开中国道路探索的历史过程,以毛泽东同志为核心的党的第一代中央领导集体,将马克思主义中国化,开创的新民主主义革命道路,坚持的就是以中国人民的独立、自由、解放、平等、富强、民主等为价值目标。这些价值观念是中国建设发展道路的宝贵精神财富。新中国成立以后,在探索中国发展道路的过程中,曾经一度出现过片面追求绝对平等的平均主义与片面追求所谓的"大民主"而导致民主法治的价值观迷失等曲折。伴随着中国特色社会主义道路的形成,尤其是家庭联产承包责任制实施和社会主义市场经济建设过程中逐步产生了自由、竞争、效率、民主、法治、公平、公正等价值观念。而社会主义核心价值观包含了中国道路产生的价值观。

2011年《中国的和平发展》白皮书提出,要以"命运共同体"的新视角,寻求人类共同利益和共同价值的新内涵。党的十八大报告提出"要倡导人类命运共同体意识,在追求本国利益时兼顾他国合理关切,在谋求本国发展中促进各国共同发展"。在世界多极化、经济全球化、文化多样化和社会信息化的新形势下,中国倡导人类命运共同体,倡导和平发展共同发展,倡导建设国际权力观、共同利益观、可持续发展观和全球治理观,必将促进人类整体的发展。

中国道路的价值证明中国道路是社会主义的道路,那种认为中国道路不是社会主义,而是"国家资本主义"或"市场资本主义"等,这是完全错误的。在反对封建主义过程中,西方文艺复兴及资本主义推崇的价值观,其进步意义为举世公认。但是,资本主义的物的统治,导致了资本主义价值沉沦与异化。资本主义价值不仅不能成为"普世"价值,而且因为带来资本主义发展种种危机,将逐渐失去其存在的意义。中国道路的价值在事实上是对西方发展道路价值的超越。

二、坚持以人为本与扬弃物的依赖性关系

坚持以人为本与发挥市场经济体制中利益机制功能与作用问题,实质上是一个人与物的关系问题。市场经济体制是一种体制性利益机制,建立市场经济体制就等于肯定物质利益对社会、人的驱动力。这是唯物主义的基本原理。但是,肯定物质利益的决定、基础作用,并不等于物可以统治人、支配人。资本主义社会,依靠资本、物的力量,推动了生产力的巨大增长,但突出的问题是,资本、物异化为统治人和支配人的外在力量。马克思用毕生的精力研究了政治经济学,揭开了资本主义的秘密。共产主义究竟如何扬弃物的依赖性关系? 马克思在《1844 年哲学经济学手稿》中以费尔巴哈的人道主义唯物主义为哲学基础开创了探索的先河以后,又在《神圣家族》《德意志意识形态》和《资本论》等著作中进行了探索。在《手稿》中,马克思认为,共产主义只有与人道主义唯物主义结合起来,才能扬弃劳动异化,即资本主义物的依赖性关系。私人利益是私有财产带来的,私有财产又是异化劳动的结果。只要坚持从费尔巴哈的"现实的人道主义"出发,建立以唯物主义为哲学基础的共产主义,就可以摆脱资本主义私有制造成的资本支配人的社会不平等现象。因为唯物主义不能停留在抽象的理论原则上,18 世纪法国唯物主义就开始把唯物主义运用到社会生活方面,唯物主义从冷冰冰、敌视人的感性和欲望、毫无血肉的精神机械唯物主义,转变为有感觉、有血有肉的,向人类发出了微笑的,作

为社会主义哲学基础的现实人道主义唯物主义。他说，根据18世纪法国唯物主义关于经验、人性等的一些论述，"并不需要多么敏锐的洞察力就可以看出，唯物主义关于人性本善和人们天资平等，关于经验、习惯、教育的万能，关于外部环境对人的影响，关于工业的重大意义，关于享乐的合理性等等学说，同共产主义和社会主义有着必然的联系"①。在社会主义学说史上，曾经有人把资产阶级革命理论同社会主义理论绝对对立起来，这是片面的。事实上，资产阶级革命理论与社会主义理论并非是水火不容的。在《神圣家族》中，马克思、恩格斯把18世纪法国唯物主义理论看作社会主义的思想前提，18世纪法国唯物主义是社会主义的哲学基础。在《德意志意识形态》中马克思保留了异化概念，认为只有在共产主义才能完全消灭异化。人既摆脱人的依赖关系，又摆脱了物的依赖关系，人的存在发展才能走向人的自由个性全面发展阶段。但是，在社会主义社会究竟如何扬弃物的依赖性，由于马克思恩格斯无法经历社会主义的具体实践探索，未能进行更多的论证。事实上，即使当时有明确的探索和理论总结，社会主义实践也必须从各国的具体国情出发，马克思主义基本原理不可能是任何国家可以照抄照搬的教条。苏联的社会主义模式就是一个经验和教训。列宁在苏联十月革命胜利以后，按照马克思主义建立了世界上第一个社会主义国家。但是，1917年的苏联，虽然资本主义因素已有了相当程度的发展，但在广大农村不仅尚未经过资本主义农业的发展阶段，甚至还有一部分农村仍然停留在原始公社式阶段。这就出现了社会主义生产关系与落后的生产力的严重冲突，从而带来了粮食短缺导致的严重饥荒问题。1921年，列宁根据苏联的这种具体国情，适当地引进了资本主义发展生产力的一些积极因素，制定了新经济政策。新经济政策的要点是推行粮食税，代替原有的余粮收集制，实施工农业之间的商品交换，发挥国家资本主义作用，替代旧时的战时共产主义模式。以粮食税改革为核心的新经济政策不仅规定了农民缴

---

① 《马克思恩格斯文集》第1卷，人民出版社2009年版，第334页。

纳一定数额余粮的义务,而且赋予农民以手头余粮自主交换、自由流转的权利。这就有别于战时共产主义时期农民应缴纳 100% 的余粮甚至部分必需口粮的余粮收集制,从而激发了农民的积极性,恢复了生产,改变了粮食短缺等被动局面,巩固工农联盟和新生的苏维埃政权。但是,列宁逝世以后,列宁对社会主义过渡阶段一些有益的探索经验,斯大林并未很好地总结和坚持,而不顾苏联的国情实行了全民所有制,并于 1938 年就宣布苏联进入了共产主义社会。如联共(布)党史指出:"苏联已进入新的发展时期,已在完成社会主义社会建设和共产主义原则为社会生活准则的社会。"[①]但是,事与愿违,苏联的经济在与资本主义竞争中逐渐处于弱势。在内外交困的形势下,苏联共产主义不仅没有建成,在 20 世纪 90 年代甚至连其社会主义制度也完全被颠覆。可见,没有物的强大基础,仅仅依靠一厢情愿,是无法建成社会主义的,这在中国也曾有过深刻教训。改革开放以后,尤其是社会主义市场经济体制的建立,物的机制即利益机制成为发展生产力的驱动力,从而促进了经济的高速增长。突出物的作用是对的,但是,在 20 世纪 90 年代,又出现金钱、物统治人、支配人的现象。为了不掉进物的依赖性关系为基础社会的陷阱,21 世纪前后,我国提出了坚持"以人为本"的理念。可见,以人为本的理念是相对以物为本而言。问题是,提出了以人为本的理念,并不等于科学解决了人与物的关系问题。可以说,在市场经济体制下,究竟如何处理人与物、人与市场经济体制利益机制的关系问题,仍然是一个未能解决的难题。

三、坚持人的自由全面发展价值理念

坚持以人为本,绝不是说,要弱化或者不要物的作用。发展是硬道理,经济建设始终是我国一切工作的中心任务。坚持以人为本,就是要用以人为本的价值理念引领和规范市场经济利益机制。以人为本的价值理念有许多,最

---

① 联共(布)中央特设委员会编:《苏联共产党(布)历史简明教程》,人民出版社 1954 年版,第 459—460 页。

为重要的是要明确什么是以人为本的核心价值理念。在马克思主义看来,共产主义的核心价值理念就是实现人的自由全面发展。无论社会主义现代化,还是社会主义市场经济体制的各种利益机制,都应以推动每个人的自由全面发展为价值目标。

马克思说:"代替那存在着阶级和阶级对立的资产阶级旧社会的,将是这样一个联合体,在那里,每个人的自由发展是一切人的自由发展的条件。"①坚持以人为本,就必须把以人为本与实现人的自由全面发展联系起来。2004年3月10日胡锦涛《在中央人口资源环境工作座谈会上的讲话》中说:"坚持以人为本,就是要以实现人的全面发展为目标,从人民群众的根本利益出发谋发展、促发展,不断满足人民群众日益增长的物质文化需要,切实保障人民群众的经济、政治和文化权益,让发展的成果惠及全体人民。"在这里,"坚持以人为本,就是要以实现人的全面发展为目标",它是全部论述的总的观点和核心,而"从人民群众的根本利益出发"是指以人为本在当代的价值取向。

在马克思看来,人的自由发展是共产主义的价值目标,共产主义只是实现这个目标的条件与制度保障。从这个意义上看,人的自由发展具有目的价值意义,共产主义只具有工具价值意义。共产主义的理想目标不同于人的自由发展的价值目标。从人类社会形态的不同更替来看,共产主义是比资本主义更加优越更加先进的社会制度。资本主义只具有工具价值意义,而共产主义才具有目的价值意义。共产主义是人类社会发展最高的形态和最后的理想目标。但是,建立共产主义联合体的具体内容是什么? 实现每个人的自由发展才是建立共产主义联合体的终极价值目标。这也是以人为本不同于以物为本的深刻制度根据。

马克思所说的人的全面发展,既不是指人民,也不是指人类,而是指"每个人"。马克思在这里已经作出了明确的规定,用人民来替代"每个人",显然

---

① 《马克思恩格斯选集》第1卷,人民出版社1995年版,第294页。

是不妥的。在我国,如何正确理解"每个人"所面临的最大困境是,强调每个人的自由发展会不会导致个人主义? 在批判施蒂纳用利己主义来反对共产主义时,马克思说,对于施蒂纳而言,"共产主义简直是不能理解的,因为共产主义者既不拿利己主义来反对自我牺牲,也不拿自我牺牲来反利己主义,理论上既不是从那情感的形式,也不是从那夸张的思想形式去领会这个对立,而是在于揭示这个对立的物质根源,随着物质根源的消失,这种对立自然而然也就消灭"①。在马克思看来,利己主义与自我牺牲都是一种道德观,共产主义是指的一种经济制度。共产主义者不能离开物质根源来空谈道德价值的对立,而是揭示这种道德价值对立的物质根源,最终通过建立共产主义制度来消灭这种对立。这就是说,对于个人主义、利己主义和集体主义、自我牺牲等绝不能离开物质根源来抽象地理解,不同的物质前提就会产生不同形式的对立。在社会主义制度下强调每个人的全面发展与资本主义前提下的个人主义并不是一回事。在社会主义制度下每个人的全面发展既包括物质、身体、健康、营养、卫生等素质,也包括文化、教育、道德等精神素质。在我国社会主义市场经济条件下,作为经济人的个人都是一个独立的市场主体,每个人的全面发展都与完善的市场经济体制建构有着直接的关系。一个人或几个人的素质优良,不足以成就市场经济体制。但是,一个人或几个人素质败坏,就有可能给整个社会主义市场经济带来巨大的灾难和影响。

每个人的自由发展是一切人的自由发展的条件。这一命题等于说每个人的发展不是一切人发展的障碍,而是一切人发展的前提。这就颠倒了抽象的人道主义,包括费尔巴哈人本主义唯物主义"类"与个体的关系。在费尔巴哈旧唯物主义那里,把"类"的一般人的发展代替可以用经验来证明现实的个人的发展。类的"一般人"成了唯心主义的神的变种。虽然施蒂纳从"现实的个人"出发,但现实的个人只是抽象人道主义的一个利己主义的人的概念,现实

---

① 《马克思恩格斯全集》第 3 卷,人民出版社 1960 年版,第 275 页。

的个人成了一个脱离社会关系的幽灵。施蒂纳的"个人"只是资产阶级"个人的幻觉"的变种而已。马克思摒弃这种抽象的旧唯物主义的"类"与唯心主义"人的概念",把每个人的自由发展看作是一切人自由发展的前提和条件,它为科学分析社会历史现象奠定了世界观和方法论基础。

在任何一个社会,如果一部分人的发展或某些个人的发展成为一切人发展的障碍,那也就等于说,某一部分人的发展或者某些个人的发展是以另一些人或一切人所付出的代价来实现的。在一切以私有制为基础的剥削制度下,少数人的发展就是以大多数人所付出的代价来实现的。在我国,人民是相对一切人(每个人)而言。作为社会真实联合体的科学社会主义不同于一切剥削社会的虚假共同体,每个个人的发展绝不应是其他一切人发展的障碍。当然,其他人的发展也绝对不能以牺牲每个个人的发展为代价。相反,每个人的自由发展都应为其他人的发展创造条件和前提。

第五章　马克思主义自由的
张力与限制思想

在市场经济体制下,坚持以人为本,就要防止物的依赖性关系或资本支配人的现象在中国重演,就要始终把推进人的自由全面发展作为理想目标。问题是,究竟如何理解人的自由全面发展中的"自由"问题。世纪之交前后,有学者在涉及这个问题时,仅仅把我国实现现代化的目标与人的全面发展相关联,而省略了"自由"问题。显然这与马克思恩格斯的论述相去甚远。在马克思恩格斯那里,自由是人的发展的核心关键词。共产主义离开人的自由发展就不是共产主义。以人为本离开人的自由发展,就不再是社会主义的以人为本。

第一节　马克思主义自由概念

自由作为社会主义的核心价值观,是马克思主义中国化突出理论成果。改革开放前,仅哲学研究自由,而日常生活实践的自由往往被悬搁不论。社会主义市场经济体制建立后,自由虽然在学术界逐渐被关注,但作为主流话语,犹如"千呼万唤始出来,犹抱琵琶半遮面"。自由是学术研究中一个敏感而又复杂的问题。自由究竟是什么?马克思主义自由含义究竟如何理解?马克思主义自由概念的核心与自由的多学科维度是否存在矛盾？马克思主义与西方同时代的自由思想究竟有何歧异？究竟如何坚持以人为本，实践社会主义自由核心价值观，推进人的自由全面发展，是一个不可回避而又亟待探索的问题。

一、自由究竟是什么？

我国对自由的研究，只是简单地停留于自由与必然的关系上，至于自由本身是什么，几乎还是一块未能开垦的处女地。自由与必然，关键是自由的马克思主义内涵究竟如何理解，这是深入理解人的自由全面发展的一个重大课题。自由是歧义最多的概念，据不完全统计，自由的定义有200多个，对其一定的归纳综合，至少也有50多个。① 中国在古代就有自由的概念。但是，他们所指含义各有不同。如《汉乐府·孔雀东南飞》中说："此妇无礼节，举动自专由。吾意久怀忿，汝岂得自由！"在这里，自由就是自作主张的思想自由。孔子《论语》的"随心所欲不逾矩"与庄子《逍遥游》中的鹏之翱翔，这里的自由又是行动的自由。由于中国古代封建社会的超强发展，这些自由概念并不真正具有现代自由的含义。自由作为政治伦理概念是近代才出现的，以致在古汉语中，还找不到对应词。清末张之洞便把自由解释为"公道"。资产阶级革命启蒙思想家严复，在"自由"（liberty）的含义上纠正了张之洞的说法，认为"自繇"，不是公道，而是无障碍的意思，与奴隶、臣服、约束等字相对立。但严复也并未理解什么是"自由"，他只好把约翰·穆勒的《论自由》②译成《群己权界论》。康有为的《大同说》提倡的是博爱，谭嗣同的《仁学》论证的是平等，唯独梁启超才有《论自由》。他说："若有欲求真自由者乎，其必自除心中之奴隶始。"③梁启超把自由主要理解为"去心奴"的思想自由。自由问题代表哲

① 参见谭培文：《马克思主义自由思想及其当代价值——兼中西自由思想之滥觞与内涵研究》，广西师范大学出版社 2005 年版。

② ［英］约翰·密尔：《论自由》，程崇华译，商务印书馆 1959 年版。

③ 转引自张枬、王忍之：《辛亥革命前十年间时论选集》第一卷上册，生活·读书·新知三联书店 1960 年版，第 141 页。

学的最高成就。自由是人生哲理的真谛,《冯契文集·第三卷》就以《人的自由和真善美》命名。

自由(Liberty)来自拉丁文(Libertas),其原初含义是"从束缚中解放出来"。在那里,自由与解放(Liberation)同义。解放是摆脱奴役、限制而自由的意思,自由成了解放的一种结果。这显然不符合自由的含义。美国人甚至称美国为"自由世界",以之突出其美国。可是,林肯却说:"关于自由一词,始终没有一个好的定义,而美国人民现在恰恰亟需一个定义。我们都宣称信奉自由,但用词虽同,所指迥异。"①孟德斯鸠说:"没有一个词比自由有更多的含义,并在人们意识中留下更多不同的印象了。有些人认为,能够轻易地废黜他们曾赋予专制权力的人,就是自由;另一些人认为,选举他们应该服从的人的权利就是自由;另外一些人,把自由当作是携带武器和实施暴力的权利;还有些人把自由当作是受一个本民族的人统治的特权,或是按照自己的法律受统治的特权。某一民族在很长时期内把留长胡子的习惯当作自由。"②孟德斯鸠指称的自由,侧重于政治法律的自由或行为的自由,事实上自由还涉及更广泛的领域,如哲学、伦理、经济学等的自由。自由含义的复杂性造成了自由研究的学术分歧。从国际视野来看,对当代影响较大的是自由的两种理解,即苏联一些思想家理解的自由与反对苏联新自由主义的自由。苏联较为典型的观点是从必然来规定自由,如拉津认为:"必然性是第一性的,因为它始初地产生自由,自由是第二性的,由于它是必然性的产物和反映。"③显然,拉津是根据恩格斯提出的哲学基本问题第一个方面的内容对自由作出的规定。据此,自由可以区分为决定论的自由与非决定论的自由。戈卢宾科说:"决定论和非决定论围绕着必然和自由问题展开的斗争,反映了哲学上两个基本派别,即唯

---

① *The Writings of Abraham Linoln*,ed·A.B.Lapsley,New york,1906,VⅢ,121.

② 孟德斯鸠:《论法的精神》上册,张雁深译,商务印书馆 1961 年版,第 153 页。

③ 弗·伊·拉津主编:《历史唯物主义是社会哲学理论》,徐小英等译,求实出版社 1988 年版,第 46 页。

物主义和唯心主义的对立,前者从其发展的最初阶段就坚持人的意志是被决定的,而后者则以非决定论的立场断言意志绝对自由。"①这就是说,自由的理解不在自身,自由是一个关系范畴,自由反映的是思维与存在的关系。但是,从决定论与非决定论来区分自由,显然不符合马克思恩格斯的思想。

20世纪中开始,新自由主义针对苏联的自由规定,发动了一场与"冷战"决然不同的意识形态"热战"。新自由主义,如哈耶克,把自由理解为两种自由,他说:"我们到今天为止在自由理论方面有两种不同的传统:一种是经验的和缺乏系统的,另一种则是思辨的理性主义的。"②他把新自由主义归结于英国的自培根、洛克、休谟、亚当·斯密以来的经验主义的理论传统;而把另一类法国启蒙运动以来的,浸透着笛卡儿思辨的理性主义,包括百科全书派与卢梭、重农学派和孔多塞,甚至从柏拉图到黑格尔和马克思的理论等,都冠之为理性主义自由理论传统。把马克思的新唯物主义说成理性主义,这种偏执于意识形态的需要而不顾思想史的客观性,就连接触过唯物主义基本常识的中学生也感到难以置信。但他们还是死死抓住决定论这一点不肯撒手,以为它击中了马克思自由概念的要害。比如,自封为"对决定论的毁灭性批判"的新自由主义大家,以赛亚·伯林认为,苏联的计划经济模式,无疑是源于马克思恩格斯的理性主义决定论者,马克思恩格斯太欧化,他的计划经济政策,"用陀思妥耶夫斯基《群魔》中舍加列夫的话来说,就是'始于绝对自由而达于绝对专制'"③。伯林对马克思的学术偏见实在太意识形态化,他把马克思主义的自由说成决定论自由。这一点说明,他不仅没有读懂马克思主义的自由观,甚至把苏联的计划经济政策说成是马克思主义自由的现实原型,这种简单的直线性思维,显然是原教旨主义的翻版。那么,究竟如何准确理解马克思主义

---

① B.N.戈卢宾科:《必然和自由》,苍道来译,北京大学出版社1984年版,第1页。

② F.A.哈耶克:《自由宪章》,杨玉生等译,中国社会科学出版社1999年版,第82页。

③ 以赛亚·伯林:《自由论》(《自由四论》扩充版),胡传胜译,译林出版社2003年版,第79页。

的自由,马克思恩格斯的自由是否就是苏联与新自由主义所说的决定论的自由?

二、马克思主义自由概念究竟如何理解?

按马克思,自由与解放有一致性。如共产主义是无产阶级解放条件的学说。共产主义"将是这样一个联合体,在那里,每个人的自由发展是一切人的自由发展的条件"①。但是,自由又不等同于解放。马克思在批判青年黑格尔派时认为,解放不是词句奴役的解放"'解放'是一种历史活动,不是思想活动,'解放'是由历史的关系,是由工业状况、商业状况、农业状况、交往状况促成的"②。自由首先是意志自由。如果把自由等同于历史活动,不是思想活动,那无异于取消了精神自由。自由问题代表哲学的最高成就。自由是人生哲理的真谛,《冯契文集·第三卷》就以《人的自由和真善美》命名。

恩格斯说:"自由就在于根据对自然界的必然性的认识来支配我们自己和外部自然"③。显然,恩格斯所说的自由是认识论的自由。这里需要明辨的是:第一,自由与必然的前提是自由,还是"必然"? 通常对自由的解释大都直接指向的是"对必然的认识"中的"必然",这是否符合马克思主义? 第二,哲学的自由是否适用于政治、经济、伦理的自由? 恩格斯把"必然"规定为"自然界"。如果把这种自然界的必然理解为政治学、经济学与伦理学等中的必然,岂不是等于取消了自由? 毋庸置疑,此处重点要澄清的是前一个问题。

自由与必然,其首要前提不是"必然",而是自由。如果把自由直观地解释为必然的限制,从表面看是出自马克思主义。但实质上,它不仅未能超越一般唯物主义,甚至还只停留在一般唯物主义水平。自由是对必然的认识,这里要考察的不是必然,而是"认识"究竟是何以可能的。正如康德所指涉的那

---

① 《马克思恩格斯选集》第 1 卷,人民出版社 1995 年版,第 294 页。
② 《马克思恩格斯选集》第 1 卷,人民出版社 1995 年版,第 74—75 页。
③ 《马克思恩格斯选集》第 3 卷,人民出版社 1995 年版,第 456 页。

样,在未能考察人们认识究竟是如何可能的之前,就断定或下结论人们的认识是正确的或错误的,这就是"独断论"①。这种"独断论"包括近代唯理论与经验论、机械唯物主义,他们只探索客体必然是如何被认识的,从来不追问主体究竟是何以可能认识的。在他们那里,"必然"或者是至高无上的上帝,或者是敌视人的自然与机器。康德所指的哥白尼式的革命,就是把旧哲学倾注于客体必然的研究,颠覆为从主体自由出发来研究"必然"。

其实,研究自由与必然的这种方法论转换,在马克思那里,已不再是什么新问题。如恩格斯在论述自由是对必然的认识之前,一开始就指出:"如果不谈所谓自由意志、人的责任能力、必然和自由的关系等问题,就不能很好地议论道德和法的问题。"②自由作为"精神存在的规律"③,首先是出自主体"自由意志"的自由。这就是说,要理解自由对客观必然的认识是如何可能的,首先就要考察主体自由意志的自由是如何可能的。这一极为重要的前提,在我国一些研究中甚至被当成了一个预设的既定公式被普遍悬隔了。马克思在阐述自己的新唯物主义时,就说:"从前的一切唯物主义——包括费尔巴哈的唯物主义——的主要缺点是:对对象、现实、感性,只是从客体的或者直观的形式去理解,而不是把它们当作人的感性活动,当作实践去理解,不是从主体方面去理解。"④唯物主义对对象的考察,有两种决然不同的方法,一是从客体去直观对象的方法,另一种是从主体去理解对象的方法。前一种方法是近代欧洲机械唯物主义研究自由的方法。如18世纪的法国唯物主义与费尔巴哈唯物主义,他们从客体去直观人的自由,认为"人是环境和教育的产物",其结果是,

---

① 康德所说的独断论(Dogmatismus/dogmatism/dogmatisme)又为教条主义、武断论。康德用独断论来特指唯理论与经验论在认识论上的缺陷。参见陈修斋、杨祖陶主编:《欧洲哲学史稿》,湖北人民出版社1983年版,第417页。参见康德:《未来形而上学导论》,庞景仁译,商务印书馆1978年版,第29、148、165、219页(术语对照)等。
② 《马克思恩格斯选集》第3卷,人民出版社1995年版,第454页。
③ 参见《马克思恩格斯选集》第3卷,人民出版社1995年版,第455页。
④ 《马克思恩格斯选集》第1卷,人民出版社1995年版,第58页。

尊重了必然,却取消了主体的自由,人的本质被看成"单个人所固有的抽象物"等。马克思肯定了它们对必然的唯物主义理解的合理性,同时也用唯物辩证法批判了旧唯物主义仅仅从客体必然去理解自由的机械论。相反,主体的自由在唯心主义那里虽被推崇,但自由却被他们抽象为一种绝对的意志自由,以致免不了分娩出畸形的唯意志主义自由的怪胎。

用新唯物主义的方法来认识自由,自由作为"精神存在的规律"是主体的意志自由,自由必须以主体的自由意志为前提。要考察自由是如何可能的,首先必须追问主体自由意志的自由究竟是如何可能的。这就要厘清三个问题。

第一,何谓主体的自由意志?按黑格尔,"所有的生物一般说来都是主体",而人不同,"人是意识到这种主体性的主体"①。这就是说,自由可以区分为两种不同的自由:一种是以人作为主体自由意志的自由。人不仅通过外在的必然来看主体的自由,人作为主体首先是因为人能意识到自己作为人的独立人格的存在。另一种是作为一般生物主体与客观必然关系的那种自由,比如庄子《逍遥游》所说的鹏之自由。自由作为以人为主体的自由,不是后一种自由,而是自由意志的自由。意志是自由的,自由的东西的确是意志。黑格尔合理之处在于,他用客观唯心主义论述了主体的意志自由。马克思说,意识"它是和现存实践的意识不同的某种东西;它不用想象某种现实的东西就能现实地想象某种东西"②。在这里,马克思所说的意识自由,虽然不同于黑格尔的意志,但意识作为精神的具体内容,与意志属于同等程度的概念。

按黑格尔,意志是有目的的、有对象化冲动的思维。意识作为有目的的意识,实际也是指的意志。意志既然是自由的,自由就是自由意志的自由。这就是说,自由意志与意志自由并不是一回事。自由意志是指作为"精神存在的规律"中的意志存在。如哲学上的自由意志论所说的自由意志(freewill)。人的自由意志存在是人具有不同于外部世界多样化存在的主观形式。而意志自

① 黑格尔:《法哲学原理》,范扬等译,商务印书馆 1961 年版,第 46 页。
② 《马克思恩格斯选集》第 1 卷,人民出版社 1995 年版,第 82 页。

由则不同,意志自由是指自由意志的精神活动。如自由是对必然的认识,是指意志自由的认识事物过程和结果。恩格斯说:"意志自由只是借助于对事物的认识来作出决定的能力。"①有鉴于此,在不同的学科研究领域,自由意志与意志自由的适用性完全不同。按康德,由于理性认识离不开经验世界,在自然必然性那里,没有自由。而在实践理性的伦理道德领域则不同,这里的自由是指道德行为与道德意志的关系,即自己为自己立法,自律就是自由。康德把先验的善良意志看作是自由,这是唯心的,但其合理性在于,他区分了哲学认识的意志自由与道德的自由意志的不同。马克思说:"道德的基础是人类精神的自律。"②伦理道德、政治的、经济活动中的自由,是指自由意志与行为规范之间的关系,而不同于认识与客观规律之间的关系。当然从最终的意义来讲,也有一个认识的自由与必然的关系问题,但是,与伦理的自由直接联系的是作为自律的自由意志的自由,它与认识的自由具有不同的界限。

第二,自由意志的主体为何? 意志自由既然是人的自由意志的自由,意志自由的主体只能是人。问题是,这里的人是单个的人,还是大写的人(社会)。赫勒说:"'自由'概念不能有复数形式。无论何时,当我们谈及各种自由(freedoms or liberties)的时候,对马克思来说,我们只是接触到自由的现象,而不是本质。因为现象不是一种本质的表达,而是一种幻象。'复数的自由'freedoms and liberties)与'自由'(freedom)全然无关,而且在一定程度上,它们与自由的反面(不自由)相关"。③ 这就是说,自由的主体永远只能是单数,不可能有复数。这一点显然与马克思主义相去甚远。比如,马克思的"自由人的联合体",难道也是单数? 西方人自诩的"自由社会",不是复数又是什么? 列宁认为,任何命题都包含了个别与一般。不言自明,自由是主体的自由,自

---

① 《马克思恩格斯选集》第 3 卷,人民出版社 1995 年版,第 455 页。
② 《马克思恩格斯全集》第 1 卷,人民出版社 1995 年版,第 119 页。
③ 阿格妮丝·赫勒:《马克思与"人类解放"》,王静译,《马克思主义与现实》2012 年第 2 期。

由的主体既可以是单数,也可以是复数。比如,在自由人的联合体中,每一个个人的自由是单数,但联合体就是复数。因为这个联合体不再是有各种必然束缚的联合体,而是每一个人摆脱了各种必然束缚的自由个性全面发展的自由联合体。反过来说,因为联合体是自由人的联合体,在这里,每一个个人才是自由的。可见,自由的主体既包括个人,也包括社会(如民族、国家、阶级、阶层、家庭和企业、公司等各种社会组织等)。

第三,自由意志何为? 意志自由凸显的是人的活动的自觉性、目的性、创造性与合规律性的特点。马克思说:"人的类特性恰恰就是自由的有意识的活动",因此,"人也按照美的规律来构造"①。人的活动的"自由的有意识的"特性就是因为人的主体自由的、自觉的意志。人首先是一个具有自我意识的主体,因为他能够把自己的生命活动本身当作自己意志和自己的对象。更为重要的是,这种"有意识的生命活动把人同动物的生命活动区别开来"。因为人的自由意志,人的生产就不再是片面的、不再是出于肉体的需要、不再只按照他所属的那个种的尺度等来生产,而是全面的、不受肉体需要的局限,可以自由地按照任何一个种的尺度来生产。反之,必然如果不以人的意志为转移,在必然中就不可能有自由。自由意志不可排除外在必然性的约束,但自由突出体现的是人不同于动物的主观能动性与创造个性。恩格斯认为,"自由意志"就意味行为的自由选择。选择就是一种"责任能力"。在这个意义上,"自由意志"不仅是人的行为规范的出发点,也是人的行为之所以是合目的、合规律的行为的一个不可缺少的前提与根据。

第二节　多学科维度的马克思主义自由概念

自由是人文社会科学各学科皆要牵涉的问题。现代人文社会科学"一般

---

① 《马克思恩格斯选集》第 1 卷,人民出版社 1995 年版,第 46、47 页。

指对社会现象和文化艺术的研究,包括哲学、经济学、政治学、史学、法学、文艺学、伦理学、语言学等"①。自由是讨论人的自由意志与必然的关系问题,实际上它属于道德哲学问题。尽管现代人们把道德哲学归属于哲学学科,但被新自由主义当作始祖之一的亚当·斯密所处的时代并非如此。斯密按当时苏格兰学科分类的习惯,他在格拉斯哥大学主讲的《道德哲学》这门学科,就包括神学(哲学)、伦理学、法学和政治学(含政治经济学)等四大部分。这样区分学科对于自由研究具有一定合理性,因为自由是哲学、政治学(包括法学)、经济学与伦理学等学科中相对集中要讨论的问题。康德认为,自由是哲学、伦理学的拱顶石。他说:"自由概念的实在性既然已由实践理性的一条无可争辩的法则证明,它就构成了纯粹的、甚至思辨理性体系的整个建筑的拱顶石。"②按康德,研究自由问题离不开哲学与伦理学。由于实践理性高于思辨理性,在哲学认识论与伦理学中,又以伦理学最为基本。伦理学研究的是人的自由意志与行为规范之间关系问题,即使是政治学(法律)、经济学中的自由,其实也是揭示人的自由意志与行为规范关系问题的科学。自由问题不能不涉及其他学科,而只要揭示自由在这四个学科中的基本含义,就能比较准确地把握其他学科中的自由。比如史学、文艺学与语言学也有自由问题,但它们要么受其时代经济、政治的影响,要么是哲学伦理自由的具体体现。唯独哲学、政治学(包括法学)、经济学与伦理学中的自由,不仅总是与时代精神的节拍一致,而且直接与人们的现实生活实践密切关联。因此,本书所指的"多学科维度"的自由,仅限于哲学、政治学(包括法学)、经济学与伦理学中的自由。

一、哲学的自由

在哲学中,自由是标志精神与物质世界相互关系的哲学范畴。按苏联一些思想家与新自由主义,自由含义大多依决定论和非决定论来界定。这就是

---

① 辞海编辑委员会编:《辞海》(缩印本),上海辞书出版社1980年版,第305页。
② 康德:《实践理性批判》,韩水法译,商务印书馆1999年版,第1—2页。

说,唯物主义是决定论自由,而唯心主义自由是非决定论的。戈卢宾科提供的理解自由含义的标准,看上去是对的,但实际上并不符合马克思主义。黑格尔认为,精神分为两部分:思维与意志。一般而言,思维是认识,意志是欲望与行为。哲学的自由可以归属于认识论问题,而意志自由主要是伦理学研究的问题。哲学自由既然是认识论,那么自由就属于思维与存在的同一性问题,而不是思维与存在之间谁决定谁的问题。戈卢宾科却按哲学基本问题第一个方面的内容来理解自由的含义,而新自由主义对马克思主义的自由思想完全缺乏研究,就抄袭了苏联一些思想家对自由的片面理解,也把马克思恩格斯的自由等同于决定论的自由,他们在偏好意识形态的哈哈镜里完全误读了马克思主义的自由。正如恩格斯批判施达克的错误一样,显然是找错了地方。① 恩格斯说:"自由不在于幻想中摆脱自然规律而独立,而在于认识这些规律,从而能够有计划地使自然规律为一定的目的服务。"②恩格斯所说的自由始终是认识论的自由。按思维与存在的同一性问题来理解,自由含义就只能划分为可知论的自由与不可知论的自由,而不能简单地看作是"唯物主义和唯心主义的对立"或决定论的自由与非决定论的自由。

所谓可知论的自由,是指人们通过实践可能认识与把握必然或事物规律,并且使这种认识为改造主、客观世界服务。相反,就会走向不可知论,否定人们认识与改造世界的可能性。

认识论上第一个把自由和必然联系起来的是斯宾诺莎。他说:"凡是仅仅由自身本性的必然性而存在、其行为仅仅由它自身决定的东西叫做自由(libera)。反之,凡一物的存在及其行为均按一定的方式为他物所决定,便叫

---

① 卡·尼·施达克:《路德维希·费尔巴哈》一书,在评述路德维希·费尔巴哈时把费尔巴哈对理想的追求说成唯心主义。恩格斯认为,施达克没有弄清哲学基本问题内容两个方面的不同,以致把费尔巴哈唯物主义的优点说成缺点。参见恩格斯:《路德维希·费尔巴哈与德国古典哲学的终结》,《马克思恩格斯选集》第4卷,人民出版社1995年版,第231页。

② 《马克思恩格斯选集》第3卷,人民出版社1995年版,第455页。

做必然(necessaria)或受制(coata)。"①他认为,世界上一切事物都是必然的,人作为自然界的一部分,不能离开必然去谈自由,而只能在认识必然和顺应必然中获得自由。但是,观念的次序和联系与事物的次序和联系是相同的。所以,人的自由只能是在认识了事物的必然,取得理性之后才有可能,只有依理性的指导而生活的人才是自由的。在这里,必然虽然是可以认识的,但必然是理性中的必然,因为自由最终是理性指导下对"观念的次序和联系"的把握。康德把自由和必然绝对对立起来。在他看来,由于理性认识离不开经验,在必然的经验世界没有自由。在那里,世界的本质是不可知的。只有在实践理性领域,人的善良意志才是自由的。自由就是理性自己为自己立法的意思。黑格尔反对康德把自由和必然对立起来的形而上学错误,但吸取了康德关于自由是理性自己决定自己的思想。他认为,自由的本质是具体的,自由永远是自己决定自己,同时又是必然的。他说:"自由的真义在于没有绝对的外物与我对立,而依赖一种'内容',这内容就是我自己。"②自由的尺度是指被认识了的可预见的必然性。黑格尔第一个在主观范围内正确地叙述了自由和必然之间的关系。他所谓的必然并非客观事物的规律性,而是指绝对精神的一种属性。黑格尔虽然承认了自由认识必然的可能性,但他把认识完全限制在精神领域,自由对必然的认识也是不可知的。马克思以科学实践观为基础,第一次解决了思维与存在的同一性问题。按认识论,自由的前提与基础不是必然,而是实践。自由是主体的自由,必然是主体认识的客体,而联系主体与客体的中介与桥梁是实践。自由与必然作为对立的两极,没有实践的中介联系,必然就被推到于主体自由不可知的"彼岸世界"。实践是认识发生学意义的主体与客体相互作用的前提与基础,是对不可知论的最好驳斥。如果沿袭旧唯物主义思维惯性,直观地把必然作为自由前提,其结果是将思维与存在的同一性问

---

① 斯宾诺莎:《伦理学》,贺麟译,商务印书馆1983年版,第4页。
② 黑格尔:《小逻辑》,贺麟译,商务印书馆1980年版,第115页。

题,等同于思维与存在之间谁决定谁的问题。

实践是认识的源泉。实践证明,必然不仅不是自由不可逾越的屏障,而是自由实现的一个客观条件。这里所说的必然,绝不是非对象化的存在物,它既包括进入主体认识视阈的外部自然的必然、社会是自然规律的必然,也有主体自身自然的必然。自由是通过必然的认识而获得的认识与改造自身和世界的能力。不自由是对必然的无知、任意、盲目选择的结果。在科技落后的古代社会,人与动物一样,自由极其有限。近代科技的实践,是一本打开人的本质力量的书。人类不仅获得了更多的自由时间,而且在空间探索实践中展现出自由认识的无限可能性。

二、政治的自由

政治自由的真正含义是指人们在社会政治生活中应有和实有的人身、财产、行动和言论等权利的自由。国家是政治的核心,政治自由的基本问题是人们的政治生活与国家的关系问题。它既是国家建立的根据,也是规定政治自由含义的前提。如果自由与必然相联系,那么这里的必然就是国家。国家既为必然,那政治自由是"应有的",还是国家恩赐的? 这是政治自由的实质问题。如果人们的政治自由不是应有的,而是国家恩赐的,那就等于公民自己并没有政治自由。在古代,君权神授,人们的政治自由只是国家的恩赐物,这就谈不上真正的自由。

文艺复兴以抽象的人性论为资产阶级政治自由提供了哲学基础。人性论对人的本质规定的核心就是自由。首先人的本质不应根据神的本质来理解,而应从人的自身来确定。人之所以为人,在于人是一个活生生的、具有天生的感情和欲望的血肉之躯。因此,人应当有追求爱情、热爱幸福、要求享受的自由权利。人的本质不是盲目地服从上帝的戒律,人的本质在于人的理性能力。人本身就是自由的,人能用自己的理性意志来判断是与非,以确定自己的行动和目的。人具有天生的自由意志,自由是人类的天性。自由从哲学世界观具体化为世俗社会生活实践,就是一种政治要求。把这种伦理的"应当"诉求,推广到现实生活,就是政治上的行为规则。被马克思称为"第一个人权宣言"的 1776 年美国《独立宣言》宣称:"人人生而平等,生命权、自由权和追求幸福的权利"等是"造物主"赋予他们的不可转让的权利。人为什么是自由的? 论述自由的方式尽管有所不同,但都把自由作为人的自然本性,即天赋人权。对此,马克思也曾予以肯定地说:"自由确实是人的本质,因此就连自由的反对者在反对自由的现实的同时也实现着自由"①。自由是天赋的,仅为自由的"应有"之义,它并非是"实有"的。这一根据看上去最大,但实际最空,它难以论证自由的合理性和合法性。霍布斯在《利维坦》中提出了新的国家观,认为,国家不是根源于神的意志,而是人们相互契约的产物。这一理论经过洛克、卢梭等的发展,在孟德斯鸠那里,用法律的形式将其确定下来。这就是说,政治自由虽然直接由国家法律规定,但就其根据而言,它是人们相互契约的产物。问题是,国家作为政治自由的必然是否是自由的障碍? 卢梭总结自己的国家学说特征时说:"政治体的本质就在于服从与自由二者的一致。"②为了解决服从与自由的矛盾,他提出了公意理论。他把意志分为公意、民意、众意、私意和团体意志。"国家全体成员的经常意志就是公意。"③公意的基本特点是社会全体成员基本的共同利益、针对共同的目标,符合共同幸福所具有的共同意志。公意是人民整体的意志,包含个人意志。人民是国家的主权者,国家主权属于人民。国家的主权就是共同意志的表现。共同意志的具体化就是法律。人民服从法律,就是服从共同意志,而服从共同意志,服从主权,实即服从自己的意志,等于自由。可见,从主权者自身寻找的必然,并不等同于不以人们意志为转移的客观必然。卢梭等人论述的人民政治自由的"应有"之义,无疑有一定的合理性。但"应有"并非就是实有的。只要作为阶级统治工具的

---

① 《马克思恩格斯全集》第 1 卷,人民出版社 1995 年版,第 167 页。

② 卢梭:《社会契约论》,何兆武译,商务印书馆 1980 年版,第 121 页。

③ 卢梭:《社会契约论》,何兆武译,商务印书馆 1980 年版,第 140 页。

国家存在,政治自由就是在政治上占统治地位的那个阶级实有的自由。在资本主义社会,自由也很自然地被宣布为资产阶级的人权。① 这种自由归根到底既不是天赋的,也不是人权意义应有的,实际上它是现代市场经济的产物。由于生产力的发展,交换价值的交换在近代资本主义生产体系中才成为普遍的社会化原则而得到充分的发展,并成为资本主义自由平等的经济基础。自由,作为一种观念形态,它根源于这种平等自由交换的经济关系。马克思说:"尽管个人 A 需要个人 B 的商品,但他并不是用暴力去占有这个商品,反过来也一样,相反地他们互相承认对方是所有者,是把自己的意志渗透到商品中去的人格。因此,在这里第一次出现了人格这一法的因素以及其中包含的自由的因素。"②

三、经济的自由

经济自由是近、现代市场经济发展的产物。经济自由的基本问题本应是经济人的活动与市场规律的关系问题,而自由主义却把经济自由的基本问题转换为经济人的活动与社会(政府)的关系问题。列宁曾说:"在从资本主义到共产主义的过渡时期,即在无产阶级专政时期,这个阶层中至少有一部分人必然会动摇而去追求无限制的贸易自由和无限制的使用私有权的自由……"③这就是说,资本主义所说的经济自由,无非是个人占有财产与自由交换的自由。

第一,个人占有财产的自由。霍布斯适应资产阶级的需要,论证了经济自由的根据。他第一次把主权权力限制在政治活动领域里,而把经济领域作为自治的领域,留给资产阶级。主权者只有在作为国家公共利益的代表时,才对人民的财产具有最高的所有权,主权者如果作为私人利益的代表,对人民的土

---

① 参见《马克思恩格斯选集》第 3 卷,人民出版社 1995 年版,第 447 页。
② 《马克思恩格斯全集》第 30 卷,人民出版社 1995 年版,第 198 页。
③ 《列宁选集》第 4 卷,人民出版社 1995 年版,第 225 页。

地、财产不具有任何权利。霍布斯的思想直接影响了洛克,并通过洛克对法国
的自由思想和欧洲自由主义思潮产生了极大的影响。洛克认为,在自然状态
下,土地和一切低等动物都为一切人所共有。私有财产则起源于劳动者在这
些"共有物"之上加上了自己的劳动,正是由于劳动才使这些自然物脱离了自
然原来给它安置的共同状态,这些自然物就成为对此肯费劳力的人的财产。
财产权是自然权利中最基本的权利,其他权利则是以财产权为基础的。生命
的权利,不过是保障个人的财产不受侵犯的权利。它是神圣不可侵犯的自由。
统治者可以剥夺一个人的生命,但"未经本人同意,不能剥夺任何人的财产"。
这就像一个将军在战场上有权击毙已叛变的士兵,却无权抢夺他的财物一样。
洛克说:"殊不知政府除了保护财产之外,没有其他目的。"①洛克把资本家个
人占有财产自由的理由溯源为劳动,不免有为资本主义私有财产辩护之嫌。
但它蕴含的诘难是,现代雇佣制度下那些真正的劳动者为什么却反而失去了
占有财产的自由? 1789 年法国《人权宣言》第一次把这种所谓的"自由财产"
确定为资产阶级的自由人权。这就把资产阶级的私人占有财产的自由上升到
法律制度,从而把私人占有财产的自由理论付诸私人占有财产的自由实践。
黑格尔在《法哲学原理》中认为,自由离不开财产,财产是自由的一个规定,个
人财产权是自由的最基本的实现。没有财产所有权的个人,就是一种自己可
以被别人占有的非理性的物。物是非精神的、不自由的,即被占有的。换句话
说,一个人有了财产所有权或占有权,人才作为自由的理性的人存在。这种自
由仅仅属于那些有财产所有权的资本家。而工人劳动者由于没有财产所有
权,就成了被别人占有的非理性的物,因而失去了自己的自由。按黑格尔的辩
证法,肯定即是否定,那么黑格尔思想中包含了这样一个合理的思想,恢复人
的财产所有权,才能真正恢复人的理性,人的独立的个性,才能真正恢复个人
的自由。当然,得出这个结论的是马克思,而不可能是黑格尔。

---

① 　洛克:《政府论》下篇,叶启芳、瞿菊农译,商务印书馆 1964 年版,第 58 页。

第二，自由交换的自由。斯密的《国富论》，以经济人的活动与社会的关系为基本问题规定了经济自由的含义。他认为，"互通有无""互相交换"为人类本性所共有，也为人类所特有。对于这种出自人类本性的交换活动，就应顺其自然、自由放任，而不应当人为地限制。自由地、不以任何外在的强迫和威胁的相互交换，这就是经济自由的基本含义。经济人从利己心出发，何以可能保证社会利益的实现？这是因为，自由交换中有一只看不见的手作为其平衡的杠杆，从而使人们在实现利己利益的同时，也使社会从中得到好处。这就是说，经济自由不仅是实现个人自由的有效途径，也是社会自由的基础。尽管人们偏好凭自己的理性来左右市场经济，但是在一个复杂多变的自由竞争的市场经济中，任何理性都是十分有限的，也是无能为力的，最好的经济政策是自由放任的经济政策，即"一切听其自由"。相反，对经济自由进行干涉，对社会是有害的。因此，要增加一个国家的财富，最好的经济政策是给私人经济活动以完全的自由，使交换和竞争顺其自然。它不仅应体现在国内经济活动，而且还应扩大到国际贸易中。它适应了资产阶级由国内向国外市场扩张的要求，为其制定经济自由政策提供了理论根据。在现代市场经济体制下，斯密说政府是经济自由的必然障碍是不现实的。作为理想化的市场，是把政府的权力限制在政治活动范围内，而把经济领域作为经济人的自治领域。但是，理想的实现是一个历史过程。在当代国际市场体系中，政府也是市场主体之一。无论作为经济人或政府的经济活动都有一个如何认识、把握市场规律，以争取获得经济自由的问题。所以，经济自由的基本含义应该是认识、把握市场规律，遵守市场规则，以最大可能避免经济危机的自由。

马克思认为，从纯粹经济形式看，交换价值的交换是平等自由的基础。但是，资本主义交换价值的自由交换恰恰否定了真正的平等自由。由于资本主义生产关系的性质决定，货币制度的充分发展必然是资本。资本，再也不是普通货币，而是能通过雇佣工人带来剩余价值的价值，它完全否定了交换价值的自然规定。简单交换价值交换中的平等自由没有了，事实上的平等自由，由于资本主义雇佣制度这种固有干扰,却变成不平等自由,"原来的货币占有者作为资本家,昂首前行;劳动力占有者作为他的工人,尾随于后。一个笑容满面,雄心勃勃;一个战战兢兢,畏缩不前,像在市场上出卖了自己的皮一样,只有一个前途——让人家来鞣。"①资本家用工资这种表现形式上的等价物,自由地换取了能为资本家创造剩余价值的劳动力商品,产生于交换价值交换的所谓自由,实质就是资本家个人掌握工人、无产者的生存条件的偶然性来任意支配、摆布、压迫、剥削劳动的自由。不可否定这种经济自由的历史进步意义,但它只不过是用资本的、物的奴役替代了封建宗法的人对人的统治。而经济自由的最终目标是摆脱一切人对人、物对人的奴役统治,实现每个人的全面发展的自由个性。②

四、伦理的自由

伦理学的自由本是指人们具有自觉选择符合客观需要的社会行为规范,并将其转化为内在的道德信念以调整个人与社会关系的那种能力。但西方伦理上的自由实质是一种意志自由。意志是自由的,而自由是有前因的还是无前因的? 是先定的还是后定的? 围绕这个焦点,出现了决定论和非决定论的自由分野。决定论认为,意志是自由的,但这种自由是有前因的。自由意志本身有自己的客观基础,人的行为都受因果性制约。比如,伊壁鸠鲁继承了德谟克里特原子决定论传统。认为原子不仅沿直线运动,而且由于内在原因而发生偏斜。原子偏斜,即是自由意志。伊壁鸠鲁在伦理学上是一种快乐主义。在他看来,自由意志的原因不是神,而是由人追求快乐的本性决定的。善行对于人来说,只是达到快乐的手段,最高的善就是快乐。伊壁鸠鲁的伦理自由决定论的思想虽然遭到中世纪宗教的谴责,但发展到近代却成了资产阶级伦理自由的主要思潮。比如,霍布斯、洛克等,甚至 18 世纪法国唯物主义,都广泛

---

① 《马克思恩格斯文集》第 5 卷,人民出版社 2009 年版,第 205 页。
② 参见《马克思恩格斯全集》第 30 卷,人民出版社 1995 年版,第 108 页。

采用快乐主义原则来论证伦理上的自由。他们认为，伦理意志自由不是别的，而是由人的自我保存的本性决定的。自由就是这样一种快乐，就是从人的求生存的自然本性出发的意图和愿望。它能决定精神，而其他一切都不能。伦理学上决定论的自由，除快乐主义外，主要还有功利主义、幸福主义等。自由如果被其简单化为快乐、幸福等生物生理的某一个方面的意愿、欲望和需要，这种目的论倾向就可能导致宿命论而完全取消伦理的自由。所谓非决定论，即把意志自由看作是绝对的，自由就是意志自己决定自己。如叔本华、尼采鼓吹的唯意志论。他们认为，人的意志是绝对自由的，也就是说，它不以任何外在的原因为转移，它不受任何约束。现代存在主义也是非决定论自由观的典型代表。他们从"存在先于本质"的第一原理得出了人的绝对自由的结论。存在和自由是一个意思。自由即是存在本身，人的存在就是人的自由。人作为绝对自由的主体，不仅自由选择了人的存在本质，而且选择了世界存在的本质。因为人最初是一个单纯的主观存在，人的本质也是后来选择和创造的，他说："如果存在确是先于本质，人就永远不能参照一个已知的或特定的人性来解释自己的行动，换言之，决定论是没有的——人是自由的，人就是自由。"①

可见，存在主义的自由是非决定论的自由。事实上，唯意志论在康德的伦理自由中就初露端倪。自由是他的全部道德哲学的"拱心石"。康德是二元论者，他把现实分为两个世界，即受必然因果律支配的此岸世界和不受客观外界因果律支配而由善良意志方可抵达的彼岸世界。他认为，意志只服从自己设立的规律，不为外界欲望对象所决定。在这个意义上，自律的自由意志才是自由的、纯粹的绝对意志。而"他律"，即外在必然因果性支配的意志则不是自由的。自由不过是不服从自然界的定律罢了，自由的原因必须遵照不变的规律发生作用，但这些规律是自由原因所特有的，而不是外在的。说在一切行为上，意志是它自己的规律，只是说意志的原则就是只遵照可以使自身作为普

---

① 让-保罗·萨特：《存在主义是一种人道主义》，周煦良、汤永宽译，上海译文出版社 2005年版，第 11 页。

遍律的格准去行为。所以,自由意志与合乎道德的意志是一件事。他说:"作为一个有理性的、属于理智世界的东西,人只能从自由的观念来思考他自己意志的因果性。自由即是理性在任何时候都不为感觉世界的原因所决定。自律概念和自由概念不可分离地联系着,道德的普遍规律总是伴随着自律概念。在概念上,有理性的东西的一切行动都必须以道德规律为基础,正如全部现象都以自然规律为基础一样。"①可见,康德的伦理自由虽然排除了外在的因果必然性,但是,意志自由仍然是有前因的,即受自律的支配,不是任性的。

　　既然伦理自由可以区分为决定论与非决定论,那能否说伦理自由是本体论,而非认识论? 伦理自由的决定论与非决定论的关系是指人们的行为与一定道德规范的关系,它与哲学本体论所指的思维与存在之间谁决定谁的问题不同。陈瑛说:"道德自由的特点在于人不与自然和社会现象过程中的客观必然性的直接表现发生关系,而是与调节行为的一定规范发生关系。"②伦理自由是围绕意志自由与行为规范的选择关系展开的。选择什么样的行为规范,首先就是一个认识问题。19 世纪实证主义与逻辑实证主义就曾否定伦理学的可证伪性,其结果是彻底否定伦理善的价值意义。石里克对实证主义进行了颠覆性的批判,突出了伦理的认识意义。他说:"伦理学不是别的,而是一个知识系统;它唯一的目标是追求真理。"③这是完全正确的。

　　总之,自由涉及上层建筑和经济基础等领域中一些重要问题。由于不同学科领域的自由所指涉的对象不同,以致不同学科的自由,用词虽同,但所指迥异。如果用某一自由含义去统摄一切学科中的自由,看来是不可能的。那么,自由是否果真缺乏内在的一致性? 自由既然是人的自由,不同学科的自由就不可能相互抵牾。从多学科维度来看,有一点是相同的,那就是无论何种自由,自由都不是与必然无关的自由。在不同学科中,必然尽管有作为自然规

---

①　康德:《道德形而上学原理》,苗力田译,上海人民出版社 2002 年版,第 76 页。
②　陈瑛、廖申白主编:《现代伦理学》,重庆出版社 1990 年版,第 89 页。
③　石里克:《伦理学问题》,张国珍等译,商务印书馆 1997 年版,第 11 页。

律、社会规律、主体自身的必然,也有作为行为规则、规范或心中的道德律令的必然,而自由多学科维度与必然的内容变化、转换是一致的。自由总是与必然相联系。自由不是无障碍的意思,无障碍也是自由要回避的障碍或必然。虽然我们很难有一个统摄一切学科的自由概念,也不能直观地把必然看作是某种非对象化的存在物。但是,自由与必然的关系问题,始终是多学科维度自由一以贯之的主线。

第三节　马克思主义语境的自由张力与限制思想

　　自由是人类文明优秀成果,自由是马克思主义的精髓。1894 年当卡内帕请求恩格斯用一段题词来表述未来社会主义的基本思想时,恩格斯说:"代替那存在着阶级和阶级对立的资产阶级旧社会的,将是这样一个联合体,在那里,每个人的自由发展是一切人的自由发展的条件。"[①]这就是说,自由作为主体的自由理想,蕴含目的自由与工具(手段、条件)自由的关系;自由作为主体自由的获得方式,可以区分为形式自由与实质自由的关系;自由作为主体自由的认识进程,存在自发自由与自觉自由的关系;自由作为主体间的自由,最根本的是个人自由与社会(一切人)的自由的关系。它们之间是对立的,但又统一于主体自由。对立是相互限制、相互作用,统一是指其形成主体自由的合力[②]或张力。

一、目的自由与工具自由的统一

　　目的自由是人的活动有别于自然的本质特点。恩格斯认为,在自然界中

---

　　①　参见《马克思恩格斯选集》第 4 卷,人民出版社 1995 年版,第 730—731 页。
　　②　恩格斯认为,推动社会历史前进的是不同的社会历史主体的自由意志(如"自己的自觉预期的目的"和"许多按不同方向活动的愿望")对外部世界的各种各样作用而激发的合力。参见《马克思恩格斯选集》第 4 卷,人民出版社 1995 年版,第 248 页。

全是没有意识的、盲目的动力及这些动力彼此作用，"相反，在社会历史领域内进行活动的，是具有意识的、经过思虑或凭激情行动的、追求某种目的的人；任何事情的发生都不是没有自觉的意图，没有预期的目的的。"①自由首先是主体的意志自由，意志是一种有目的的选择。目的自由是自由的一个基本内涵或规定。离开主体的目的自由，人的活动就等同于马克思在《资本论》所指的蜘蛛或蜜蜂的活动。② 目的是自由的，但目的又是有限的。黑格尔在《逻辑学》中认为，手段或工具是比外在目的性的有限目的更高的东西，犁比由犁所造的、作为目的、直接享受更尊贵些。他说："人因自己的工具而具有支配外部自然界的力量，然而就自己的目的来说，他却服从自然界。"列宁高度赞赏黑格尔的这一论述，他特意在这一段话旁边加上了批注，说："黑格尔的历史唯物主义的胚芽。"③这就是说，目的自由与工具自由是统一的。人是一个对象化的存在物，人的目的虽然是有限的，但人有选择工具的自由，并利用工具自由把自己的目的对象化，在对象化活动中克服目的自由的有限性，从而实现自己的目的。阿马蒂亚·森认为，可以把发展看作是扩展人们享受自由的过程，所以，工具性地扩展每一种自由，必定对目的自由的实现作出贡献。如"五种类型的工具性自由：（1）政治自由；（2）经济条件；（3）社会机会；（4）透明性保障；（5）防护性保障"④。作为经济学家的森，虽然没有表明他对目的自由与工具自由理解的历史唯物主义立场，但是，他把发展看作是目的自由的实现过程，而工具自由作为手段对目的自由之实现有重要作用，这是合理的。马克思恩格斯不仅论述了目的自由与工具自由之间的辩证关系，而且还把用这一基本原理具体分析如何消灭资本主义与实现共产主义的过程与特点。马克思主义认为，资本主义的劳动异化是对目的的自由的否定。消灭异化是共

---

① 《马克思恩格斯选集》第4卷，人民出版社1995年版，第247页。
② 参见《马克思恩格斯文集》第5卷，人民出版社2009年版，第208页。
③ 参见列宁：《哲学笔记》，人民出版社1993年版，第159页。
④ 阿马蒂亚·森：《以自由看待发展》，任赜等译，中国人民大学出版社2002年版，第31页。

产主义目的自由实现的前提。但是,消灭异化不可能在目的自由有限性中实现自己。消灭异化必须具备一定的物质、精神等实际前提。马克思说,这些前提最终"都是以生产力的巨大增长和高度发展为前提"①。目的自由或人的主观能动性是人之为人最可珍贵的东西,而目的自由如停留于主观意志,目的自由就会失去其价值沦为空洞幻想。共产主义目的自由的实现,必须通过工具自由的对象化,在对象化的实践活动中实现自己的目的。

二、形式自由与实质自由的统一

形式与内容是马克思主义哲学的基本范畴。实质自由是指自由的内容,而形式自由是指可行自由的各种形式,如言论、集会、游行、选举等。国家制度决定的各阶级、阶层在国家经济、政治地位及其活动方式,这就是实质的自由。实质自由与形式自由的关系正如形式与内容的关系一样是辩证统一的。内容决定形式,形式表现内容,有内容无形式则玄,有形式无内容则空。自由不能只是一种形式自由的变换,更不能用形式自由掩盖或替代实质自由。实质自由是具有决定意义的自由。形式自由离开了实质自由,形式就变成了虚假的毫无实质意义的东西。相反,形式自由是实质自由的表现,没有一定的形式,实质自由就会无法捉摸。

按阿马蒂亚·森,是马克思最初把自由规定为形式自由与实质自由。他引用拉马钱德兰(V. K. Ramachandran)的话说,马克思区分了"资本主义下工人的形式自由(formal freedom)与前资本主义制度下个人的真实不自由(real unfreedom):'工人改换雇主的自由使他有了在更早的生产方式中不曾有过的自由。'"②相对于古代封建的生产方式,工人有了改换雇主的自由,这是自由的扩展。但是,马克思并非肯定资本主义生产方式下,工人有了实质自由。相

---

① 《马克思恩格斯选集》第 1 卷,人民出版社 1995 年版,第 86 页。
② 阿马蒂亚·森:《以自由看待发展》,任赜等译,中国人民大学出版社 2002 年版,第 22 页。

反，正是这种雇佣劳动造成了形式自由与实质自由的分裂。在资本主义生产方式下，工人是有了改换雇主的自由，雇佣工人获得了这种形式自由。但是，雇主通过维持劳动力生产再生产的价格购买了劳动力商品，却获得了劳动力的劳动创造的超过劳动力商品的剩余价值。资本主义商品拜物教的秘密就在于用形式的劳动力商品自由等价交换，掩盖了资本家剥削雇佣工人劳动的剩余价值实质。这种货币与作为劳动力商品等价交换的形式自由，不仅没有给雇佣工人带来实质自由，而且使雇佣工人从此掉进了实质不自由的深渊。这就是说，在以私有制为基础的社会，无论自由的形式如何变换，但其实质都是阶级的自由。正如平等一样，平等绝不是表面的、形式的。恩格斯说："无产阶级平等要求的实际内容都是消灭阶级的要求。"[1]

三、自发自由与自觉自由的统一

自发自由与自觉自由是认识前进运动的两个重要阶段。在认识与改造世界过程中，当人们的行为完全受盲目的必然性支配时，这里的自由只是自发的自由；而当人们认识和把握事物规律的必然性，并自觉地按照规律来行动，自发的自由就上升为自觉的自由。但是，在黑格尔那里，他仅仅把概念的认识与上升看作是一个"自在自为"的过程。黑格尔认为，自然是一种无阻碍的时空运动，而哲学的运动乃是一种自由精神的活动。人之异于禽兽在于思想，人之所以高尚于禽兽在于人能思想。哲学是"概念式的认识"。"思维的产物一般地是思想，但思想是形式的，思想的更进一步加以规定就成为概念，而理念是思想的全体——一个自在自为的范畴。"[2]马克思恩格斯批判和改造了黑格尔的客观唯心主义，把局限于概念的认识提升到无产阶级的世界观认识的高度。恩格斯说："社会力量完全像自然力一样，在我们还没有认识和考虑到它们的时候，起着盲目的、强制的和破坏的作用。一旦我们认识了它们，理解了它们

---

① 《马克思恩格斯选集》第 4 卷，人民出版社 1995 年版，第 448 页。

② 黑格尔：《哲学史讲演录》第 1 卷，贺麟、王太庆译，商务印书馆 1959 年版，第 25 页。

的活动、方向和作用,那么,要使它们越来越服从我们的意志并利用它们来达到我们的目的,就完全取决于我们了。"① 自发的自由是不自由的,它是认识和改造世界不可避免的阶段。但是,人们的认识与活动绝不可只满足或停留于自发的自由,更不能像列宁批判的"经济派"一样对"自发性"自由的崇拜,甚至出现"自觉性完全被自发性压倒"的不良倾向。② 但也不是像卢卡奇在《历史与阶级意识》一文中所说的,无产阶级的历史就是无产阶级意识自觉的自由。这就是说,自发自由与自觉自由是统一的。虽然自发自由只是一个认识发展的初始阶段,而不是认识和改造世界的最后目的与归宿。但是,自觉自由不是天赋的,也不可能一蹴而就,而是经过自发自由的不断前进运动达至的认识境界。认识的使命就是通过实践、认识、再实践、再认识,最后将自发自由上升为自觉自由。

四、个人自由与社会自由的统一

自由是主体自主的自由。这里的主体不只是个人,也包括社会、阶级和国家。如卢梭的社会契约中"公意",卢卡奇所说的"阶级意识",还有国家自由主权的自由等。自由包括两种自由,一是个人的自由,二是社会的一切人的自由。自由离不开个人自由。正如个别与一般的关系,个人自由是一切人自由的存在基础。离开每个人的自由,当然无从谈论一切人的自由。但是,二者又是辩证统一的。个人自由的实现必须以社会自由的实现为前提,即"每个人的自由发展是一切人的自由发展的条件",而不是障碍。如果一个人的自由是一切人的自由发展的障碍,那就等于一个人或者少数人的自由是以牺牲一切人或大多数人的自由为代价实现的。换言之,一个人或少数人实现了自由,而其他一切人或大多数人则失去了自由。在封建社会,只有皇帝一个人是自由的,其他一切人都是奴隶。在资产阶级社会,仍然只有少数

① 《马克思恩格斯选集》第3卷,人民出版社1995年版,第754页。
② 参见《列宁选集》第1卷,人民出版社1995年版,第323页。

人的自由。可是他们忘记了,资产阶级少数人的自由是以牺牲大多数劳动者的自由为条件来实现的。这就是说,在存在阶级与阶级对立的社会里,自由不是普适的,自由只具有个别、特殊性,更不可奢望有所谓的一切人的自由。自由作为普适性价值只存在于没有阶级和阶级对立的共产主义。社会主义初级阶段,虽然还不能实现每一个人的自由是一切人自由的条件。但是,社会主义第一次做到了用绝大多数劳动者的自由替代了资本主义少数剥削者的自由。

第四节　中国道路之自由价值

哲学是一种时代精神,那么中国道路所展现的时代精神是什么? 黑格尔认为,精神的发展是自身超出,自身分离,并且同时自身回复的过程。他说:"精神自己二元化自己,自己乖离自己,但是为了能够自己发现自己,为了能够回复自己。""当精神回复自己时,他就达到更自由的地步。只有在这里才有真正的自性,只有在这里才有真正的自信。"①自由是哲学的最高成就。黑格尔的自由无疑是理性的自身回复。但是,他把自由看作是理性自为,当理性达到这种自在自为或自发自觉时,才是真正的自由与自信。这无疑具有合理性。中国道路的自信,绝不是一种现象的张扬,或经验的自我夸张,更不是一种精神意志的自我满足,甚至自以为是。中国道路的自信,就是把中国道路中那些自在的潜在精神揭示出来,上升为自在自为的或自觉的价值理念。那么,中国道路中那些自在的潜在精神是什么? 这就是中国道路所体现的一种超越西方自由的核心价值理念。中国道路的自由价值理念是对西方自由价值理念的扬弃,它是马克思主义自由张力与必然限制的思想同中国的国情实际相结合的产物。

---

① 黑格尔:《哲学史讲演录》第 1 卷,贺麟、王太庆译,商务印书馆 1959 年版,第 28 页。

一、坚持以人为本的目的自由核心理念,实现工具自由科学发展

工具自由的张力是巨大的。马克思说:"资产阶级在它的不到一百年的阶级统治中所创造的生产力,比过去一切世代创造的全部生产力还要多,还要大。"①工具自由也是新中国成立后最初向往的自由。鉴于中国近代工具自由落后被动挨打的历史教训,中国共产党的八大就提出了实现社会主义现代化的目标。改革开放以后,实现社会主义现代化上升为当前"最大政治"的高度。按邓小平的思想,市场经济体制建立就是将其作为"手段"或工具自由来建构的。不可否定,中国道路成功的重要原因,就是释放和利用了工具自由的张力。但是,工具自由如果缺乏目的自由的引领、规范、限制,工具自由反过来就会成为支配和统治人的目的自由的异己力量。中国的理论界以马克思主义为理论基础,深刻地总结了资本主义工具自由异化的深刻教训,如黄楠森先生就在20世纪80年代初提出了以人为本的目的自由理念。他认为,以人为本的口号是否正确,要看对什么而言。他说:"以人为本如果是与以物为本相对立,无疑应选择以人为本,因为物是死的,它的作用如何,靠人去创造和发挥。"②这就是说,物是工具性的东西,工具自由只有坚持以人为本的目的价值理念,才符合马克思主义的基本精神。21世纪初,以人为本被上升为科学发展观的核心理念。在这里,中国道路的工具自由不是被抛弃,而是辩证地扬弃了资本主义的自由理念,突出了目的自由以人为本的核心理念,实现了工具自由的科学发展,从而坚持在目的自由的引领规范下,可持续性地健康地激发了工具自由的张力。

当反对工具自由的国外后现代主张抛弃工具自由的思潮输入中国时,中

---

① 《马克思恩格斯选集》第1卷,人民出版社1995年版,第277页。

② 黄楠森:《关于人学的几个争论的问题》,载中国人学学会编:《人学与现代化·全国首届人学研讨会论文集》,广西人民出版社1998年版,第139页。

国的学术界并没有成为后现代的应声虫。中国的马克思主义学者认为,后现代对资本主义现代性的批判,是合理的。但是,中国的国情仍然是处在社会主义初级阶段,中国的现代化的使命还远未完成,中国不仅不能放弃工具自由,中国还必须在目的自由的引领下,充分释放工具自由的张力,集中精力实现现代化。比如,后现代的鲍德里亚在他的《生产之镜》中认为,马克思的革命理想是奠基在资产阶级的生产力普罗米修斯主义之上,因此马克思的错误就在于他轻信了普罗米修斯和浮士德的永恒超越的观念。张一兵认为,鲍德里亚对马克思的批评是错误的,他说:"鲍德里亚所指认的当代资本主义的最新变化,无论是他从德波那里挪用来的符号控制,还是'消费社会'中的种种颠倒性的社会现象,都没有根本改变物质生产仍然是社会存在和运动的基础这一事实。"①

二、以实质自由为决定因素,发挥形式自由能动作用

形式自由与实质自由的关系,正如形式与内容的关系一样是辩证统一的。实质自由是自由的内容,实质自由决定形式自由的特征与性质。因为内容是比较活跃的因素,形式自由总是适合实质自由的需要而发展与变化。形式自由不是被动的,适合实质自由的形式自由可以能动地反作用于实质自由的发展。当形式自由妨碍实质自由的张力时,实质自由就会突破形式自由的束缚,改变旧的形式而建构新的形式。这就是说实质自由的张力是根本的、具有决定意义的。形式自由由于是适应实质自由的形式,形式自由的张力要看这种形式是否适合实质自由的要求,适合了就促进自由张力的发展,否则就会阻碍实质自由张力的释放。中国以马克思主义理论为指导,注意了形式自由的重要性,但是,中国更加强调的是实质自由。中国道路的成功就在于正确地处理了形式自由与实质自由的辩证关系,始终致力于夯实实质自由的基础,通过社

---

① 张一兵:《文本的深度犁耕——后马克思主义思潮哲学文本解读》第二卷,中国人民大学出版社 2008 年版,第 266 页。

会主义改造,建立了以公有制为基础的经济制度和政治制度,实现了每一个人在经济上、政治上有平等的经济自由与政治自由。为了使形式自由更加适合实质自由的要求,又不断地进行了经济体制、政治体制的改革,这就有效地激发了形式自由的张力。如经济方面,建立了市场经济体制,使每一个市场主体有了自主生产、自主经营、自由交换、自负盈亏的自由;在政治方面,打破干部终身制,建立了干部的聘任制,在广大农村普遍推行了村民自治,还实现了人民代表由人民选举的自由,等等。

改革开放以后,中国实行了商品经济。资本主义拜物教式的形式自由对中国产生极大诱惑力,甚至在一些地方与政府那里出现了不顾群众实质自由的发展,片面追求"形式主义"的形式自由等不良倾向。但是,作为执政党的中国共产党由于坚持了马克思主义的世界观、方法论,及时对其进行了纠正,保障了实质自由与形式自由的张力的协调发展。

三、尊重自发自由,强调自觉自由

自发自由是指人们还处在感性、经验阶段,缺乏正确的理论指导与自觉选择下的具有盲目性的自由。自由不是任性而为。黑格尔认为,精神是具体的,它的特性就是自由。自由与必然是对立统一的,它们相辅相成。没有必然的自由是抽象的,"这种假自由就是任性"①。新自由主义对自发性自由的崇拜,把必然、限制看作是奴役统治,显然是错误的。恩格斯说:"意志自由只是借助于对事物的认识来作出决定的能力。"②这就是说,自由是一个由从感性到理性、自发到自觉的不断地前进与提升过程。自发自由是人的认识与实践活动的一个特点,无论是个人、阶级还是国家的认识与实践活动,都会经历一个从感性到理性、自发到自觉的自由的过程。自发自由因来自群众的感性经验,往往具有潜在的现实性与首创性的巨大张力。但是,自发自由按其实质还不

---

① 黑格尔:《哲学史讲演录》第 1 卷,贺麟、王太庆译,商务印书馆 1959 年版,第 31 页。
② 《马克思恩格斯选集》第 3 卷,人民出版社 1995 年版,第 455 页。

是真正的自由,尚处于认识的感性经验阶段。自发自由一旦有了正确的理论指导,这种潜在的现实性和首创性,就会转化为现实的、具体普遍创造性的张力。

中国道路的成功之处就在于实现了自发自由与自觉自由的辩证统一。中国的基本国情是社会主义初级阶段,即不发达的社会主义。在旧中国,由于中国是一个半封建半殖民地的国家,人民既没有自发自由,也没有自觉自由。为了引导人民实现真正的自由,新中国成立后,中国实行了计划经济体制,目的是通过国家的自觉调节,把人民自发自由提升到自觉自由的高度。随着实践的深入,经济社会条件发生了变化,人民自觉自由就失去了前提。联产承包责任制、城市经济体制等改革,城乡二元的经济结构打破,尤其是社会主义市场经济体制的建立,市场经济的"看不见的手"的作用,充分地激发了市场主体自发自由的张力。但是,尊重自发的自由,绝不是不要自觉的自由,中国发挥了社会主义制度的优越性,在理论与实践上引导人们将自发自由提升为自觉自由,以致充分地释放了自发自由与自觉自由的张力。

四、每一个人自由张力的释放是一切人自由发展的条件

无论是工具自由与目的自由,实质自由与形式自由,还是自发自由与自觉自由,归根到底都是主体的自由。每一个人都有自己的梦想,人的主观能动性即是自由的张力,但主体包括个人与社会。只有每一个人自由的发展与社会的一切人的自由实现相统一时,自由的张力才可以凝聚成一种推进社会与历史发展的合力。这就要求,每一个人的自由发展是一切人自由发展的条件,而不是相反。如果一个人的自由张力成为其他人自由张力释放的障碍,那就必然影响与耗散推进历史与社会前进的合力。所以,每一个人自由张力与社会的一切人的自由合力是辩证统一的。这一点与资本主义片面追求个人自由张力的唯一性具有本质的不同。

首先,社会主义制度要为每一个人自由张力的发展提供制度上的基础与

平台。阿马蒂亚·森说:"社会安排对确保并扩展个人自由可以具有决定性意义。"①他认为,中国成功地利用了市场经济,但是从社会准备的角度看,中国之所以比印度超前,是因为中国的社会安排为个人自由张力的发展准备了自由的"可行能力"。他说:"当中国在 1979 年转向市场化的时候,人们特别是年轻人的识字水平已经相当高",而"当印度在 1991 年转向市场化的时候,有一半成年人口不识字,而且至今这一情况没有多少改善"。② 诚然,中国的教育发展给了人民的实质自由,即提升了中国人的自由的"可行能力"。其实,每一个人自由张力的发展,既要有自由的可行能力,更要有提高自由的"可行素质"。可行素质就是每一个人实现自由的基本素质,它包括人的物质(身体)素质与精神素质。中国通过制度安排,始终把改善民生作为基本国策与具体举措,不断加强了教育、就业、医疗保险、社会保障等社会建设,即通过逐步提高每一个人自由的可行素质,以提升自由的可行能力。可见,中国道路的成功,与其说是自由张力的释放,不如说是中国的制度安排为每一个人自由张力的释放培育和准备了自由的可行素质与可行能力。

其次,坚持尊重与保障每一个人自由张力的释放,并通过制度与政策各项措施防止某些个人的自由成为社会其他人自由发展的障碍。社会主义市场经济体制的建立下,利益成为生产力发展的内驱力,市场自由竞争辐射到社会生活、政治生活各个领域,从而激发了每一个人的潜能与积极性。但是,由于社会主义制度与市场经济体制的一致性,中国的市场自由竞争与资本主义有实质的不同。在资本主义,如英、美等国家,作为主流价值观的功利主义与实用主义历来就认为,只有实际的结果与效用才是检验成败得失的唯一标准。这种不问起点、过程的公平正义,势必出现少数个人的自由张力成为其他大多数

---

① [印]阿马蒂亚·森:《以自由看待发展》,任赜等译,中国人民大学出版社 2002 年版,第 34 页。

② 参见[印]阿马蒂亚·森:《以自由看待发展》,任赜等译,中国人民大学出版社 2002 年版,第 34 页。

人自由发展障碍的现象。中国的市场自由竞争,强调的是起点、过程与结果的公平正义。中国坚持社会主义公有制为主体的基本制度,保障了每一个人的自由竞争的起点公平;中国坚持按劳分配为主与按资本要素分配的制度,初步实现了效率与结果的公平。中国适应市场经济体制需要,建立比较完备的法律体系,保障了自由竞争的过程公平。尤其是对少数个人的权力寻租、权钱交易等破坏市场经济秩序等违法行为进行了严厉打击,维护了市场经济的公平正义。马克思提出的每一个人的自由发展是一切人自由发展的条件的理想目标,虽然还无法完全实现,但它是引领中国道路健康发展与前进的方向。

总之,自由的价值观启蒙于文艺复兴,沉沦或异化于现代资本主义,真正能成为世界价值共识将成熟于当代中国。如果说把文艺复兴的自由看作是自由的肯定阶段,那么,晚期资本主义自由(哈贝马斯的概念)实质是对西方文明或自由的异化和否定。中国社会主义的自由是马克思主义中国化的产物,既吸收世界人类文明包括现代发达国家的积极成果,同时又是中国优秀文化现代化的时代结晶,是自由价值观否定之否定的阶段。这一点早就被18世纪的黑格尔在他的《历史哲学》所言中。黑格尔认为,自由意识作为肯定阶段起源于古代东方,作为否定阶段是古希腊、罗马,作为否定之否定是日耳曼民族。不过,这种否定之否定,由于黑格尔所处的时代与民族局限,显然是片面的。18世纪是资本主义发展成熟的时代,是物对人的统治替代古代人对人的统治的时代,那只不过是自由的否定之否定的第二个环节,即对古代自由肯定的否定。在空间上,从古希腊、古罗马到日耳曼,仍然是一个西方概念,并不构成一个否定的环节。真正的自由价值的否定之否定环节是,自由意识的自由起源于作为肯定环节的古代东方,作为否定的环节在西方文艺复兴得到了发展,并因资本主义物对人的统治而异化。作为否定之否定环节,那就是当代东方的中国。自由的发展,正如一颗种子在古代东方发芽,成长于近代西方,最后结果的是现代东方的中国。种子通过肯定、否定、否定之否定,完成一个周期,完善与成熟于东方的中国道路。因此,中国道路必须在社会主义核心价值观引领下,坚持四个统一:即目的自由与工具自由的统一,形式自由与实质自由的统一,自发自由与自觉自由的统一,每一个人的自由发展与一切人自由发展的统一,以充分激发和释放劳动、知识、技术、管理和资本的活力。

第六章 中西自由方法论比较的践行原则

如何认识中西方自由的不同内涵,是正确理解社会主义以人为本的一个核心问题。文艺复兴开启了近代人道主义的先河,资产阶级以人来反抗中世纪的神、以人道来反抗中世纪的神道、以人性来反抗中世纪的神性。自由成为人的天赋本性。这些观念也曾影响了中国的资产阶级启蒙运动。但是,自从马克思主义传入中国以来,形成了不同于西方的中国化马克思主义的自由思想。那么,他们之间究竟有何实质的区别与不同呢?

第一节 现代西方自由的沉沦和异化

文艺复兴作为人类文明的成果举世公认。这个成果的实质是,颠覆了封建社会的人对人统治,获得了个人身份的自由。但是,前门拒虎,后门进狼,资本主义却用物的统治替代了人的统治。这种自由是对西方文明的异化和否定。其具体表现如下。

一、目的自由被异化,工具自由成了唯一的统治者

为推翻中世纪的封建统治,近代资产阶级启蒙运动提出的自由、平等、博

爱的口号,无疑是人类文明进步的精神财富。但是,启蒙推翻了神对人、人对人的统治,却带来物对人的统治,工具合理性替代了目的合理性。在资本主义社会,金钱、资本代替了中世纪神的统治,资本统治导致了人的价值贬值与物的价值升值,目的自由被异化,而工具自由上升为唯一的统治者。资本主义这种发展悖论,受到西方许多思想家的激烈批判,如霍克海默、阿多诺、马尔库塞、弗罗姆、萨特、哈贝马斯,甚至叔本华、尼采等,而且也引发了背叛文艺复兴自由精神的两次世界大战。资本像魔术师的魔咒,呼唤出大量的财富堆聚,但周期性的经济危机又摧毁了这些财富。霍克海默认为,在工业社会,启蒙的结果是对启蒙的否定,工具获得了独立性,"最终体现了经济必然性的集团丧尽天良,他们的启示,从统治者的直观,到变动不定的世界观,与早期资产阶级的辩护是完全对立的,他们不再承认自己的罪行是法律关系的结果。"①这是对的。工具自由虽然有重要的作用,但是,目的自由是人类自由的方向与价值目标。工具自由一旦背离了目的自由,工具、物反过来成为对人的支配与统治者。资本主义社会背弃了文艺复兴的基本精神。弗罗姆认为,资本主义社会是一个病态社会。在那里,人也成了不健全的人,争取自由却异化为"逃避自由"。在总结了一些西方思想家对资本主义的批判后,他说:"人是目的,绝不能当成一种使用手段;物质生产为人服务,而不是人为物质生产效力;生活的目的是施展人的创造力;历史的目标是把社会改造成受正义与真理所支配的社会——这些便是一切批评现代资本主义制度的人们所依据的公开的或暗含的原则。"②21 世纪的阿马蒂亚·森甚至含蓄地认为,发展的过程就是扩展人类自由的过程,人类自由发展的目的是至高的,但"工具自由"只是作为手段对实现"目的的自由"具有实效性。③

---

① 马克斯·霍克海默、特奥多·威·阿多尔诺:《启蒙辩证法》,洪佩郁等译,重庆出版社1990 年版,第 33 页。

② E.弗罗姆:《健全的社会》,孙恺祥译,贵州人民出版社 1994 年版,第 190 页。

③ 参见阿马蒂亚·森:《以自由看待发展》,任赜等译,中国人民大学出版社 2002 年版,第31 页。

二、张扬了形式自由,却掩盖了实质的不自由

张扬形式自由是资本主义的一个突出特征,比如两党竞选的形式、商品等价交换的形式等。自由的确离不开形式,但是,把形式自由等于一切,甚至用形式自由去掩盖实质的不自由,那是十分荒谬的。阿马蒂亚·森说:"一个社会成功与否,主要应根据该社会成员所享有的实质性自由来评价。"①这是对的,一个社会是否是自由的,当然要有一定形式表现。但是,评价自由的最后标准不是形式自由,而是"该社会成员所享有的实质性自由"。比如,从形式来看,劳动力商品的等价交换形式是自由的,但是,货币、资本购买的是劳动力,而实质获得的是劳动力的劳动创造的剩余价值。劳动力商品这一等价交换的形式,实际上却掩盖了资本剥削雇佣工人剩余劳动的实质不自由。资本主义的形式自由与实质自由的分裂,不只是存在于经济领域,同样存在于政治生活中。比如,1848 年 2 月法国资产阶级联合无产阶级、小资产阶级、农民共同推翻了七月王朝,建立了政治形式最为典型的资产阶级共和国。由于资产阶级窃取了二月革命胜利果实,无产阶级不得不发动六月革命,而资产阶级立即用刺刀镇压了无产阶级的六月革命。马克思说,资产阶级在反对封建专制统治时,为了联合无产阶级提出的自由、平等、博爱的口号,在镇压无产阶级时却变成了"步兵、骑兵和炮兵"②。但螳螂捕蝉,黄雀在后。1848 年 12 月 10 日在普选总统中,路易·拿破仑·波拿巴骗取了占法国总人口 2/3 以上的农民的选票,一举登上了总统宝座。波拿巴利用资产阶级的内讧和纷争,于 1851 年 12 月 2 日实行军事政变,恢复了帝制,使资产阶级革命最终遭受失败。这就是说,法国资产阶级的形式自由不仅没有为无产阶级带来实质自由,在资产阶级同封建主义的斗争中,同样也保障不了资产阶级革命时期的实质自由。

---

① 阿马蒂亚·森:《以自由看待发展》,任赜等译,中国人民大学出版社 2002 年版,第 13 页。

② 参见《马克思恩格斯全集》第 11 卷,人民出版社 1995 年版,第 170 页。

三、自发自由推向神坛,极力拒斥自觉自由

自发自由是走向自觉自由的一个必要阶段,但自发自由不是人类的本质特征。马克思说:"人的类特性恰恰就是自由的有意识的活动。"①资产阶级为了维护自己的统治,总是把自由说成是自然的、自发的、永恒的,是符合人类自然本性的自由。尤其是为"华盛顿共识"提供世界观基础的新自由主义,把自发性的自由推向了神坛。哈耶克的《通往奴役之路》《自由宪章》,波普尔的《开放社会及其敌人》,雅赛的《重申自由主义》等著作认为,社会主义的计划经济是继承了柏拉图、笛卡尔、黑格尔、马克思的理性主义,从而相信理性可以支配和主宰世界,其结果是必然走向极权和独裁,那是一条"通往奴役之路"。现代资本主义继承的是从希腊人、罗马人修昔底德和伯里克利、塔西佗和西塞罗,以及18、19世纪以来蒙田、伊拉斯谟、洛克、休谟和亚当·斯密的以经验为基础的自发性自由,而摒弃的是理性对人的奴役的自觉自由。哈耶克说,新自由主义自由是一种"立基于对自生自发发展的但却未被完全理解的各种传统和制度所做的解释"②。这种自由是资本主义相信"并未被完全理解"的市场"看不见的手"的自发自由,而社会主义是计划经济、国家调控的自觉自由。这种痴迷、偏执意识形态分歧而对自发性自由的崇拜显然是错误的。2008年在美国发生的波及世界的"次贷危机"就是对这一错误的最好批判。

四、个人自由是唯一动力,一切人自由被悬搁一边

在资本主义,个人自主自由被无限夸大。比如,功利主义的密尔认为,把社会进步的源泉归结为人民是强加的,社会"进步的唯一可靠而永久的源泉

---

① 《马克思恩格斯选集》第1卷,人民出版社1995年版,第46页。
② 弗里德利希·冯·哈耶克:《自由秩序原理》(上),邓正来译,生活·读书·新知三联书店1997年版,第61—62页。

还是自由,因为一有自由,有多少个人就可能有多少独立的进步中心"①。刘易斯·哈茨认为,美国的自由派"是信仰个体自由、平等,及资本主义的人,是视个人的成功与失败取决于自身的努力与能力,并认为人类市场活动是检验这一努力与能力的适当场所的人"②。所以,"单个的人具有至高无上的内在价值或尊严"③。他们认为,个人成功与失败的唯一途径是市场竞争,在市场自由竞争中出现的成功与失败都是合理的。"社会主义也并非只是一个用来向财产挑战的怪物或一种手段:它也是一种地位理论,是要把工人阶级从自由主义的'失败'感中拯救出来,并依照一种深广的宇宙乐观主义信条使其地位合理化。"④可见,所谓的个人是指持有资本的成功者,并非包括那些"失败"的工人阶级。即使有产者的个人自由成为这些失败者自由的障碍也是合理合法的。社会主义的"反动",就是企图把他们从这种不自由的深渊中拯救出来,这就违反了少数资本家的个人自由是至高无上的原则。无疑,强词夺理地指称这种牺牲大多数劳动者自由为代价而实现的个人自由是合理合法的,是荒谬的。

第二节 我国先秦儒家自由思想的当代价值

自由作为社会主义核心价值观是西方世界也有的概念。一种常见的误读是,自由源于西方,西方自由是追捧和模仿的样式。个中缘由既与西方的渗透有关,也夹杂了星星点点近代半殖民地半封建社会遗存的文化不自信伤愁旧疾的"神圣"发作。其实,在我国汉代,自由已是专用名词。如古诗云:"此妇

---

① 约翰·密尔:《论自由》,程崇华译,商务印书馆1959年版,第75—76页。

② 刘易斯·哈茨:《美国的自由主义传统·1991年版引言》,张敏谦译,中国社会科学出版社2003年版,第1页。

③ 史蒂文·卢克斯:《个人主义》,阎克文译,江苏人民出版社2001年版,第43页。

④ 刘易斯·哈茨:《美国的自由主义传统·1991年版引言》,张敏谦译,中国社会科学出版社2003年版,第197页。

无礼节,举动自专由。吾意久怀忿,汝岂得自由!"①"自专由"即自己的行动由自己任意专断之意。这里的"自由"是指不得违反礼节的限制,只按自己的意志去行动的意思。这就是说,违反封建礼节限制的自由是不应当的,自由是不违反限制的自由。尽管封建社会把妇女的不自由看作比自由更重要,但是,自由成了一个与限制相联系的概念。按冯友兰的意见,中国古代自由思想的最早阐述者是庄子。② 庄子的《逍遥游》的确包含了自由思想,但他论述的主要是自然的自由与必然的关系问题,尤其是庄子把自由推向了可望而不可即的理想彼岸,这种悬隔于现实之上的自由不可能进入社会生活而产生真正影响。事实上,先秦自由思想的真正开拓者是以孔子、孟子、荀子等为代表的儒家。先秦儒家的自由思想不仅远远超出了庄子的水平,甚至达到了古希腊远未达到的先进水平。先秦儒家的自由思想无疑是社会主义核心价值观之自由的真正文化基因。

一、先秦儒家对自由含义的理解

先秦儒家(以下简称"儒家")自由思想的核心命题是《论语·为政》中的"从心所欲不逾矩"。这里的"从心所欲"即儒家对自由含义的理解。按儒家的思想,"心"就是指的精神,而精神又包含"思"与"欲"、"志"与"气"、"神"与"行"等方面的关系。通过这些关系的厘定,阐明了自由是自由意志的自由思想。

首先,通过"思"与"欲"的区别,阐述了"欲"是人的自由意志的思想。"思"是思维的意思,"欲"为人的意欲。儒家"从心所欲"的"心",并非物质体的心脏,而是指人的精神。《荀子·解蔽》说:"心者,形之君也,而神明之主

---

① 该诗最早见于《玉台新咏》,题为《古诗为焦仲卿妻作》,作者为无名氏。参见林庚、冯沅君主编:《中国历代诗歌选》(上编一),人民文学出版社 1964 年版,第 115 页。

② 参见冯友兰:《中国哲学史》(上),华东师范大学出版社 2011 年版,第 135 页。

也"①。心是形体的支配者,更是精神与智慧的主宰。黑格尔认为,物质自然的实体是重力,精神的"实体"是自由。精神包括思维与意志。思维是认识,"意志是欲望、行动"②。"心"作为精神既然包括思维与意志,那么,"心"就是作为认识的思维与作为"欲"的自由意志的统一。儒家的"从心所欲"的心,既然是一种精神,那么"欲"就是一种精神的意欲。欲望、意志才是自由的。黑格尔说:"意志而没有自由,只是一句空话;自由只有作为意志,作为主体,才是现实的。"③儒家虽然没有自由意志这个概念,但是,"从心所欲"的"欲"就是一种自由意志。洛克说:"所谓自由观念就是,一个主因有一种能力来按照自己心理决定或思想,实现或停顿一种特殊那样的一个动作。……因此,离了思想、离了意欲、离了意志,就无所谓自由。"④孟子把"思"看作认识论的思维,如孟子认为,耳目之官不思,"心之官则思,思则得之,不思则不能得也,此天之所予我者"⑤。孟子把"心"理解为思之官,但突出的是心之职能。张岱年说:"心则是能思而以思为职任的。心原于天,乃天之所与我者。"⑥这就是说,"心是能思而以思为职任的"的精神。如孟子所指的"人皆有不忍人之心","仁,人心也;义,人路也",皆为一种内在的(道德)精神。他说:"仁,内也,非外也;义也,外也,非内也。"⑦仁是内化于心的精神。义者,宜也。义是宜于仁之精神的外在形式。人的精神通过思维的认识,从而获得知识。黑格尔认为,"思维与意志的区别无非就是理论态度和实践态度的区别。它们不是两种官能,意志不过是特殊的思维方式"⑧。因此,自由不是庄子《逍遥游》所说的自然物的自由,而是主体自由意志的自由。人的精神不同于"自然",

---

① 《荀子》,中华书局 2007 年版,第 225 页。
② 参见黑格尔:《法哲学原理》,范扬等译,商务印书馆 1961 年版,第 12 页。
③ 黑格尔:《法哲学原理》,范扬等译,商务印书馆 1961 年版,第 12 页。
④ 洛克:《人类理解论》(上),关文运译,商务印书馆 1959 年版,第 208 页。
⑤ 《孟子》,岳麓书社 2000 年版,第 202 页。
⑥ 张岱年:《中国哲学大纲》,中国社会科学出版社 1982 年版,第 233 页。
⑦ 《孟子》,岳麓书社 2000 年版,第 190 页。
⑧ 黑格尔:《法哲学原理》,范扬等译,商务印书馆 1961 年版,第 12 页。

人有思维与自由意志。自由是人的本质规定,人是自由的,除了自由,人与万物无异。可见,庄子谈的自由,不是人作为具有自我意识并能将自己的意志在对象化活动中实现的主体自由,而是物体运动中的重力与阻力之间的关系。

其次,通过"志"与"气"的区分,阐述了是否具有"志"的自由意志是培养道德之气之前提的思想。《孟子·公孙丑上》在谈到如何养浩然之气时,论述了志与气的关系。孟子说:"夫志,气之帅也;气,体之充也。夫志至焉,气次焉。故曰:'持其志,无暴其气'。"这里"志",就是自由意志;这里"气",就是由"志"统帅、支配的意气,如喜、怒、哀、乐、勇、怯、羞耻等。如何才养成至大至刚的浩然之气呢? 孟子认为,"培养浩然之气"的前提在于把仁义等道德自由意志内化于心,而不是像告子那样只知道做一些外在的表面功夫。孟子说,浩然之气,"是集义所生者,非义袭而取之也。行有不慊于心,则馁矣。我故曰,告子未尝知义,以其外之也。"①浩然之气是一种道德正气。道德正气不是心外的东西,而是仁义等道德自由意志的一个长期培育和内化于心的过程。由于告子把义等道德意志当作一种外在的东西,这就不懂浩然之气的培育方法。按照告子的方法去培育浩然之气,那就等于揠苗助长一样。换言之,不断地把道德的自由意志内化于心,才是培育浩然之气的根本途径。

最后,通过"神"与"行"的区分,阐述了意志自由就是出于德性原则的自己为自己立法的思想。《荀子·解蔽》说:"心者,形之君也,而神明之主也;出令而无所受令。自禁也,自使也;自夺也,自取也;自行也,自止也。故口可劫而使墨云,形可劫而使诎申,心不可劫而使易意,是之则受,非之则辞。故曰:'心容其择也'"②。心是精神的主宰,是发出命令而不是接受命令的。形可以随心诎申,但精神"不可劫"而改变自己的自由意志。精神的作用就是自己禁止和支配自己的身体,自己放弃和制止错误的意见或命令,自己主张自己的行为,自己停止自己的意念。这种自己支配自己的行为、自己命令自己的意念,

---

① 《孟子》,岳麓书社 2000 年版,第 47 页。
② 《荀子》,中华书局 2007 年版,第 225 页。

就是自由意志。康德说:"一个只有准则的单纯立法形式能够用作其法则的意志,是自由意志。"①在康德看来,道德就是一种意志自律。意志自律是一种与意愿、应当相关联的德性原则。这种原则,必须是以单纯德性原则作为普遍的立法形式的应当来决定意愿,而不是任意而为,因此,那种摆脱原则的外在限制的自由是消极的自由,而"纯粹的并且本身实践理性的自己立法,则是积极意义上的自由"②。这种出于道德理性准则而自己为自己立法的积极自由,就是康德说的自由意志或意志自由。

儒家思想家虽然不可能用现代的概念来表示意志自由,但是,他们用中国的民族语言揭示了现代自由概念的思想内涵。在孟子那里,这种自己为自己立法的德性原则,是人们出于善的本性本来就应该具备的。《孟子·公孙丑上》认为,人人皆有怵惕恻忍同情之心,"无恻忍之心,非人也;无羞恶之心,非人也;无辞让之心,非人也;无是非之心,非人也。恻忍之心,仁之端也;羞恶之心,义之端也;辞让之心,礼之端也;是非之心,智之端也。"③按孟子,心本身具有认识判断是非的能力与自由。孟子把德性原则看作是善之本性具有的原则,人们对于仁、义、礼、智、信等这些德性原则的践行,绝不是"能不能"的问题,而是一个愿不愿为的问题。《孟子·梁惠王上》在谈到人人都有不忍之心时,认为,做国君的只要愿意行王道,推恩以施仁政,就可以"保民而王"。他说:"挟泰山以超北海,语人曰:'我不能。'是诚不能也。为长者折枝,语人曰:'我不能。'是不为也,非不能也。故王之不王,非挟泰山以超北海之类也;王之不王,是折枝之类也。"④能不能够,愿不愿为,是两个不同的问题。能够并且愿意,就等于说,你能够,所以你应当。在康德那里,其自由意志实质是指先验的善良意志。甘绍平说:"人们把康德的道德哲学的主旨归纳为一个口号:

---

① 康德:《纯粹实践理性原理》,韩水法译,商务印书馆1999年版,第29页。
② 康德:《纯粹实践理性原理》,韩水法译,商务印书馆1999年版,第34页。
③ 《孟子》,岳麓书社2000年版,第56页。
④ 《孟子》,岳麓书社2000年版,第13页。

'你能够,因为你应当'。这里'能够'意味着自由选择,'应当'体现着道德立场。"①这是对的。不同的是,孟子不仅通过"为长者折枝"的比喻,说明了"施仁政"是"不为也",非"不能"之缘故,从而揭示了作为道德行为自由选择的"你能够"与作为一种道德立场的"你应当"之间的联系,而且认为"你能够,因为你应当"之自由选择与道德立场,都是出于人之本性本来就有的"不忍之心"的善的道德意志。孟子这种人性善的观点,荀子并不赞同,他说:"人之性恶,其善者伪也。"②但是,孟子与荀子从"心"出发论述了一个共同的问题,即道德行为都是出自道德自由意志的行为。孟子从人有不忍之心出发,认为,"为与不为",取决于"你能够"的意志自由选择。荀子之所以把人的行为看作是"自禁、自使、自夺、自取、自行、自止"的行为,是因为"心容其择",即"心"有意志的选择自由。张岱年说,荀子提出的"所谓'心容其择',意谓心有抉择的自由,也就是意志的自由"③。

二、先秦儒家自由思想的基本内容

儒家思想一直是中国封建社会占统治地位的思想。由于封建社会是扼杀人性的社会,从此儒家思想背负起封建专制的恶名。这不能不说是对儒家思想开创者孔子等极不公正的评价。先秦儒家思想成为封建社会统治阶级的思想,不是从孔子时代开始的,孔子成为封建社会的御用工具,并非孔子所愿,而是后代统治者的需要。用孔子之后的儒家思想来否定先秦儒家自由思想,无疑是一种非历史的观点。它与当代有的思想家从中国古代来寻找马克思主义思想起源一样滑稽可笑。只不过后一种非历史观点,易为人们所诟病;而前一种非历史方法,人们却不以为然。这也是先秦儒家自由思想一直被遮蔽的一个深层原因。先秦以孔子为代表的儒家自由思想内容的丰富性,其实大大地

---

① 甘绍平:《自由意志的塑造》,《哲学动态》2014 年第 7 期。

② 《荀子》,中华书局 2007 年版,第 267 页。

③ 张岱年:《中国哲学大纲》,中国社会科学出版社 1982 年版,第 236 页。

超越了同时代的古希腊。

1. 明确地提出了自由与"矩"的必然限制相联系的思想

"从心所欲不逾矩"的"矩",原本是古代画方形的用具,也就是现代的曲尺。《周髀算经·卷上》云:"圆出于方,方出于矩。""矩"有规矩、法度之意,"不逾矩"就是不跨越"仁"的伦理规矩与法度的限制。《管子·任法》认为,乱世往往以私代法,而"治世则不然,不知亲疏远近、贵贱、美恶,以度量断之。其杀戮人者不怨也,其赏赐人者不德也。以法制行之,如天地之无私也。是以官无私论,士无私议,民无私说,皆虚其胸以听于上。上以公正论,以法制断,故任天下而不重也"[①]。冯友兰认为,荀子虽然反对孟子,但尊孔子,荀子是儒家。法家韩非、李斯都是荀子的学生,法家的思想主要源于儒家。因此,管子的法学有关思想与先秦儒家有传承关系。[②] 胡适认为,先秦根本就没有什么法家,只有法理学,法治的学说,法的实行家。[③](本书把管子看成儒家,仅仅指涉管子"矩"的限制思想与先秦儒家的一致性。)法治是社会进步的标志,法就是一种行为"度"与"量"的限制。《孟子·离娄上》曰:"遵先王之法而过者,未之有也。圣人既竭目力焉,继之以规矩准绳,以为方员平直,不可胜用也"[④]。虽然孟子的"法先王"之"法"主要是指道德规范,它并不同于管子所讲的"治世"法治之法,但孟子与管子都是针对"矩"的限制而言。在这个意义上,管子与孔子、孟子是一致的。限制相对于自由,就是一种必然。因为,作为与自由相关的必然,不是超越主体之外的纯自然(如斯宾诺莎的"实体",就是一种脱离精神的自然),而是作为外在自然规律、作为社会环境或主体认识能力与水平限制的必然。当然,孔子的"矩",主要是指人伦道德规范作为必然

---

① 《管子》,中华书局 2009 年版,第 245—246 页。
② 参见冯友兰:《中国哲学史》(上),华东师范大学出版社 2011 年版,第 164、183 页。
③ 参见胡适:《中国哲学史大纲》,东方出版社 1996 年版,第 279 页。
④ 《孟子》,岳麓书社 2000 年版,第 115—116 页。

的限制。但是,也正是由于这一主要指向,往往就掩盖了儒家对必然限制的全面理解。事实上,儒家对天人关系的理解、儒家法家学派关于法的限制的思想,就涉及"矩"的必然限制的自然规律与社会环境等内容。比如,孟子用"揠苗助长"的比喻来说明如何养浩然之气的路径,实际上阐明了对于农作物的种植,必须尊重植物自然生长规律的思想。这就是说,先秦儒家所说的矩,就是指的必然的限制。既然这里的矩是指的必然的限制,那么,在孔子那里,自由就是一个与必然限制相联系的范畴。这就大大地超越了西方自由思想的水平。在古希腊,德谟克利特的原子论第一次涉及必然的思想。但他认为,由于原子的运动是直线下垂的,所以,一切都是必然,没有偶然。这就否定了自由。朱德生说:"伊壁鸠鲁克服了德谟克利特混淆'必然性'和'原因'所产生的困难,区分了原子运动的必然性和偶然性,并进一步说明了偶然运动的原因所在,'偶然性'和'偶然原因'思想对伊壁鸠鲁的伦理学也有重要意义,他以此否认命运决定论,论证意志的自由。"①斯宾诺莎在《伦理学》中,第一次才把自由和必然联系起来。恩格斯说:是"黑格尔第一个正确地叙述了自由和必然之间的关系"②。这就是说,我国公元前 5 世纪左右的儒家,就把自由与必然限制联系起来。而西方 17 世纪的斯宾诺莎,才开创了把自由与必然的限制相联系的先河。先秦儒家关于自由与限制的思想,不仅大大地超越了同时代的古希腊,而且近代西方也不过只是接近或达到先秦儒家的思想水平。如孟德斯鸠关于自由不仅需要法的界限,"就是品德本身也是需要界限的"的思想③以及卢梭关于自由就意味着限制的思想等。可见,只有中国先秦儒家关于自由与限制思想,才是人类最初对自由思想探索的文化基因。

---

① 朱德生主编:《西方哲学通史》第一卷,北京大学出版社 1996 年版,第 265 页。
② 《马克思恩格斯选集》第 3 卷,人民出版社 1995 年版,第 455 页。
③ 孟德斯鸠:《论法的精神》上册,张雁深译,商务印书馆 1961 年版,第 154 页。

2. 明确地揭示了自由的不同境界的思想

孔子把"从心所欲"与"不逾矩"相对立,实际上揭示了"从心所欲"自由理想境界与现实"矩"的限制之间的相互关系。问题是,这里的"不逾矩"究竟如何理解?"不逾矩"既可以与"逾矩"相对而言,"不逾矩"也可以与符合"矩"的要求相对立。所以,这里实际蕴含了三种关系:自由与"不逾矩"的关系,自由与"逾矩"的关系,自由与符合"矩"的规范要求的关系。这三种关系展示了先秦儒家自由思想的不同境界。

在儒家看来,"欲"的意志是人的本性,但欲的自由意志,一是具有无限性,二是具有两面性。如《荀子·正名》认为:"欲不可去,性之具也。虽为天子,欲不可尽。欲虽不可尽,可以近尽也;欲虽不可去,求可节也。"①由于欲的无限性,人人尽欲是不可能的,但欲之可节也。孟子虽然主张寡欲,但他论述了欲的两面性,《孟子·告子》云:"生亦我所欲也,义亦我所欲也;二者不可得兼,舍生取义者也。"②在《论语·尧曰》,孔子也说:"欲仁而得仁,又焉贪?"③这就是说,欲有生与义之层次高低、仁与贪之善恶的两面性。在生与义的二难选择之间,在仁与贪的善恶选择面前,人的欲望意志应该舍生取义、欲仁而不贪求。

由于欲的两面性,面对现实,究竟如何处理欲与仁的关系?《孔子·宪问》曰:"克、伐、怨、欲不行焉,可以为仁矣?"子曰:"可以为难矣,仁则吾不知也。"④原宪问,一个人如果在现实中不再有欲望,是否可以称之为仁呢?孔子说,那真是太难了。然而,即使欲之不行,是否达到仁的高度,我也说不清楚。可见,企图在现实中消灭人的欲望意志,是完全不可能的。由于欲不可

---

① 《荀子》,中华书局 2007 年版,第 259 页。
② 《孟子》,岳麓书社 2000 年版,第 198 页。
③ 《论语》,岳麓书社 2000 年版,第 192 页。
④ 《论语》,岳麓书社 2000 年版,第 127 页。

去,那么,"欲"就是实然。但是,基于欲的两面性,那就应当给"欲"一种"德"或法的规范限制。这就需要像"矩"一样的尺度。按孔子"矩"的规范就是"仁",但即使去欲,是否就达到了仁的规范的要求?"吾不知也"。这就是说,"从心所欲"的价值规范是符合"仁"的要求,而不是"不逾矩"。"不逾矩"仅仅只是一种现实中符合伦理底线的自由。可见,以孔子为代表的先秦儒家的自由思想的基本维度就是现实性。"不逾矩"是不跨越与在"矩"的规范要求之内之意,而逾矩就是"超过""跨越"。"超过""跨越"并非一定是坏事。因为,"超过""跨越"往往存在两种情况:一是存在与"矩"之现实要求更高理想道德之"逾",如《论语·雍也》:"子贡曰:'如有博施于民而能济众,何如? 可谓仁乎?'子曰:'何事于仁! 必也圣乎! 尧舜其犹病诸! 夫仁者,己欲立而立人,己欲达而达人。能近取譬,可谓仁之方也已。'"①可见,"博施于民而能济众"是超越了"仁"的要求达到了"圣"标准;二是有触犯现实"矩"的规范的不道德之"逾",即孔子认为的"过犹不及"的"过"。这就是说,"逾矩"包含了好坏的两极,不具有规范意义。那么,面对春秋战国时期"礼崩乐坏"的情势,儒家何以只要求"不逾矩"就可以了,而不提出更高的道德要求来约束自己和影响别人呢? 这与先秦儒家思想的立足于现实来研究自由有关。

孔子为了推行他的主张,曾周游列国,但是,几乎处处碰壁,有时甚至连饭也吃不上,经常被别人拒之于门外,遭到别人白眼。据《论语·微子》记载,当孔子驾车经过农村时,正在耕种的桀溺甚至大声质问他,说:"滔滔者天下皆是也,而谁以易之?"即在现实中,不道德的东西有如洪水一样滔滔不绝、比比皆是,有谁去改变呢? 更令其难堪的是,当孔子向前对他解释时,桀溺却"耰而不辍",不与理会。② 孔子虽然体会到在现实中推行仁的主张之艰难,但他觉得,还是必须与"斯人之徒"一起来努力改变这种现状。这一点,反映了儒

①　《论语》,岳麓书社 2000 年版,第 56—57 页。
②　《论语》,岳麓书社 2000 年版,第 176—177 页。

家"入世"而推行"仁"的现实立足点。在《论语·卫灵公》中,当子贡问:"有一言而可以终身行之者乎? 子曰:其恕乎! 己所不欲,勿施于人。"①这就是说,在现实中,自己不愿意做的,就不应该加之于人。换言之,己所欲也,方可施于人。孟子的"推恩",也就是这个思想的继承与发展。这种"己所不欲,勿施于人"的道德规范,实际是一种基于现实自由的底线伦理规范。② "不逾矩"是与逾矩相辅相成的两面。而"从心所欲"而逾矩的二重性说明,"逾矩"并不一定是"善"的行为,自由作为"从心所欲不逾矩"的自由,也非儒家理想中的自由,那么,什么样的自由是儒家理想的自由? 自由就意味着限制。因为人在任何条件下都必然有来自现实的自然、社会和精神环境的影响与限制,"从心所欲"的自由只有在"逾矩"(跨过、跨越)与"不逾矩"的相互矛盾中展开和发展,"从心所欲"的自由才是人类现实生活中的自由。这就是说,"从心所欲"的自由可以区分为四种类型,三种境界。第一种类型是"从心所欲"而"逾矩",即跨越或触犯"仁"的道德规范的为所欲为,这无疑不是真正的自由。第二,"从心所欲不逾矩"。孔子认为,这是他"七十"才达到的自由。从儒家的思想体系来看,"仁"是儒家的核心范畴,"仁"也是"从心所欲不逾矩"的"矩"的伦理规范,"从心所欲"而符合(中)"矩"的规范要求,应是自由的第三种类型。第四,"从心所欲"而"逾矩",超出"仁"的规范而达到"圣"的自由。从四种类型可以看出,第一种类型因为不是真正的自由,当然不算是自由的境界。其他三种类型表述了儒家自由思想的三种境界:由于儒家把欲看作的人的不可消灭的本性,欲既然不可灭,人的自由首先要达到的是"从心所欲不逾矩"的底线伦理境界。底线伦理之为底线,近乎一种戒律。如"摩西十戒"所说的"十戒"就是十条做人的底线伦理规范,其陈述方式就是禁约形式的"不可",如:"不可杀人",等。还有我国佛教对出家人的"十戒",即不杀生、不偷

---

① 《论语》,岳麓书社 2000 年版,第 150 页。
② 参见谭培文、肖祥:《从底线伦理到终极关怀——社会主义和谐价值观研究》,广西师范大学出版社 2009 年版,第 92 页。

盗、不淫、不妄语、不饮酒等。① 第二，高于"不逾矩"层次的是"中"，即不偏不倚、不过不及地符合仁的"矩"的规范要求，因此，"从心所欲"符合仁的规范，这是自由的中庸境界；而"从心所欲"达到"圣"的高度才是自由的最高境界。

在三种境界中，"从心所欲而不逾矩"实际上只是一种底线伦理的现实自由，"从心所欲"而符合"矩"（仁）的规范就是一种中庸的自由，"从心所欲"超越"矩"（仁）的规范而达到"圣"，才是最高理想的自由。《孟子·尽心》曰："可欲之谓善，有诸己之谓信，充实之谓美，充实而有光辉之谓大，大而化之之谓圣，圣而不可知之之谓神。"②"圣"就是能把善、信、美融为一体，发扬光大，从而成为"百事之师"、万世师表的意思。在孟子看来，圣人因为是"百事之师"，除开尧舜禹汤等，近百年以来，离他最近的只有孔子。不过，虽然"圣"是最高的终极理想境界，但是，孔子在《论语·述而》中说："圣人，吾不得而见矣；得见君子者，斯可矣。"可见，孔子的愿望是符合"仁"的规范的君子。符合是事物相互一致、相符、相中的意思。《礼记·中庸》曰："喜怒哀乐之未发，谓之中。发而皆中节，谓之和。中也者，天下之大本也。和也者，天下之达道也。致中和，天地位焉，万物育焉。"③"中"是不偏不倚，不过不及，即符合之意。"中"既是一种标准，也是一种路径。如《论语·雍也》，子曰："中人以上，可以语上也；中人以下，不可以语上也。"④这里的"中"就是中等标准的意思。"发而皆中节"，即喜怒哀乐表露出来而都符合法度礼仪规范，"中"即"符合"，也是一种践行"礼节"的路径。"中也者，天下之大本也"。这就是说，先秦儒家自由的根本标准和路径，是要符合"矩"的法度与仁的礼仪规范要求。

西方现代新自由主义者伯林提出的"两种自由"概念，被推崇为自由思想

---

① 参见谭培文、肖祥：《从底线伦理到终极关怀——社会主义和谐价值观研究》，广西师范大学出版社 2009 年版，第 34—35、92 页。

② 《孟子》，岳麓书社 2000 年版，第 255 页。

③ 钱仲联主编：《十三经精华》，湖南教育出版社 1992 年版，第 450 页。

④ 《论语》，岳麓书社 2000 年版，第 54 页。

研究的经典。在我国,也不乏学者将其捧为"圭臬"。这无疑值得商榷。伯林认为,自由可以区分为"免于……"限制的消极自由与"去做……"的积极自由这两种自由。伯林将前一种自由说成是现代西方个人不被国家和其他个人干涉的消极自由,而把后一种自由看作是古代罗马人、希腊人,企图成为主人,积极参与城邦、国家民主政治理想的积极自由。尤其是伯林在未涉及任何先秦儒家的自由思想第一手资料情况下,从古代罗马人、希腊人那里,想象出古代中国人的自由也是一种积极自由。他说,积极自由"这种说法似乎同样适用于犹太人、中国以及所有其他存在过的古代文明"①。事实是,如果按伯林的自由划分,先秦儒家自由思想的三种境界,不仅蕴含了消极自由,也包含了积极自由思想。先秦儒家的"从心所欲不逾矩"的自由,即包含了一种"免于……""矩"的限制的消极自由思想。因为"不逾矩",如果只按字面的理解,即是一种不跨越"矩"的限制的自由,如"非礼勿动"等。但是,作为伦理的自由,就不只是一种不跨越"矩"的外在限制的自由,而是将"矩"的规范内化和上升为一种自己命令自己的道德意志自由(这一点留到后面再说)。当"矩"的规范内化为道德的自由意志,"从心所欲"就不会跨越"矩"的限制,而做到"免于……""矩"的限制的消极自由。而"从心所欲"符合"仁"的规范,实际是说,在自由的中庸境界,应该"去做……"符合仁的规范的积极自由。可见,伯林的"两种自由"概念的划分与我国先秦儒家自由思想的三种境界的思想相比较,我国先秦儒家自由三种境界的思想,不仅蕴含"两种自由"概念划分的思想,而且其对自由境界的理解本身,就明显超越了停留于"两种自由"概念理解的思想水平。当然,由于时代的局限,先秦儒家自由境界的理解缺乏伯林那样的现代西方自由思想地平线的事实材料,也不可能具有伯林所理解的两种自由之政治含义。这不足为奇。遗憾的是,伯林关于两种自由论述的真正地平线也只局限于西方现代的个人自由,他对中国先秦儒家的自由思想几

①　参见[英]以赛亚·伯林:《自由四论》(扩充版),胡传胜译,译林出版社2003年版,第197页。

乎一无所知。他甚至在完全缺乏先秦儒家自由境界思想第一手资料证明的情况下,将中国古代先秦的自由思想简单等同于古罗马、希腊人的积极自由,这不能不说是其自由思想研究国际学术视野的"硬伤"。

3. 认识到自由的实现是一个渐进的历史过程

自由属于哲学认识论范畴。从近代唯理论的斯宾诺莎到综合近代唯理论与经验论的康德,以及黑格尔等都是从哲学认识论来研究自由的。[①] 同样,马克思主义哲学中的自由,也是从认识论的视角来看自由。如恩格斯说:"自由就在于根据对自然界的必然性的认识来支配我们自己和外部自然"[②]。认识论的自由,虽然在理论上首先涉及的是主体与客体的关系问题,但是,它为现实的伦理道德、社会自由和对自然改造的自由,提供了世界观、方法论。以孔子为代表的儒家的自由思想,不能仅仅把其完全看作是伦理性的自由,而忽视其哲学认识论的学理基础。伦理道德问题的学理基础首先就是认识论,因为真、善、美始终是辩证统一的,只有真的东西,才是善的。而以孔子为代表的儒家自由思想就是把自由看作一个认识的渐进发展过程。如孔子曰:"吾十有五而志于学,三十而立,四十而不惑,五十而知天命,六十而耳顺,七十而从心所欲,不逾矩。"[③]孔子虽然是在"七十"才涉及自由的境界,但是,他把这个境界看作是终其一生学习、探究认识的结果,即把"从心所欲不逾矩"的自由境界的认识看作是一个不断发展的渐进过程。孔子认为,学习是认识水平提高的第一阶梯。《论语·卫灵公》曰:"吾尝终日不食,终夜不寝,以思,无益,不如学也。"[④]思,即思考认识之意。离开学习去思考和认识,不可能有什么收获,只有学习才有益于逐步提高自己的思考和认识水平。《论语·泰伯》曰:

---

① 参见谭培文:《社会主义自由的张力与限制》,《中国社会科学》2014 年第 6 期。
② 《马克思恩格斯选集》第 3 卷,人民出版社 1995 年版,第 456 页。
③ 《论语》,岳麓书社 2000 年版,第 9 页。
④ 《论语》,岳麓书社 2000 年版,第 152 页。

"立于礼。"《论语·季氏》曰:"不学礼,无以立。"①这就是说,通过青年时代的学习,到了三十多岁时,就能够按照外在的礼仪规范来行动了。所谓"四十不惑",更是从认识的发展过程来规定的。《论语·子罕》《论语·宪问》皆认为,"知(智)者不惑"。这就是说,由于学习和掌握了各种知识,认识上的各种问题就有了自己的解决能力,不再糊涂、迷惑而不解,进而认识到自然运行的规律和判明众说纷纭中的是非曲直、善恶美丑。直至七十才达到了"从心所欲不逾矩"的现实自由境界。可见,自由的实现是一个渐进的不断提升的历史过程,不可能一蹴而就。

这几个阶段,孔子不是随意划分的。每个阶段自由上升的不同程度反映了他对自由与限制认识的不同水平。"学"是对自由与限制认识的初始阶段,这没有什么问题。问题是,立于礼,何以不能算是自由的目的呢? 当孔子提出"克己复礼为仁"时,颜回请问其目。子曰:"非礼勿视,非礼勿听,非礼勿言,非礼勿动。"②"克己复礼为仁"就是使自己的言语行为符合周"礼"的规范,以实现合乎"仁"的目标。可见,"立于礼"只是对言语行为的外在规范,并未达到自由意志自己命令自己的内在水平。所以,这种自由无非是一种被限制的消极自由,并未达到"随心所欲"的高度。因此,认识到为什么不能非礼勿动等,才是"随心所欲"即从自发自由上升到自觉自由的必要条件。所以,"不惑""知天命""耳顺",都说的是认识由外在的"不惑""知天命"的认识,到内在的"耳顺"的递进过程,而只有这样,才能最后内化为"从心所欲不逾矩"的自由。

尽管孔子毕其一生之追求,如此不断地学习和认识,但他认为,自己最后到了七十岁,才达到"从心所欲不逾矩"的现实自由的底线伦理要求。也就是说,自由的实现是一个渐进的历史发展过程,即使到了七十岁,还不能说我就

---

① 《论语》,岳麓书社 2000 年版,第 162 页。
② 《论语》,岳麓书社 2000 年版,第 106 页。

达到了"从心所欲"符合"矩"的"仁"的规范要求的中庸自由境界与进入了"圣"的终极自由理想境界。

儒家的自由思想无疑对庄子的自由思想产生了影响,庄子在《逍遥游》中认为,现实自由都是有束缚、限制的自由,真正的自由是理想的自由,即无"所待"、没有限制的自由。《庄子·逍遥游》曰:"夫列子御风而行,泠然善也,旬有五日而后反。彼于致福者,未数数然也。此虽免乎行,犹有所待者也。若夫乘天地之正,而御六气之辩,以游无穷者,彼且恶乎待哉! 故曰:至人无己,神人无功,圣人无名。"①当然,这种没有限制的自由,在现实中是找不到的。与儒家的"入世"的人生观相反,老庄的人生价值的必然取向是"出世"。

三、先秦儒家自由思想的启示

先秦儒家自由思想既为马克思主义自由思想中国化提供了民族文化土壤,也是社会主义自由核心价值观的文化基因。自由不是源于西方现代资本主义,按黑格尔《历史哲学》,自我意识的自由最初启蒙于东方世界。在中国先秦儒家等思想中,就存在比德谟克利特、伊壁鸠鲁等更为丰富的自由思想。中国特色社会主义核心价值观中的"自由",是中国古代自由思想优秀成果的继承发展与对现代西方资本主义自由的扬弃,是一种向更高阶段推进的自由。这就要求,坚持和践行社会主义自由核心价值观,必须进一步重视以下几个问题。

1. 探索"从心所欲不逾矩"文化内涵,明确社会主义自由与限制的辩证关系

如果"从心所欲"指的是自由,那么"不逾矩"表述的是自由的界限。真正的自由是"从心所欲"与"不逾矩"的相互统一。儒家把"从心所欲"看作是人

---

① 《庄子》,中华书局 2007 年版,第 10 页。

生自由实现的一个关键词,说明"从心所欲"并不是坏事,关键是要"不逾矩",即加以限制。限制又有内在的伦理道德自我约束和外在的"矩"的法律强制。这就说明,自由总是与限制、必然相联系。那种认为,自由就是没有限制的自由,显然是极其错误的。卢梭认为,自由就意味着限制。他说:"人是生而自由的,但却无往不在枷锁之中。"①自由与限制是对立统一的,失去一方,另一方也将失去前提。

在社会主义市场经济体制下,每个经济人都有了"从心所欲"的自主生产、自主经营、自由交换、自由贸易的自由,而"从心所欲"不是不要"矩"的限制。这就要求,必须正确处理自由与限制的辩证关系。一是要正确处理"从心所欲"与道德、法律规范的关系。"从心所欲"不是为所欲为,"从心所欲"就意味着"矩"的限制。这种限制,主要是道德与法律限制。"从心所欲"的自由如果只涉及个人自己私人生活领域,而不关涉他人,那主要是道德自由的自律。一旦自由涉及他人,尤其是公共生活领域,那不仅要受道德自律的约束,更要受到法律他律的限制。尤其是公共生活领域,公共生活赖以形成和进行的基本前提是秩序,因为你的自由一旦逾矩,就必然侵犯他人的自由,反之亦然。所以,公共生活领域"矩"的规范限制主要是法律。二是"从心所欲不逾矩"的自由的实现是一个渐进的过程,不可能一蹴而就。做到"从心所欲不逾矩",既要社会环境等自由的外在可行条件的保障,但更为主要的根据是具备学养修为的可行自由内在主体素质。孔子终其一生都把个人的学养修为看作获得自由的根据与条件,这是对的。"从心所欲"的关键是每个人对意欲的把握和控制,即自律。《礼记·中庸》曰:"道也者,不可须臾离也。可离,非道也。是故君子戒慎乎其所不睹,恐惧乎其所不闻。莫见乎隐,莫显乎微,故君子慎其独也。"②慎独就是一种自律方式。这就是说,对于道德与法律规范的遵循,最为重要的是自律,而不是他律。在有人监督的情况下要遵循道德与法

---

① 卢梭:《社会契约论》,何兆武译,商务印书馆 1980 年版,第 8 页。
② 钱仲联主编:《十三经精华》,湖南教育出版社 1992 年版,第 450 页。

的规范,在没有人看到的时候也要一样地遵循。儒家不仅论及自律,甚至还涉及自律的具体内容,如《论语·季氏》有孔子曰:"君子有三戒:少之时,血气未定,戒之在色;及其壮也,血气方刚,戒之在斗;及其老也,血气既衰,戒之在得。"①三是正确处理"从心所欲"、敢干敢想、大胆创新与"不逾矩"的关系。"从心所欲"就是要解放思想,敢想、敢干、大胆创新。但是,敢想、敢干、大胆创新,必须通过自己的辛勤劳动,不能违背良心,不能逾越"矩"的道德规范底线与法律规范的红线。

2. 重视"欲"的人性基础,探索市场经济"不逾矩"的自由实现路径

先秦儒家"从心所欲"的"欲"是出自人性之意欲。由于欲是出自人性之欲,那么,欲的存在既是不可消灭的,也说明它的存在就有存在的合理性,孔子、孟子深刻地论述了"欲"的两面性。但是,及至封建社会,朱熹等人提出的所谓"明天理,灭人欲"(《朱子语类》卷十二)的主张,这就可能导致对先秦儒家"欲"的思想理解片面化。事实上,封建的"灭人欲",针对的是庶民,而统治阶级则无不穷奢极欲。马克思把欲望、需要看作是人类第一个历史活动的动机。他说,人们要生存,必须能够生活。"为了生活,首先就需要吃喝住穿以及其他一些东西。因此第一个历史活动就是生产满足这些需要的资料,即生产物质生活本身"②。市场经济是一种利益经济。利益成为了市场经济的内驱力。市场经济极大地激发了人们的欲望、需要和潜能,从而推动了生产力的发展。但是,市场经济是一柄双刃剑,市场经济也带来了道德危机与信仰危机等问题。问题是,市场经济为什么会成为一柄双刃剑? 由于我国对人性问题的研究一直是噤若寒蝉、望而却步,一直未能从人性的角度来挖掘这一问题,所以在道德研究中曾出现了否定市场经济的思潮。事实上,市场经济的两面

---

① 《论语》,岳麓书社 2000 年版,第 160 页。
② 《马克思恩格斯选集》第 1 卷,人民出版社 1995 年版,第 79 页。

性产生的根源不在市场经济的本身,而在于市场经济经济人的人性欲望激发的两面性,即市场经济在激发人们的正能量的同时,也激发了一些人企图不劳而获、一夜暴富、为非作歹、制假卖假、明抢暗盗、权力寻租、贪污腐败等负能量。因此,必须重视市场经济的人性基础,根据人性"欲"的两面性,探索"不逾矩"的自由规范的具体内容,才能从根本上探索出一条从道德与法治的角度防止道德危机、信仰危机的正确途径。

"矩"是衡量欲望的尺度,既有"量"的规定,也有"度"的限制之意。"不逾矩"就是不跨越道德底线"量"与法律"度"的限制。但是,量与度并非绝对对立的两极,"量"的积累一旦接近度的临界点,就必然突破量的限制而达到"度"的质变,如"多行不义必自毙"。所以,相对法度而言,"不逾矩"就是指不得触犯法的度的红线。所以,"从心所欲不逾矩"关键是不得逾越这两种"矩"的限制。这对社会主义市场经济自由的实践路径,有十分重要的启示意义。我国在市场经济的自由实践中,通常注重的是榜样模范的典型导向教育,这是非常重要的。但是,对于市场经济每一经济人的自由行为规范,还远远不够。对于市场经济的每个经济人,要懂得什么是应该的,但更要懂得什么是不应该的,即必须懂得什么样的自由才是不逾道德与法的规范的自由。"不逾矩"是一种底线伦理禁止性的规范约束,比如,"三大纪律,八项注意"。这就要求,在社会主义市场经济中,必须具体制定"矩"的道德与法的规范内容。比如,在道德规范上,根据"八荣八耻"中的"八耻"的内容具体制定出各行各业的禁止性伦理底线规范约束或负面清单;在法律方面,明确设定哪些是不得跨越法律禁止的红线,哪些行为是法律禁止的行为,从而做到法有禁止不可"逾",法无授权不可为。

3. 探索"从心所欲不逾矩"与仁的关系,处理好社会主义自由的现实与理想的关系

孔子为什么把"从心所欲不逾矩"作为自己毕生追求才达到的自由境界,

而不是把符合"仁"的中庸自由和"圣"的终极理想自由作为现实要求。相对"从心所欲"的自由而言,遵守底线伦理的规范约束比符合"仁""圣"的要求更具有现实意义。因为,"从心所欲"的自由是人人具有,且人人所企求的自由。对于每一个人的自由而言,"不逾矩"的现实的底线伦理约束,比符合"矩"的仁的规范与圣的理想目标更为现实可行,而要求每个人的自由都达到符合"仁"的规范,那是比较难的事情。这就是说,对于自由,遵守"不逾矩"的底线伦理规范是最为基本的、切实的现实要求,而符合"仁"的中道"矩"的规范和"圣"的终极理想目标,不是每一个人都可以做到的。在社会主义市场经济中,先秦儒家的自由思想对于如何践行社会主义自由核心价值观,有重要的启发意义。社会主义市场经济中,践行自由的核心价值观,首先要突出的应该是一种底线伦理规范约束,同时又必须坚持中国特色社会主义的共同理想的价值追求。这是因为底线伦理约束的立足点是现实,而理想目标价值的指向是未来。理想价值的实现虽然是一种改变现存状况的现实运动,但是"这个运动的条件都是由现有的前提产生的"。这就是说,没有现实的底线伦理要求,自由的理想价值就是一个缺乏前提、条件的可望而不可即的"应当"。而没有自由理想目标价值的追求,现实的底线伦理自由也就因为没有"应当"的目标追求,而迷失方向和失去牵引力。换言之,社会主义市场经济中现实的底线伦理自由为实现中国特色社会主义共同理想的自由提供前提与条件,而中国特色社会主义理想价值自由的追求是现实的底线伦理自由的方向和航标。除此之外,在介于两间之间,还应有中道"矩"的道德与法律标准。只有以中道标准为中介,才是打通底线伦理的自由与终极理想的自由之间联系的桥梁,从而产生一种推进底线伦理自由的上升力和落实终极理想的向心力,使终极理想自由不再漂浮于太空而立脚于现实的基础。在我国,如果说社会主义市场经济的自由必须实践"不逾矩"的底线伦理规范,那么践行社会主义核心价值观就是一种符合中道"矩"的规范标准的自由,而终极目标是实现以中国特色社会主义共同理想为基础的共产主义理想自由。

第三节　马克思主义自由方法论的
实践原则研究

　　有人误以为,自由作为我国社会主义核心价值观,与西方价值取向日益"趋同"。这既带有 20 世纪末以来"趋同论"的浮光掠影(所谓趋同论,就是 20 世纪末,我国建立市场经济体制以后,在中外理论界一种常见的理论,认为社会主义与资本主义没有什么本质的区别,社会主义与资本主义逐渐地由不同走向了相同①),也是我国自由研究本身未能深入涉及的缘故。其实,中西方对自由的理解迥异。自由是一个理论问题,也是一个实践问题。无论中国,还是西方,自由的理论最终都须为实践服务。人的类特性就是自由的自觉的活动。从一定的方法论出发,自由自觉地选择自己的活动目的、意图、愿望,这不仅是人类实践与动物活动的本质区别,也是中西方自由最为主要的不同。因此,厘清中西方自由的方法论,才有可能在践行社会主义自由核心价值观中,正确把握自由的含义、自由的主体规定、自由的作用与实现路径等问题。

一、自由方法论前提

　　自由(liberty)是一个内容丰富、歧义较多的概念。这就为中西自由思想的把握提出了难题。但是,中西自由可以从世界观、阶级属性、制度基础等厘定。自由作为一种实践原则,最为直接的根本问题是方法论的问题。因为世界观只有转变为方法论,自由才可以成为人们的实践原则。在《德意志意识形态》中,马克思说,实践的唯物主义"不是意识决定生活,而是生活决定意识。前一种考察方法从意识出发,把意识看作是有生命的个人。后一种符合现实生活的考察方法则从现实的、有生命的个人本身出发,把意识仅仅看作是

---

　　①　参见谭培文:《利益趋同论辨析》,《广西师范学院学报》(哲学社会科学版)2001 年第4 期。

他们的意识"①。这就是说,实践的唯物主义实质是一种方法论。立足生活实践来看人的意识,这是实践唯物主义与旧唯物主义等(包括费尔巴哈)唯心史观的本质区别。

在国外,较为引人注目的是西方新自由主义的自由。20世纪末由英、美两国主导的所谓"华盛顿共识",它标志着新自由主义已从学术理论上升为国家意识形态。新自由主义认为,自由思想有两类传统:一类是以个人主义为方法的自亚当·斯密以来的经验主义理论传统;而把另一类归结为法国的启蒙运动以来的浸透着笛卡尔思辨的理性主义,包括百科全书派与鲁索、重农学派和孔多塞,甚至从柏拉图、亚里士多德到黑格尔和马克思的社会主义理论等,都冠之为理性主义自由理论传统。前者是英国的经验论自由理论传统,后者是法国的理性主义自由理论传统。按照哈耶克的述说,虽然它们都是自由理论传统,但是只有"前者已了解自由,而后者则没有"②。在哈耶克那里,经验主义和理性主义,不是一种哲学世界观或本体论,而是一种知识论的方法论和价值观。哈耶克对理性主义价值观的评判沿袭的是波普尔"方法论的个人主义"。波普尔批判了柏拉图开启的卢梭、黑格尔理性主义、本质主义、整体主义传统的马克思主义的社会决定论、经济决定论,认为他们的共同特点是"方法论的集体主义",而由经验论理论传统发展而来的开放社会的自由主义,在知识论上是"方法论的个人主义"。所以,两种自由理论传统的分野,其实质就是知识论上的"方法论的集体主义"和"方法论的个人主义"的对立。所谓"方法论的个人主义",即"集体的'行为'和'行动',诸如国家或社会集团,应该还原为人类个体的行为和行动"③。也就是说,要用人类个体的行为和行动来解释社会、国家和集体的决定性的基础和本原,而不是相反。这样一来,经

---

① 《马克思恩格斯选集》第1卷,人民出版社1995年版,第73页。
② [英]F.A.哈耶克:《自由宪章》,杨玉生等译,中国社会科学出版社1999年版,第81页。
③ [英]波普尔:《开放社会及其敌人》第二卷,郑一民等译,中国社会科学出版社1999年版,第156页。

验论和理性主义由世界观转化为方法论和价值观,而集体主义和个人主义也赋予了世界观和价值观的内涵。哈耶克认为,新自由主义从希腊人、罗马人修昔底德和伯里克利、塔西佗和西塞罗,以及18—19世纪以来蒙田、伊拉斯谟、洛克、休谟和亚当·斯密所继承来的基本传统是个人主义。他说:"由基督教与古典哲学提供基本原则的个人主义,在文艺复兴时代第一次得到充分发展,此后逐渐成长和发展为我们所了解的西方文明。这种个人主义的基本特征,就是把个人当作人来尊重;就是在他自己的范围内承认他的看法和趣味是至高无上的。"①而凯恩斯的国家调控理论的最大危害是动摇了西方世界由古希腊经验论以来的理论传统所形成的个人主义这一终极的价值目标,从而导致西方文明失去创造力。

新自由主义对马克思主义自由的方法论理解不仅是错误的,而且是极为肤浅的,没有什么新意。在一个多世纪以前,青年黑格尔派的施蒂纳就提出了极为荒谬而又十分"精致的"的个人利己主义理论。施蒂纳认为,社会的本意是一个虚无的"大厅",什么也没有。现代资本主义社会的"现实的个人",是具有"独自性"的自我实现、自我一致的、"唯一者"的利己主义个人。马克思说,对于施蒂纳来讲,"共产主义简直是不能理解的,因为共产主义者既不拿利己主义来反对自我牺牲,也不拿自我牺牲来反对利己主义,理论上既不是从那情感的形式,也不是从那夸张的思想形式去领会这个对立,而是在于揭示这个对立的物质根源,随着物质根源的消失,这种对立自然而然也就消灭。"②这就是说,第一,个人主义与集体主义的对立,利己主义和自我牺牲的对立,实际是个人利益和社会利益对立的表现。这种对立根源的消失,绝不是在意识中通过自我认识自己的本质和本性来解决。它的最终根源只能在"一定的当然不以意志为转移的生产方式内"。从这个意义上讲,利己个人主义与集体主

---

① ［英］F.A.哈耶克:《通往奴役之路》,王明毅等译,中国社会科学出版社1997年版,第21页。

② 《马克思恩格斯全集》第3卷,人民出版社1960年版,第275页。

义的存在,它是不以人的意志为转移的,它是生产方式发展到一定阶段的产物。第二,马克思说:"无论利己主义还是自我牺牲,都是一定条件下个人自我实现的一种必要形式。"①这就是说,个人主义与集体主义的对立,都是一定条件下主体自由"自我实现的一种必要形式"。资本主义社会是一个以私有制为基础的社会,那些据有私有财产的个人,为了实现个人的利益,必然主张个人主义;而社会主义社会是公有制为主体的社会,社会主义个人利益的自我实现的方式就是集体主义。第三,将个人与集体的不同"夸张"为个人主义与集体主义绝对对立,不是实践的唯物主义,即共产主义者的科学方法。马克思说:"共同利益不是仅仅作为一种'普遍的东西'存在于观念之中,而首先是作为彼此有了分工的个人之间的相互依存关系存在于现实之中。"②这就是说,个人与集体的对立,根源于个人利益与共同利益的对立,但是集体的、社会的、国家的、共同的普遍利益不是虚无,而是个人之间相互依存的现实利益的集中表现。个人与社会的利益是对立的,又是统一的。国家、社会和集体本质就是共同利益的代表。但是,在以私有制为基础的剥削阶级国家不同,它只是一个"虚幻的共同体",即形式上代表共同利益,但实质上只代表个别人或极少数人的利益。施蒂纳与新自由主义所说的社会是一个"虚无",正是作为"虚幻共同体"的资本主义国家、社会的那个"虚无"的真实反映。

问题是,方法只能是主体的方法,而自由的主体只能是人。自由的主体和作为主体的人的自由,是两个不同的问题。新自由主义离开自由的主体来分析个人,个人自由就成了一个无主体的抽象物。恩格斯认为,在基督教统治下的中世纪,因为整个世界是抽象的、普遍的、实体性的,因而也就没有主体的自由。他说:"基督教日耳曼世界观以抽象的主体性,从而以任意、内在性、唯灵论作为基本原则同古代相对抗;但是,正因为这种主体性是抽象的、片面的,所以它必然会立刻变成自己的对立物,它所带来的也就不是主体的自由,而是对

---

① 《马克思恩格斯全集》第 3 卷,人民出版社 1960 年版,第 275 页。
② 《马克思恩格斯选集》第 1 卷,人民出版社 1995 年版,第 84 页。

主体的奴役。"①这就是说,只有把基督教那种虚幻的、抽象的、普遍的、实体性的世界观颠倒过来,从具体的、现实的人的主体性出发,自由才是主体的自由,而不是对主体的奴役。资本主义推翻了古代中世纪封建的神对人的统治,不幸的是,它却用物的统治替代它。这种统治的具体表现就是资本对劳动者劳动的统治。在《资本论》手稿中,马克思对这种资本统治下的自由进行了深入的具体批判。马克思认为,斯密的等量劳动的价值与等量的工资价格的自由交换的自由是错误的,因为这种劳动是剥削社会中的劳动,而不是真正的自由劳动。这种剥削社会中的劳动绝不是自由实现的条件,相反它是自由实现的障碍。马克思说:"但是克服这种障碍本身,就是自由的实现,而且进一步说,外在目的失掉了单纯外在自然必然性的外观,被看做个人自己提出的目的,因而被看做自我实现,主体的对象化,也就是实在的自由——而这种自由见之于活动恰恰就是劳动——,这些也是亚当·斯密料想不到的。"②自由始终是主体的自由,"主体的对象化,也就是实在的自由——而这种自由见之于活动恰恰就是劳动"。斯密的经济学虽然把私有财产的主体本质归还给了劳动,但是在其私有制剥削自由的经济学中,劳动不是主体自由实现的条件,反而变成了自由实现的障碍。可见,人类作为自由主体的获得是一个历史过程,在中世纪神的统治下,现实的人根本就不是自由的主体。在现代资本主义社会,资本是社会产物,资本的主体本质不是个人主义的个人,"这种自由见之于活动恰恰就是劳动"。现代资本主义用一种非历史的方法来分析个人,从而把自由的主体转换为自由主体的个人自由,个人成为一个缺乏自由主体的主观抽象物。进而言之,在劳动力成为商品的社会,劳动实际是私人劳动和社会劳动的统一,资本主义仅仅把个人资本支配下的私人劳动说成是唯一的神,把社会劳动的社会看作虚无。这无疑是错误的。21 世纪初爆发的"美国次贷金融危

---

① 《马克思恩格斯文集》第 1 卷,人民出版社 2009 年版,第 93 页。
② 《马克思恩格斯文集》第 8 卷,人民出版社 2009 年版,第 174 页。

机",再次证明新自由主义的个人主义方法完全失灵,寿终正寝。

二、方法论视域的自由思想歧异

自由作为主体自由意志的自由,用什么样的方法论原则来考察,对于自由含义、内容和实现路径等,就可能完全不同。

1. 自由含义不同

在西方一些思想家看来,自由是人的天赋本性,自由是个人自由意志的自由。当且不论从古典自由主义的霍布斯、洛克、卢梭、亚当·斯密、密尔,到新自由主义的哈耶克、波普尔、罗尔斯、诺齐克和社群主义的麦金太尔、桑德尔等对自由的研究,甚至连康德、黑格尔也不例外。在卢梭那里,自由是资产阶级共和国的政治纲领。康德把卢梭的自由思想德国化,把自由转换为他的道德哲学的拱顶石。自由是人的本性,自由就是出自先验的善良意志的自由。黑格尔说:"自由是意志的根本规定,正如重量是物体的根本规定一样"①。意志是自由的,自由的东西的确是意志。黑格尔合理之处在于,他用客观唯心主义论述了主体的意志自由。马克思说,意识"它是和现存实践的意识不同的某种东西;它不用想象某种现实的东西就能现实地想象某种东西"②。马克思所说的意识自由,虽然不同于黑格尔的意志,但意识作为精神的具体内容,与意志属于同等程度的概念。

意识作为有目的意识,实际上也是指的意志。意志既然是自由的,自由就是自由意志的自由。这就是说,自由意志与意志自由并不是一回事。自由意志是指作为"精神存在的规律"中的意志存在。如哲学上的自由意志论所说的自由意志(freewill)。人的自由意志存在是人具有不同于外部世界多样化存在的主观形式。而意志自由则不同,意志自由是指自由意志的精神活动。

---

① 黑格尔:《法哲学原理》,范扬等译,商务印书馆 1961 年版,第 12、13 页。
② 《马克思恩格斯选集》第 1 卷,人民出版社 1995 年版,第 82 页。

这就是说,从主体来研究自由,自由就是主体的意志自由。问题在于,意志自由究竟是"天赋的",还是来源于人们的实践与认识。恩格斯说:"意志自由只是借助于对事物的认识来作出决定的能力。"①这就是说,意志自由并非是天赋的,而是来源于实践和认识。

2. 自由的主体界定不同

西方自由的主体是个人,马克思主义突出的是社会。安德鲁·海伍德说:"自由主义是以对个人的信奉与对建立一个可以满足个人利益或实现个人成就的社会的信奉为主题的一种政治意识形态。"②这一定义揭示了西方自由的主体规定。在西方,无论是哲学、政治学、经济学、伦理的自由,都是以个人为主体的自由。如古希腊原子的自由意志,近代斯宾诺莎个人运用理性的自由、莱布尼茨单子的微知觉,功利主义密尔的个人作为最高主权者的"追求我们自己好处的自由",斯密的自利经济人的自由,康德的"每个人应该将他自己和别人总不当作工具而是目的"的理想目的国,费尔巴哈的个人共产主义、施蒂纳的"唯一者"利己主义的自由等。在他们看来,社会只是一个虚构的共同体(边沁)或"圣物"(施蒂纳),社会或社群都是个人的产物。现代自由主义流派的分歧,实际都是社会在何种程度扩大和保障个人自由的分歧。赫勒说:"'自由'概念不能有复数形式。无论何时,当我们谈及各种自由(freedoms or liberties)的时候,对马克思来说,我们只是接触到自由的现象,而不是本质。因为现象不是一种本质的表达,而是一种幻象。'复数的自由'(freedomsand liberties)与'自由'(freedom)全然无关,而且在一定程度上,它们与自由的反面(不自由)相关"③。这就是说,自由的主体永远只能是单数,不可能有复

---

① 《马克思恩格斯选集》第3卷,人民出版社1995年版,第455页。
② 安德鲁·海伍德:《政治学核心概念》,吴勇译,天津人民出版社2008年版,第74页。
③ 阿格妮丝·赫勒:《马克思与"人类解放"》,王静译,《马克思主义与现实》2012年第2期。

数。这一点,显然有悖日常生活常识。比如,西方人自诩的"自由社会",不是复数又是什么?不言而喻,自由是主体的自由,自由的主体既可以是单数,也可以是复数。在马克思多次提到的"自由人的联合体"中,每一个个人的自由是单数,但联合体就是复数。因为这个联合体不再是有各种必然束缚的联合体,而是每一个人摆脱了各种必然束缚的自由个性全面发展的自由联合体。反过来说,因为联合体是自由人的联合体,在这里,每一个个人才是自由的。可见,自由的主体既包括个人,也包括国家和社会(如民族、阶级、阶层、家庭和企业、公司等各种社会组织等)。自由是以人为主体的自由,对自由只能从主体去理解。从主体来理解自由,只要是在国家没有消亡的社会,主体都可以区分为国家、社会、个人,仅仅以个人为主体,等于取消了国家、社会。后现代正是这种思维方式的必然产物。波普尔所说的"方法论的个人主义",即"集体的'行为'和'行动',诸如国家或社会集团,应该还原为人类个体的行为和行动"等,实际上还是不可回避"国家"与"社会"集团也是主体。波普尔的论述,与其说是说明自由的个人主义方法论,倒不如说是暴露了自由的个人主义方法论的狭隘性、片面性与非科学性。

在我国改革开放以前,追求所有制上的"一大二公三纯",个人自由甚至被"左"的思潮当作批判的靶子。社会主义市场经济体制的建立,市场主体现实存在的自由是社会与个人的自由,但很少有人专题探索个人为主体的自由。历史跨入了21世纪以来,即便在社会主义核心价值观中,有的学者仍然把自由解读为社会层次,似乎与个人为主体的价值观念无涉。认为社会主义核心价值观是国家、社会、个人三个层面的价值观念,自由是中国特色社会主义社会层面的价值观念。① 毋庸置疑,把个人的价值观念作为核心价值观,这就突出了个人的主体地位,但如果把自由仅仅作为以社会为主体的自由,本身就割裂了国家、社会与个人的辩证关系。如果社会主义只有社会的自由,且不论市

---

① 参见袁银传等:《凝练社会主义核心价值观的基本根据》,《马克思主义研究》2013年第1期。

场主体现实存在的个人自由,那将如何可能实现马克思多次提到的共产主义每一个人自由个性的全面发展? 这就是说,社会主义在自由的主体上,虽然突出的是社会,但是,在社会主义社会中,社会不是一个"虚无",社会和个人是统一的。所以,自由的主体既包括国家、社会和个人。

3. 自由的作用与价值不同

西方突出个人自由的动力作用,马克思主义突出的是人民群众的创造精神。自由究竟有何作用与价值,中西方学术研究出现了两种不同的分野。西方所说的自由,确切地说就是个人自由,个人自由往往被诠释为社会发展和进步的源泉与动力。这一点在西方处于主流地位的英、美国家的自由主义尤为突出。比如,密尔认为,把社会进步的源泉归结为人民是强加的,社会"进步的唯一可靠而永久的源泉还是自由,因为一有自由,有多少个人就可能有多少独立的进步中心"[1]。美国的自由主义者甚至把美国取得的成功与胜利归结为个人自由的动力学原理。他们认为,美国的优势是既缺少封建主义,也缺少社会主义。美国成功与胜利的单一因素就是由洛克开启的个人自由。刘易斯·哈茨认为,美国的自由派"是信仰个体自由、平等,及资本主义的人,是视个人的成功与失败取决于自身的努力与能力,并认为人类市场活动是检验这一努力与能力的适当场所的人"[2]。按哈茨所说,在美国除了个人不断努力获得成功之外,谁也逃脱不了失败,这就是美国的自由精神。这种个人自由说明,"单个的人具有至高无上的内在价值或尊严","个人的思想与行为属于自己,并不受制于他所不能控制的力量或原因"[3]。按卢克斯所说,主张个人自由就突出了个人"尊严"和"自主"的价值。个人"自主始终是自由主义的核心

---

① 约翰·密尔:《论自由》,程崇华译,商务印书馆1959年版,第75—76页。

② 刘易斯·哈茨:《美国的自由主义传统·1991年版引言》,张敏谦译,中国社会科学出版社2003年版,第1页。

③ 史蒂文·卢克斯:《个人主义》,阎克文译,江苏人民出版社2001年版,第49页。

价值"①。

在我国学术研究中,一般很少涉及个人自由的作用与价值。这是因为,我国往往把自由的研究置于认识领域,从而认为以实践为基础就揭示了自由的源泉与基础。而人民群众是社会实践的主体,人民群众的创新精神和活动才是社会历史发展与进步的动力。

4. 自由的实现路径不同

在自由的实现路径上,西方突出的是市场,马克思主义突出的是实践。自由的实现当然不限于经济,但经济自由是自由实现的真正基础。马克思说:"交换价值的交换是一切平等和自由的生产的、现实的基础。作为纯粹观念,平等和自由仅仅是交换价值的交换的一种理想化的表现;作为在法律的、政治的、社会的关系上发展了的东西,平等和自由不过是另一次方上的这种基础而已。"②虽然在古希腊亚里士多德提到过城邦共同体的自由,修昔底德在《伯罗奔尼撒战争史》记载了伯里克利所阐述的雅典民主政治中的自由,但它们并不具有现代个人自由的含义。贡斯当说:"正如孔多塞所言,古代人没有个人自由的概念。可以这样说,人仅仅是机器,它的齿轮与传动装置由法律来规制。同样的服从情形亦可见于罗马共和国的黄金时代。那里,个人以某种方式被国家所吞没,公民被城邦所吞没。"③个人自由是现代市民社会发育与成熟的产物。现代所谓的哲学、伦理、政治的自由,按其实质,都不过是起源于市场自由竞争的自由。如新自由主义哈耶克、波普尔、雅赛等,就把现代自由,归结于源于亚当·斯密市场经济的自由交换、自由贸易、自由竞争的自由。20世纪末,由英、美国家主导的所谓的"华盛顿共识",实际上是反对政府的"人

---

① 史蒂文·卢克斯:《个人主义》,阎克文译,江苏人民出版社 2001 年版,第 52 页。

② 《马克思恩格斯全集》第 30 卷,人民出版社 1995 年版,第 199 页。

③ 邦雅曼·贡斯当:《古代人的自由与现代人的自由》,阎克文、刘满贵译,商务印书馆1999 年版,第 28 页。

为设计"而力挺市场化自由竞争为个人自由的实现路径,以恢复西方个人主义核心价值的共识。

在我国,坚持以马克思主义科学实践观为基础来揭示自由的实现途径。这作为自由实现的一般原理,无疑是正确的。但是,原理绝不是现实的出发点,原理与原则"只有在符合自然界和历史的情况下才是正确的"。当代的自由实践路径已经表现出比哲学自由更为具体、丰富、复杂的内涵,如何从现实出发揭示出不同自由实现路径,说明原理是符合现实的原理才是正确的。比如,由于社会主义市场经济也是市场经济,自由的实践主体已不只是单一的社会、政府和整体的人民群众,作为个体经济的个人也是现实存在的平等市场主体。政府与个人经济自由的实现路径就是市场主体平等的自由竞争。既然经济自由是政治、伦理、哲学自由的真正发源地,也就是说,政治法律、伦理、哲学的自由只有符合这种现实的实现路径才可以满足自由实现的现实需要与要求。

比较西方个人主义方法论的自由与马克思主义从实践主体去理解的自由,马克思主义的方法论是科学的。安德鲁·海伍德说:"个人主义意味消极的自由,即个人选择和个人责任的扩大。""在社会主义者看来,个人主义促进了贪婪和竞争,削弱了共同体的联系。"①海伍德的观点有一定的合理性。张扬个人主义,其优点是激发自由竞争,在国内国际市场竞争中释放巨大的能量;而带来的消极影响是促进了贪婪和侵略,离散与削弱了整体的凝聚力,个人主义的膨胀,必然孵化出以《我的奋斗》自诩的对人类与社会具有破坏性的希特勒式的自大狂。在我国,突出的是实践主体。人民群众是社会的实践主体。人民群众是指一切对社会历史起着推动作用的人们。人民群众的主体,始终是从事物质资料生产的劳动群众和劳动知识分子。所以,自由的主体不仅包括民族国家、社会,也包括个人,而不排斥个人。西方自由主义把集体与

---

① 安德鲁·海伍德:《政治学核心概念》,吴勇译,天津人民出版社 2008 年版,第 167 页。

个人绝对对立起来,是错误的。马克思说:"全部人类历史的第一个前提无疑是有生命的个人的存在。"①可见,在马克思那里,原本就不存在一种舍弃个体的集体主义方法。从现实的、有生命的个人本身出发,是历史唯物主义方法论的起点,而每一个人的自由全面发展则是历史唯物主义方法论的逻辑归宿。列宁说:"一般只能在个别中存在,只能通过个别而存在。任何个别(不论怎样)都是一般。任何一般都是个别的(一部分,或一方面,或本质)。任何一般只是大致地包括一切个别事物。"②作为存在论,一般只能在个别中存在,只能通过个别而存在,个别是一般的存在基础。整体与个体、社会与个人是辩证统一的。整体与社会绝不是方法论的个人主义所说的,仅仅存在于虚构的观念之中,而首先是作为现实的个人之间的相互依存关系存在于现实之中。可见,否认整体的方法论个人主义,必然导致自由的非社会性、非历史性;而脱离个别的整体分析方法,虽然突出了自由的历史性与社会性,但自由可能只是一个缺乏现实内涵的抽象观念。

三、社会主义自由的实践原则

何以马克思主义自由的方法论会与西方自由观有如此大的歧异? 方法论总是一定世界观的方法,这是题中应有之义,而更为直接的现实缘由,主要是各国国情不同。晏子曰:"橘生淮南则为橘,生于淮北则为枳,叶徒相似,其实味不同。所以然者何? 水土异也。"③可见,中西自由之所以用词相同,而理解自由的方法迥异,在于二者赖以生长的土壤不同,"水土异也"。甚至深受西方文化熏陶的资产阶级革命家孙中山也认为,中国最为缺乏的是国家和民族整体凝聚力,中国是一盘散沙,不是个人自由太少,而是太多了。他说:"在今天,自由这个名词究竟要怎么样应用呢? 如果用到个人,就成一片散沙。万不

---

① 《马克思恩格斯选集》第 1 卷,人民出版社 1995 年版,第 67 页。
② 《列宁选集》第 2 卷,人民出版社 1995 年版,第 558 页。
③ 《晏子春秋·内篇杂下》,中华书局 2007 年版,第 299 页。

可再用到个人上去,要用到国家上去。个人不可太过自由,国家要得完全自由。到了国家能够行动自由,中国便是强盛的国家。"①孙中山对自由的理解并非准确,而他从近代以来的中国国情出发,把国家的强盛与争民权看作是个人自由的前提,无疑是合理的。自由作为社会主义的核心价值观,体现了历史与社会的巨大进步。践行社会主义的自由观,不可缺乏国际视野,但其立足点是我国的国情,这就要求坚持以下四个原则。

其一,坚持尊重自由与尊重规律相统一的原则。中国的马克思主义与西方同时代的自由理论与实践研究之歧异集中到一点,即自由实践的张力与边界限制问题。西方自由注重个人自由的作用研究,从而张扬了意志自由的张力,但是离散了个人与国家、社会的联系。我国的马克思主义自由研究突出了必然与客观规律的研究,忽视了主体意志自由,也就看不到现代自由的张力与价值、意义,从而在自由与必然的关系中,出现了尊重客观规律,不提尊重自由的现象。践行社会主义自由观,首先就要尊重自由,重视自由的主体性,弘扬主体的创新精神。自由的主体性指的是人的主观能动性。自由只有作为意志,作为主体,才是现实的。马克思说:"自由的有意识的活动恰恰就是人的类特性。"②动物也有活动,而动物的活动是不自由的,人是具有自由意志能力的活动主体。所谓自由意志能力,是指按照自己需要与客观要求提出活动的目的、理想、意图、愿景的能力。这是主体一种超越存在有限性的能力。人的自由离不开活动,但对人本身与客观存在有限性的超越,首先是目的、理想、意图的超越。人的活动的自由不在于人与动物一样的活动,而在于人的活动是自由的,人"不仅使自然物发生形式变化,同时他还在自然物中实现自己的目的"③。超越有限,意味走向无限。创新精神是一种超越有限走向无限的精

---

①　广东省社会科学院历史研究室、中国社会科学院近代史研究所中华民国史研究室等合编:《孙中山全集》第 9 卷,中华书局 2006 年版,第 282 页。

②　《马克思恩格斯文集》第 1 卷,人民出版社 2009 年版,第 162 页。

③　《马克思恩格斯文集》第 5 卷,人民出版社 2009 年版,第 208 页。

神。自由的张力,付诸人的现实活动,表现为激发人的潜能、活力与创造力。事实是,并非所有的目的、意图、理想等都可以通过活动表现为人的现实活力与创造力。意志自由只有在合目的、合规律的前提下才是正确的,才可以转化为现实活力与创造力。这就是说,尊重自由与尊重规律是辩证统一的。唯意志论完全否定自由的合规律性,旧唯物主义直观地把规律、必然与自由绝对对立起来都是错误的。自由是主体的自由,离开了人,就谈不上对客观规律的尊重。规律是事物内在的、本质的、必然的联系。规律是必然,但不等于必然,规律是与认识相关联的概念。必然不以人的意志为转移,在必然中没有自由。规律是"联系",动物也可以发现事物简单的"联系",但是,动物不能揭示事物的本质联系。只有人的主观能动性,才可以发现、认识、把握事物本质的联系,并按美的规律来构造。规律不是自由的异在,尊重规律是获取自由的前提条件。尊重规律并非阻碍自由,尊重规律最终是要让规律为实现人的自由服务,保障自由的实现。反之,就可能失去自由。在我国社会主义建设进程中,曾经出现的极"左"思潮,其突出表现就是不尊重规律,夸大意志自由,信口开河,鼓吹"人有多大胆,地有多大产"。在社会主义市场经济体制中,尊重市场规律,利用好市场规律,是激发每一个市场主体的潜能,提高效率,加快实现中国梦的根本路径之一。

其二,坚持个人自由与社会自由相统一的原则。西方新自由主义把自由的主体说成是原子式的个人,导致了理论与实践的悖论。即便在自由主义内部也不能自圆其说,比如罗尔斯的《正义论》,实际是一种社会正义。既然社会只能造成对个人的奴役,那么,社会正义又有什么意义?埃里希·弗罗姆甚至认为,个人如果从社会绝对孤立出来,就将失去个人的社会完整性,陷入极度不安全的危险境地而逃避自由。可见,社会绝不是个人自由的障碍,社会是"人们交互活动的产物"①。有什么样的社会形式,就会有什么样的个人自由,

---

① 《马克思恩格斯选集》第4卷,人民出版社1995年版,第532页。

个人自由与社会自由相辅相成。相反,我国有的学者把社会主义自由观的主体仅仅看作是社会,也是值得商榷的。任何肯定就是否定,肯定自由只是社会的,实际等于否定个人没有自由。这既违背了马克思主义的个别与一般关系的原理,更不符合我国的实际情况。在我国,人民是国家的主人,在人民内部每一个人都享有充分的自由。这种自由不仅体现在政治领域,而且体现在实际的经济领域,如在社会主义市场经济条件下,作为市场主体的政府、企业与个人,都享有平等竞争的自由。

我国是社会主义制度,国家、社会是共同利益的真实代表,这就决定个人自由与社会(包括国家)自由的相互统一,并非相互排斥。没有国家、民族和社会的自由,就没有个人的自由。这一点对于刻上了近代沉痛历史记忆的每一个中国人都是不可置疑的价值共识。我国既然是共同利益的真实代表,国家和社会就不是个人自由的异化物,国家、社会的前提与目的,都是为了保障每一个人享有充分的实际自由。相反,一切剥削阶级的国家,国家只是一个虚幻的共同体,表面上代表共同利益,实质上它只代表少数剥削阶级的利益。这种国家即是霍布斯所说的由个人天赋自由让渡形成的"利维坦"(《圣经》中提到的巨大海兽),返身过来却是个人自由的异化物。如美国 2011 年 9 月 17 日开始的历时将近一年的"占领华尔街"的抗议活动,就说明了这个问题。

其三,坚持自由与实践相统一的原则。从主体理解自由,也就是从实践来理解自由。实践是人的存在方式,是主体与客体联系的中介与桥梁,是自由实现的途径。人的实践与动物的活动不同,人的实践是能动的,动物的活动是消极的、被动的。所谓能动的实践,指实践的目的是自由选择的结果。目的的自由选择,意味实践的目的不仅是合规律的,而且是一种超越原型、超越现存状况的新的目的。机械唯物主义的错误就在于否定人的实践活动的这种创造性本质。相反,唯心主义注意了自由的张力,却把实践抽象为自由意志的自我运动。这就是说,尊重自由,就必须努力实践,善于实践,而不是把自由抽象为自由意志的自我运动。重视实践,也绝不是取消自由,因为只有自由的实践才是能动的实践。坚持自由与实践相统一的原则,一是要弘扬改革创新的时代精神,充分发挥主体自由的主观能动性、创造性,激发每一个人的潜力、活力与创造力,反对因循守旧,反对等、靠、要的落后思想;二是自由选择的目的、意图和梦想,必须是合规律的,必须有实践的根据与基础,这就要批判与防止任性而为的唯意志论与脱离实际的主观唯心主义、教条主义;三是要努力实践,善于实践。每一个人都有自己的梦,但自由实现途径是实践,自由的梦想再美好,人生出彩的唯一途径是艰难反复的实践。只有努力实践和善于实践,才能检验、证明和成就自己的梦与实现中国梦。

其四,坚持自由与限制相统一的原则。自由不是为所欲为,自由就意味着限制。这种限制表现在人与人、人与社会和国家的关系上,就是法律规则、道德规范的限制。有的人认为,在法律与道德限制中没有自由。这是错误的。意志是自由的,黑格尔说:"意志没有自由,只是一句空话;同时,自由只有作为意志,作为主体,才是现实的。"①自由是理智的意志自由。自由意志是人格形成的内在条件。人格是人之异于物的内在规定性。人格是人的生命与人之为人的尊严、价值和品格的总和。② 人格是人之为人的品格,丧失了人格,等于失去了做人的资格,就沦落为人类所不齿的禽兽。黑格尔说:"法的命令是:'成为一个人,并尊敬他人为人'"③。这就是说,法律规则、道德规范的意义在于使人成为具有人格的人,并尊敬他人做人的尊严。

孟德斯鸠说:"自由是做法律所许可的一切事情的权利;如果一个公民能够做法律所禁止的事情,他就不再有自由了,因为其他的人也同样会有这个权利。"④道德与法律都不是压制自由的手段与措施,"正如重力的定律不是阻止运动的措施一样"。遵守法律规则与道德规范,绝不是取消自由、阻碍自由,

---

① 黑格尔:《法哲学原理》,范扬等译,商务印书馆 1961 年版,第 14 页。
② 参见罗国杰主编:《伦理学》,人民出版社 1989 年版,第 438 页。
③ 黑格尔:《法哲学原理》,范扬等译,商务印书馆 1961 年版,第 46 页。
④ 孟德斯鸠:《论法的精神》上册,张雁深译,商务印书馆 1961 年版,第 154 页。

而是为了保障和实现自由。自由与限制是相互统一的。这就要求,尊重自由,首先就要敬畏生命、尊重每个人的人格与尊严。人之为人是人世间最为高贵的事情。对生命的敬畏,才有对法律与道德的敬畏。因为,法律、道德的规则,实际上都是为了自由而对人的意志自由的规范。无论是道德规范,还是法律规范的选择,都是人之为人的根据与理由。其次,尊重自由,必须善于限制自己。自由不是任性而为,黑格尔说,以为自由是为所欲为,"我们只能把这种看法认为完全缺乏思想教养"①。歌德说:"立志成大事者,必须善于限制自己。"②所谓善于限制自己,即不做法律所禁止的与一切违反道德规范的事情。马克思说:"自由是可以做和可以从事任何不损害他人的事情的权利"③。再次,尊重自由,必须以法律规范作为自由的边界。卢梭说:"人是生而自由的,但却无往不在枷锁之中。"④这就是说,自由与限制是对立统一的,失去一方,另一方也将失去前提。"法典就是人民自由的圣经。"⑤自由既是法律赋予的,法律就是自由的规范、准则与边界。

---

① 黑格尔:《法哲学原理》,范扬等译,商务印书馆 1961 年版,第 25 页。
② 黑格尔:《法哲学原理》,范扬等译,商务印书馆 1961 年版,第 24 页。
③ 《马克思恩格斯文集》第 1 卷,人民出版社 2009 年版,第 40 页。
④ 卢梭:《社会契约论》,何兆武译,商务印书馆 1980 年版,第 8 页。
⑤ 《马克思恩格斯全集》第 1 卷,人民出版社 1995 年版,第 176 页。

第七章　马克思主义平等的理论与实践

　　坚持以人为本就是要以实现人的自由全面发展为价值理念。人的自由全面发展的核心概念是自由。在社会主义社会的核心价值观,虽然自由、平等、公正、法治是并列的,但是自由与平等、公正、法治的关系问题,一直是国内外学术研究中争论较多的问题,尤其是自由与平等是否存在优先秩序问题。如果它们之间存在优先秩序,那么是自由优先,还是平等优先? 如果自由与平等不可兼得,是选择自由,还是选择平等? 这是关系到如何坚持以人为本的一个重大理论与实践问题。

第一节　马克思主义平等观的思想来源

　　平等(Equality)是指"人们在社会中处于同等的地位,在政治、经济、文化等方面享有同等的权利"[①]。平等是指人们社会地位,如身份地位、经济地位、政治地位、文化地位的平等。平等是说人们具有同样的身份,即人们在身份、政治、经济、文化的地位无高低贵贱之分,这是基本前提。"享有同等的权利",说明权利是一个现代法律概念,"享有"不是生而具有的或天赋的人权,

---

　　① 冯契主编:《哲学大辞典》(上),上海辞书出版社2007年版,第187页。

它突出的是法律赋予的政治、经济和文化等权利。问题是,平等是不是等同?平等是否是平均? 平等究竟是身份的、政治的,还是经济的? 是形式的,还是实质的? 马克思主义是如何理解平等的? 这些都是如何坚持以人为本无法回避的问题。

一、近代西方资本主义的平等理解

平等是文艺复兴中资本主义反对封建贵族制的口号。不过,同为资本主义,不同国家对平等的理解并非相同,如法国人更加重视平等,而英国人则更加重视自由。在法国,产生了平等思想的杰出代表卢梭、圣西门、傅立叶等。卢梭的平等观对法国大革命产生了直接影响。卢梭将平等看作是社会最初的基础。在他看来,霍布斯所说的在自然状态下"人对人像狼一样",是不真实的。这在社会状态下才是真实的;而在自然状态下,人与人之间都是平等的。平等是相对不平等而言。他认为,人类的不平等有两种:一种是基于自然的或生理上的不平等,"由年龄、健康、体力以及智慧或心灵的性质产生的";还有精神上、政治上的,它起因于一种协议,由于人们同意而设定的,或者至少是它的存在为大家所认可的。"第二种不平等包括某一些人由于损害别人而得以享受的各种特权,譬如:比别人更富足、更光荣、更有权势,或者甚至叫别人服从他们。"①卢梭所谓自然的,实际包括自然禀赋而形成的不平等和自然而然、平等自愿下出现的不平等。年龄、健康、体力、智慧等这是由于人们自然禀赋不同而出现的不平等。而契约、协议有时也出现不平等,但这不是外力推动的,而是自愿的,也是自然而然的。禀赋的不平等是自然形成的,这一点没有问题。这在任何时候也不可能平等。而由于契约、协议的自愿同意出现的不平等,被说成是自然的,这说明法国资产阶级启蒙学者对契约追求的片面性和局限性。契约是平等的契约,无疑带有理想化色彩。事实上,契约是平等的,

---

①　卢梭:《论人类不平等的起源和基础》,李常山译,商务印书馆 1962 年版,第 70 页。

不只是看两个人的自愿,还要看两个人在签订契约时,他们的地位、处境是否是平等的。当一个饥饿者需要一碗饭时,他可能不得不出卖自己的身份,而与一个有钱人用一碗饭来获得其身份的契约。这种不平等,就不能说就是自然的不平等。第二种不平等,显然不是指自然状态的不平等,而是社会的不平等。他说:"不平等在自然状态中几乎是人们感觉不到的,它的影响也几乎是等于零。"①平等是私有制产生的结果。他引用洛克的话说:"在没有私有制的地方是不会有不公正的。"②损人利己、竞争与倾轧、利害冲突等,"这一切灾祸,都是私有财产的第一个后果,同时也是新产生的不平等的必然产物"③。按照卢梭,私有制与不平等的产生、与人类社会的进步和文明是一致的。文明向前进一步,不平等也向前进一步。但是,封建暴政把不平等推向了顶点,这个顶点又是转向新的平等的原因和基础。新的平等不再是自然状态下的平等,而是基于契约的平等。这种平等,实际是资产阶级共和国所规定的平等。卢梭这种契约平等的直接表现无非就是资产阶级的共和国或法国大革命所建立的资产阶级共和国。《辞海》载:"自由、平等、博爱,18 世纪法国资产阶级在革命时期提出的政治口号。"④这就是说,18 世纪法国大革命时期,第一次把"自由""平等""博爱"这三个词联系在一起,并成为了法国资产阶级大革命的政治口号。平等在法国人那里,更多是政治形式的平等,而不是经济上的实质平等。

马克思说:"平等不过是德国人所说的自我 = 自我(费希特——引者注)译成法国的形式即政治的形式。平等,作为共产主义的基础,是共产主义的政治的论据。这同德国人借助于把人理解为普遍的自我意识来论证共产主义,是一回事。不言而喻,异化的扬弃总是从作为统治力量的异化形式出发,在德

---

① 卢梭:《论人类不平等的起源和基础》,李常山译,商务印书馆 1962 年版,第 109 页。
② 卢梭:《论人类不平等的起源和基础》,李常山译,商务印书馆 1962 年版,第 119 页。
③ 卢梭:《论人类不平等的起源和基础》,李常山译,商务印书馆 1962 年版,第 125 页。
④ 《辞海》,上海辞书出版社 2000 年版,第 5378 页。

国是自我意识,在法国是平等,因为这是政治,在英国是现实的、物质的、仅仅以自身来衡量自身的实际需要。"①德国人的平等是哲学的平等,自我意识的平等,其中最为典型的形式就是费希特的自我 = 自我。法国人的平等是政治形式的平等。法国的平均共产主义、空想共产主义等思潮认为,平等是共产主义的基础,是共产主义的论据。英国人的平等关注的是现实的物质、经济等价交换的平等。在他们那里,平等就是"以自身来衡量自身的实际需要"。

作为统治力量的异化形式,德国的哲学家认为,德国的统治不是普鲁士专制政府的政治的、经济的统治,而是自我意识的统治,异化的扬弃只有从作为统治力量的自我意识异化形式中解放出来。法国人认为,法国的统治是不平等的专制政治形式的统治,异化的扬弃只有从作为统治力量的异化政治形式中解放出来。英国是工业革命先行者,英国人认为,英国的统治是物质上、经济上,自身的需要与自身的实际需要还是不平等的,异化的扬弃必须从作为统治力量的自身的需要、利益异化中解放出来。平等,在不同的国家,它们的出发点不同,平等的要求和内容完全不同。法国早期空想社会主义甚至把平等作为共产主义的基础,但是,这种基础实际也是政治形式的基础。

二、早期空想社会主义的平等思想

在法国,早期空想社会主义的代表作有托·穆尔的《乌托邦》(1516 年)、托·康帕内拉的《太阳城》(1623 年)等,这是学术界公认的。不可忽视的是还有皮埃尔·勒鲁的著作《论平等》。按照皮埃尔·勒鲁,把平等与自由联系起来的也是法国大革命。他说:"法国革命把政治归结这三个神圣的词:自由、平等、博爱。"②这里的"政治",实际是法国大革命的资产阶级政治价值观念。根据历史唯物主义,平等作为政治观念,平等只能是现代社会的上层建筑的观点。而皮埃尔·勒鲁的《论平等》序言一开头就说:"现在的社会,无论从

---

① 《马克思恩格斯文集》第 1 卷,人民出版社 2009 年版,第 231 页。
② [法]皮埃尔·勒鲁:《论平等》,王允道译,商务印书馆 1988 年版,第 11 页。

哪一方面看,除了平等的信条外,再没有别的基础。"①皮埃尔·勒鲁为了强调平等的重要性,竟把平等的信条作为现代社会的基础,这就颠倒了思想观念与经济基础的关系。平等虽然离不开个人的平等,但是,平等更多的是突出社会的平等。平等主要指向的社会关系平等。法国资产阶级大革命推翻封建专制的血淋淋的残酷革命,是资产阶级用暴力推翻封建专制统治来实现平等的行动。皮埃尔·勒鲁出生于1789年法国资产阶级大革命不久的1797年。他的这种平等观,无疑深受法国资产阶级大革命的影响,但又反映了小资产阶级的要求。皮埃尔·勒鲁早期受到了圣西门的影响,对资产阶级平等的虚伪性进行了批判,他说:"在作为事实的平等和作为原则的平等之间,存在着如孟德斯鸠所说的'天壤之别'"②。平等可以区分为事实的平等和原则的平等。在法国资产阶级的大革命中,资产阶级为了欺骗广大工人、农民和其他小资产阶级,提出了"自由""平等""博爱"的口号。但是,资产阶级一旦掌握了政权,就把自己的承诺抛到了云霄之外。平等只是一纸空文,事实上仍然是不平等的。1831年以后,由于圣西门思想的内部分歧加深,勒鲁离开了圣西门,发展了自己的社会主义思想体系,成为一个小资产阶级空想社会主义者。他1838年发表的著作《论平等》,就是他企图通过改良和社会进步来实现宗教社会主义的小资产阶级空想。

勒鲁倚重的是平等,但也深受卢梭"爱自由比爱什么都深切"的影响,不否定自由的重要性。他说:"但是每一个词,以它本身的含义来说,只是真理的一小部分。但当这三个词合在一起时,它们才是真理和生命的最妙的表达形式。"③

三、空想社会主义的平等思想

空想社会主义人学思想与空想社会主义的思想一样,并非由于是"空想

---

① [法]皮埃尔·勒鲁:《论平等》,王允道译,商务印书馆1988年版,第5页。
② [法]皮埃尔·勒鲁:《论平等》,王允道译,商务印书馆1988年版,第20页。
③ [法]皮埃尔·勒鲁:《伦平等》,王允道译,商务印书馆1988年版,第17页。

的",就毫无学术价值与现实意义。空想社会主义人学思想产生于资本主义自由竞争时代。空想社会主义站在时代的前沿,看到了资本主义开始暴露出来的罪恶与严重缺陷,从空想社会主义思想的角度,批判了资本主义制度,揭露了资本主义制度与所谓人道主义的核心价值观的矛盾。这些无疑对于当代如何看待资本主义的所谓"普世价值",如何认识社会主义的平等观和人的自由全面发展等有其重要的启示意义。

空想社会主义由于冠有"空想"之名,人们联想到我国 20 世纪 60 年代的"共产风",除非在研究马克思主义的思想来源还不得不被提到之外,其他方面的学术价值和现实价值似乎早已寿终正寝。尤其,在我国社会主义市场经济体制下求真务实的当代,空想社会主义的东西更是水火不能兼容。显然,这一观点正是历史虚无主义的回光返照。空想社会主义产生于资本主义的成熟阶段。那是一个资本主义兴旺发达开始不可一世的时代,但也是资本主义开始暴露自身罪恶与严重缺陷的时期。空想社会主义站在时代的前沿,从空想社会主义理想出发,批判了资本主义制度,揭露了资本主义制度的不平等与所谓人道主义的核心价值观的矛盾。

1. 圣西门的未来的人道社会理想

19 世纪初,资本主义由初期的简单资本积累逐渐走向自由竞争阶段。资本主义自由竞争带来了市场的繁荣,但随自由竞争出现的周期性经济危机,暴露了资本主义制度的弊病和问题。早在 18 世纪,一批空想社会主义者如梅叶、摩莱里等,就开始揭露资本主义制度的黑暗,批判资本主义私有制是不人道、不自然的制度,它是一切社会罪恶的根源。与此不同,公有制才是合人道的、合乎自然的、合乎理性的。处在 18 世纪末 19 世纪初的圣西门,曾受法国启蒙运动思想的影响,他亲眼看到了资本主义秩序所造成的社会问题,同情劳动人民的命运和苦难,在批判资本主义秩序的基础上,阐述了未来社会的理想。

其一,资本主义社会是一个不人道的"丑恶的社会体系",人类的黄金时代在未来社会。他认为,资产阶级思想家们所谓的自然状态的理论是不科学的,原始社会不是什么人类的黄金时代,黄金时代是未来社会。人们以为,原始社会优于奴隶社会,古希腊罗马社会优于中世纪的社会,这是错误的。他提出了优良社会的四条标准:"优良的社会制度是这样的制度:首先,它尽可能使社会上的大多数人过着幸福的生活,拥有最多的资料和可能来满足他们的最切身的需要;其次,在这个社会制度中,修养高尚和最有德行的人,拥有最多的机会获得较高的地位,而不管他们出身于什么家庭;再次,这种社会制度把数量最多的人团结在一个社会里,使他们拥有最多的手段来抵御外敌;最后,这种社会制度鼓励劳动,因而可以出现重大的发明,导致文明和教化的最大进步。"①根据这些标准,奴隶社会优于原始社会,中世纪社会优于古希腊罗马社会,资本主义优于封建社会,但是人类的黄金时代是未来社会。他通过自己的观察发现,资本主义不仅不是人类的黄金时代,而且是一种不人道的"丑恶的社会体系",它存在三个主要弊病,"即专横、无能和阴谋"②。根据推理,未来社会制度必然优于资本主义社会制度。

其二,合理的社会,不是社会契约、天赋人权的社会,理想的社会制度是实业制度。圣西门就关于未来将会发生什么问题进行分析,就未来社会会发生什么事情,这些事情将由谁来完成,以及将怎样完成等问题展开论述,未来理想社会不是社会契约、天赋人权的社会,而是实业制度的社会。他认为,在那里,实业家将成为社会的第一个阶级。他们来管理国家,社会就能安宁,国家将繁荣昌盛,"社会将具备只有人的本性才敢想象的各种个人幸福和公共幸福"。他说,我们的看法所依据的论点有四个:"第一,社会历史的回顾向我们证明了实业阶级的势力不断壮大,而其他阶级则一直丧失自己的势力。因此,

---

① [法]圣西门:《论文学、哲学和实业》,转引自周辅成编:《从文艺复兴到十九世纪资产阶级哲学家政治思想家有关人道主义人性论言论选辑》,商务印书馆 1966 年版,第 728—729 页。

② 《圣西门选集》上卷,何清新译,商务印书馆 1962 年版,第 283 页。

我们可以断言,实业阶级最后一定会成为最有势力的阶级;第二,简单的健全思想促使所有的人产生如下的想法:人们经常要为改善自己的命运而努力;人们一直追求的最终目的是建立一种使从事最有益劳动的阶级最受尊重的社会制度;社会最后必然达到这一目的;第三,劳动是一切美德的源泉;最有益的劳动应当最受尊重。因此,神的道德和人的道德,都一律号召实业阶级在社会上起主要的作用;第四,社会是由个人构成的;社会理性的发展只不过是个人在更大范围内的理性的发展。"①这就是说,实业阶级成为第一阶级,而其他非实业的阶级就将不能成为这个社会的统治阶级;实业的社会制度是一个劳动阶级最受尊重的社会制度;劳动是一切美德的源泉,最有益的劳动成为了衡量社会善恶的价值标准;但是这个社会是一个由个人组成的社会,这个社会也是一个理性的社会,它推动了"个人在更大范围的理性的发展"。毫无疑问,圣西门的这些思想可以直接成为社会主义的人学思想源泉。但是,圣西门的人学思想的意义是十分有限的。在晚年,他甚至主张建立一种新的基督教,其最高原则就是:"人人都应当兄弟相待,互爱互助。"②恩格斯说:"圣西门主义像一颗闪烁的流星,在引起思想界的注意之后,从社会的地平线上消失了,现在没有一个人想到它或谈起它;它的时代过去了。"③

2. 傅立叶的合理的人道的社会理想

傅立叶不满意18世纪法国大革命的成果。傅立叶认为,资本主义人的自由、平等和人权只不过是一些谎言。资本主义虽然推翻了封建制度,但实际上只不过是以一种新的奴役制替代了旧的奴役制。傅立叶指出了资本主义商业

① 　[法]圣西门:《实业家问答》《论实业制度》,转引自周辅成编:《从文艺复兴到十九世纪资产阶级哲学家政治思想家有关人道主义人性论言论选辑》,商务印书馆1966年版,第741页。
② 　[法]圣西门:《实业家问答》、《论实业制度》,转引自周辅成编:《从文艺复兴到十九世纪资产阶级哲学家政治思想家有关人道主义人性论言论选辑》,商务印书馆1966年版,第736页。
③ 　《马克思恩格斯全集》第3卷,人民出版社2002年版,第477页。

社会对人的本性所带来的危害,认为合理的人道的社会是一个由人的情欲组成的协调社会。

首先,资本主义制度不是一个人道的文明社会制度。他认为,资本主义的所谓社会契约、人的天赋权利与义务都是骗人的幌子。所谓的社会契约,在文明制度下,契约的条件是无法履行的,在这里我们的命运还低于蒙昧人的命运。他说:"哲学家们在对于这种苦难表示虚伪的关怀时,曾作为一种解毒剂提供了所谓人权和社会义务法典,他们于 1789 年曾以这个法典作了如此伟大的奇迹似的诺言。从革命家的种种诡计中可以看出,在文明制度下,人权和社会义务应该被看作是一种空中楼阁。"①尤其,从情欲来考察,文明制度却不能保障劳动最为基本的情欲。例如,社会人都具有吃饭的权利,他们从来不关心人们这种权利,他们只是在穷人所不能履行的条件上才给予他这种权利。"他们所据以出发的论点是:在劳动的社会制度下生活资料应该是劳动的成果。在这种场合,社会的生产者、人都具有劳动权,而社会在责成人:生活资料要以劳动为先决条件,并且应该隶属于他,应该保证给予他这种劳动,在缺乏这种劳动下,他便开始取得无为状态或蒙昧状态的权利,并且可以在那找得到生活资料的地方去取得自己的生活资料。关于这件事,哲学家们则答复说:工作没有了,可耕的土地没有了,他所习惯的工厂工作没有了;因此他必须不吃饭才行,并且为了能使文明的完善精神发挥尽致,他应该和自己的妻子儿女一块儿饿死。"②

其次,情欲是人的本性,情欲是协调社会制度和使社会走向协调的基础。情欲是不可改变的人的本性。他说:"这并不说新制度会改变情欲,改变情欲是不可能的,上帝办不到,人也办不到。但是人们能够改变情欲的进程,而丝

<hr />

① 〔法〕傅立叶:《关于保障制度》,转引自周辅成编:《从文艺复兴到十九世纪资产阶级哲学家政治思想家有关人道主义人性论言论选辑》,商务印书馆 1966 年版,第 757—758 页。
② 〔法〕傅立叶:《关于保障制度》,转引自周辅成编:《从文艺复兴到十九世纪资产阶级哲学家政治思想家有关人道主义人性论言论选辑》,商务印书馆 1966 年版,第 758 页。

毫不触动它的本质。"对此,他举例作了说明,但是,他的结论还是:"它并不因此改变了性质,而仅仅是改变了进程而已。"①他认为,协调的社会制度将代替文明制度的毫无联系状态,但这个社会制度不需要中庸主义、平均主义,它"需要的是,既热烈而又精细的多种情欲。协会一经成立,各种情欲越炽烈,越多,也就越趋于协调一致"②。情欲是协调社会制度和使社会走向协调的基础。在这里,傅立叶不只是强调了情欲的重要性,同时也突出了协作的重要性。协作既然是由人的本性决定的,协作也是必然的。

最后,情欲包含劳动的情欲,劳动应是一种快乐的自由劳动。恩格斯说,傅立叶的社会哲学的伟大原理,就是"每个人天生就爱好或者喜欢某种劳动,所以这些个人爱好的全部总和就必然会形成一种能满足整个社会需要的力量"③。情欲是人生而就有的本性,包含人生而就有的爱好活动和劳动的情欲。这就是说,如果每个人的情欲爱好都能得到满足,即使没有现代社会对劳动活动等的强制制度,也同样可以满足一切人的需要。可见,资产阶级的那套强制劳动者的劳动制度,并不是必然的。傅立叶认为,只要按照自然的程序,由情欲组成的协调社会,使情欲达到最高的兴奋状态,生产的劳动便变成了一种娱乐。恩格斯认为,傅立叶在这里论述了自由劳动的理论。恩格斯说:"傅立叶证明,每个人生下来就有一种偏好某种劳动的习性;绝对懒惰是胡说,这种情形从来未曾有过,也不可能有;人类精神本来就有活动的要求,并且有促使肉体活动的要求;因此就没有必要像现今社会制度那样强迫人们活动,只要给人们的活动天性以正确的指导就行了。接着他确立了劳动和享受的同一性,指出现代社会制度把这两者分裂开来,把劳动变成痛苦的事情,把欢乐变成大部分劳动者享受不到的东西,是极端不合理的。然后他又指出,在合理的制度下,当每个人都能根据自己的兴趣工作的时候,劳动就能恢复它的本来面

---

① 《傅立叶选集》第一卷,赵俊欣等译,商务印书馆1979年版,第9—10页。
② 《傅立叶选集》第一卷,赵俊欣等译,商务印书馆1979年版,第9页。
③ 《马克思恩格斯全集》第1卷,人民出版社1956年版,第578页。

目,成为一种享受。"①

3. 欧文的博爱的人道主义的社会理想

19世纪的英国空想社会主义者欧文的人道主义的主要特点就是借用爱尔维修的理论,把人道、人性与环境相联系。马克思说:"他们猜到了文明世界的根本缺陷的存在;因此,他们对现代社会的现实基础进行了无情的批判。在实践中,一开始就和这种共产主义批判相适应的,是迄今仍遭到历史发展的损害的广大群众的运动。要理解这个运动中人的高尚性,就必须知道英法两国工人对科学的向往、对知识的渴望、他们的道德力量和他们对自己发展的不倦的要求。"②欧文认为:"人生来就具有谋求幸福的欲望,这种欲望是他一切行为的基本原因,是终身都有的;用一般人的话来说,这便是人的利己心。"③人是由性格决定的,但"性格普遍都是外力为个人形成的,而不是由个人自己形成的"。这种外力就是环境,它包括了生活条件,如有充分的土地可以耕种等经济条件与自然等条件。英国工人阶级道德上所造成的贫困的根本原因是私有制。他说:"私有财产或私有制,过去和现在都是人们所犯的无数罪行和所遭的无数灾祸的原因"。"私有财产对人类为害极大,以致往往把富人变成两脚兽,他们一生的最大快乐就是消灭四脚兽或鸟类中的其他两脚兽。这显然证明社会离开粗鄙的野蛮状态不远。"④所以,欧文的信徒曾尝试建立共产主义的"和谐"(Harmony)博爱的移民区来改变工人的外部环境,但都成了失败了的空想。周辅成先生说:"欧文用以说明他的人道主义立场的基本理论,是在于借用爱尔维修和边沁的理论,把环境、教育、立法的地位看得很高,相信

---

① 《马克思恩格斯全集》第1卷,人民出版社1956年版,第578页。
② 《马克思恩格斯全集》第2卷,人民出版社1957年版,第106—107页。
③ [英]欧文:《新社会观》,转引自周辅成编:《西方伦理学名著选辑》下卷,商务印书馆1987年版,第546页。
④ [英]欧文:《新道德世界书》,转引自周辅成编:《西方伦理学名著选辑》下卷,商务印书馆1987年版,第559页。

一切都是环境的结果,而环境,主要是指教育与立法。这样一来,从客观经济关系,一转便成为教育问题,知识问题。由此,他还把愚昧无知看成是一切社会罪恶的来源,而理性与知识则是幸福的来源。"①

空想社会主义的人道主义思想对马克思主义以人为本思想的形成有其直接的影响作用。他们虽然把人性、人道的发展与环境联系起来,但是在人的研究方面主要的缺陷是把环境最终理解为道德环境,把人的发展看成是非历史的抽象的人的发展。恩格斯说:"他们固然了解工人为什么痛恨资产者,但是,他们认为这个唯一能够引导工人前进的愤怒并没有什么用处,并宣扬对英国目前的实际情况更加没有什么用处的慈善和博爱。他们只承认心理的发展,只承认和过去毫无联系的抽象的人的发展。可是整个世界,包括每一个单独的人在内,都是从过去成长起来的。所在他们太学究气、太形而上学了,他们是做不出什么大事来的。"②

4. 空想社会主义人学思想的当代价值

空想社会主义人道主义思想虽然产生于 19 世纪前后,但是,它对当代我国中国特色社会主义的物质文明建设、精神文明建设和政治文明建设仍有一定的启发意义。

其一,资本主义的"普世价值"并非真正具有普适性。19 世纪初,资本主义走向自由竞争阶段。资本主义自由竞争带来了市场的繁荣,但随自由竞争出现的周期性经济危机,暴露了资本主义制度的弊病和问题。资本主义把资产阶级的人道主义价值观、私有化等等说成是"普世价值"是毫无根据的。生活在资本主义世界的空想社会主义者,看到了资本主义制度的弊病,揭露了资本主义制度的黑暗,批判了资本主义私有制是不人道、不自然的制度,认为它

---

①　周辅成编:《从文艺复兴到十九世纪资产阶级哲学家政治思想家有关人道主义人性论言论选辑》,商务印书馆 1966 年版,第 765 页。

②　《马克思恩格斯全集》第 2 卷,人民出版社 1957 年版,第 525—526 页。

是一切社会罪恶的根源。这就说明,资本主义的"普世价值"并非真正具有普适性。资本主义的"普世价值"只是资本主义的普适价值,它对劳动人民并不是普适的。恩格斯在《反杜林论》中认为,一定的道德观念总是一定经济关系的产物。这就是说,不同的经济基础就有不同的道德价值观。资本主义的价值观对于资本主义经济基础而言是普适的,对于无产阶级和劳动人民而言、对于社会主义经济基础而言则不是普适的。换言之,只有共同的经济基础才有共同的道德价值观。这种共同的经济基础就是共产主义制度的实现和建立。

其二,劳动是一切美德的源泉,幸福就在于自由自觉的劳动。我国社会主义市场经济体制,激发了人们的潜能,既提高了生产力,也带来了社会和个人财富的增长。但是,随着财富的增长,人们的幸福感反而下降了。什么是幸福的问题成为了当代的学术热点。有的把获得财富的享受当作幸福,有的把追求公平正义的社会环境看作是幸福,有的把美德看作是幸福,等等。这些观点都是值得商榷的。究竟什么才是人类的幸福? 根据马克思主义的基本原理,人类真正的幸福就在于自由的自觉的劳动。从马克思主义的幸福观来看,空想社会主义的思想无疑有一定启发意义。圣西门认为,劳动是一切美德的源泉,最有益的劳动应当最受尊重。相反,懒惰为万恶之渊薮。傅立叶从情欲包含劳动的情欲出发,认为劳动应是一种快乐的自由劳动。恩格斯肯定了傅立叶的观点阐述了社会哲学的一个伟大原理,就是"每个人天生就爱好或者喜欢某种劳动,所以这些个人爱好的全部总和就必然会形成一种能满足整个社会需要的力量"①。这就是说,傅立叶思想的合理性就在于,他看到了关于自由劳动的理论与人类幸福的必然联系。空想社会主义在批判资本主义制度的同时,颠覆了中世纪以来的宗教遗留下来的价值观。中世纪有一个是非颠倒的观点,竟认为游手好闲是"神圣的"。在宗教的原始经典中,劳动就是一种罪恶的惩罚。劳动(labour)一词最初起源于拉丁文 laborare。罗贝尔说:"在

---

① 《马克思恩格斯全集》第 1 卷,人民出版社 1956 年版,第 578 页。

伊甸园,亚当犯错误之前,过着愉快的生活,后来才受惩罚(laberat)。当然,这一直是'labeur'(艰苦繁重的劳动)的含义,只是到了 14 世纪'labour'才完全表示'田间劳动的意思'"①。这不仅在中世纪,就是在一切剥削阶级看来,劳动都是"劳力者"的卑陋的、不光彩的活动。马克思在《1844 年经济学哲学手稿》就批判了这种剥削阶级的幸福观,认为人的类特性是"自由的有意识的活动"。在《德意志意识形态》和《共产党宣言》中,马克思进一步把追求自由的自觉的活动看作是人类追求最高幸福的目标。自由的自觉的劳动是人类幸福的源泉,也是衡量人类幸福的最高标准。

其三,人的全面发展不可忽视社会制度与文化环境的影响。人道与人性更不可忽视社会制度与环境的关系。人的生活究竟如何变得更加美好和愉快? 马丁·安迪克说:"如果我们想成为文艺复兴时期的人物,那么,就应在对万物一视同仁的意义上,邀请和欢迎每一个人进入'爱的真谛'的生活中,它为我们大家建立起一个共有的世界,让我们在一起生活,共同追求使我们及其生活变得更加美好和人道的善,以真正的人的方式生活。许多人会非难道,文艺复兴已经结束,所以,我们已经忘却文艺复兴中两种意义人性之间的联系,即生物意义上的人性和伦理意义上和/或宗教意义上的人性的联系。然而,在我们看来,只要我们重新加以认识,并诉诸行动,以人文价值和文化再造人性,文艺复兴就还没有结束。"②在马丁·安迪克看来,文艺复兴所追求的世界就是以"爱的真谛"为伦理基础建立起的一个共有的世界。文艺复兴并没有结束,传承文艺复兴的人道主义精神,就是"以人文价值和文化再造人性"。把人道主义的世界说成是以"爱的真谛"建立起的一个共有的世界,把人性看成是以人文价值和文化创造的产物。这是比较典型的西方人道主义的理论表

---

① [法]罗贝尔·福西耶:《中世纪劳动史》,陈青瑶译,上海人民出版社 2007 年版,第 7 页。

② [美]戴维·戈伊科奇等编:《人道主义问题》,杜丽燕等译,东方出版社 1997 年版,第 110—111 页。

述。人道主义关于人性的理论在这里被抽象化了,人道主义的理想世界成为了超阶级的世界。在马克思主义看来,人道、人性与人文价值为主要内容的文化有密不可分的联系,但更为重要的是,人道与人性更不可忽视社会制度与环境的关系。这一点,法国的爱尔维修等人在哲学上已经作了一些研究,但真正把人道、人性与社会制度以及文化环境联系起来的是 19 世纪初期的空想社会主义者。由此可见,我国虽然建立了社会主义制度,为人的全面发展提供了好的制度环境,但是,如果缺乏好的文化环境,实现人的全面发展也是不可能的。因此,加强社会主义文化建设,对于实现人的全面发展具有十分重大的价值与意义。

第二节 马克思主义平等观的形成与内容

马克思、恩格斯的平等观究竟是怎样的? 有哪些基本观点? 社会主义的实质是否就是平等? 马克思、恩格斯有没有这样的表述? 如果社会主义实质就是平等,那么是不是否定了自由、公正和法治等价值的重要性? 社会主义实质如果并不是平等,那么是否就否定了社会主义优越性? 相对于资本主义,社会主义的平等究竟有何区别?

一、马克思主义平等观的形成过程

马克思、恩格斯对平等的考察和研究,大致可以区分为四个时期:一是立足于人本唯物主义批判空想的或平均共产主义的时期,如《1844 年经济学哲学手稿》;二是立足于历史唯物主义阐述社会主义平等思想时期,如《德意志意识形态》;三是立足于剩余价值论从经济关系交换关系论述平等思想,如《资本论》与《哥达纲领批判》;四是对平等思想综合概括时期,如《反杜林论》。这四个时期可以归纳为两个阶段:一是人本主义唯物主义的平等思想形成阶段;二是历史唯物主义(包括二、三、四个时期)的平等思想全面论述阶段。

1. 立足于人本唯物主义对平均共产主义思想的批判阶段（主要以《1844 年经济学哲学手稿》为代表）

这个阶段主要是对空想社会主义的批判。它包括空想社会主义，如以巴贝夫为代表的平均共产主义思想，圣西门、傅立叶、欧文等的空想社会主义（关于巴贝夫等平均主义思想的批判，在前面已作了详尽的论述。这里突出的是马克思对作为社会主义思想来源的三大空想社会主义思想的批判）。

《手稿》是马克思第一部研究政治经济学的文稿。斯密的经济学在生产理论部分提出了劳动创造价值的思想，但是在分配理论部分，他又把劳动、资本和土地作为分配的根据和前提，并认为劳动获得的是工资，资本获得的是利润，土地获得的是地租。这就造成了生产理论与分配理论的逻辑上的矛盾。斯密实际上把私有财产如资本、土地等看作一个所谓从自然状态出发的既定前提。马克思肯定了斯密的劳动价值思想的积极意义，但是，斯密的经济学并没有从劳动出发，实际上是从私有财产出发。斯密的政治经济学，仍然是私有财产的经济学，他所说的劳动实质上是私有财产、资本、土地等支配下的异化劳动。资本主义的对立不再是古代社会有产与无产的对立，而是劳动与资本的对立。劳动与资本的对立在资本主义是一种内在的、能动的矛盾对立。从斯密劳动价值的思想可以看到，劳动是私有财产的主体本质，资本只不过是客体化的劳动。因此，在私有制下，劳动是一种自我异化。共产主义的"自我异化的扬弃同自我异化走的是一条道路"①。那么，什么共产主义？马克思当时的理解是："共产主义是私有财产即人的自我异化的积极的扬弃"②。这就是说，对于客体的资本，不是简单的抛弃和消灭，而是扬弃；对于主体的异化劳动，必须从人的自我异化的积极的扬弃来理解。因此，共产主义的任务是双重的：一是扬弃异化劳动的异化性质，即克服异化的消极因素，保留主体劳动的

① 马克思：《1844 年经济学哲学手稿》，人民出版社 2000 年版，第 78 页。
② 马克思：《1844 年经济学哲学手稿》，人民出版社 2000 年版，第 81 页。

积极因素;二是扬弃资本的私有性质,即克服私有的消极因素,保留客体资本的积极因素。这就是说,对于共产主义只有从主体和客体的能动关系来理解,而不能形而上学地片面强调一个方面,而否定另一个方面。按照马克思的思想,共产主义人的解放必须深化为资本与劳动的对立关系来理解,深化为主体与客体的矛盾的辩证统一关系来理解。而空想社会主义和平均共产主义,却只是片面地强调一个方面,而忽视了另一个方面。空想社会主义仅仅注意了劳动的主体方面的形式,忽视了劳动客体化资本的消极意义;平均的共产主义只是单纯强调劳动客体化的资本普遍化,完全否定了劳动的主体性质,从而彻底地倒退到了原始共产主义。马克思看到了平均共产主义的极大危害性,对平均共产主义进行了大篇幅的批判。

首先,空想社会主义仅仅注意了劳动的主体方面的形式,忽视了劳动的客体化资本的消极意义。马克思说:"劳动的特殊方式,即划一的、分散的因而是不自由的劳动,被理解为私有财产的有害性的和它同人相异化的存在的根源——傅立叶,他和重农学派一样,也把农业劳动看成至少是最好的劳动"①。傅立叶反对政治经济学对工业劳动的研究,认为工业劳动只是农业的补充,只是农业休闲季节为了避免人们堕落而干的事情。工业化的劳动是辅助的,它只是使农业多样化的作业。他和重农学派一样,只把农业劳动看成是最好的劳动。异化劳动的根源不是私有财产或资本,而是劳动的特殊形式,即划一的、分散的因而是不自由的劳动。这就是说,在共产主义社会,私有制可以原封不动,只要改变劳动的组织形式,变划一的劳动为多样性的劳动,变分散的劳动为有组织的集中的劳动,因而变不自由的劳动为自由劳动。尽管空想社会主义在他们的著作中,对资本主义私有制带来的不平等现象进行批判和抨击,但是,他们找不到实现共产主义的现实途径,从而把改变劳动的组织形式作为实现共产主义的路径。他们尝试从财产主体本质来理解劳动,但是,

---

① 马克思:《1844年经济学哲学手稿》,人民出版社2000年版,第78页。

没有看到客体资本或私有财产是异化劳动的根源,从而只停留于劳动方式上的平等与理性自由来空谈共产主义。

其次,平均的共产主义只是单纯强调劳动客体化的私有财产普遍化,完全否定了财产的劳动主体性质,从而彻底地倒退到了原始共产主义。"私有财产普遍化"实际就是平均占有私有财产,而不是少数人占有。马克思说:"这样的共产主义以双重的形式表现出来:首先,物质的财产对它的统治力量如此之大,以致它想把不能被所有人作为私有财产占有的一切都消灭;它想用强制的方法把才能等等抛弃。"①平均共产主义根本看不到私有财产的劳动主体本质,而极端地夸大了物的统治力量,以为共产主义唯一要做的就要消灭物的统治力量,以致它想把一切不能被平均占有的私有财产都消灭,如工厂的机器、农民的农具等;它想用强制的野蛮的方法抛弃人的聪明、才智和能力,使人们成为无能力、体力、智力与个性差别的人。平均共产主义把物的直接占有看成共产主义的唯一目的,如果一个物我不能占有,即使将其毁灭也在所不惜;个人在私有财产支配下的异化劳动这个规定并未取消,而是将其推广到一切人身上;私有财产关系仍然是共同体同实物世界的关系,而不是共产主义私有财产的扬弃与人的自我异化积极扬弃的关系,即保留财产,克服私有的性质;把人的本质归还给人自身,克服人的本质的自我异化。平均共产主义用普遍的私有财产反对私有财产,以一种动物式的和非人道的形式表现出来:

第一,用公妻制来反对婚姻和否定私有财产关系。在平均主义那里,一切都不得独占,一切都要平均占有。妻子也必须是公共的,婚姻是把妻子作为私有财产合法化。平均共产主义不仅是动物式地要求人类倒退到原始社会以前的动物世界,而且也是非人道的。妻子是人,不是物;婚姻不是把妻子变成私有财产并使其合法化,而是男女双方责任义务法律规范承诺的平等契约。平均共产主义把人当作物,也把自己倒退成了动物。平均共产主义这种粗糙的、

---

① 马克思:《1844 年经济学哲学手稿》,人民出版社 2000 年版,第 79 页。

卑陋的思想成为了一些反对共产主义思想的人的把柄,新自由主义甚至把共产主义的思想起源归结为柏拉图的共产共妻的原始共产主义思想。这是极其错误的。马克思对平均共产主义的批判,不仅彻底地抨击了新自由主义的谬论,而且也是对个别人把马克思主义的平等看作平均主义的有力批评。平均共产主义给共产主义运动带来了极其恶劣的影响,甚至使那些不明真相的普通民众也望而生畏。

第二,以否定人的个性来看私有财产的普遍化。私有财产普遍化就是对人的个性否定。平均共产主义把私有财产平均为每个人拥有的私有财产,实际上是以一种普遍化的私有财产来替代对私有财产的否定。既然私有财产异化导致了人的个性的否定,平均共产主义把私有财产普遍化那就必然处处表现为对人的个性的否定。人的存在就是一个共性和个性的统一体。个人首先是一般人,即具有人的共同社会本质,这叫共性。个人又是特殊的个体或特殊形式具体类型的人。由于各个个人自身自然素质的不同,他们所处的社会历史条件、生活、教育的环境等不同,因而各个个人形成了自己的特殊的个性。所以,个人个性是指个人在一定社会历史条件影响下,由于其内在生理、智力、精神素质不同而表现出来的特异性。这种特异性,形之于外,凸现出来的特征就是创造性。人的个性是人类文明进步的标志。人不同于物,人随社会进化和文明而不断地丰富了人的智力、能力和创造个性,自由的自觉活动是人的类特性。这是人与动物活动的本质区别。由于人的个性,人是按照美的规律来建构,而动物只是按照同一种物的尺度来生产。平均共产主义停留于物的平均化的尺度来否定私有财产,等于把人的自由自觉的活动转变成了动物式的否定个性的活动。

第三,忌妒心和平均共产主义欲望替代竞争的本质。马克思说:"任何私有财产,就它本身而言,至少对较富裕的私有财产怀有忌妒心和平均主义欲望,这种忌妒心和平均主义欲望甚至构成竞争的本质。"①平均共产主义的本

---

① 马克思:《1844年经济学哲学手稿》,人民出版社2000年版,第79页。

意无非就是要求一切财产一拉平，所谓的私有财产普遍化就会变成对那些较富裕的私有财产的忌妒心和平均主义欲望。忌妒心是人类的一种极其落后的陋习。这种陋习发生的根源就是平均共产主义的欲望。平均共产主义把这种陋习合理化、普遍化，甚至构成了人类竞争的本质，它必然给人类社会的进化、进步和文明的发展带来极大的危害。尽管 1844 年达尔文的进化论尚未面世（1856 年达尔文的进化论正式发表），但是马克思肯定了竞争对人类进步和文明发展的意义。后来，达尔文的进化论提出的"生存竞争，优汰劣败"是生物进化的一个基本规律，证明了马克思论述的正确性。当然，社会达尔文主义把社会的进化与生物的进化规律等同起来是错误的。马克思对资本主义资本竞争成为了生物式生存竞争也进行深刻批判。但是，马克思在这里肯定了竞争对人类社会进步和文明的发展积极意义。竞争应该是奥林匹克精神的竞争，即"更好、更快、更强"，你好、你快、你强，我更好、我更快、我更强，而不是我不好你也不能好，我不快你也不能快，我不强你也不能强。如果你好、你快、你强，我就产生忌妒心，并基于平均主义欲望，想方设法使你不能比我好、比我快、比我强，以实现一切一拉平。这样的竞争结果就是社会文明进步的大倒退。平均共产主义本质上就是社会文明进步的倒退，最后不是实现共产主义，而是倒退为原始共产主义。在那里，由于生产力的极其落后，财富的极其贫乏，人们极其贫困，每天为生存而奋斗，谁也不会有剩余，谁也不会更富裕，大家一拉平，从而也就不会有患寡不患均、嫉贤、妒能的平均共产主义欲望。马克思说，平均共产主义是"对整个文化和文明的世界的抽象否定，向贫穷的、需求不高的人——他不仅没有超越私有财产的水平，甚至从来没有达到私有财产的水平——的非自然的简单状态的倒退"①。平均共产主义是向原始共产主义的倒退。从历史观点来看，私有制的产生是一种历史的进步。私有制的产生适应了生产力的发展水平，并推动了生产力的发展。它是人类社会摆

---

① 　马克思：《1844 年经济学哲学手稿》，人民出版社 2000 年版，第 79—80 页。

脱野蛮的、落后的原始社会,向文明社会跨越的一个不可避免的阶段。这个思想在18世纪的卢梭那里,就有了论述。卢梭认为,原始社会是平等的,由于私有制的产生,所以人类社会出现了不平等。但这不是社会的倒退,而是社会文明的进步。而平均共产主义缺乏卢梭的历史辩证法,形而上学地看待资本主义私有制、资本等物的统治。平均共产主义是原始共产主义亡灵的死灰复燃,是对私有财产产生必然性的片面的抽象否定。平均共产主义不仅没有超越私有财产的水平,甚至从来没有达到私有财产的水平。

2. 立足于历史唯物主义阐述社会主义平等思想全面论述阶段,包括《德意志意识形态》《资本论》《哥达纲领批判》《反杜林论》等著作

在《神圣家族》,马克思认为,法国人和德国人的平等是不同的。法国人的平等,是用政治语言和具体思维的语言所说的东西,比如蒲鲁东把平等看成同平等直接矛盾的私有财产的创造原则。而德国则是用抽象思维所表达的东西,是自我=自我,自我意识是人在纯粹思维中同自身的平等。马克思说:"平等是法国的用语,它表示人的本质的统一,表示人的类意识和类行为,表示人和人的实际的同一性,也就是说,它表示人同人的社会关系或人的关系。"[①]在《德意志意识形态》,马克思认为,平等是人与人的实际关系,而不是一种目的假设。平等表示人与人的实际的同一性,平等是一种人同人的实际的社会关系。蒲鲁东以消除经济范畴一切坏的东西为假设,使它只保留好的东西。"他认为,好的东西,最高的幸福,真正的实际目的就是平等。"[②]平等是蒲鲁东的最高的假设,分工、信用、工厂,一切都是为了平等的利益才被发现的。但是,结果它们往往背离了平等。他认为,即使有矛盾存在,"那也只存在于他

---

① 《马克思恩格斯文集》第1卷,人民出版社2009年版,第264页。
② 《马克思恩格斯文集》第1卷,人民出版社2009年版,第610页。

的固定观念和现实运动之间"①。平等是一种原始的意向、神秘的趋势、天命的目的。这是完全错误的。但是,这里的批判还是一种哲学研究,不是在《资本论》发表以后的政治经济学批判。因而,平等问题的论述还是抽象的,而不是具体的。即使在 1847 年的《共产主义原理》,恩格斯对平等的研究关涉的也只是政治的。恩格斯认为,工业革命带来的后果是,资产阶级推翻封建社会的一切特权,社会划分为资产者和无产者。资产阶级用自由竞争来取代行会和手工业者的特权。从此,社会只有资本多寡不等,资本成了决定性的力量。资本家、资产者成为第一等级。资产阶级实行代议制。"代议制是以资产阶级的在法律面前平等和法律承认自由竞争为基础的。"②平等的理解是一个复杂问题,平等不只是理论的,还应该是实际的;不只是政治的,还应该是社会的经济的。

二、无产阶级对资产阶级平等观的扬弃

1875 年 3 月,恩格斯在《给奥·倍倍尔的信》中,在谈到拉萨尔派的错误观点时说:"用'消除一切社会的和政治的不平等'来代替'消灭一切阶级差别',这也很成问题。在国和国、省和省,甚至地方和地方之间总会有生活条件方面的某种不平等存在,这种不平等可以减少到最低限度,但是永远不可能完全消除。"③社会主义平等是"消灭一切阶级差别",而不是消除一切社会的和政治的不平等。社会主义只能让这种不平等可以减少到最低限度,但是永远不可能完全消除,因为在国和国、省和省,甚至地方和地方之间总会有生活条件方面的某种不平等存在,这种不平等可以减少到最低限度,但是永远不可能完全消除。

在《反杜林论》中,针对杜林把平等看作是两个人的意志的绝对的、完全

---

① 《马克思恩格斯文集》第 1 卷,人民出版社 2009 年版,第 611 页。
② 《马克思恩格斯文集》第 1 卷,人民出版社 2009 年版,第 681 页。
③ 《马克思恩格斯文集》第 3 卷,人民出版社 2009 年版,第 414—415 页。

平等的错误观点,恩格斯论述了马克思主义平等观。恩格斯认为,正确理解平等是无产阶级革命实践的需要。平等观念通过卢梭起了一种理论的作用,在法国大革命中和大革命之后起了一种实际的政治的作用,在此之后的所有的社会主义运动中仍然起了巨大的鼓动作用。但是,平等不是杜林所说的两个人的意志先验的、绝对的平等。

1. 平等的观念是历史的发展的

平等观念历经数千年的发展历史,才有资产阶级的平等观念。资产阶级的平等观从古代的平等观中引申出这样的要求:"一切人,或至少是一个国家的一切公民,或一个社会的一切成员,都应当有平等的政治地位和社会地位。"①以资产阶级这种平等观来比较,这种平等观念的发展就历经了数千年。因为,在古代,"人们的不平等的作用比任何平等要大得多"。② 古代奴隶社会、封建社会是不平等的等级社会,维持等级秩序是维护其统治地位的基本要求。他们与现代平等相反,不是要求政治地位和社会地位的平等,而是追求政治地位和社会地位的不平等。如果有人要打破"君君、臣臣、父父、子子"的等级秩序,那就是大逆不道的疯子。即使是基督教的平等,也是原罪的平等,僧侣与俗人是不平等的。平等不是绝对的、永恒的,而是历史的发展的,不同时期有不同的平等观念。

2. 资产阶级平等观的产生和内容

资产阶级平等观来自商品交换的平等要求,商业的发展,世界市场的形成,特别是国际贸易。首先,商品所有者要求有自由平等的商品交换权利;其次,由于劳动力市场的出现,劳动力作为商品的卖与雇主通过契约对劳动力租用的买的权利是平等的;最后,"一切人类劳动由于而且只是由于都是一般人

---

① 《马克思恩格斯文集》第 9 卷,人民出版社 2009 年版,第 109 页。
② 《马克思恩格斯文集》第 9 卷,人民出版社 2009 年版,第 109 页。

类劳动而具有等同性和同等意义"①。这就是说,由于"商品的价值是由其中
所包含的社会必要劳动来计量",以致所有人的劳动作为都是人的劳动是平
等的,都具有同等的效用。适应资产阶级自由平等交换的经济需要,资产阶级
建立了自己的政治制度。资本主义第一次承认自由平等的人权,从而不再保
护封建的特权。这是一个巨大的历史进步。不过,资产阶级的所谓人权,实际
上就是资产阶级的特权。

3. 无产阶级的平等观是对资产阶级平等观的超越

　　无产阶级的平等观是伴随资产阶级反对封建的不平等产生的。这就是
说,反对封建的特权,也是无产阶级平等观的一个基本内容。但是,无产阶级
平等观与资产阶级平等观相比,具有实质的不同。恩格斯说:"资产阶级的平
等要求也由无产阶级的平等要求伴随着。从消灭阶级特权的资产阶级要求提
出的时候起,同时就出现了消灭阶级本身的无产阶级要求"。② 这就是说,平
等是一个历史过程,不可能一次完成。资产阶级推翻了封建统治的阶级特权
统治,从而将平等的历史进程向前推进了一大步。资产阶级平等观的历史局
限性在于,只要还有阶级存在,阶级特权就仍然存在。资产阶级显然推翻了封
建阶级的专制特权统治,不再保护封建特权。但是,在资本主义社会,仍然有
无产阶级和资产阶级两大对立阶级,而且无产阶级和广大劳动群众是一个人
口占大多数的阶级。事实是,只要还有阶级存在,阶级特权就不可能完全推
翻。这就是说,资产阶级推翻了封建阶级的特权,取而代之的是资产阶级的阶
级特权。因此,无产阶级的平等,不仅仅是消灭阶级特权,而且是消灭阶级本
身。具体而言,无产阶级的平等观与资产阶级平等观比较,有以下几个不同:
　　首先,从平等的形式来看,平等不是表面的、形式的,而是实际的。恩格斯

---

① 《马克思恩格斯文集》第9卷,人民出版社2009年版,第109页。
② 《马克思恩格斯文集》第9卷,人民出版社2009年版,第112页。

说:"平等应当不仅仅是表面的,不仅仅在国家的领域中实行,它还应当是实际的,还应当在社会的、经济的领域中实行。"①内容决定形式,形式必须是内容的形式。形式适合内容,可以有效地促进内容的发展,形式如果脱离了内容,形式不仅不能反作用内容,还会遮蔽和阻碍内容的发展。当然,好的内容也必须有好的形式来表现,缺乏好的形式也可能阻碍和遮蔽内容的发展。问题是,资产阶级的平等只是表面的,仅仅停留在形式上大做文章,甚至把形式作为衡量平等的标准。这显然是错误的。

其次,从平等的领域来看,平等应该是全面的,不只是某一个方面的平等。资产阶级的平等就是这样,平等只是局限于政治国家领域。在政治国家领域,资产阶级共同平等地掌管国家权力。这相对于封建社会的君主专制统治,无疑是一个历史进步。但是,政治的基础是经济,在经济上占统治地位的阶级也必然在政治上占统治地位。在资本主义社会,在经济上占统治地位的就是资本占有者。资本占有者由于在经济上占统治地位,所以在政治上也必然占统治地位。无产阶级由于经济上处于被支配地位,也必然在政治上处于被支配、被统治的地位。所以,资产阶级的平等之所以局限于政治国家领域,实质上是由他们的经济地位决定的。资产阶级的所谓平等实际上是仍然是不平等的。平等的全面性,本质上不是一个无关紧要的问题,而是一个关涉经济、社会和国家究竟由谁来支配和统治的问题。平等应当在经济领域、社会领域实行,平等才可以说是全面的、实质的平等。平等如果只是局限于国家政治,这种平等实际上还是资产阶级在政治领域平等分享资产阶级领导权的平等,而不是无产阶级的平等。

最后,无产阶级的平等不仅是消灭阶级特权,而且应当是消灭阶级本身。恩格斯认为,无产阶级平等的实际内容是消灭阶级的要求。任何超出这个实际内容范围的平等要求,都必然流于荒谬。在《社会主义从空想到科学的发

---

① 《马克思恩格斯文集》第 9 卷,人民出版社 2009 年版,第 112 页。

展》一文中,恩格斯认为,18 世纪已经有了直接共产主义理论(摩来里和马布利),在那里,"平等的要求已经不再限于政治权利方面,它也应当扩大到个人的社会地位方面;不仅应当消灭阶级特权,而且应当消灭阶级差别本身。"①18世纪的社会主义者,如摩来里和马布利就看到了资产阶级平等观的局限性,认为其仅限于资产阶级的政治权利,而不是扩大到个人的社会经济方面。这显然是片面的。恩格斯认为,摩来里和马布利等人的平等观与共产主义理论有直接的联系。争取个人社会经济地位的平等,是无产阶级平等观的一个基本内容,但这不是无产阶级平等观与资产阶级平等的本质区别。资产阶级平等的实质是消灭了封建专制制度保护下的封建贵族阶级特权,而无产阶级不同,无产阶级平等观的实质是消灭阶级本身。恩格斯说:"无产阶级平等要求的实际内容都是消灭阶级的要求。"②消灭阶级不只意味把资产阶级的阶级政治统治国家消灭,而是要消除阶级统治的经济根源。阶级不仅是一个政治范畴,而且是一个经济范畴。国家存在的根源和基础在于经济上的不同阶级的利益尖锐对立。消灭阶级就消除了国家存在的经济根源和基础,就等于消除政治上不平等的经济根源和基础。这就是说,只有经济上的平等,才可能实现政治的、社会的平等。由于阶级的消灭,政治国家就失去了自己的存在理由而消亡,取而代之的就是一个平等经济、社会事务的代办机构。

三、平等必须以长期的历史条件为前提

平等必须以现有的历史条件为出发点,这种历史条件本身又以长期的以往的历史为前提。恩格斯说:"平等的观念,无论以资产阶级的形式出现,还是以无产阶级的形式出现,本身都是一种历史的产物,这一观念的形成,需要一定的历史条件,而这种历史条件本身又以长期的以往的历史为前提。所以,

---

① 《马克思恩格斯文集》第 3 卷,人民出版社 2009 年版,第 525 页。
② 《马克思恩格斯文集》第 9 卷,人民出版社 2009 年版,第 113 页。

这样的平等观念说它是什么都行,就不能说它是永恒的真理。"①恩格斯对平等观念的论述说明:

1. 平等的进步和实现必须以长期的历史条件为前提

平等是一个历史范畴。平等是历史发展的产物,何谓历史性是正确理解马克思主义平等的一个重要前提。"历史"概念是历史唯物主义的核心概念。历史性是其本质属性,对此人们从来都不作历史性的解读和论证,它似乎是先定的、自明的。其实决非如此,马克思的"历史"概念与西方优秀文化有不可分割的联系,其历史性有着深刻内涵与意蕴。由于这一问题未能很好澄清,它是人们不能正确理解马克思主义平等观的历史与当代、理想与现实之间关系的重要原因。

历史(history)一词最初出自古希腊文(ιστOρια),原意是调查与探究,起初流行在一些故事的记录者文学作品中。希罗多德第一次用"历史"来称谓自己的著作,以此表明其探究真理之意。这只表明历史学作为学科的内涵,还不表明历史概念的历史性。历史概念一开始并不具有现代历史概念的历史性内涵。在希罗多德之前,人们认为,历史学是研究那些不变的东西,因为只有那些不变的东西,才是可以认识和把握的。按照这一规定,历史性就是指历史的绝对性和不可变动性。这恰好是现代历史概念的反面。历史的不可变动性的观点一直延续到了近代,直至 17 世纪维科新的历史观才破茧而出。维科把他的历史观称为《新科学》,在他看来,以往的历史只是对过去的历史的一种洞见,而不是一种历史意识。我们把自己置身我们所要了解的那个历史时代,学会用那个时代的眼光来看事物,这就是我们的历史意识。维科虽然生活在17—18 世纪,但是他对历史性的论述,已经有了历史性的当代意蕴。所谓历史性,首先是以历史认识者为主体的客观的历史意识;其次就是历史不是一成

---

① 《马克思恩格斯文集》第 9 卷,人民出版社 2009 年版,第 113 页。

不变的,而是发展的。每个时代的历史就是一个历史的个体,这个个体在它的发展变化过程,都有其自身特点。从个体性的观点来理解,人类种系发育的历史类似于人的个体发育的历史。人的个体发展变化是一个从童年、少年、成年、老年和死亡等的循环,那么人类的历史也同样是一个从童年、少年、成年、老年和死亡的无限循环。维科的观点影响了黑格尔,在黑格尔的《历史哲学》中,仍然可以看到维科的影子。

19世纪人们关注的概念是历史概念。历史主义的核心,即历史概念的历史性。历史主义虽然拒绝从外在的自然来解释个体性,但他们把个体性归结为不同民族、不同的人性(赫尔德)和精神或自我意识(费希特)。这种从人性和精神来解释历史个体性的历史性,其历史变化感也不是真正的具体历史性。在黑格尔的《历史哲学》,理性与绝对精神是其核心概念。理性主宰世界,理性是一个合理过程。理性是宇宙的实体,是其存在和发展的根据。理性不是存在于现实的范围之外,而是能够自己实现自己。它能把自己展现在自然中,也能把自己实现于世界历史中。世界历史不是物理的自然,而是属于心理的自然,即精神领域。精神的本性是自由。世界历史无非是自由意识的自我进展。① 在他看来,不同的历史实体的历史变化是由不同个体自我意识的发展决定的,世界历史的变化过程,就是一个自我意识自我运动和上升的过程。对历史变化感的理解,黑格尔已经与历史主义的理解不同。黑格尔认为,历史性不是指"抽象的一般变化",如自然的变化只是表现一种周而复始的循环。自然界里,"太阳下面没有什么新的东西"。只有在精神领域里的那些变化中,才有新的东西发生。精神的历史性原则就不只是变化,而是发展。发展也是有机的自然事物的一种本性。发展的实质是扬弃,即克服和保留,保留体现出连续性,克服体现出超越性。发展是一种连续和超越。精神的发展,"在生存中,从不完美的东西进展到比较完美的东西,便是'进步'。但是不完美的东

---

① 参见黑格尔:《历史哲学》,王造时译,上海书店出版社1999年版,第18页。

西决不能被抽象地看做只是不完美的东西,而应该看做是牵连着或者包含着和它自己恰好相反的东西——所谓完美的东西——作为一颗种子或者一种本身的冲动。"①在这里,黑格尔这种概念的历史,不只是在唯心主义视野中深刻地包含了历史发展变化感,而且充满了历史现实感。恩格斯说,黑格尔的历史辩证法的真实意义和革命性质,"正是在于它永远结束了以为人的思维和行动的一切结果具有最终性质的看法"。这种"看法"不只是在真理的认识领域,而且也包括历史领域和其他一切事物。马克思摒弃了黑格尔的唯心主义,对其进行了唯物主义改造,从中创新地发现"一个伟大的基本思想,即认为世界不是既成事物的集合体,而是过程的集合体"②。这里的世界,不仅是指自然,而且主要是指社会,即社会是一个历史发展过程的集合体。可见,所谓历史概念的历史性,是指在一定历史条件下一定社会存在方式变化和发展所呈现出来的基本状态和特征。

首先,历史性是指一定社会所遇到的一定的现实前提或基础。当我们说平等是历史的,那就是说,平等是以一定的历史基础为前提的,或者说它就是平等的出发点和根据。这一点常常被人们忽视,或把历史当成没前提的或没基础的,或把历史说成是过去的现在不再有的。其实,恰好相反,历史不是作为"精神的精神"消融在"自我意识"中,历史首先向我们呈现的是我们的社会面对一种不可回避的前提与基础。马克思说:"历史的每一阶段都遇到一定的物质结果、一定的生产力总和,人对自然以及个人之间历史地形成的关系,都遇到前一代传给后一代的大量生产力、资金和环境,尽管一方面这些生产力、资金和环境为新的一代所改变,但另一方面,它们也预先规定新的一代本身的生活条件,使它得到一定的发展和具有特殊的性质。"③历史性就是指一定社会一定历史阶段所遇到的一定的物质结果、物质的环境等由前一代为后

---

① 黑格尔:《历史哲学》,王造时译,上海书店出版社 1999 年版,第 59—60 页。
② 《马克思恩格斯选集》第 4 卷,人民出版社 1995 年版,第 244 页。
③ 《马克思恩格斯选集》第 1 卷,人民出版社 1995 年版,第 92 页。

一代所规定的生活条件等物质基础和前提。一定的物质前提和基础,就是形成一定社会特殊性质的原因和根据,正如不同的国情、社情,决定不同国家、不同的社会经济发展的特殊性质和水平一样。马克思说:"人创造环境,环境也创造人。每个个人和每一代所遇到的现成的东西:生产力、资金和社会交往形式的总和,是哲学家们想象为'实体'和'人的本质'的东西的现实基础,是他们神化了的并与之作斗争的东西的现实基础"①。马克思主义的历史观与唯心史观不同,它始终站在现实历史的基础上,这种现实历史的基础就是物质实践,而不是从历史的观念出发去解释历史。换言之,平等的历史性是指一定社会所遇到的一定的现实前提或基础,而不是从一个平等的历史观念来关照平等的历史。在历史唯物主义产生以前的平等观的研究,虽然也不乏一些研究平等的积极思想成分,但是总的来看,他们遵循的是第二种思想逻辑,包括卢梭、黑格尔等等。卢梭在自然状态就逻辑虚设了一个平等观念,然后把这个平等观念作为逻辑前提,再演化出不平等和最后实现新的平等的理想。马克思的平等历史性是指一定社会平等所遇到一定的现实前提或基础,而不是平等观念在自我意识中自我演化的逻辑。

其次,历史性是指人类社会生存方式的变化和发展。平等历史性不是平等的历史观念的自我变化和发展。历史无非是人和社会以一定物质生产实践活动为基础,利用和改变以前各代遗留的生存条件,继续或者改变先辈的活动,从而对人类遗留的生存形式的改变。比如,一种新的机器的使用,甚至可以改变一个国家甚至整个世界的生存形式等。问题是,个人和社会的生存方式可变性的原因是什么?旧唯物主义把个人和社会当作是感性的对象,人被说成是环境和教育的产物,历史性成了他们命运不可超越的消极因素。马克思的新唯物主义,把个人和社会理解为"感性的活动",认为:"环境的改变和人的活动的一致,只能被看作是并合理地理解为变革的实践。"②人类生产物

---

① 《马克思恩格斯选集》第 1 卷,人民出版社 1995 年版,第 92—93 页。
② 《马克思恩格斯文集》第 1 卷,人民出版社 1995 年版,第 59 页。

质生活资料的活动是最基本的实践。人类要生存，首先要生活，人们不得不进行生产物质生活资料的实践活动。这种生产物质生活资料的实践活动就是人们创造历史的第一个前提和基础。生产物质生活资料的实践活动满足人类生存的需要并提出的新的物质和精神的全面的需要，为了满足这种需要，又提出了不断地改变它的手段、创造新的工具和发明新的技术需要等，随着生产力的发展，从而推动人类和社会生存方式历史性变化和发展。人性的变化和人类社会的进步不是人的自由意识的自我发展，人的本质力量和人类社会形态的发展与人类社会生存方式的变化和发展是一致的。马克思说："工业的历史和工业的已经生成的对象性的存在，是一本打开了的关于人的本质力量的书，是感性地摆在我们面前的人的心理学"[1]。人类的物质实践活动是一种对象化的活动，它不仅展示了人类自身的本质力量，改变了人类的生存方式，而且推动了适应这种人类生存和发展方式而产生的社会形态由低级向高级阶段的进步和发展。平等的历史性，无非就是人和社会以一定物质生产活动为基础，共同、平等地利用和改变以前各代遗留的生存条件，或者在继续改变先辈的活动中，由于人类遗留的生存形式的改变而出现的一种观念。

最后，历史性指的是事物发展过程的总体性。辩证法按其实质而言，就是总体的辩证法。黑格尔在《精神现象学》就表明："真理是整体"。在黑格尔那里，总体性是绝对精神的别称。绝对精神就是事物发展过程的总体性。马克思的历史的总体性，就是把历史看作统一的辩证过程。这一点，马克思同黑格尔是一致的。卢卡奇说："对马克思主义来说，归根结底就没有什么独立的法学、政治经济学、历史科学等等，而只有一门唯一的、统一的——历史的和辩证的——关于社会（作为总体）发展的科学。"[2]马克思的历史性方法是总体性方法，以社会发展的总体性作为分析工具。在马克思那里，他的法学、政治经济学、历史科学都是社会发展的科学。这是对的。但马克思不是从黑格尔的

---

[1] 《马克思恩格斯文集》第 1 卷，人民出版社 2009 年版，第 192 页。
[2] 卢卡奇：《历史与阶级意识》，杜章智译，商务印书馆 1992 年版，第 77 页。

绝对精神的自我实现来把握历史的总体,而是以生产方式的矛盾运动为基础来理解历史的总体性。历史的总体性作为分析工具,有两个方面的意义:一方面,从历史的总体性可以具体把握个别和局部的存在的特殊性;另一方面,个别和局部的存在,必须同历史的总体性联系起来。在历史的总体性的框架内,它们的存在才是历史的总体性的存在。马克思说:"无产阶级只有在世界历史意义上才能存在,就像它的事业——共产主义一般只有作为'世界历史性的'存在才有可能实现一样。而各个个人的世界历史性的存在就意味着他们的存在是与世界历史直接联系的。"①无产阶级的事业,即共产主义是世界历史性的,不是地域性的,所以无产阶级的存在不是地域性的,她的存在同世界历史性总体相联系。离开世界历史总体性,各个个人的存在就只是地域性个别存在。因而,各个个人的存在只要与世界历史总体性相联系,各个个人的存在就是世界历史性的存在。

但是,历史是一个各个世代的依次交替的过程。历史性的过程,意味着一定历史阶段的合理性和局限性、暂时性与相对性。历史的过程性说明,任何停滞的观点和静止的观点都是形而上学的。值得指出的是,总体性不只是过程的总和,总体性是指在历史过程发展的本身联系中来把握历史。任何事物的发生、发展和消亡过程都有其自身内在的原因,必须从其总体的相互联系中去把握,而不能形而上学地把它们孤立出来。历史作为一种真理性的认识,只有在整体的历史过程和相互联系中才能把握。

历史首先是发展的,发展是一个从过去、现代和当代所经历的前进上升的过程。克罗齐认为,一切历史都是现代史,虽然它凸显了历史的现代意义,但它否定了历史现代价值的历史性基础和前提。历史性当然不只是过去的"思想的重演",也不只对现代的直观经验,历史应是当代实践可以借鉴的一面镜子,也是预示事物未来的发展趋势的一个基本的立足点。立足于历史基地上

---

① 《马克思恩格斯全集》第3卷,人民出版社1960年版,第40页。

的成功实践,这就是历史的当代价值。历史具有与时俱进的质量。与时俱进是指一切事物的产生都有其历史条件,虽然在一定条件下有它的合理性,但随着条件的变化,它也有自己的局限性,必须随着时代的发展不断向前推进和发展。

平等的历史性是说,平等是平等历史的总体。平等的进步和发展是历史的产物,平等的历史总体性说明,一定社会的平等既有它的历史合理性、必然性,也包含了一定的局限性。从奴隶社会、封建社会等级的不平等到资产阶级的平等,经历了一个漫长的历史过程。资产阶级取消了封建贵族阶级的等级特权,不承认人与人之间的人身依附关系,推动了平等的历史进步与发展。但是,资产阶级的平等也包含了它不可避免的局限性,必须随着时代的发展而不断发展。历史的总体性还说明,任何社会的平等不可能离开它的历史基础。一定社会的平等既是全部历史的合理因素的总体积淀,又是对过去一切社会平等的一种发展和超越。

2. 平等观念的形成需要一定的历史条件

所谓历史条件,是指一个社会的经济、政治、文化等条件,其中起基础作用的就是以生产力发展水平为基础的经济条件,也包括反映生产关系的经济制度等条件。所谓政治条件,则主要是指政治制度、体制和机制。除此之外,文化也是一个十分重要的历史条件。不同文化对平等的理解是完全不同的。如中国古代文化中比较突出的是平等的观念。如《礼记》中的大同理想社会,就是一个平等相处的社会。

首先,平等观念的形成需要一定经济条件。所谓经济条件,主要是指以一定生产力发展为基础的经济状况和水平。马克思说:"在人们的生产力发展的一定状况下,就会有一定的交换[commerce]和消费形式。在生产、交换和消费发展的一定阶段上,就会有相应的社会制度、相应的家庭、等级或阶级组织,一句话,就会有相应的市民社会。有一定的市民社会,就会有不过是市民社会的正式表现的相应的政治国家。"①经济状况也可以称之为物质生活状况,其中生产力的状况是起决定作用的因素。适应生产力的不同水平就会有不同的交换和消费形式,也就会形成不同的生产关系状况。生产关系相对于生产力是生产关系,生产关系相对于上层建筑,则是经济基础,从而形成一定的社会制度和一定历史条件下家庭、社会、民族、阶级和国家等。平等观念属于思想上层建筑,无论是政治、法律和哲学的平等,都是适应一定的经济生活条件产生的。有什么样的经济条件就会有什么样的平等观念。无论是政治、法律的和哲学的平等观,既是适应一定的经济条件产生的,又必须以一定的经济生活条件为前提。

其次,平等观念的形成需要一定政治条件。经济条件是平等观念的基础,但是,这种基础作用绝不是一对一的关系。在一些国家,经济基础本是现代资本主义国家的经济基础,但是,这些国家的上层建筑还是封建帝王式的君主立宪制和酋长制,在思想上层建筑方面,甚至还保留了君主至上的不平等观念。可见,经济生活条件是平等观念产生的基础,政治制度、体制的建立必须适应这种物质生活条件。但是,对政治的平等观念产生发生直接影响的,还是一定的政治制度和体制。在现代资本主义,其政治制度是资本主义的代议制,而就其政治体制而言,其形式并非就是单一的,它们至少可以区分为资产阶级的共和制和君主立宪制。共和制是比较典型的资本主义的政治体制,而君主立宪制则是资产阶级与封建阶级之间折中的产物。

最后,平等观念的形成需要一定文化条件。文化是一个民族的血脉和基因。文化可以深刻地影响一个民族、国家和人们的思想观念、行为方式。平等观念的形成与一定文化条件具有不可分割的联系。比如,在一些宗教信仰观念浓厚的民族国家推行平等观念,比在那些宗教信仰观念不浓厚的民族国家推行平等观念,二者不可同日而语。在那些宗教观念浓厚的国家,平等首先遇

---

① 《马克思恩格斯选集》第4卷,人民出版社1995年版,第532页。

到的是不同宗教的不同信仰是否平等。在历史上,曾经发生过十字军远征的宗教战争。即使是在 21 世纪的中东,基于宗教信仰的不平等问题,仍然不断地出现一个教派打击另一个教派的战争。而在那些宗教信仰观念不浓厚的民族国家,虽然不会发生宗教信仰是否平等的战争,但是历史上长期形成的文化观念也深刻地影响人们对平等的观念的理解。比如,中国古代"不患寡而患不均"的平均主义思想观念,对我国社会主义平等观的进步曾经产生了一些消极影响。

总之,平等观念的形成具有一定的历史条件。这些一定的经济、政治和文化等方面条件的总和,就是指的一定社会的国情。具体而言,平等观念的产生和形成需要一定的历史条件,也就是要适合一国的具体国情特点。

四、平等是历史与现实的统一

恩格斯所说的这种历史条件本身又以长期的以往的历史为前提,就是指具体的平等是历史与现实的统一。平等不是抽象的平等,平等是历史与现实的统一。

历史与现实是相互联系的一对范畴,二者具有不可分割性。旧唯物主义总是离开历史性来理解现实、经验和事实。"它不能把世界理解为一种过程,理解为一种处在不断的历史发展中的物质。"①中世纪被看作数千年野蛮状态的连续性中断。费尔巴哈的唯物主义之所以始终未能跳出旧唯物主义窠臼,其原因之一就在于他不懂历史。马克思说:"当费尔巴哈是一个唯物主义者的时候,历史在他的视野之外;当他去探讨历史的时候,他不是一个唯物主义者。"②这些"事实"在事实上是颠倒的和相反的,如商品拜物教。而唯心主义则相反,总是离开现实性片面地理解历史性。在布鲁诺看来,唯心主义是在自

---

① 《马克思恩格斯文集》第 4 卷,人民出版社 2009 年版,第 282 页。
② 《马克思恩格斯选集》第 1 卷,人民出版社 1995 年版,第 78 页。

我意识的历史中思考和建立精神世界,而"唯物主义者只承认当前现实的东西"①。施蒂纳从"唯一者""现实的个人"出发,但是人在这里只是一个利己主义者的人的概念。他在精神世界中虚构了人的历史,把人的当代现实性完全淹没在所谓的人的概念之中。如对基督教,他"不去描绘作为基督教的物质基础的'事物世界',却让这个'事物世界'毁灭在精神世界、基督教中"。按照唯心主义的逻辑,人的观念就是现实的人,物的观念是物本身。所以,现实的人是非人,现实的石头是非石头。其实恰好相反,人的观念不是现实的人,物的观念不是物本身,这是一个无可争辩的论题。所以,马克思说:"德国人习惯于用'历史'和'历史的'这些字眼随心所欲地想象,但就是不涉及现实。"②克罗齐认为一切历史都是当代史。这里除开他所说的历史只不过是活着的心灵的自我认识唯心主义错误之外,更为重要的是他把历史的可能性与当代的现实性混为一谈。

1. 现实性是人类历史发展过程中合乎必然性的存在所表现的特性

马克思主义历史概念的现实性有其特殊的内涵,现实性不是现存的一切。现实性不是旧唯物主义对感性、经验、现实直观的理解,一切现存的都被当作现实的。现实性也不是唯心主义的一种观念的抽象,或一种合理性的观念,在理性中创造的那个世界,或者"一种态度"(福柯),一种仅仅由人们主观价值和愿望的选择。黑格尔说:"凡是现实的都是合理的,凡是合理的都是现实的。"既然现实性在其展开过程表明为必然性,剥离黑格尔的唯心主义外壳,这里的合乎理性的,就是指的规律性。现实性是指合乎规律的必然性。现存的决非无条件地也是必然的,"现实性在其展开过程中表明为必然性"③。必

---

① 转引自《马克思恩格斯全集》第3卷,人民出版社1960年版,第101页。
② 《马克思恩格斯选集》第1卷,人民出版社1995年版,第78页。
③ 《马克思恩格斯全集》第4卷,人民出版社1995年版,第215页。

然性是表示合乎规律的事物必定如此的趋势。所以,必然性往往成为分析历史事件的性质,预示未来发展趋势的内在根据。这一点成为新自由主义攻击马克思主义的一个重要观点。在波普尔、哈耶克等看来,我们认识事物的根据是经验,未来的东西都是不可预测,说事物由必然性决定,具有规律性、可预见性,这是引导人们走向奴役之道。这实际上是十分荒唐的。美国的"9·11"事件以后,西方国家纷纷建立的"反恐预案",就是以恐怖事件发展的必然性为根据的。当然,现实性与神创论相比,具有本质的区别,神创论是一种宿命论,现实性则是我们辩证地认识历史与现实,把握时代,定位未来发展趋势的根据。恩格斯说:"根据黑格尔的意见,现实性绝不是某种社会状态或政治状态在一切环境和一切时代所具有的属性。"①

2. 现实性是指人类历史发展过程总体中的现实事物的特殊规定

日常生活中所遇到的一切,可以说是历史的,但并非都是现实的。我们面对的事物,只有在一定的历史总体中,才会在一定社会关系中表现为某种特定的事物。如资本主义的社会关系就是一个历史性总体,在那种关系中的事实,就具有特殊的性质。马克思说:"黑人就是黑人。只有在一定的关系下,他才成为奴隶。纺纱机是纺棉花的机器。只有在一定的关系下,它才成为资本。脱离了这种关系,它也就不是资本了,就像黄金本身并不是货币,砂糖并不是砂糖的价格一样。"②同样是市场经济体制,由市场经济本身引发的现象可能是一样的,但由于处在不同的社会关系的总体中,其性质却完全不同。比如,我国实现市场经济以后,东、西部出现了较大的利益反差,在资本主义的关系总体中,就有可能出现黑人成为奴隶那样的社会现实,而在我国却不会。事实及其相互联系的内部结构本质是历史的,只有在一定的历史关系中,黑人才是奴隶,机器才成为资本。卢卡奇说:"只有在这种把社会生活中的孤立事实作

---

① 《马克思恩格斯选集》第 4 卷,人民出版社 1995 年版,第 215 页。
② 《马克思恩格斯选集》第 1 卷,人民出版社 1995 年版,第 344 页。

为历史发展的环节并把它们归结为一个总体的情况下,对事实的认识才能成为对现实的认识。"①卢卡奇的观点有一定的合理性,现实不是孤立的事实,现实是历史发展环节总体中的事实。

3. 现实性是指人类历史发展过程中充分展开和实现的可能性

现实与可能具有历时性特征。可能在前,是因;现实在后,是果。现实性是可能性转化过程呈现出来的特征,也可以说只有那些充分展开和实现的可能性才是现实的。在古希腊,亚里士多德曾以建筑来论述"潜能"与"现实"的关系。他认为,我们有了用于建筑的砖瓦,这些还不能说是建筑,只是说已经"潜在"的有了可能建筑的因素,但是房屋一旦建成,潜能就变成了现实。亚里士多德的合理之处在于,他十分清晰地把可能与现实这对范畴做了不同的区分。真正论述可能与现实的辩证关系的是黑格尔。他认为,现实是由可能转化而来的,现实是真实可能性的实现。这种真实可能性不同于形式的或抽象可能性。抽象可能性是指不具备转化为现实的条件只是合乎形式逻辑推理的可能性,即一事物只要它在逻辑上不自相矛盾,就以为是可能的。其实,这是错误的。这种缺乏内在根据的形式可能的设想,既可以说是可能的,也可以说是不可能的,因为任何事物都是矛盾的统一体。黑格尔虽然是唯心主义者,但对可能与现实的论述,可以说是入木三分,是深刻的,值得我们在理解马克思主义的历史性与现实性的关系时进一步思考。

黑格尔在谈到"可能性"这个问题时还认为,"现实的诸环节的总体、总和,现实在展开中表现为必然性。"列宁说:"现实的诸环节的全部总和的展开(注意)= 辩证认识的本质。"②这里的"诸环节"是指可能性、偶然性和必然性。现实性就是可能性、偶然性和必然性等各个环节的整体、总和。在黑格尔看来,现实性与可能性、偶然性和必然性是相互联系的。偶然性只是现实的外

---

① 卢卡奇:《历史与阶级意识》,杜章智译,商务印书馆 1992 年版,第 56 页。
② 列宁:《哲学笔记》,人民出版社 1993 年版,第 132 页。

在形式方面,这就是直接的现实性,其本身是条件。单纯的可能性是现实的内在方面,它是由条件的总和构成的。真实的可能性就是单纯的可能性和偶然性的辩证统一。只有真实的可能性具备一切条件时,它才是现实的,也就是必然的。现实性不仅要看形式,而且要看其内容,看其内部的条件和根据,看现实的各个环节的总和。可见,黑格尔所说的现实性,实际上是指事物的内在的本质联系和根据,即必然性或规律性。恩格斯批判了黑格尔的唯心主义,肯定了黑格尔对现实性内涵的合理规定。根据马克思主义现实性的内涵,我们完全可以说,只有那些具有内在的本质联系和根据的历史性的事物,现实的可能性才是可能的、现实的、当代的,否则,就是不可能的、没有根据的、不现实的,也不可能是当代的。旧唯物主义离开历史性来理解现实性,等于取消了现实性的前提和根据,现实性成了一堆烂泥。唯心主义在观念中把历史的可能性想象为现实性,现实性成为了抽象的形式和虚幻的怪影。旧唯物主义和唯心主义都无法在现实性中展示当代性。

4. 现实性是一定历史条件下人的感性活动建构起来的存在所表现出来的特征

马克思说:"从前的一切唯物主义——包括费尔巴哈的唯物主义——的主要缺点是:对对象、现实、感性,只是从客体的或者直观的形式去理解,而不是把它们当作人的感性活动,当作实践去理解,不是从主体方面去理解。"[①]这就是说,现实不是消极的,而是一种以人的感性活动为前提的积极的生成,是主体和客体相互作用的结果。历史只是当代人类实践活动所遇到的一种现实的客观前提和根据,并不是现实事物存在本身。在旧唯物主义和费尔巴哈那里,这种客观前提就是现实存在本身,而"某物或某人的存在同时也就是某物或某人的本质",这是无法改变的。"如果他们的'存在'同他们的'本质'完

---

① 《马克思恩格斯选集》第 1 卷,人民出版社 1995 年版,第 3 页。

全不符合,那么,根据上述论点,这是不可避免的不幸,应当平心静气地忍受这种不幸。"①这当然是错误的。人的生存条件、环境同人的本质始终是一对矛盾。但人可以通过自己能动的实践活动来解决它们之间的矛盾。环境决定人,但人可以创造环境。毛泽东在分析战争胜负的可能性和现实性时,十分强调主体的能动性对于把握战争胜负现实性的重要作用。他认为,条件是历史性的,这只是战争胜负的可能性,要使战争胜利由可能成为现实,还取决于主体的主观能动性。他说:"战争的胜负,固然决定于双方军事、政治、经济、地理、战争性质、国际援助诸条件,然而不仅仅决定于这些;仅有这些,还只是有了胜负的可能性,它本身没有分胜负。要分胜负,还须加上主观的努力,这就是指导战争和实行战争,这就是战争中的自觉的能动性。"②所以,现实绝不是那些既定的现成的历史的生活环境和生产条件等,现实性是人类自身能动的革命的批判的实践活动,认识和改造自然,使个人与自然、人与社会和谐发展由可能转化为当代现实存在的一种特性。

根据马克思主义现实性的内涵,平等的现实性是指平等在历史发展过程中,那些具有内在的必然趋势的平等要求在当代实现的可能性。换言之,缺乏现实性的平等,是不可能的、没有根据的平等要求。问题是,历史性是否等于当代性? 当代性是否等于现实性?

历史是一个经历古代、近代和当代的发展过程,当代史只是整个人类历史过程的一个阶段。历史性是指整个历史发展过程的特征,而当代性是历史作为当代实体存在的历史的属性。历史性是全称概念,历史性内在地包含了当代性。因而,突出马克思主义平等的历史性似乎并未否定马克思主义的当代性。但是,当代性不是历史性的直线延续。当代性具有自身的特殊内涵。当代性是历史在当代显示的意义和价值。历史概念如果没有当代性,就毫无意义和价值。历史在当代显示的意义和价值,这是历史性的生命之实质。所以,

---

① 《马克思恩格斯选集》第 1 卷,人民出版社 1995 年版,第 97 页。
② 《毛泽东选集》第二卷,人民出版社 1991 年版,第 478 页。

另一类观点认为,强调马克思主义的当代性是必要的,而马克思主义的历史性最终要通过当代性来显示它的意义和价值,强调马克思主义的当代性并未否定马克思主义的历史性。其实这两种倾向都只具有形式(逻辑)上的可能性,都不具有真实的可能性。主要原因有两个:一是割裂历史与现实的内在联系;二是把当代性等同于现实性。前者是用直观的观点来看历史性,后者也是对当代性的一种直观,因为当代性与现实性是完全不同的。

首先,历史与现实是辩证统一的。历史与现实、历史性与当代性之间相互区别,但是它们有不可分割的内在联系。第一,历史性是指一定社会所遇到的一定的现实前提或基础。这就是说,任何社会都不可能建立在沙滩上,都会遇到既定的物质前提、经济条件和既定社会关系等基础,不同的国家和地区就有不同的情况,因而不同的国家和地区在当代所面临的问题不同。比如,在21世纪,当西方大谈所谓后现代的时候,而中国面临的仍然是现代性的大量问题。第二,历史性是指人类社会生存方式的变化和发展。由于任何社会都是一个发展变化的过程,各个国家、民族由于发展的程度和水平的不同而处在不同的发展阶段。如西方发达国家的现代化发展的阶段与我国现代化的发展阶段是不同的,我国当代所面临的问题不同于西方当代现代化中的问题。就是在社会主义发展历程中,不同的历史阶段的当代性问题也是不同的。第三,历史性指的是事物发展过程的总体性。一方面,当代性不是孤立的,必须从历史发展过程的总体方面才能把握当代问题的特殊性。中国现代化中出现的当代性问题虽然是各国现代化进程都出现过的问题,但是只要把这些问题同世界历史性的总体相联系,那么就会发现中国当代现代化问题仍有自己的特殊性。另一方面,一个国家、一个民族的事件只是一个孤立的事件,只有在历史过程的总体中,这个事件才是一个在当代具有世界历史性的事件。因而,中国当代性内涵既要考虑中国历史发展过程的特殊性,同时也必须与世界历史发展总体性联系起来,也只有把中国当代性问题纳入世界历史发展总体中,中国现代化的问题才具有真正当代性。

其次,当代性是历史性与现实性的统一。历史性侧重于从客体方面去理解,现实性主要从主体方面去理解。历史性为当代性提供了前提,而现实性才真正是当代性定位的内在根据。第一,现实性是人类历史发展过程中合乎必然性的存在所表现的特性。历史的不一定是现实的,但现实的一定是历史的。现实的是指那些当代历史的存在中具有必然的趋势的事物;而那些现存的东西,如果不是必然的,由于它丧失了生命力,即使是历史的,也不是现实的和当代性的。许多专家揭示的当代性意蕴,从学理上的分析就是指的前者,而不是指后者。如当代出现的全球化趋势,由于西方现代化发展历史较早,把全球化说成是西方的全球化,的确有一定的合理性。但是全球化是一种具有必然的"社会化的人类"的趋势,尽管我国和西方发达国家的历史性的前提不一样,各国的国情和历史性发展阶段虽然有不同,但由于当代处在一个共同的世界历史性的环境中,社会发展总的趋势有其内在的一致性,当代性所面临的问题是相同的,如全球化的趋势所带来的全球性的大量问题。第二,现实性是指人类历史发展过程中充分展开和实现的可能性。这一点说明,历史的前提是十分复杂的,有的事物虽然是历史的,但并不具有真实的可能性,在当代形式上是可能性的,实际上是不可能的。因为历史性不经过现实性的扬弃,当代性不可避免地带有历史的局限性,当代性成为历史在当代直接的形式上的延续和呈现,这种当代性只是一种历史编纂学式的当代性,不是真正的当代性。历史性经过现实性的扬弃,克服历史性中消极的因素,作为实体存在的当代史就显现出当代性特点,其历史在当代的合理性就显现出来,历史中积极的因素成为了当代性的条件和内在根据。如果把一个缺乏内在根据的历史性的前提当作当代性,那是荒谬的。在政治上,如果把这种不可能的东西当成现实的,甚至说成是当代性的,那就必然导致"左"的错误。反之,如果对那些历史前提中具有真实可能性的存在,将其误导为是不现实的,那就可能使我国错失发展良机,在世界历史的进程中落伍。所以,科学认清历史发展中的可能性和现实性,对于我国当代性内涵的准确把握具有极其重大的价值和意义。第三,现实性是一定历史条件下人的感性活动建构起来的存在所表现出来的特征。从人的感性活动、从实践、从主体去理解现实,那么,主体的主观能动性对于当代是一个至关重要的因素。与西方发达国家相比,当代我国市场经济体制发育的程度与现代化的发展的程度和水平,都处于不同的历史阶段,有的可能相差10年甚至20年不等。但是,我国如果能够充分发挥社会主义制度的优越性,努力加强“五个文明”建设,发扬民主,通过正确的路线、方针、政策导向,充分调动各民族人民的积极性和创造性,建构一个效率优先、兼顾公平的保障体系和运行机制,营造一个和谐社会国内环境和一个和平与发展的国际环境,我国就一定能够把当代性的历史坐标方位逐步地向前推进。所以,离开历史性和现实性就无法理解当代性。历史性说明当代性的基础、条件,现实性主要表示这些基础、条件在当代是否有可能转化为现实;历史性主要展示当代性的过去,现实性主要昭示当代性的未来;历史性主要是指传统在当代的继承,现实性主要是指历史性在当代的发展;历史性主要指当代是否可能,现实性主要是指当代性是何以可能的;历史性可以说明当代的实在,实践的直接现实性才可以证明和显示历史性在当代的现实意义和价值。

由此可见,探索马克思主义平等的当代性,必须对马克思主义平等的历史性与现实性进行辩证思考。一方面,不能离开平等的现实历史性来研究平等当代性,因为平等的现实历史性说明我国的平等观念是马克思主义平等思想中国化的产物。另一方面,不能撇开平等的历史现实性去抽象地议论平等的当代性。因为平等的历史现实性揭示马克思主义平等思想中国化的必然性和可能性。它说明,马克思主义平等思想中国化的成果,是中国当代的马克思主义者经过近一个多世纪以来的实践和努力,把马克思主义的普遍原理同中国具体实际相结合所取得的理论成果。一言以蔽之,中国特色社会主义平等观念的当代性,是马克思主义平等思想历史性和现实性的辩证统一。

五、马克思主义平等观的基本内容

平等是历史性和现实性的辩证统一。在古代,不平等比平等更重要。在近代,由于生产力的发展,交换价值的交换在资本主义生产体系中才成为普遍的社会化原则而得到充分的发展,并成为资本主义自由平等的经济基础。自由作为一种观念形态,它根源于这种平等自由交换的经济关系。经济形式的等价交换,确立了主体之间的平等,那么内容即"促使人们去进行交换的个人和物质材料,则确立了自由"。这就是说,资本主义的自由与平等根源于资本主义的生产关系和交换关系。交换关系中的等价交换从经济形式上,首先体现和确立了主体之间的平等。从交换价值的交换形式来看,在形式上出现了三种要素,即作为交换主体的交换者、等价物和交换行为本身。交换是交换主体之间的相互交换关系,在亚当·斯密那里,被称之为经济人之间的以物换物、互通有无的关系。但是,在商品社会,这种物不再是实物,而是作为货币或金银的等价物。等价物不仅作为中介物必须相等,而且还要被对方承认为相等。交换主体通过等价物的中介作用,主体才表现为交换者、相等的人,而他们的客体则表现为等价物、相等的东西。交换价值的等价交换,尽管交换的主体的自由意志和交换客体的物质材料存在不同的差别,但是,它们在形式上是平等的。换言之,交换价值的等价交换,不仅在经济形式上为平等观念提供了经济的物质的基础,同时也使自由意志的自由有了自己的实际内容。马克思说:"尽管个人 A 需要个人 B 的商品,但他并不是用暴力去占有这个商品,反过来也一样,相反地,他们互相承认对方是所有者,是把自己的意志渗透到商品中去的人格。因此,在这里第一次出现了人格这一法的因素以及其中包含的自由的因素。"①交换价值的等价交换改变了古代奴隶社会、封建社会存在的用暴力去占有和支配他人身份和他人所有物的不平等、不自由的现象。交

---

① 《马克思恩格斯全集》第30卷,人民出版社1995年版,第198页。

换价值的等价交换,通过等价物的平等交换,凸显了交换主体把自己的自由意志渗透到商品中的人格自由,第一次出现了人格这个作为法的因素以及其中包含的自由的因素。马克思说:"平等和自由不仅在以交换价值为基础的交换中受到尊重,而且交换价值的交换是一切平等和自由的生产的、现实的基础。作为纯粹观念,平等和自由仅仅是交换价值的交换的一种理想化的表现;作为在法律的、政治的、社会的关系上发展了的东西,平等和自由不过是另一次方上的这种基础而已。"①

根据马克思的论述,对平等和自由的理解离不开以下四个基本方面的内容:

1. 平等是具体的、历史的、发展的

平等和自由不是一个抽象观念,平等和自由观念的确立离不开它的历史条件和历史前提,虽然离不开不同历史阶段的考察,但更为关键的还是要立足于现代社会的经济基础、经济关系和经济的发展水平。平等不是一个永恒的真理,而是历史的产物,不同的历史时期、不同的阶级、不同的社会就有不同的平等观。平等是具体的,不同历史时期、不同阶级、不同社会的平等都有自己的具体内容。恩格斯认为,资产阶级的人权就是资产阶级的特权。空想社会主义所理想的平等理性王国,不过是资产阶级的理想化王国:"平等归结为法律面前的资产阶级的平等;被宣布为最主要的人权之一的是资产阶级的所有权;而理性的国家、卢梭的社会契约在实践中表现为,而且也只能表现为资产阶级的民主共和国。"②

2. 交换价值的等价交换第一次确立了人格的独立自由

自由不是天赋的,平等因素最初产生是交换价值等价交换的经济关系,自

---

① 《马克思恩格斯全集》第30卷,人民出版社1995年版,第198页。
② 《马克思恩格斯文集》第3卷,人民出版社2009年版,第524页。

由独立的人格自由最初来源于等价交换的平等、自由。自由与平等观念，无论是直接反映经济关系的政治、法律的自由和平等，还是与经济关系距离比较远的哲学、伦理道德的平等、自由，最终都是经济关系和交换关系的产物，并且随着经济关系和交换关系的发展而发展。那种把平等和自由说成是天赋的，甚至是一成不变的观念，是十分错误的。

3. 资产阶级的平等在实质上只是形式的平等

资产阶级的平等有历史进步意义，但也有其局限性。资产阶级的平等、自由是历史的产物。根据历史性的规定，所谓资产阶级的平等是历史的，是说资产阶级的平等、自由既有一定进步意义，但也包含了自己的局限性，完全否定资产阶级平等的历史进步意义是片面的。从历史发展阶段来看，在资产阶级之前的一切社会，除开专制等级的阶级统治，根本就无从谈论平等与自由，唯有资产阶级第一次从等价交换的经济形式和交换主体的自由意志中生长出了作为另一次方的法律的政治的平等、自由。但是，这种平等、自由是表面的、形式的，在这种平等、自由的虚假的外观下，仍然掩盖了极大的不平等和不自由。资产阶级交换价值的交换实际是指劳动力作为商品的买和卖。那么，这种买和卖的自由、平等的确切含义和实质是什么？马克思就在《资本论》中说，就劳动力的买和卖的"自由！因为商品例如劳动力的买者和卖者，只取决于自己的自由意志。他们是作为自由的、在法律上平等的人缔结契约的。契约是他们的意志借以得到共同的法律表现的最后结果。平等！因为他们彼此只是作为商品占有者发生关系，用等价物交换等价物"①。劳动力作为商品的买和卖，它与其他任何商品的买和卖是不同的，劳动者在与资本交换时出卖的是自己的劳动力，而资本一旦买到劳动力，并不是把劳动力当作商品直接消费，而是把劳动力投入到生产过程，消费的是劳动力的劳动。劳动力的价值与劳动

---

① 《马克思恩格斯文集》第5卷，人民出版社2009年版，第204页。

力劳动的价值是不相等的。劳动力劳动的价值将大大地超过了劳动力的价值。所谓的平等、自由,在这种劳动力商品的等价交换中变成了极大的不平等和不自由。马克思说,劳动的商品自由平等的买和卖的实际状态是,"原来的货币占有者作为资本家,昂首前行;劳动力占有者作为他的工人,尾随于后。一个笑容满面,雄心勃勃;一个战战兢兢,畏缩不前,像在市场上出卖了自己的皮一样,只有一个前途——让人家来鞣。"①

4. 消灭阶级是无产阶级平等的基本要求

为什么无产阶级平等要求的实际内容都是消灭阶级的要求?

首先,阶级存在是不平等的最直接原因。任何阶级社会都是等级社会,如奴隶社会的奴隶主和奴隶,封建社会的贵族、地主和平民,资本主义社会的资本家和工人。恩格斯说,18世纪已经有了直接共产主义理论(摩来里和马布利)。"平等的要求已经不再限于政治权利方面,它也应当扩大到个人的社会地位方面;不仅应当消灭阶级特权,而且应当消灭阶级差别本身。"②阶级特权是不同阶级的特殊权利。这是皮与毛的关系,特权是毛,而阶级是皮。皮之不存,毛将焉附?只有消灭阶级,才真正消灭了一切特权产生的阶级根源。

其次,阶级是一个经济范畴,消灭阶级就等于消灭私有制,也就等于消灭了阶级产生的经济根源。在《1891年社会民主党纲领草案批判》中,恩格斯说:"消灭阶级是我们的基本要求,不消灭阶级,消灭阶级统治在经济上就是不可思议的事。我建议把'为了所有人的平等权利'改成'为了所有人的平等权利和平等义务'等等。平等义务,对我们来说,是对资产阶级民主的平等权利的一个特别重要的补充,而且使平等权利失去道地资产阶级的含义。"③

最后,消灭阶级也就等于国家消亡。国家是阶级统治的工具,国家是一个

---

① 《马克思恩格斯文集》第5卷,人民出版社2009年版,第205页。
② 《马克思恩格斯文集》第3卷,人民出版社2009年版,第525页。
③ 《马克思恩格斯文集》第4卷,人民出版社2009年版,第411页。

既产生于社会又凌驾于社会之上的权威。国家不同于自愿自觉建立起来的氏族组织,国家是一个由官吏自下而上的权力体系构成的整体系统。国家就是一个等级体系。阶级消灭了,国家也就自行消亡,社会官吏形成的阶层也就不存在了,社会才有了真正的平等。不过,这些只有在共产主义才有可能实现。

第三节　社会主义自由与平等价值选择

社会主义市场经济自由与平等的关系,也涉及公正、法治问题,但这里重点是厘清自由与平等的关系。自由与平等的关系是我国理论与实践研究中一直未能很好厘清的问题,也是我国在价值观选择上的一个关涉发展、民生、分配等方面的价值取向的重大问题,更是人们在核心价值观理解上存在迷惑最多的问题。比如,自由与平等究竟是否存在优先秩序? 社会主义究竟是自由优先,还是平等优先? 这是国内外自由与平等学术研究中一直未能很好解决的一个重大理论与实践问题。在 20 世纪,由于不同理论的分野,在西方世界就产生了力主自由为先的新自由主义与倾向于政府干预市场的凯恩斯主义等。在实践中,对自由与平等的不同理解,大到影响国家法律制度、政策实施和政府利益机制的选择,小到每个人的行为行动目标和行为价值取向的选择等。

一、中国资产阶级革命平等与自由的优先选择评析

在英、美资本主义国家,自由是绝对优先于平等,美国人甚至把美国说成是自由的天堂。这显然是片面的。新自由主义就是以自由为核心价值的资本主义思潮,把个人自由看作是具有决定意义的优先选择。事实上,同为资本主义,在法国人那里,其主张与英美并非相通,他们更加倾向的是平等优先于自由。皮埃尔·勒鲁专门出版了《论平等》的著作,在他看来,自由是人的生存权利,平等是人的本性所充满的感情,博爱是兄弟般的相互亲爱、相互帮助。

他说:"自由,就是有权行动",而"不自由,则是不准生存"①。不自由就是虚无、死亡或不准生存。如果问,我为什么要获得自由?因为我有这种权利。我之所以有这种权利,因为我们之间都是平等的。如果没有平等,那就无从谈论自由。在这里,勒鲁把自由与平等理解为个人的自由和社会的平等。死亡、生存当然是指人的死亡和生存。社会就一般而言,不存在死亡、生存权利问题。平等主要关涉的社会的平等,总是意味着人与人之间的相互关系问题。这样来区分有一定的合理性。勒鲁从社会的视角来看平等,他认为,平等是社会最初的基础。在《论平等》的序言一开头,他就说:"现在的社会,无论从哪一方面看,除了平等的信条外,再没有别的基础。"②平等在这里被理想化,把平等看成了社会基础,显然,勒鲁是受到了空想社会主义圣西门等人的影响。圣西门甚至主张建立一种新的基督教,其最高原则就是:"人人都应当兄弟相待,互爱互助。"③恩格斯说:"圣西门主义很像一颗闪烁的流星,在引起思想界的注意之后,就从社会的地平线消失了。现在没有一个人想到它,没有一个人谈起它;它的时代过去了。"④问题还在于,把自由看作是个人自由,把平等看作是社会平等,这种区分等于否定国家、社会的自由与个人的平等。尤其是前者,自由不能只看作个人的自由,自由更有社会、国家、民族的自由。如果一个国家、民族和社会没有独立、自由,那何以可能谈论这个国家、民族、社会中的个人自由?自由不只是个人的,自由与国家、民族、社会的独立解放不可分割,甚至可以说,自由首先是社会、国家、民族的自由,否则,就无从谈论所谓个人的自由。

---

① [法]皮埃尔·勒鲁:《论平等》,王允道译,商务印书馆 1988 年版,第 12 页。
② [法]皮埃尔·勒鲁:《论平等》,王允道译,商务印书馆 1988 年版,第 5 页。
③ [法]圣西门:《实业家问答》《论实业制度》,转引自周辅成编:《从文艺复兴到十九世纪资产阶级哲学家政治思想家有关人道主义人性论言论选辑》,商务印书馆 1966 年版,第 741、736 页。
④ 《马克思恩格斯全集》第 1 卷,人民出版社 1956 年版,第 577 页。

1. 中国资本主义启蒙和革命运动中的自由、平等、博爱

在中国,平等的思想源远流长。道家老子看到奴隶私有制给社会带来贫富分化和对立以及人格道德的分裂,从而更加激起了他超世脱俗的浪漫主义的情怀和对原始平均共产主义的理想追求。《老子·第七十七章》说:"高者抑之,下者举之,有余者损之,不足者补之。天之道损有余而补不足。人之道,则不然,损不足以奉有余。孰能有余以奉天下,唯有逆者。"这就是说,人道的不平等是违背了天道。天道"损有余而补不足",从而使二者平等或平均;而人之道则不同,而是"损不足以奉有余",有违天地良心。庄子也谈到了人与人的平等的问题。他认为,天子也没有什么特别,"天子"与"己"都是"天之所子"。《庄子·人世间》说:"与天为徒者,知天子之与己皆天之所子。"既然天子与自己都是天之所子,那我与天子就是平等的。儒家孔子始终坚持入世的学术取向,关注现实不均带来的危机,抱有一种拯救家国于既倒,解救万民于水火的忧患意识。《论语·季氏》说,"丘也闻,有国有家者,不患寡而患不均,不患贫而患不安,盖均无贫,和无寡,安无倾"。这里的"均",就是平均、平等之意。患不均,表现了孔子对不均、不平对国家、社会贫富悬殊而带来的危机的忧患。但平等并不等于平均,孔子从无"贫"富差别来讲平均,表现了他对原始共产主义的留恋和理想追求。孟子所处的时代,是奴隶制社会已经确立而封建因素开始萌芽的时代,原始平均共产主义已成过去,他不讲贫富之平均,而讲人与人之间的平等,《孟子·离娄下》甚至认为,圣人与我同,人人皆有仁爱之心,"尧舜与人同耳","人皆可以为尧舜"。既然人人都可以成为尧舜,那就是说,尧舜也是人,人与人是平等。当然,在孟子那里,平等只是人本性善之平等。《礼记》提出的"大同"是儒家平等思想发展的高峰。《礼记·礼运》说:"大道之行也,天下为公,选贤与能,讲信修睦。故人不独亲其亲,不独子其子;使老有所终,壮有所用,幼有所长,鳏寡、孤独、废疾者皆有所;男有分,女有归。货,恶其弃于地也,不必藏于己。力,恶其不出于身也,不必为己"。

大同社会,天下为公,没有私有观念,所以人与人是平等的。但是,这里讲的"大同"是一种观念,天下为公,也是一种观念,至于天下为公的制度基础是什么?儒家的大同之说,还无法涉及,也不可能涉及。这就是最初空想的原始平均共产主义的理想。而《礼记·祭统》虽然也提出:"贵者不重,贱者不虚,示均也。惠均则政行,政行则事成,事成则功立。功之所以立者,不可不知也。俎者,所以明惠之必均违,善为政者如此。故曰,见政事之均焉"。但是,这些都是指为政者的政事应该关注"均"问题,而不是解决不均的经济根源问题。

法家的平等是法律的平等。在《商君书·刑壹》中,商鞅说:"壹刑者,刑无等级,自卿相将军以至于大夫庶人,有不从王令、犯国禁、乱上制者,罪死有赦。"先秦墨子对平等的思考,在一定意义上推进到了一个新水平。《墨子·尚贤上》说:"古者圣王之为政,列德而尚贤,虽在农与工肆之人,有能则举之,高予之爵,重予之禄,任之以事,断予之令,曰:爵位不高则民弗敬,蓄禄不厚则民不信,政令不断则民不畏,举三者授之贤者,非为贤赐也,欲其事之成。故当是时,以德就列,以官服事,以劳殿赏,量功而分禄,故官无常贵,而民无终贱,有能则举之,无能则下之,举公义,辟私怨"。这就是说,古者圣王之为政,摒弃了私心,所以能够有能则举之。义者,宜也,也就是正的意思。所以,若要平等,必须公义或公正。这就为平等提出更高的标准,那就是公义或公正。

在封建社会,儒家一直是中国古代文化的"独尊"。儒家"均"的思想是封建社会一部分士大夫和农民革命"均贫富""等贵贱"的理想和口号。如龚自珍就把均贫富看作是明君贤臣治理天下的崇高目标追求。如龚自珍的《平均篇》认为,"有天下者,莫高于平之之尚也"。北宋和南宋农民起义分别提出过"均贫富""等贵贱"等口号。这里的平就是平均,均也是平均;这里的等,就是均等。

这就是说,我国古代虽然有"均""平""等"的概念,但与现代"平等"概念相比,由于时代的限制,其内涵比较狭隘。尤其是"均"主要是平均之意,显然带有原始平均共产主义的痕迹。在我国,最初作为政治价值观起源的西方自由、平等、博爱观念的提出,是资产阶级的启蒙运动者。不过,他们对西方的这些观念并非全部拿来就用,而是根据他们对中国国情的理解,从封建帝制改良需要出发,各自倡导了不同的政治价值观念。如谭嗣同主张的是平等观念,康有为提倡的是博爱,而严复和梁启超则论述了自由。

其一,谭嗣同、康有为和梁启超的平等、博爱,自由思想。

谭嗣同以佛法平等、基督教天国的人人平等,以及儒家大同关于不独亲其亲、不独子其子等思想为依据,批判了封建主义的纲常名教、"三纲五常",提出了他的平等思想。谭嗣同在他的《仁学》中,阐述了平等化万物、万物生而平等的观点。《仁学·二十四》说:"平等者,致一之谓也。一则通矣,通则仁矣。"平等就是废君臣、等贵贱、均贫富。有了平等,就等于有了天下一家、兄弟一样的博爱。

康有为在他的《大同书》等著作中,提出了博爱天下为"仁"的思想。在中国古代,庄子的《逍遥游》就隐含了哲学的自由思想,但始终没有与西方政治自由相对应的概念。这就出现了最初对自由概念的辨析问题。如清末张之洞把"自由"解释为公道。严复将约翰·穆勒的著作《论自由》翻译为《群己权界论》,把西方"liberty"一词译为"自繇",在含义上纠正了张之洞的说法。他认为"自繇",不是公道,而是无障碍的意思,与奴隶臣服约束等字为对义。严复所理解的"自由",不仅是指人的自由,而且,"自由"与平等、与民主政治相联系。在研究西方自由基础上,严复提出了自由为体、民主为用的思想。他认为,西方资本主义制度的本质是自由,民主政治只不过是"自由"的产物。民主政治是自由,民主的基础和目的是自由,自由是民主政体的根本,一切"刑禁章条"都为"自由"而设立。他说:"夫所谓富强云者,质而言之,不外利民云尔,然政欲利民,必自民各能自利始;民各能自利,又必自皆得自由始。"[1]自由是资本主义国家富强的本质与民主政体建立的基础。严复宣传这种典型的英

---

① 《严复集》,中华书局1986年版,第27页。

国资本主义自由思想,其旨趣是希望在中国实行君主立宪政治。在封建专制的中国,严复的改良主义只是白日做梦。严复对西方人道主义思想的介绍,冲击了封建专制传统观念,在一定意义上为辛亥革命资产阶级思想传播打下了地基。

但是,在梁启超看来,自由才是救国的根本。梁启超对"自由"思想的研究,突出的是两点:其一,自由是救国的根本;其二,除心奴,解放思想,这是自由的前提。中国数千年之腐败,其祸及于今日,究其大原,都是从奴隶性而来。要除奴性,治愈此病,非自由,别无他方。他在《新民说·论自由》一文中说:"若有欲求真自由者乎,其必自除心中之奴隶始。"①为了避免亡国变种而求维新变法,为了免于亡国变种,才想到西方民主自由思想。所以,中华民族的独立自由,乃是近现代中国民族自由的主题。梁启超指的去"心奴"的口号,实为反对中国为仆,争取民族独立之意。它已包含了资产阶级民主独立的思想。可见,中国近现代人学思想启蒙与中华民族自由独立的主题具有不可分割的联系。

其二,戊戌维新以后资产阶级的思想转向。

戊戌维新失败以后,资产阶级的思想家办报刊、写文章,宣传资产阶级的人学思想,为辛亥革命作了思想与理论准备。在这些文章中,资产阶级民主主义革命派倾向于认同进化论的思想,大都用进化论的观点作为立论根据,论述国民生存与民族危亡等问题。如 1902 年 12 月在上海创办的《大陆》期刊上刊发的《中国之改造》一文中,在探索中国究竟何以在人的生存竞争中总是处于劣势时说:"就生物界之法则而论,凡繁殖力强盛之种族,于生存竞争之上是为优者。"法国人口日减,而中国人口日增,中国人的繁殖能力之旺盛实为可惊,为什么中国人在生存竞争场里,反而败于法国等资本主义国家? 作者说:"人类之生存竞争,为世界一大战场,以生产的能力与政治的能力二者兼备,然后能奏凯歌而成汗马之绩,是之谓为一伟大国民。"②作者认为,生产的

---

① 《梁启超全集》,北京出版社 1999 年版,第 675 页。
② 张枬、王忍之编:《辛亥革命前十年间时论选集》第一卷上册,生活·读书·新知三联书店 1960 年版,第 418 页。

能力是人的社会性资格的基本条件,而政治能力是国家之国民资格的基本条件。"中国人既具社会的优者之资格矣,而于政治的能力之缺乏"。认为,中国人的国家是一个缺乏政治能力的国家,国家实际是一个空中楼阁,这就是中国在生存竞争中处于劣势,国家成为西方人与异族殖民地的原因。所以,改造中国的途径就是要造就一个有政治能力的国家。作者说:"今夫国家也者,个人之集合体也,社会亦个人之集合体也。凡健全之个人,思想发达,而同其利害者,即可造一政治的团体,而组成国家。"①《大陆》杂志上的作者,虽然把人的能力看作是人的社会性资格与国民资格的基本条件,这反映了资产阶级革命时期人学思想的积极向上的倾向,但是,他并没有深刻地认识到,中国国民政治之能力缺乏的根本原因,在于中国封建专制政治的根本性质及其愚民政治直接带来的后果。

在一个半封建、半殖民地的中国社会,以社会达尔文主义进化论作为资产阶级人学思想立论的根据,既有唤醒国民"自强保种"的启蒙意识的积极作用,但是,更为严重的是它等于承认了殖民主义者"丛林法则"的合理性。以严复为代表的资产阶级启蒙思想家,仅仅看到了用达尔文的进化论包含的积极意义,并未意识到用自然进化论来解释社会现象的社会达尔文主义的反动性。在20世纪初,资产阶级民主主义革命者在认识上的一个飞跃,就是开始批判和澄清社会达尔文主义的错误。比如,1903年11月创刊于松江的革命刊物《觉民》在第九、十期合本刊登了君平的《天演大同辨》开篇就说:"天演家之言曰:'物竞天择,优胜劣败。'大同家之言曰:'众生平等,博爱无差。'同人以二义相诘难,平子乃演而录之"。作者以人道主义为基本原则表述了自己的意见,他说:"夫同住地球,同具生命,广言之则彼固物而我亦物也,狭言之则彼固人而我亦人也。彼虽劣,我安忍灭之? 我虽优,我又安得独利? 牺牲数之血泪,易此少数之文明,果何忍而出此哉! 虽谓天为造成腥血世界之利器,

---

①　张枏、王忍之编:《辛亥革命前十年间时论选集》第一卷上册,生活·读书·新知三联书店1960年版,第419页。

云何不可？呜呼,白起之坑降卒、哥萨克兵之溺黑龙江人,闻者尽人而悲之;不知天演之暗杀,正千万倍而未已也。学者犹且推其波而助其澜。哀哉斯言!"[1]按西方人道主义基本原则,人的生命都是平等的,优者就不能消灭劣者。用牺牲多数劣者之血泪与生命,来换取西方少数人的文明进步,这难道是人道主义吗？西方帝国主义侵略者,用天演变化科技发展的"利器",去大批地杀害成千上万的殖民地的生灵,这也是天演的人道主义的结果吗？这不是文明,而是野蛮;这不是人道,而是兽道!资产阶级改良派不顾这些严酷的事实,用进化论来大谈什么"平等""博爱",这不是为西方帝国主义侵略者张目是什么呢？资产阶级改良派的观点是错误的,资产阶级改良主义的道路是行不通的。

1905年胡汉民进一步对严复传播的人的自由理论进行批评。他认为,严复用斯宾塞的国家有机体说施之于我国,亦有不宜者也。胡汉民列举了小野冢氏对斯宾塞有机体论批评的五个方面,认为有机体受支配于物质法则,而国家受支配于心理法则。受支配于自然法则,其肢体则听命于神;受支配于心理法则的,人的肢体自由与自然物质的联系则十分微弱,而主要依赖是国家机关等社会组织。国家是人民心理的集合体,其结果受心理法则之支配。所以,严复用斯宾塞的国家有机体说来解释国家和人的自由,必然重自然法则,轻心理法则;重物质法则的支配,而"轻人之为之自由"[2]。这就直指封建的专制统治下人民的不自由,它不是自然法则造成的,而是清代封建国家落后的种族主义的狭隘心理造成的。中国人要获得人的自由,就必须要推翻清代封建的种族统治。对西方资产阶级的各种思潮进行了梳理、评析和过滤的代表是1908年鲁迅写作的《文化偏至论》。他说:"是故将生存两间、角逐列国是务,其首则

---

① 张枬、王忍之编:《辛亥革命前十年间时论选集》第一卷下册,生活·读书·新知三联书店1960年版,第872页。

② 胡汉民:《述侯官严氏最近政见》,载张枬、王忍之编:《辛亥革命前十年间时论选集》第二卷上册,生活·读书·新知三联书店1963年版,第148页。

立人,人立而后万事举;若其道术,乃必尊个性而张精神。假不如是,槁丧且不俟夫一世。"①鲁迅这里的人,就是与物相对的人。在人与事物之间,人立而后万事举;在学术研究等方面,必尊个性而张精神。这里的"人立而后万事举",包含了中国资产阶级民主主义革命的以人为本的思想。这些观点唤醒了资产阶级革命派和中国民众人道主义的自我意识,它为资产阶级民主主义革命做了思想准备。

其三,资产阶级民主主义革命家以孙中山为代表的人道主义思想。

资产阶级革命派开始把西方资产阶级人道主义具体化为资产阶级民主主义革命的人学思想。这一点在章太炎和孙中山那里表现得尤为突出。章太炎首先把达尔文的进化论改造为俱分进化论,看到了资本主义社会发展对人的善恶、苦乐带来的双重影响,这就为他提出和论证资产阶级革命者的素质提供了人学基础。他认为,对于革命者,是否有不求"富贵利禄之心"极为重要。他既批判了西方的功利主义,也批判了儒家慕荣求利、趋时而变的言论,主张革命党人应该有高尚的道德,这就是"舍命不渝",注重革命和民族大义。所以,他说"无道德者不能革命"②。在这里,道德素质成为了革命者最为重要的素质。其次,他汲取了西方人道主义人性论的基本观点,阐述了人的解放的理论。他把人性分为自然属性和社会属性。他认为,对于人性的探索要放在自然科学基础上,因为人的自然属性是自然长期发展的结果。人性是社会关系发展的产物,章太炎把人性归结为自然属性,反映了他的思想局限性。但是,他又认为,人的社会属性不是先天的,而是后天的。他以洛克"人之精神,本如白纸"为理论根据,批判了性本善的唯心主义先验论,他说:"自社会言之,则有善恶矣。"③这就是说,人性不是先天的,人的善恶是社会环境影响的产

---

① 张枬、王忍之编:《辛亥革命前十年间时论选集》第三卷,生活·读书·新知三联书店1977年版,第363页。

② 《章太炎全集·革命之道德》第4卷,上海人民出版社1985年版,第279页。

③ 《章太炎选集》,上海人民出版社1981年版,第86页。

物。既然人性是社会环境影响所致,人性的解放与人的解放、社会的解放相联系。他认为,人的个性独立和个性自由是人的解放的必要途径。他说:"即实而言,人本独生,非为他生,而造物无物,亦不得有其命令者。吾为他人尽力,利泽及彼,而不求圭撮之报酬。此自本吾隐爱之念以成,非他律为之规定。吾与他人戮力,利泽相当,使人皆有余,而吾亦不忧乏匮,此自社会趋势迫胁以成,非先有自然法律为之规定。"①在这里,章太炎从人与社会、人与自然的关系来看人的个性解放与个性自由的合理性。"人本独生",人不是为其他人、社会、国家而生的,个人本性就是独立的、自由的;至于个人的义务与责任则是社会"迫胁而成"。但这不是说,人不需要相互合作,但相互合作的理由是"既已借力于人,即不得不以力酬人"。人与人、人与社会的合作是建立在相互合作的基础之上的,这就是确保人的个性独立与个性自由的先决条件。这就是说,他人与社会不能以自己的"利泽相当"的界限之外来侵犯个性独立与个性自由。这些思想无疑冲击了封建社会要求臣民绝对地牺牲自己的"愚忠""愚孝"的泯灭个性与自由的旧观念,弘扬了资产阶级的人道主义精神,对于资产阶级民主主义革命过程中人的思想解放具有积极的引领作用。

资产阶级革命家孙中山在其三民主义学说中,平等思想占有十分重要的地位。"民族主义是对外人争平等的,不许外国人欺负中国人;民主主义是对本国人争平等的,不许有军阀官僚的特别阶级,要求全国男女的政治地位一律平等;民生主义是对于贫富争平等的,不许全国男女有大富人和大穷人的分别,要人人能够做事,人人都有饭吃。"②孙中山按照资产阶级的人道主义理论,批判了封建社会反人道的观念,比较系统地把资产阶级人道主义思想同中国资产阶级民主主义革命的人学思想实际结合起来。

首先,孙中山把西方人道主义的以人为本,改造为以"民生"为本。孙中山是一个伟大的民主主义资产阶级革命者,他进行了把西方资产阶级人道主

---

① 《章太炎全集·四惑论》第4卷,上海人民出版社1985年版,第444—445页。
② 《孙中山选集》,人民出版社1981年版,第903页。

义中国化的成功探索。他提出了"民生"的新概念,以至于在英文中找不到准确的单词来翻译。根据德国学者李博的考证:"英文通常将民生主义翻译为'principle of people's livelihood'"。① 这里的 livelihood 主要是指生活或生活资料的意思,与民生主义的民生含义相去甚远。在孙中山的三民主义的思想体系中,民生具有基础和核心地位。民生不仅包括生活消费、还包括实业、平均地权与节制资本、民权、民族以及资产阶级的民主政治等等。三民主义之所以以民生为本,是因为民生是人民、国家、社会存在的根本。他说:"民生就是人民的生活——社会的生存、国民的生计、群众的生命便是。"②孙中山认为,人类初生以来,为了要满足衣、食、住、行四种需要,天天都在奋斗中"求生存",求生存是"人类的天然思想",这就是说,民生就是指人类"求生存"的欲望与要求,它是人民与社会生存之根本。解决民生问题就是解决了国家生计之根本问题,民生问题也是教育和其他各项事业发展的根本。当他论及教育其他各项事业的发展时,他说:"必也治本为先,救穷宜急,'衣食足而知礼节,仓廪实而知荣辱',实业发达,民生畅遂,此时普及教育乃可实行矣。"③民生是本,其他为末,以人为本就是以民之生存为本。民生是本,是社会一切活动的原动力。他说:"民生就是社会一切活动中的原动力。因为民生不遂,所以社会的文明不能发达,经济组织不能改良,和道德退步,以及发生种种不平的事情。像阶级战争和工人痛苦,那些种种压迫,都是由于民生不遂的问题没有解决。所以社会中的各种变态都是果,民生问题才是因。"④民生主义是人类的"最高理想"和社会进化的最终目的。孙中山说:"民生主义就是社会主义,又名共产主义,即是大同主义。"⑤民生在这里成为了一种价值理想与目标。其实,民

---

① ［德］李博:《汉语中的马克思主义术语的起源与作用》,赵倩等译,中国社会科学出版社2003年版,第125页。
② 《孙中山全集》第9卷,中华书局2006年版,第355页。
③ 《孙中山全集》第6卷,中华书局2006年版,第228页。
④ 《孙中山全集》第9卷,中华书局2006年版,第386页。
⑤ 《孙中山全集》第9卷,中华书局2006年版,第355页。

生主义既不是社会主义、共产主义,也不是孔子的大同主义。孙中山对民生的哲学理解的理论来源是美国的摩里斯·威廉(Maurice William)的社会学理论。威廉极力反对马克思主义的唯物史观。威廉在他的《马克思主义与社会学史》中,主张意识决定存在,认为只有人类"求生存"的要求是社会发展的"原动力"。孙中山十分欣赏威廉的观点,把其作为民生主义的立论根据,称其理论与他的主张"若合符节"。孙中山说:"民生是社会进化的重心,社会进化又是为历史的重心,归结到历史的重心是民生,不是物质。"①他甚至认为,如果把物质说成是历史的重心,那就等于把哥白尼的太阳中心论颠覆成了托勒密的地球中心说。孙中山说:"人类求生存是甚么问题呢?就是民生问题。所以民生问题才可说是社会进化的原动力。"②

民生是一种人类的"求生存"的要求与愿望。把人类"求生存"的要求和愿望说成是人类历史进化的最后根源和"原动力",这正是孙中山主张的"心为万事本原"的唯心主义认识论在社会问题上的反映。"人民"这个概念在不同的历史时期具有不同的含义。孙中山以"民生"为本的民,主要是指以实业资本为代表的民族资产阶级,与我国当代的"民"具有不同的含义。孙中山以"民生"为本的制度设置不是社会主义,而是国家资本主义。他虽然提出了"平均地权;节制资本"的主张,但不同意实现社会主义经济制度。所谓平均地权,"就是政府照地价收税和照地价收买"。土地"还是归地主所有"③。所谓"节制资本",不是实现资本国有,而是征收"所得税"。除此,根据国外的经验,他认为还找不到更好的办法。尤其是中国不能与外国比,中国不是生产过剩,而是生产不足,要解决民生问题,"中国不单是节制私人资本,还是要发达国家资本"。"所以我们讲到民生主义,虽然是很崇拜马克思的学问,但是不

---

① 《孙中山选集》下卷,人民出版社1956年版,第775页。
② 《孙中山全集》第9卷,中华书局2006年版,第386页。
③ 《孙中山选集》下卷,人民出版社1956年版,第799—800页。

能用马克思的办法到中国来实行。"①这些反映了孙中山的以"民生"为本思想的时代局限性。虽然孙中山的民生史观最后走向了唯心史观,但是,孙中山的以民生为本,是把西方人道主义抽象的人的一般原则与中国资产阶级现实的个人的革命实际相结合取得的标志性成果,适应了当时反封建的资产阶级民主革命的要求。

其次,批判和吸收了封建社会"忠""孝""仁""爱",重新解释西方人道主义的自由、平等、博爱。中国儒学把"忠""孝""仁""爱",作为人伦的基本原则。孙中山认为,其中优秀的思想精华应该保存,而其中糟粕则要抛弃。如忠,不是"忠于皇帝",而是"为四万万人效忠",即忠于国家,忠于人民。他说:"我们在民国之内,照道理上说,还是要尽忠,不忠于君,要忠于国,要忠于民,要为四万万人去效忠。为四万万人效忠,比较为一人效忠,自然是高尚得多。"②所谓孝,不是宗族主义的,而是要发扬敬祖宗情的爱国主义精神;所谓仁,不是抽象的私人之仁,而是救国救民之仁;所谓爱,不是狭义有差等的"兼爱",因为这种兼爱不能及于人人。仁爱,是人道主义的广义之博爱。他说,博爱"普遍普及,地尽五洲,时历万世,蒸蒸芸芸,莫不被其泽惠"③。在中国,只有为"四万万人谋幸福",才是博爱。孙中山认为,他的三民主义与资产阶级人道主义的自由、平等、博爱是一致的。他说:"法国的自由和我们的民族主义相同,因为民族主义是提倡国家自由的。平等和我们的民权主义相同,因为民权主义是提倡人民在政治之地位都是平等的,要打破君权,使人人都是平等的,所以说民权是和平等相对待的。此外还有博爱的口号,这个名词的原文是'兄弟'的意思,和中国'同胞'两个字是一样解法,普通译成博爱,当中的道理,和我们的民生主义是相通的。"④这就是说,三民主义是要贯彻资产阶级人

① 《孙中山选集》下卷,人民出版社 1956 年版,第 802 页。
② 《孙中山全集》第 9 卷,中华书局 2006 年版,第 244 页。
③ 《孙中山全集》第 2 卷,中华书局 2006 年版,第 510 页。
④ 《孙中山全集》第 9 卷,中华书局 2006 年版,第 283 页。

道主义的自由、平等、博爱的精神,它不是中国封建社会的改朝换代。

最后,反对自私自利,提倡天下为公的人生观。他说:"孔子有言曰:'大道之行也,天下为公。'如此,则人人不独亲其亲,人人不独子其子,是为大同世界。大同世界即所谓'天下为公'。要使老者有所养,壮者有所营,幼者有所教。孔子之理想世界,真能实现,然后不见可欲,则民不争,甲兵亦可以不用矣。今日惟俄国新创设之政府,颇与此相似,凡有老者、幼者、废疾者,皆由政府给养,故谓之劳农政府。其主义在打破贵族及资本家之专制。"①他的以民生为本的思想就是达到大同世界,实现天下为公的途径。他说:"农以生之,工以成之,商以通之,士以治之,各尽其事,各执其业,幸福不平而自平,权利不等而自等,自此演进,不难致大同之世。"②人生目的不是学而优则仕,不是升官发财,升官发财,只是小志气,为国奋斗,"造成世界上第一个好国家,才是大志气"③。所以,不可立志做大官,而应该立志做大事。所谓大事,即为众人服务,谋国家富强。所以,不论聪明才智高低,不论人之能力大小,"人人当以服务为目的,而不以夺取为目的。聪明才力愈大者,当尽其能力而服千万人之务,造千万人之福",而"全无聪明才力者,亦当尽一己之能力,以服一人之务,造一人之福"④。

关于孙中山的人道主义思想,其原材料虽然是西方的,但有中国文化的优秀因素,即用中国的语言形式和中华传统优秀文化资源进行了加工、改造。最为重要的是,孙中山用资产阶级人道主义的自由、平等、博爱来诠释自己的三民主义,提出了以"民生"为本的新概念。在一定意义上,孙中山进行了把西方人道主义的思想与资产阶级民主主义革命实际相结合的尝试。

---

① 《孙中山全集》第 6 卷,中华书局 2006 年版,第 36 页。
② 《孙中山全集》第 2 卷,中华书局 2006 年版,第 524 页。
③ 《孙中山全集》第 9 卷,中华书局 2006 年版,第 654 页。
④ 《孙中山全集》第 9 卷,中华书局 2006 年版,第 299 页。

二、新民主主义革命时期自由与平等的理论与实践选择

五四运动高举民主科学的旗帜,反对一切反民主反科学的黑暗势力。陈独秀把民主概括为"法律上之平等人权,伦理上之独立人格,学术上之破除迷信,思想自由"以及"经济上财产独立"①。在陈独秀看来,所谓人权平等,就是反对封建专制、反对尊卑、贵贱的封建等级制度,他说:"在法律面前人人平等"②。五四运动为中国共产党的成立,做了思想上的准备。中国共产党的成立标志着我国进入了新民主主义革命新阶段。

新民主主义革命与旧民主主义革命既相互联系,又有了本质区别。中国民主主义革命的任务是反帝、反封、反官僚资本主义,推翻帝、官、封的统治,建立一个独立、自由的由人民当家作主的国家。从反帝、反封来看,新民主主义革命与资产阶级革命有内在联系。资产阶级推翻了最后一个封建王朝的统治,建立了中华民国,为中国人民争取自由、平等迈出了伟大的一步。尤其是孙中山,是伟大的资产阶级民主主义革命家,为中国人民的自由解放事业作出突出的历史贡献。但是,由于中国半殖民地半封建社会的特殊国情,资产阶级民主主义革命的成果被中国的大买办官僚、大封建地主的代表人所窃取,使中国成为了一个由大封建地主、大买办官僚资产阶级所统治的社会。因此,新民主主义革命,不仅要继续完成资产阶级民主主义革命中的反帝、反封的任务外,历史还赋予了新民主主义反对大买办官僚资本主义,推翻帝、官、封统治,建立独立、自由的新中国的新任务。这就是新民主主义革命与旧民主主义革命的本质不同。独立、自由和解放,是新民主主义革命的目标,也是新民主主义的理论与实践的价值目标。旧民主主义革命是资产阶级领导的革命,新民主主义革命是由无产阶级的政党中国共产党领导的革命。新民主主义革命的任务和目标就是要建立一个独立、自由、富强的新中国。1940 年 1 月,毛泽东

---

① 陈独秀:《袁世凯复活》,《新青年》1919 年 2 月第 4 号。
② 陈独秀:《东西民族根本思想之差异》,《青年杂志》1919 年 1 月第 4 号。

在《新民主主义论》中说，我们要建立一个新中国。"我们不但要把一个政治上受压迫、经济上受剥削的中国，变为一个政治上自由和经济上繁荣的中国，而且要把一个被旧文化统治因而愚昧落后的中国，变为一个被新文化统治因而文明先进的中国。"①这里从政治、经济和文化三个方面论述，但毛泽东把政治上的独立放在第一位。如果不推翻"三座大山"，中国人民就无法独立，只有推翻三座大山的压迫，才有前提谈论自由和平等。所谓政治上的平等，就是在新中国"必须实行无男女、信仰、财产、教育等差别的真正普遍平等的选举制"②。

1940 年 2 月，毛泽东在谈到资产阶级的所谓宪政时认为，中国现在缺的东西固然很多，但是主要的就是少了两样东西，一是独立，二是民主。中国从袁世凯开始，换了一个总统，又来一个总统，"在不久的将来，也许会来一个宪法，再来一个大总统。""但是大民主自由呢？那就不知何年何月才给你"③。他说："现在我们全国人民所要的东西，主要是独立和民主，因此，我们要破坏帝国主义，要破坏封建主义。"④这里的民主，就是政治上的民主自由。1945 年 4 月 24 日，毛泽东在《论联合政府》中，谈到抗战胜利后中国的两个前途时说，一个是中国的反动派"将中国拖回到痛苦重重的不独立、不自由、不民主、不统一、不富强的老状态里去"；另一个是中国共产党领导中国人民，"将中国建设成为一个独立、自由、民主、统一和富强的新国家"⑤。

这里的独立主要是相对于民族和国家而言。由于中国是一个半封建半殖民地的国家，民族和国家无法独立于世界民族之林。推翻帝国主义和列强的统治，中国才可以作为一个民族国家站立起来，才可以作为一个民族国家与其他国家自由平等地行使自己的国家主权。自由与解放本是同等程度的概念。

---

① 《毛泽东选集》第二卷，人民出版社 1991 年版，第 663 页。
② 《毛泽东选集》第二卷，人民出版社 1991 年版，第 677 页。
③ 《毛泽东选集》第二卷，人民出版社 1991 年版，第 736 页。
④ 《毛泽东选集》第二卷，人民出版社 1991 年版，第 731 页。
⑤ 《毛泽东选集》第三卷，人民出版社 1991 年版，第 1052—1053 页。

自由(Liberty)来自拉丁文(Libertas),其原初含义是"从束缚中解放出来"。在那里,自由与解放(Liberation)同义。解放是摆脱奴役、限制而自由的意思,自由是解放的结果。按马克思,自由与解放有一致性。如共产主义是无产阶级解放条件的学说。共产主义"将是这样一个联合体,在那里,每个人的自由发展是一切人的自由发展的条件"①。但是,自由又不等同于解放。马克思在批判青年黑格尔派时认为,解放不是词句奴役的解放,"'解放'是一种历史活动,不是思想活动,'解放'是由历史的关系,是由工业状况、商业状况、农业状况、交往状况促成的"②。自由首先是意志自由。如果把自由等同于历史活动,不是思想活动,那无异于取消了精神自由。自由问题代表哲学的最高成就。自由是人生哲理的真谛,《冯契文集》第三卷就以《人的自由和真善美》命名。但是,这里的解放主要是国家、民族和个人自由平等的路径。推翻帝、官、封的统治和奴役,解放全中国,才能建立一个独立、自由、平等的人民共和国。解放主要是指实现国家、民族、社会和个人自由的路径和手段。独立是国家作为一个主权的民族国家、社会作为一个人民享有自由平等的社会和个人作为独立人格的自由的一个基本条件。换言之,只有独立,才谈得上社会和人民的自由,而要自由,就必须解放。所以,独立、自由和解放的核心是只能争取国家、社会和人民的自由。许多革命志士把自由看作是比生命还珍贵的最高理想。比如,陈铁军在刑场上,面对敌人的屠刀,大义凛然,高喊的就是自由,他说:"生命诚可贵,爱情价更高。若为自由故,二者皆可抛。"还有方志敏的《狱中诗》说:"为人进出的门紧锁着,为狗爬出的洞子敞开着,一个声音高唱着,爬出来吧,给你自由。我渴望着自由,但我深深知道,人的身躯岂能从狗的洞子爬出。"争取国家的独立,民族的自由是大革命时期人民争取独立、解放的最高目标。在抗日战争时期,面临民族亡国灭种的关头,抗战到底,争取独立自由是中华民族最高的目标。解放战争时期,解放就是为了人民的自由。这

---

① 《马克思恩格斯选集》第 1 卷,人民出版社 1995 年版,第 294 页。
② 《马克思恩格斯选集》第 1 卷,人民出版社 1995 年版,第 74—75 页。

个时期,平等不是不重要,按照马克思主义理解,平等需要一定的历史条件,这种历史条件又必须以一定的历史条件为前提。中国半封建、半殖民地社会的平等,必须以推翻半封建、半殖民地社会的统治,争取民族国家的独立自由为前提。如解放区,打土豪、分田地,进行土地改革,就是平等在中国局部地区的实施。

1945年6月11日,中国共产党第七次代表大会通过的《中国共产党党章集》指出,新民主主义革命的任务和目标,就是推翻帝、官、封的统治和压迫,"为建立独立、自由、民主、统一与富强的各革命阶级联盟与各民族自由联合的新民主主义联邦共和国而奋斗,为实现世界的和平和进步而奋斗"①。党的"七大"是马克思主义中国化第一大成果——毛泽东思想形成的标志,是新民主主义革命理论和实践的基本经验、基本规律的概括,凝练了新民主主义革命的核心价值理念。在1945年以前,虽然召开了六次中国共产党代表大会,但都在1928年7月,即第六次代表大会召开以前,史称第一次大革命时期。中国共产党成立初期,由于处于新民主主义革命理论认识与实践探索的初始阶段,加之右倾主义错误路线的干扰,对新民主主义革命的任务、目标认识和价值理念的凝练上,还无法达到1945年"七大"党章的高度。党的"七大"党章,是新民主主义革命的任务、目标和价值理念的概括具有经典意义的党章。可见,自由是新民主主义的核心价值理念,而争取民族、国家的独立是实现社会和人民自由的基本条件。1949年6月15日,在新中国即将成立之际,毛泽东《在新政治协商会议筹备会上的讲话》中说:召开政治协商会议,"宣告中华人民共和国的成立,并选举代表这个共和国的民主联合政府,才能使我们的伟大的祖国脱离半殖民地的和半封建的命运,走上独立、自由、和平、统一和强盛的道路。这是一个共同的政治基础。这是中国共产党、各民主党派、各人民团体、各界民主人士、国内少数民族和海外华侨团结奋斗的共同的政治基础,这

---

① 中国革命博物馆:《中国共产党党章汇编》,人民出版社1979年版,第47页。

也是全国人民团结奋斗的共同的政治基础。"①1949 年 10 月 1 日,中国人民推翻了三座大山的统治,迎来了新中国的正式成立。新中国的成立,是中华民族历史发展的一个伟大转折点,既标志着新民主主义革命争取独立、自由斗争的胜利,也为中国人民走上独立、自由、和平、统一强盛之道开辟了新的历史起点。

三、社会主义建设初期的自由与平等优先选择的理论与实践

2004 年 3 月 14 日,第十届全国人民代表大会第二次会议通过的《中华人民共和国宪法修正案》,对我国近现代史做了精辟的总结和概括。《序言》就指出:"一八四〇年以后,封建的中国逐渐变成半殖民地、半封建的国家。中国人民为国家独立、民族解放和民主自由进行了前仆后继的英勇奋斗。"②新民主主义革命的主题就是国家独立、民族解放和民主自由,而不是平等。这就是说,在价值选择上,自由优先于平等。自由之所以优先于平等,是因为平等需要一定的历史条件和历史前提。恩格斯说:"平等的观念,无论以资产阶级的形式出现,还是以无产阶级的形式出现,本身都是一种历史的产物,这一观念的形成,需要一定的历史条件,而这种历史条件本身又以长期的以往的历史为前提。所以,这样的平等观念说它是什么都行,就不能说它是永恒的真理。"③这里实际蕴含了三个问题:一是平等需要一定的政治条件、经济条件和文化条件。如果没有这些历史条件和历史前提,平等就是空想的。二是平等必须与一定的历史条件和历史前提相适应,超越和落后于这些历史条件和历史前提都是错误的,而且也必定带来不良的后果,甚至产生致命的危害。三是平等的正确选择不仅在平等本身的广度和深度,还必须把这种广度和深度建立在正确地认识本国的国情、社情和民情的前提基础之上。而国情、社情和民

① 《毛泽东选集》第四卷,人民出版社 1991 年版,第 1463—1464 页。
② 《中华人民共和国宪法》(2004 年),人民出版社 2004 年版,第 5 页。
③ 《马克思恩格斯文集》第 9 卷,人民出版社 2009 年版,第 113 页。

情,首先是指经济的状况和水平,其中主要是生产力发展的状况和水平;其次是政治发展的状况,即政治上层建筑发展的状况和水平,它不只是要求政治上层建筑要适合经济基础的状况和水平,还要重点考察人民的政治素质与政治思想觉悟和政治思想水平;再次就是人民群众的物质生活水平、条件、需要、要求,与民族的文化、习俗、习惯传统。这些都是十分复杂的而又不可不正确认识和把握的前提。如果离开了这些前提条件的客观分析,而把平等理想化,盲目地推进,其结果必然是阻碍自由进步与发展,影响社会的效率、进步和生产力的发展,最后出现马克思在《德意志意识形态》中所指出的,如果没有以生产力的发展为前提,"那就只会有贫穷、极端贫困的普遍化;而在极端贫困的情况下,必须重新开始争取必需品的斗争,全部陈腐污浊的东西又要死灰复燃"①。

1949 年,中国各族人民终于推翻了三座大山的统治,"取得了新民主主义革命的伟大胜利,建立了中华人民共和国。从此,中国人民掌握了国家的权力,成为国家的主人。"②新民主主义革命推翻了三座大山,建立了人民自己的国家,完成了自己的历史使命。人民成了国家的主人,从而获得了独立和自由。1950 年 4 月 30 日,中央人民政府就公布了《中华人民共和国婚姻法(草案)》,实现婚姻自由,一夫一妻,男女权利平等,废除了以夫权为中心的男女不平等的封建制度。1954 年公布的《中华人民共和国宪法》:"中华人民共和国公民在法律面前一律平等。"在一个人民当家作主的新国家,延续了将近两千年"刑不上大夫,礼不下庶人"的封建等级制度被废除。人民是国家的主人,这是政治上的平等。政治上的平等为实现经济上的平等提供了政治保障,如何实现经济上的平等才是极为关键的问题。

如何实现平等是各族人民期盼的摆在面前的新任务。新民主主义革命的目标是建立社会主义制度。社会主义制度不仅有政治制度,更为重要的是经济制度。政治上的平等通过一个法律就可以实现。但是,如果没有经济制度

---

① 《马克思恩格斯文集》第 1 卷,人民出版社 2009 年版,第 538 页。
② 《中华人民共和国宪法》(2004 年),人民出版社 2004 年版,第 15 页。

的基础和前提,平等也只是形式的平等,而不是实质的平等。比如,男女一律平等,其根源就产生于经济地位的不平等。由于男女在经济上占有的地位不平等,才导致了男女在政治上的不平等。这就是说,政治法律上确立的平等权利,必须以经济上的平等为基础。问题是,中国究竟如何建立社会主义经济制度?这是人类历史上一个崭新的问题,如何客观地分析经济上平等的历史条件和历史前提是摆在党和国家面前的一个重大难题。经济平等的第一个前提就是生产力的状况和水平。从中国的生产力状况来看,孙中山领导的资产阶级革命,虽然推翻了封建专制的政治统治,资本主义因素在中国有了一定的发展,但是由于中国封建势力的根深蒂固,不断地进行了顽固的反抗和颠覆,加之抗日战争持续了14年,从而使资产阶级政治和经济革命的任务基本上未能完成。帝、官、封垄断了中国的经济命脉,民族资产阶级未能得到长足的发展,封建土地制度未能按照孙中山的三民主义思想进行改造,严重地阻碍了生产力的发展。比如,"据国家统计局公布的统计资料,全国土地改革前农村各阶级占有耕地的情况是:占农户总数不到7%的地主、富农,占总耕地的50%以上,而占全国农户总数57%以上的贫农、雇农,仅占有耕地总数的14%,处于无地少地状态。地主人均占有耕地为雇农的二三十倍。农村存在着大量无地和少地的农民。从新区农村总的情况来看,贫农、雇农和中农虽然耕种着90%的土地,但仅拥有少部分土地的所有权,所承受的地租剥削是很沉重的。"①如何改变封建土地所有制,平均地权,做到耕者有其田,是推动生产力发展的必然要求,也是完成资产阶级革命家孙中山提出的资产阶级革命任务的一个重要内容。1950年6月28日,由毛泽东主席签署的《中华人民共和国土地改革法》颁布,1952年底土地改革基本完成。"占农村人口92.1%的贫农、中农,占有全部耕地的91.4%;原来占农村人口7.9%的地主、富农,只占全部耕地的8.6%。在中国延续两千多年的封建土地所有制被彻底废除,'耕

---

①　中共中央党史研究室:《中国共产党历史》第2卷(1949—1978)上册,中共党史出版社2001年版,第91页。

者有其田'的理想在共产党的领导下变成了现实,长期被束缚的农村生产力获得了历史性的大解放。"①"耕者有其田"是中国社会平等的一个伟大的历史进步。平等不只是形式的平等,而且自中国有史以来开辟了实质平等的先河。但是,耕者有其田是农民的小块土地制,不仅不是社会主义,甚至连资本主义还不是。资本主义早在一两百年以前,通过"羊吃人"的残酷掠夺,就消灭了农民的小块土地制。如何由耕者有其田的农民小块土地制改造为社会主义,这是一个重大的历史难题。

新民主主义是社会主义的准备阶段,社会主义是新民主主义的必然结果。这就是说,新民主主义一旦取得胜利,就应该进入社会主义。但是,根据中国的国情和生产力状况与水平,"中华人民共和国成立以后,我国社会逐步实现了由新民主主义到社会主义的过渡"②。这就是说,在新民主主义与社会主义之间,有一个过渡时期。这个过渡时期的总路线,毛泽东在审阅修改提纲时将其表述为:"从中华人民共和国成立,到社会主义改造基本完成,这是一个过渡时期。党在这个过渡时期的总路线和总任务,是要在一个相当长的时期内,逐步实现国家的社会主义工业化,并逐步实现国家对农业、对手工业和对资本主义工商业的社会主义改造。"③所谓过渡时期,就是中华人民共和国成立以后的"一个相当长的时期"。这就是说,过渡时期不是一年或几年,而可能是一个相当长的时期。在这个时期的总任务是,"一化三改",即社会主义工业化,对农业、对手工业和资本主义工商业的社会主义改造。这里的社会主义工业化主要是就生产力而言,这里的"三改",主要是就生产关系而言。

解放和发展生产力,是无产阶级政党取得政权以后的首要的任务。马克思在《德意志意识形态》和《共产党宣言》多次对此进行了论述。在《共产党宣

---

① 中共中央党史研究室:《中国共产党历史》第 2 卷(1949—1978)上册,中共党史出版社 2001 年版,第 100 页。

② 《中华人民共和国宪法》(2004 年),人民出版社 2004 年版,第 5 页。

③ 中共中央文献研究室编:《建国以来重要文献选编》第 4 册,中央文献出版社 1993 年版,第 700—701 页。

言》,马克思、恩格斯说,无产阶级取得政权以后,要"把一切生产工具集中在国家即组织成为统治阶级的无产阶级手里,并且尽可能快地增加生产力的总量"①。马克思、恩格斯当时针对的是西方发达国家资本主义的发展情况。《共产党宣言》是 1847 年 12 月到 1848 年 1 月马克思、恩格斯在英国伦敦写作的。英国当时已是典型的资本主义国家。按照马克思、恩格斯当时的分析,由资本主义生产力决定的基本矛盾无法解决,其必然结果就是建立社会主义。这就说明,建立社会主义的根本动力是解放和发展生产力,而不是生产关系。改革生产关系不是为了改造生产关系而改造生产关系,更不是为了适应平等的价值理念。相反,平等的价值理念只有适应生产关系才是正确的。总路线中的社会主义工业化指的就是生产力的发展,为了解放和发展生产力,必须改变半封建、半殖民地的生产关系,即建立以劳动者为主体的平等协作、平等配合的生产关系。这就需要对旧中国的封建农业生产关系、旧中国的小资产阶级的手工业和民族资产阶级工商业的生产关系进行社会主义改造,从而实现社会主义工业化。在总路线的指引下,在新民主主义向社会主义过渡时期,取得了十分满意的成就。

在生产资料私有制的社会主义改造基本完成以后,几千年阶级剥削制度的历史已经基本结束,这就标志着社会主义制度已经确立。社会主义为人与人之间的平等提供了所有制基础。平等有起点的平等、过程的平等和结果的平等。社会主义所有制基础是每个劳动者最大的起点平等。然而过程和结果的平等,在社会主义初级阶段仍然是无法实现的。因为,社会主义的生产力发展水平不高,物质财富还不可能极大涌现,社会主义的分配原则是按劳分配,而不可能是按需分配。1956 年 9 月召开的党八大认为:"国内主要矛盾已经不再是工人阶级和资产阶级的矛盾,而是人民对于经济文化迅速发展的需要同当前经济文化不能满足人民需要的状况之间的矛盾;全国人民的主要任务

---

① 《马克思恩格斯选集》第 1 卷,人民出版社 1995 年版,第 293 页。

是集中力量发展社会生产力,实现国家工业化,逐步满足人民日益增长的物质和文化需要;虽然还有阶级斗争,还要加强人民民主专政,但其根本任务已经是在新的生产关系下面保护和发展生产力。"①这就是说,社会主义的主要矛盾是我国落后的生产力同当前经济文化不能满足人民需要状况之间的矛盾,全国人民的主要任务是集中力量发展社会生产力。只有发展生产力,才有可能改变中国在经济上落后、在物质财富上不充足的矛盾,才有可能逐步满足人民对于经济文化迅速发展的需要,从而逐步创造按需分配的条件,消灭三大差别,实现起点、过程和结果的平等。遗憾的是八大的精神未能很好贯彻执行。1956 年生产资料私有制的社会主义改造基本完成,社会主义制度基本确立。按照八大提出的"一化三改"的要求,由新民主主义向社会主义的过渡时期一旦完成,就应该大力发展生产力,再用两个五年计划,努力把一个落后的农业国逐步变成一个先进的工业国,建成一个比较完整的工业国。这就是说,社会主义生产关系必须适应社会主义生产力。社会主义平等的实现最终必须以巨大生产力增长为前提,而不是片面追求生产关系的变革和提升。如果片面追求生产关系的变革和向社会主义提升,那就可能损害劳动者的积极性,阻碍和破坏生产力的发展。

1956 年初全国基本实现了由互助组到初级社的合作形式。初级合作社,是以土地入股统一经营为特点的半社会主义性质。这是我国农民在实践中探索出来的一种有特色的形式。但是,1956 年 3 月以后,初级社刚刚建立起来,一些地方很快将初级社提升为高级社。更离谱的是,到 1958 年又由高级社过渡为"一大二公"的人民公社。所谓"大",就是公社的规模大,人多力量大。"公社化前,全国共有 74 万个农业社,平均每社约 170 户、2000 亩土地和 350 个劳动力。公社化后,变成了 2.65 万多个人民公社,每社平均 4755 户、6 万

---

① 《中国共产党中央委员会关于建国以来党的若干历史问题的决议》,人民出版社 1981 年版,第 15—16 页。

亩土地、1 万个劳动力,全国平均 28.5 个合作社合并成 1 个公社。"①人多是事实,是否力量大就大打折扣。人多力量大无非就是组织大兵团作战,并按团、营、连、排来编制生产组织序列。在我国缺乏农业机械化和基本还处于我国古代农业的刀耕火种生产工具条件下,采用这种大兵团作战,实际上是造成了劳动力的巨大浪费。所谓"公","这个'公',其实就是将农业社和社员的财产无代价地归公社所有,由公社统一经营,统一核算"②。1958 年,在这种"又大又公"的人民公社化运动中,各地刮起了"共产风",实行"一平二调"。"一平",即在公社范围内实行贫富一拉平,平均分配,取消了农民的自留地,全国办起了公共食堂,吃大锅饭;二调,即县、社两级无偿调走生产队集体(包括社员个人)的某些财产。这里的"一平",实际就是以平等为核心,实行平均共产主义。罗平汉说:"在'发扬共产主义精神'的大原则下,原来农业社与农业社之间的贫富被拉平,社员和社员之间的收入差别也被消除,成了穷队'共'富队的'产',社、队'共'社员的'产',贫穷的社员'共'较富裕的社员的'产'。在全公社范围内,统一生产和统一分配,农民过着名为集体、实则平均的生活。"③共产主义就是一拉平,即使是农业社的集体所得或个人在农业社中的劳动所得,也必须"共"产。社会主义的平等,应该是在集体条件下,以按劳分配为原则的平等。在这里,按劳分配的原则被取消了,平均占有的原则成为支配原则。平等在这里嬗变为平均,共产主义被误读为平均共产主义。这就严重地挫伤了劳动者的积极性,对生产力的发展带来了极其巨大的消极影响。毛泽东在 1959 年 3 月 17 日的《党内通信》就指出,这样"脱离于群众",一是行不通,二是要失败。1960 年多次指出,"坚决制止重刮'共产风'等违法乱纪行为",永远不许"一平二调",坚决退赔,刹住"共产风"等。按照中央的指示,人民公社的"一大二公""一平二调"的共产风得到了一定的纠正。1959 年 4

---

① 罗平汉:《农村人民公社史》,福建人民出版社 2003 年版,第 56 页。
② 罗平汉:《农村人民公社史》,福建人民出版社 2003 年版,第 58 页。
③ 罗平汉:《农村人民公社史》,福建人民出版社 2003 年版,第 90 页。

月 5 日,中国共产党的"八届六中"全会肯定了以生产队为基本核算单位。"原来'一大二公'的人民公社大体退回到原来高级社和初级社的规模和所有制水平。"①

但是,由于 1959 年到 1961 年连续三年自然灾害与苏联撕毁合同、撤走专家等,我国经济建设和人民的生活出现了前所未有的困难。

经过三年困难时期,通过调整、巩固、充实、提高八字方针的贯彻,人民公社的所有制关系实行了"三级所有,队为基础"的集体所有制,逐步使国民经济进入了平稳发展恢复阶段。

这一错误的发生原因,当时的确与苏联社会主义模式的影响有关,但是,更为重要的还是在理论上对什么是共产主义与什么是社会主义的问题没有搞清楚,把平等等同于平均,把建设社会主义等同于就是建立一个理想化的"平等王国"。

第一,平等需要一定的历史条件和前提。如果错误以为,这种历史前提就是建立"一大二公"的生产关系,这种历史条件就是通过"一平二调"改变生产关系的所有制形式,那么,在具体分析社会的基本矛盾时,就不能正确地把握它们之间的关系,从而忽视了生产力对生产关系的决定作用,忽视了生产关系的客观性,过分地夸大了生产关系的作用和意义,始终认为实行生产关系领域的社会主义革命是社会主义生产力发展的前提。如上述所说大兵团作战,无非是像空想社会主义一样,不是消灭资本主义的雇佣劳动,而是改变劳动的组织形式(欧文的共产主义劳动工厂)就是共产主义。这种离开历史前提凭主观愿望来实现共产主义的做法,实际上完全颠倒了理想与现实、理论与实践的关系。马克思主义认为,共产主义是一个现实的具体过程,而不是像当时一些人所说的一种主观幻想。马克思说:"共产主义对我们来说不是应当确立的状况,不是现实应当与之相适应的理想。我们所称为共产主义的是那种消灭

---

① 中共中央党史研究室:《中国共产党历史》第 2 卷(1949—1978)下册,中共党史出版社2001 年版,第 526—527 页。

现存状况的现实的运动。这个运动的条件是由现有的前提产生的。"①这就是说，不是现实去适应理想，相反，理想必须适应现实。共产主义的平等是一种美好理想，而不等于就是现实。共产主义平等是未来，而不等于现在。实现共产主义平等理想是一个过程，在这个过程中，平等的理想只有适合现实的需要和要求，逐步推进才是正确的。脱离了现实的需要和要求的主观愿望和梦呓，那始终是一种可望而不可即的乌托邦。

第二，简单地把共产主义本质理解为公有制加按需分配。当时，一些人错误以为，只要实行"一大二公"的人民公社，中国就建成了共产主义。只要把一切财产"一平二调"地把社会主义改造完成以后的劳动所得的财产和国家分配给社员的土地等财产，收归公社集体，实现人人共有，个人没有私有财产，吃饭不要钱，以为这就是按需分配。这完全是一种误读。按需分配的前提，是生产力的巨大发展，物质财富极大丰富。在一个刚刚从半封建、半殖民地脱胎出来的中国，在生产力极其落后的中国，在物质财富极其匮乏的中国，在一个还来不及进行社会主义道德教育，农民仍然固守于旧封建意识之中，普遍缺乏社会主义觉悟的中国，何谈按需分配。再有，所谓物质财富巨大丰富，究竟是否有其可能，尚未通过实践证明。从现代社会发展来看，生产力的巨大发展有其可能，但是生产力的发展凸显的是环境资源"瓶颈"，也即是物质财富极大丰富的"瓶颈"。敞开肚皮吃饭的大锅饭模式，与先进的共产主义按需分配根本是水火不兼容的。

第三，把计划经济等同于社会主义。毛泽东和中央其他领导人逐步发现和觉察这些问题。在1958年11月党中央第一次郑州会议上首先讨论的就是什么叫社会主义、社会主义与共产主义之间是否还有一个过渡等问题。为此，毛泽东"建议读两本书。一本，斯大林的《苏联社会主义经济问题》；一本，《马恩列斯论共产主义社会》"。1959年12月至1960年2月，毛泽东带头学习理

---

① 《马克思恩格斯选集》第1卷，人民出版社1995年版，第87页。

论,对"大跃进"等问题进行理论反思,并写作了《读苏联〈政治经济学教科书〉的谈话》。他说:"马克思主义三个组成部分中的科学社会主义部分所研究的,是阶级斗争学说、国家论、党论、战略策略,等等。"①毛泽东仍然在坚持社会主义革命和建设中,改变上层建筑和生产关系优先于生产力的发展。他说:"一切革命的历史都证明,并不是先有充分发展的新生产力,然后才改造落后的生产关系,而是要首先造成舆论,进行革命,夺取政权,才有可能消灭旧的生产关系。消灭了旧的生产关系,确立了新的生产关系,这样就为新的生产力的发展开辟了道路。"②

毛泽东根据恩格斯的一段论述和对苏联社会主义理论的理解,把计划经济与社会主义等同,并一直对此坚信不疑。毛泽东引用恩格斯的话说:"在社会主义制度下,'按照预定计划进行社会生产就成为可能',这是对的。"③事实上,马克思、恩格斯的社会主义理论是建立在发达资本主义实践基础之上的具体理论分析,而不是一个离开具体实际内容的抽象概念。具体问题具体分析,是唯物辩证法的精髓。马克思认为,无产阶级第一步是夺取政权,这样才可能改变旧的生产关系。因为,要对旧的生产关系革命,就必须推翻保护这种旧的生产关系的政权。这是问题的一个方面。更为重要的,那就是生产力决定生产关系,生产关系必须适合生产力,这是社会基本规律的根本规律,即建立一种生产关系必须适合生产力,改革生产关系也必须适合生产力。推翻一种生产关系要适合生产力,建立一种新的生产关系也要适合生产力。这就是说,改革生产关系绝不可不考虑生产力的要求。如果违背生产关系必须适合生产力的规律,必然遭到规律的惩罚。新中国成立以前,还是一个半封建半殖民地社会,利用政权推翻半封建半殖民地的生产关系,这无疑适合我国工农业的生产力水平。但是,由于我国民族资产阶级工商业在半封建半殖民地的社

---

① 《毛泽东文集》第八卷,人民出版社1999年版,第131页。
② 《毛泽东文集》第八卷,人民出版社1999年版,第132页。
③ 《毛泽东文集》第八卷,人民出版社1999年版,第118页。

会背景下并未得到长足的发展,社会主义工商业的改造也刚刚完成,从工商业来看,根本就不具备建立社会化生产的条件。而农业更加如此,农业机械化还没有起步,农民的生产工具还是昔日铁器时代的手工工具,离社会化的大农业生产方式还遥遥无期。不顾生产力的水平,一味强调生产关系的改革,只能阻碍和破坏生产力的发展。

我国社会主义建设初期对于平等和自由价值选择来看,平等的选择优先于自由的选择。这里可以区分为三个阶段:

从1949年到八大,即从新民主主义向社会主义过渡时期。这一阶段突出平等,是正确的。不改变人剥削人的半封建半殖民地的旧制度,平等自由就没有前提。从1958年的人民公社到1961年为第二阶段,这一阶段就是平均主义"共产风"兴起到连续三年困难时期的天灾人祸对平均共产主义的惩罚。1962年以后将人民公社"一大二公"调整为"三级所有,队为基础",这一阶段虽然不再是平均共产主义,但是"一大二公三纯"的公社性质未能发生根本改变。以平等优先于自由的价值理念仍然是当时的主导理念。

四、改革开放以后平等与自由价值的选择

在我国,自由与平等都是社会主义核心价值观。从字面来看,自由与平等与西方自由与平等概念,没有什么不同。这只为形似,而非神似。曰:橘生淮南则为橘,橘生淮北则为枳,水土异也,即国情的差别所致。由于这种不同,以致有人误以为,资本主义是自由的世界、富人的天堂,社会主义是平等的王国、穷人的福地。追求自由、追求发财致富,不担心自己的财富被平等,就去英、美国家;追求平等、不求致富,安贫乐道,就到中国来。其实,贫穷不是社会主义,社会主义也可以一样富有,社会主义突出特征是共同富裕;富也不代表资本主义,资本主义也有大量穷人,资本主义突出特征是极少数资本家的暴富。问题是,究竟如何认识自由与平等问题。

马克思主义认为,社会主义不是平等王国,把社会主义的实质归结为平

等,这是一种误解。恩格斯说:"把社会主义社会看做平等的王国,这是以'自由、平等、博爱'这一旧口号为根据的片面的法国人的看法,这种看法作为当时当地一定的发展阶段的东西曾经是正确的,但是,像以前的各个社会主义学派的一切片面性一样,它现在也应当被克服,因为它只能引起思想混乱,而且因为这一问题已经有了更精确的叙述方法。"①在社会主义核心价值观里,关于自由、平等、公正、法治,自由就是排在先的价值观。当然,这种文字的编排,并不等同于排在先的就一定具有优先地位,或说自由优先于平等,平等不如自由重要。换言之,也不能说,社会主义就是平等优先于自由,而不是自由优先于平等。中国特色社会主义核心价值观是具有中国文化底蕴的马克思主义价值观,它们虽然是 21 世纪提出来的,但它们是马克思主义中国化的产物,是中国新民主主义革命与社会主义革命和建设近一个世纪的实践经验凝练和实践精神智慧的结晶。

在我国社会主义制度下,绝不是像有些人所误读的那样,是平等优先于自由,即要了平等就削弱了自由,而是自由与平等弥足珍贵、相辅相成、相得益彰。需要指出的是,我国对自由与平等的选择,基于我国的国情实践的需要,不同的历史时期突出了不同的重点。在新民主主义革命时期,根据新民主主义革命的性质和任务,突出的独立、自由,而不是平等。平等在当时也不是不重要,重要的是,当时谈平等,缺乏必要的历史条件和历史前提。在一个代表大封建地主、大官僚、大资本家的蒋氏专制王朝中,即使是在联合抗日统一阵势中,除开国民党一家独大外,其他各民主党派都处于不平等的地位,而且只要触及经济平等问题,就有被镇压和消灭的危险。从新中国成立以后到改革开放开始,根据社会主义改造的任务,突出了平等,这有一定的历史合理性。比如,适合中国生产力水平,改变几千年的封建土地制,第一次真正实现了"耕者有其田"土地政策。实现耕者有其田,这就不仅是中国 80% 以上的农民

---

① 《马克思恩格斯文集》第 3 卷,人民出版社 2009 年版,第 415 页。

实现了平等,同时也实现了自由。问题是,后来的共产风,把平等推向了平均共产主义的极"左"做法,不仅是侵犯了大多数人的平等,也损害了大多数人的自由。

改革开放以后到 21 世纪的 30 多年,既不是西方自由主义那样,推崇自由的唯一的绝对价值,也不是沿袭苏联斯大林时期和我国 1958 年刮起的"共产风"那样,把平等错误地理解为平均主义。总的来看,我国既推崇自由,也推崇平等,即自由和平等相互并重,绝不是像西方一些人错误理解的,是平等主义的马克思主义。事实上,在马克思主义那里,根本就不存在什么平等马克思主义。但基于国情的科学认识的基础上,我国对自由与平等价值选择,可以区分为两个时期,即 1978—2002 年,相对而言,我国突出自由优先于平等价值的选择;从 2003 年开始以来,相对而言,更加突出自由与平等兼顾或自由与平等并重的原则。

1. 改革开放以后的社会主义平等再认识

卢梭认为,人类的不平等有两种:第一种是基于自然的或生理上的不平等,"由年龄、健康、体力以及智慧或心灵的性质产生的";还有精神上、政治上的,它起因于一种协议,由于人们同意而设定的,或者至少是它的存在为大家所认可的。"第二种不平等包括某一些人由于损害别人而得以享受的各种特权,譬如:比别人更富足、更光荣、更有权势,或者甚至叫别人服从他们们。"①卢梭所谓自然的,实际包括自然禀赋而形成的不平等和自然而然、平等自愿下出现的不平等。年龄、健康、体力、智慧等,这是由于人们自然禀赋不同而出现的不平等。而契约、协议有时也出现不平等,但这不是外力推动的,而是自愿的,也是自然而然的。禀赋的不平等是自然形成的,这一点没有问题,这在任何时候也不可能平等。而由于契约、协议的自愿同意出现的不平等,被说成是自然

---

① 卢梭:《论人类不平等的起源和基础》,李常山译,商务印书馆 1962 年版,第 70 页。

的,这说明法国资产阶级启蒙学者对契约追求的片面性和局限性。契约就是平等的契约,这是理想化的认识。事实上,契约是平等的,不只要看两个人的自愿,还要看两个人在签订契约时,他们的地位、处境是否是平等的。例如,一个饥饿得需要一碗饭而不得不出卖自己身份的人与一个有钱人用一碗饭来获得对方身份的契约,这种不平等,就不能说是自然的不平等。第二种不平等,显然不是指自然状态的不平等,而是社会的不平等。他说:"不平等在自然状态中几乎是人们感觉不到的,它的影响也几乎是等于零。"①平等是私有制产生的结果。其实,现代社会的发展,不平等还可以区分为第三种情形,即起点、过程和结果的不平等。现代社会是一个竞争社会,但是,在竞争中就有起点的不平等,比如由身份、权力、信息、财力等造成的不平等;过程的不平等,比如完全没有游戏规则或违反游戏规则;起点、过程不平等的必然后果是结果的不平等。

虽然平等十分复杂,但既然不平等大致只能区分为三种不平等,那平等一般也可以区分为三种平等。平等的三种情形是:

第一,年龄、健康、体力以及智慧或心灵的平等。这种平等,实际是指个人个性。按马克思的《资本论》,这种个人个性,按其实质在任何时代任何社会任何条件下,完全平等都是不可能的,即使在共产主义社会,个人个性的平等也是不可能的。恰好相反,共产主义社会追求的不是个人个性的平等,而是个人个性的充分发展。何谓自由个性?自由个性就是每一个人的创造特性。在《德意志意识形态》,马克思在批判施蒂纳以人的解放为幌子,把个人个性看作是"唯一者"的个人利己主义自我实现的"独自性"时,认为个人解放的历史,实质是一部人的生存方式发展史。所谓人的生存方式,即人们需要满足的方式。因为人类生存的第一需要就是要满足吃、穿、住等,因而个人首先得从事实际的生产活动来生产满足这种需要的生活资料,尽管"个人总是从自己

① 卢梭:《论人类不平等的起源和基础》,李常山译,商务印书馆1962年版,第109页。

出发的"。但是这种求得满足的方式总是把他们联系起来(两性关系、交换、分工等),而且他们都是以"处在生产力和需要的一定发展阶段上的个人而发生交往的"。因而,个人的历史区分,归根是由一定生产力为基础的交往方式决定的。不同的生产力就有不同的交往方式和不同个人与个人的结合。因此,从人的生存方式出发,全部人类历史的个人,可以区分为"以人的依赖关系"为基础的古代个人和"以物的依赖性"为基础的现代的个人,以及未来社会的"全面发展的个人"。"在古代,每一个民族都由于物质关系和物质利益(如各个部落的敌视等等)而团结在一起,并且由于生产力太低,每个人不是做奴隶,就是拥有奴隶,等等,因此,隶属于某个民族成了人'最自然的利益'"①。古代个人的自由就是隶属于某个自然形成的共同体的自由。他们自由个性的获得实质是自由个性的丧失,因为他们不是做奴隶就是拥有奴隶等。在现代,个人从原始的血缘关系、奴隶制、封建制的人身依附关系中摆脱出来,个人从而获得了新的自由个性。但是,个人跳出了人的奴役的沼泽,又陷入了物的奴役的泥坑。个人通过劳动创造了物,物却反过来成为支配人的异己力量。正如马克思说的,"在现代,物的关系对个人的统治、偶然性对个性的压抑,已具有最尖锐最普遍的形式"。而资产阶级却把这种"物的关系对个人的统治",无阻碍地利用偶然性对个性的压抑的权利称之为"个性自由"。所以,"这样就给现有的个人提出了十分明确的任务","确立个人对偶然性和关系的统治,以之代替关系和偶然性对个人的统治"②。这种个人,就是共产主义联合体中的"全面发展的个人"。所以,在马克思看来,自由个性就是"建立在个人全面发展和他们共同的社会的生产能力成为从属于他们的社会财富这一基础上的自由个性"③。一言以蔽之,马克思主义的个人自由个性,是指共产主义"真实的联合体"中"全面发展的个人"的自由个性。它不是那古代的个

---

① 《马克思恩格斯全集》第3卷,人民出版社1960年版,第169页。
② 《马克思恩格斯全集》第3卷,人民出版社1960年版,第515页。
③ 《马克思恩格斯文集》第8卷,人民出版社2009年版,第52页。

人自由个性,也并非指称现代资本主义的个人自由个性。这种真实的联合体的条件是"私有制和分工的消灭"。只有在那样的未来社会,个人价值的终极目标才能最终实现,个人成为"全面发展的个人"。这种个人,既摆脱了物的奴役,成为了具备全面的生产技术和经验,全面的社会交往能力,自由自觉地从事自主活动的个人,同时又摆脱了建立在人和物的依赖性关系之上的特权、金钱、私欲等腐朽观念,从而成为具有共产主义集体主义的觉悟和价值观念的个人。这种个人才能成为自由个性充分发展的个人,也只有到那时,"每个人的自由发展将是一切人的自由发展的条件"。

科学分析个人个性,必须以人的现实存在为前提。人的存在就是一个共性和个性的统一体。个人首先是一般人,即具有人的共同社会本质,这叫共性。个人又是特殊的个体或特殊形式具体类型的人。由于各个个人自身自然素质的不同,他们所处的社会历史条件、生活、教育的环境等不同,因而各个个人形成了自己的特殊的个性。所以,个人个性是指个人在一定社会历史条件影响下,由于其内在生理、智力、精神素质不同而表现出来的特异性。这种特异性,形之于外,凸现出来的特征就是创造性。这就是说,个人个性发展不是指人与人的个性相等同、一致和平等,相反是指每个人都应该在所处的社会历史条件、生活、教育的环境中,自由地把自己塑造为一个具有不同创造力与创新力特点的人。

这里需要特别强调的是:(1)所谓个性,只能是现实中的个人个性,而不是那种抽象的远离社会现实生活的孤立的个人个性和想象的个人个性。(2)"现实中的个人""是从事活动的,进行物质生产的,因而是在一定的物质的、不受他们任意支配的界限、前提和条件下活动着的"①。(3)现实中的个人个性,既不能用"直观的形式去理解",也不能仅仅只是唯心地抽象地发展其能动的方面,而应"把它们当作感性的人的活动,当作实践去理解","从主体方面去理解"。正是因为现实中的个人的实践活动,即个人的感性活动,本质上

---

① 《马克思恩格斯选集》,人民出版社 1995 年版,第 71—72 页。

是一种能动的创造性活动，所以，个人个性就是以个人为主体的创造性活动表现出来的特异性。由于"个人创造世界的活动和个人从世界获得推动力"是相互统一的，因而，个人的"独创发展"，既是能动的，又是受动的。一方面，个人的感性活动因为是一种有目的的对象性活动，个人可以以活动为中介，将目的对象化，创造一个人类（包括个人）需要的对象世界，因此，个人的创造性活动是能动的。另一方面，任何个人的创造性活动，其实都不是唯一的、独自的。它必须从外界获得推动力。换言之，"独创发展"本身是受制约的。首先，个人创造的个性，是"在现有的生产力所决定和所容许的范围之内取得的"。现代人的个性不同于古代人的个性，古代人的个性不同于原始的"野人之子"的个性。它们是由生产力不同水平决定的。其次，现存关系影响个人所具有的生理的、智力的和社会的缺陷。不同的社会制度，不同的交往关系，不仅造就了人们的生理素质、智力素质的不同，而且影响他们的社会交往能力。比如，马克思谈到，那些常年生活在贫民窟，缺乏照顾，缺少教育，饮食恶劣，患有瘰疬病的儿童，就比不上那些具有丰富的营养、受到周到的教育的儿童的生理素质和智力素质等。因此，个人个性不是没有前提的，它受他的生存环境、生活条件、现存的交往关系的限制。个人的创造性活动是受动的，是有前提的。在资本主义的早期资本积累阶段，工人被简单分工束缚于机器上，每一个人每天简单重复性的同一个动作，像卓别林主演的《摩登时代》电影那样，人在机器面前不再是具有个性的人，人也成了没有个性的机械或机器。施蒂纳把个人的创造个性看作是没有前提的观念的创造，是十分荒唐可笑的。马克思认为，就是个人的观念，也只能是存在（我）的观念，而观念本身必须从外界获得推动力。所以，马克思说："意识也是一切力量，根据上述学说，它也是'经常在自行活动'。桑乔要是同意这一点就不应该想法改变意识，而只应当想法改变对意识起作用的'推动力'，但这样一来，桑乔的整本书就都白写了。"[1]在

---

[1]　《马克思恩格斯全集》第 3 卷，人民出版社 1960 年版，第 496 页。

我国现时代,生产力是"四世同堂"式的多层次结构,不仅有现代化大工业的生产力、半机械化和半手工操作和手工业操作,而且尚有与刀耕火种相类似的落后生产力。与此相适应的生产关系所有制形式,存在以国有经济为主体的多种经济成分并存的所有制关系。因而我国现有联合体,还不是马克思所讲的真实联合体。我国现有的个人也不是全面发展的个人。因为在我国,由于生产力的发展水平不均衡所带来的生产关系的多层次结构,物对人的奴役状态尚不能完全消灭,特权思想,商品、货币的拜物教观念和极端个人利己主义的价值观念,仍然鬼使神差般地会使一些人成为它们的奴隶。所以,每个人也不可能是自由个性充分发展的个人。如果离开我国社会主义初级阶段这一现实前提,而说人的自由个性是现时代的根本特征,这只能是理论的逻辑,而不是事实的逻辑,它同马克思在文本中所阐释的个人自由个性发展的事实逻辑,南辕北辙,相去甚远。

第二,形式的平等,即政治上的平等。比如,身份、地位、权利、财产以及各种政治、经济、文化利益诉求表达等的平等。从上述我们可以看到,卢梭仅仅是从契约的不平等来论述的,相反,契约的平等是一个重要方面,这反映的是资产阶级的平等内容。事实上,契约是否平等,还决定于身份、地位、权利、财产以及各种政治、经济、文化利益诉求表达等是否平等。只有身份、地位、权利、财产以及各种政治、经济、文化利益诉求表达等的平等,契约作为一种相互同意、认可、约定的方式,才可能实现真正的平等。按马克思,在身份、地位、权利、财产以及各种政治、经济、文化利益诉求表达等的平等之中,可以区分为形式的平等和实质的平等。根据经济基础决定上层建筑的原理,经济、财产的平等是实质的平等,身份、地位、权利以及各种政治、经济、文化利益诉求表达等的平等是形式的平等。

新中国成立前的旧中国还是一个半封建、半殖民地的社会。封建等级制持续了近两千年,在那里,君君、臣臣、父父、子子,男尊女卑等的不平等才是合情、合理、合法的。君要臣死,臣不得不死;父要子亡,子不得不亡。而妇女更是处在社会的最底层,她们不仅要受君权、神权、族权的统治之外,还要受夫权的统治。孙中山领导的资产阶级革命,虽然推翻了封建君主制,但是,由于孙中山本人英年早逝,加之连年军阀混战,以及孙中山的继承者们除开维护自己作为帝、官、封的代言人的统治地位之外,从来不愿对封建等级制度、礼法,甚至传统陋习等进行丝毫触动和深刻改革。按照社会主义平等的原则,1954年9月20日第一届全国人民代表大会第一次会议通过的《中华人民共和国宪法》规定:"中华人民共和国公民在法律上一律平等。"这就宣布了封建的等级、特权等不平等的制度的非法性。中华人民共和国的每一个公民,无论是官有多大、职务有多高,其身份、地位、权利在法律上都是平等的。

宪法规定:"中华人民共和国年满十八岁的公民,不分民族、种族、性别、职业、社会出身、宗教信仰、教育程度、财产状况、居住期限,都有选举权和被选举权。但是有精神病的人和依照法律被剥夺选举权和被选举权的人除外。""妇女有同男子平等的选举权和被选举权。"2004年3月14日第十届全国人民代表大会第二次会议通过的《中华人民共和国宪法修正案》规定:"中华人民共和国公民在法律面前一律平等。"这就实现了身份、地位、权利以及各种政治、经济、文化利益诉求表达等的平等,是形式的平等。

第三,实质的平等,即经济上的平等。从所有制来看,我国实行的是以公有制为主体的多种经济共同发展的经济制度。所以,2004年的《中华人民共和国宪法修正案》规定:"社会主义的公共财产神圣不可侵犯。国家保护社会主义的公共财产。禁止任何组织或者个人用任何手段侵占或者破坏国家的和集体的财产。"这里体现了公有制的主体地位,但是个体经济、私营经济同样受到法律保护。宪法规定:"国家保护个体经济、私营经济等非公有制经济的合法的权利和利益。国家鼓励、支持和引导非公有制经济的发展,并对非公有制经济依法实行监督和管理。"宪法还规定:"公民的合法的私有财产不受侵犯。""国家依照法律规定保护公民的私有财产权和继承权。"公民私有财产,有一个代内的关系问题。前一种规定是代内的财产关系。后一条是代际关系问题。私有财产可以代际继承,并受法律保护。宪法规定:"国家为了公共利益的需要,可以依照法律规定对公民的私有财产实行征收或者征用并给予补偿。"①这里对财产所有制的法律规定,与其说是在法律规定下,人人都有这种平等权利,不如说是指在法律规定下每个公民都有财产自由。换言之,这里对财产经济平等的规定仅仅是经济平等形式,突出的是财产占有和继承的自由,而不是实质的平等。在宪法规定中,公有制是平等条件的法律保障,也是自由条件的法律保障。保护个体经济、私营经济,体现的是个体经济、私营经济的自由的所有权和自由使用权;合法的私有财产不受侵犯、保护公民的私有财产权和继承权,体现的是公民合法的私有财产的自由所有权、支配权和继承权。

关键问题是经济上的实质平等,究竟如何科学认识和把握,这是一个极其复杂的难题。所谓经济上的实质平等,那就是在经济内容的平等。经济内容关涉的方面尽管很多,如土地、资源、河流、矿藏、工厂、金融、商业等,甚至还有吃、穿、住、行等。但是,这些只是一些经济物,而不能算是社会的经济基础。经济基础是占统治地位的生产关系的总和。因此,经济的实质平等,通常是通过生产关系来界定。认为生产关系的平等,可以区分为所有制、分配制度、分工协作等的平等。这显然是片面的。我国改革开放以前,实际上就是把平等看作生产关系的平等。从所有制来看,社会主义改造完成以后,在"一大二公"的体制中,人人在财产所有制上的占有是完全平等的,从分配制度来看,吃的是大锅饭,这也是平等的。而不同行业不同职业分工,工、农、商、学、兵,由于各行各业配置的资源不同,尽管在"一大二公"的背景下,也只能是相对平等。但是,"一大二公"造成的惨痛教训是,不仅阻碍了生产力发展,而且是平等导致了平均,平均的经济平等导致的经济发展水平不是越来越高,而是最后走向了用来平等的物质越来越少,从而出现维持生存的物质资料极度匮乏,生活极度贫困,最后连原始共产主义平等的水平也无法维持。这种平均主义

---

① 参见《中华人民共和国》(2004),人民出版社 2004 年版。

平等的深刻教训是,经济的平等不能只是孤立地看生产关系,而更为决定意义的是要看生产力,即生产力的发展是否允许生产关系的平等。换言之,生产关系的平等,必须适合生产力的状况和水平。这是决定经济平等的根本规律。这一根本规律具有三个基本内容:

一是经济的平等不能单纯只看生产关系,还必须要看生产力,离开了生产力的状况片面地只看生产关系,必然就会导致平均主义的平等或贫富两极分化的不平等。从国内外讨论平等的观念来看,往往都是就生产关系领域来讨论平等或公正问题。虽然平等、公正问题分析得细致入微,但是与现实、实际往往距离较远,很难具有操作性。平等的研究必须要有现实性。但是现实性绝不是一种当代性。根据上文的分析,马克思主义的现实性是历史性与当代性的统一,认识现实性绝不可以离开历史性。从新中国成立后至改革开放以前的 30 年实践的历史来看,仅仅追求生产关系的平等,虽然容易做到,但是它带来的消极影响却极其深远。比如 1958 年的共产风,就是仅仅从生产关系上来追求平等,1957 年初级社还没有巩固,很快地就通过人为的推进而进入高级社,高级社还没有巩固,又很快地宣布进入了人民公社,从而开启了“一大二公”“一平二调”的公社化生活。公社集体所有制成了全公社公共所有制。吃饭不要钱替代了按劳分配的原则,大兵团作战成为生产的组织形式。从生产关系上来实现共产主义的平等,虽然没有维持多久,但是它带来的消极影响甚至持续到了改革开放前后。在国外,比如希腊的高福利导致的希腊国债危机。高福利本来就是一个生产关系领域中的危机,既然是生产关系领域的问题,那么通过调整生产关系应该可以解决。但是,一旦影响到生产力深层次问题,经济上的危机就导致了政治上的危机。尽管欧盟几经周折,暂时地采取了一些措施,但是危机的根源还未能真正根除。因为没有消除人们对福利的依赖性而激发劳动积极性,就不会有生产力的提高。缺乏生产力发展为基础的福利,就像平均共产主义一样,只能是建立在沙滩上的大厦,时刻都有坍塌的危险。平等的现实性的前提不可离开历史性与当代性。这种历史性和当代性具体而言,就是平等的历史前提和历史条件。经济的平等属于生产关系,与生产关系最为切近的领域是生产力。生产关系平等的历史条件和前提,那就是既成的生产力状况和水平与当代生产力发展的状况和水平。

二是经济平等是生产关系和生产力相互有机结合、相互协调、相互平衡的一种状态,是劳动者与劳动资料配置、劳动工具相结合的结果,而不能把生产关系与生产力绝对对立起来。在一些研究平等的著作和论文中,研究平等仅仅局限于生产关系,这是不科学的。生产关系与生产力必须有机结合起来,社会的经济平等是这样,个人的平等也是这样。如果把生产关系与生产力绝对对立起来,生产关系就不再是生产关系,生产力也就不再是生产力。在具体社会生产实践中,生产关系和生产力本来就是不可分割的整体。因为,只要是生产,就离不开生产力和生产关系。没有离开生产关系的生产力的生产,也没有离开生产力的生产关系的生产。生产力和生产关系的区分仅仅是作为分析概念才是正确的,这种分析概念不等于现实生产中存在没有生产力的生产关系的生产,也不存在脱离生产关系的生产力的生产。正如,男女结合才可以生产孩子一样。只要生产,就离不开生产力和生产关系。平等不仅是生产关系的产物,更是生产力发展的产物。

三是在生产力和生产关系中,起决定作用的不是所有制,而是劳动者的劳动,只有劳动者的劳动才能进行自然、信息、能量的相互转换,把自然物转化为经济有用物。生产工具是生产力发展水平的标志,而劳动是将自然物转换为经济物品的中介和桥梁。马克思在《1844年经济学哲学手稿》中就说:"整个所谓世界历史不外是人通过人的劳动而诞生的过程"①。劳动是一种创造性活动。劳动不仅创造了人类本身,而且创造了世界。劳动将自然物转化为人类需要的经济物,是生产关系和生产力相互有机结合的中介,也是实行经济上的实质平等的根据。这就是说,社会主义条件下的实质平等,就是按劳分配的

---

① 《马克思恩格斯文集》第1卷,人民出版社2009年版,第196页。

平等。社会主义公正就是按劳平等得到该得到的分配。劳动所得,既不是不折不扣的劳动,也不是离开劳动来看分配。马克思在批判拉萨尔时,认为社会主义实行"不折不扣的劳动所得"的观点是错误的,因为,"集体的劳动所得到的社会总产品",还必须扣除:"第一,用来补偿消耗掉的生产资料的部分。第二,用来扩大生产的追加部分。第三,用来应付不幸事故、自然灾害等的后备基金或保险基金。"①除此之外,还必须扣除一般管理费用、用来满足共同需要的部分和为丧失劳动能力者等设立的基金。可见,社会主义按劳分配不可能是不折不扣的劳动所得。由于"左"的思想误读,也有人认为按劳分配也是不平等的。马克思的确认为,按劳分配仍然保留资产阶级法权意义的平等。因为,每个人的体力和智力是一种天然的不平等,按劳分配实际承认了这种不平等的合理性。再者,各个个人的家庭人口有不同,负担不同,而"平等就在于以同一尺度——劳动——来计量"②。这种平等也是资产阶级法权意义的形式平等,而不是共产主义实质的平等。在"文化大革命"中,甚至改革开放以后,有的为了否定按劳分配,推行平均主义,认为按劳分配也是资产阶级法权意义的平等。这完全是误读。在《哥达纲领批判》中,马克思是相对于共产主义按需分配的原则而言,按劳分配属于从资本主义按资分配向共产主义按需分配之间过渡性的分配原则,既有进步意义,又有不足的地方。社会主义阶段首先必须相对于资本主义按资分配而言。相对资本主义,具有历史性的重大意义。相对于共产主义,只是形式的平等,而不是实质的平等;但是,相对资本主义,"平等就在于以同一尺度——劳动——来计量",就是实质的平等,而不是形式的平等。

　　四是获得知识、财富、荣誉的方式,在参与社会各种竞争性活动中的起点、过程和结果的平等。某一些人由于损害别人而得以享受的各种特权,譬如比别人更富足、更光荣、更有权势,或者甚至叫别人服从他们现代社会的发展。

---

① 《马克思恩格斯文集》第3卷,人民出版社2009年版,第432页。
② 《马克思恩格斯文集》第3卷,人民出版社2009年版,第435页。

不平等还可以区分为第三种情形,即起点、过程和结果的不平等。现代社会是一个竞争社会,但是,在竞争中就有起点的不平等,比如由身份、权力、信息、财力等等造成的不平等;过程的不平等,比如完全没有游戏规则或违反游戏规则;起点、过程不平等的必然后果是结果的平等。

2. 自由优先于平等的价值选择

马克思主义认为,平等是历史的、具体的、发展的。平等不是原始共产主义极端贫困的平均主义,平等必须从具体的历史条件和历史前提出发。基于我国社会主义初级阶段的具体国情,发展生产力和解放生产力,实现四个现代化就是最大的政治,经济建设是全党和全国人民的中心任务。时间就是金钱,效率就是生命。没有效率,不能实现四个现代化,中国就可能被动挨打,甚至可能被开除球籍。坚持"效率优先,兼顾公平",是这个时期分配的基本理念。效率就是放开搞活,充分调动每个人的潜能和积极性,让少数人通过辛勤劳动先富起来,这就是自由。公平就是先富带动后富,最后实现共同富裕,这就是公平和平等。从1978年改革开放开始至2002年左右,相对而言,我国突出自由优先于平等价值的选择。其原因在于:

第一,我国国情的科学分析和判断。"文化大革命"结束以后,通过实践是检验真理的唯一标准的讨论,批判了"两个凡是"的教条主义错误,恢复和确立了党的马克思主义思想路线。1980年邓小平在《坚持党的路线,改进工作方法》一文中说:"马克思、恩格斯创立了辩证唯物主义和历史唯物主义的思想路线,毛泽东同志用中国语言概括为'实事求是'四个大字。实事求是,一切从实际出发,理论联系实际,坚持实践是检验真理的标准,这就是我们党的思想路线。"①党的马克思主义的思想路线,是马克思主义世界观和方法论的统一。党的马克思主义思想路线的确立,标志着中国共产党把马克思主义

---

① 《邓小平文选》第二卷,人民出版社1994年版,第278页。

普遍真理同中国社会主义具体实际结合进入了思想理论上的自觉阶段。思想路线是政治路线的世界观前提和基础,为社会主义的具体实践提供了方法论原则。马克思主义的世界观是辩证唯物主义和历史唯物主义,作为世界观基础就是指唯物主义。唯物主义究竟是什么?唯物主义究竟何以可能具体化为党的思想路线,也就是如何具体化为可操作性的党的行动指南?恩格斯在批判黑格尔时认为,黑格尔不是从现实世界本身来对待现实世界,而是以先入为主的唯心主义怪想来对待现实世界,这是一条由唯心主义世界观决定的思想路线。那么,以唯物主义世界观为基础的思想路线是什么?他说:"(从事实本身的联系而不是从幻想的联系来把握的事实)……除此之外,唯物主义并没有别的意义"①。

这就是说,坚持从事实出发,是远远不够的,还必须把握事实的联系。辩证唯物主义实质是联系和发展的科学。这里的联系不是现象的、表面的、幻想的联系,而是事物本质的联系,本质的联系即规律。所以,辩证唯物主义不只是坚持一般唯物主义的基本立场,更为重要的是要从事实本身的联系去把握其本质的联系和规律。在这里,毛泽东具体地阐述了以马克思主义世界观为基础的思想路线的基本内容,用"实事求是"四个字体现了物质与精神、客观规律性与主观能动性、理论与实践等辩证统一关系。

党的思想路线概括了毛泽东思想的精髓。如何正确对待毛泽东思想和如何具体把握中国化的马克思主义,即毛泽东思想的基本精神,成为了马克思主义中国化在新的历史时期面临的一个重大课题。用马克思主义的科学态度对待马克思主义,用毛泽东思想的基本精神对待毛泽东思想,这是正确对待毛泽东思想的最科学的选择。马克思主义的科学态度和毛泽东思想的基本精神是什么?党的十一届五中全会认为,对待马克思主义、毛泽东思想,一是要反对思想僵化,反对一切从本本出发;二是要反对和批判否定社会主义道路,否定

---

① 《马克思恩格斯选集》第4卷,人民出版社1995年版,第242页。

无产阶级专政,否定党的领导,否定马列主义、毛泽东思想的错误观点和修正主义思潮。那么,究竟如何正确对待毛泽东思想? 在《关于党内政治生活的若干准则》中指出:"我们党一贯倡导的辩证唯物主义的思想方法和工作方法,其根本点就是一切从实际出发,理论联系实际,实事求是。"这就是说,坚持实事求是的思想路线是正确对待马列主义、毛泽东思想的科学态度。只有坚持实事求是的思想路线,才能在新的历史时期正确对待和具体把握马列主义、毛泽东思想的科学内涵。如果说党的十一届三中全会和五中全会恢复和确立的马克思主义的思想路线为正确对待和具体把握毛泽东思想的科学内涵作了思想和理论准备,那么,在正确对待马克思主义、毛泽东思想方面,十一届六中全会的重要意义在于具体把握了马克思主义、毛泽东思想的科学内涵。全会在《关于建国以来党的若干历史问题的决议》中指出,毛泽东思想活的灵魂,"它们有三个基本方面,即实事求是,群众路线,独立自主"①。毛泽东思想是中国化的马克思主义。"毛泽东同志把辩证唯物主义和历史唯物主义运用于无产阶级政党的全部工作,在中国革命的长期艰苦斗争中形成了具有中国共产党人特色的这些立场、观点和方法,丰富和发展了马克思列宁主义。"②毛泽东思想三个基本方面是马克思主义普遍原理同中国革命具体实践相结合的基本经验和基本规律的理论总结,是马克思主义中国化所取得的具体理论成果。坚持实事求是的思想路线,就是具体把握毛泽东思想的科学内涵。

党的思想路线是具体把握社会主义理论和实践的方法论原则。科学社会主义是实践的马克思主义,它是马克思主义三个组成部分的有机统一。但是由于马克思主义的科学社会主义是当时对西方发达资本主义基本矛盾运动分析得出的科学理论,再加上科学社会主义理论在马克思生前缺乏实践条件和实践经验,在世界社会主义的运动中还没有社会主义理论成功实践的经验可以借鉴。所以,虽然它普遍原理是正确的,但是当它具体应用于各国的具体实

---

① 《三中全会以来——重要文献选编》下,人民出版社 1982 年版,第 832 页。
② 《三中全会以来——重要文献选编》下,人民出版社 1982 年版,第 832 页。

际时,必须坚持实事求是的方法论原则,把它同各国的具体实践相结合。马克思主义的思想路线作为方法论原则,不仅要具体解决社会主义究竟是什么的问题,更为重要的是要解决社会主义建设实践应如何的问题。如果从理论出发,在这两个问题中,后一个问题应以前一个问题为前提。相反,由于世界社会主义运动还没有成功的实践经验可借鉴,实事求是解决社会主义实践应如何的问题,是比具体把握社会主义理论是什么的问题更为重要的问题。十一届三中全会实事求是地分析了我国的国情,肯定和恢复了党的八大的路线,首先解决了我国社会主义建设应如何的问题。十一届三中全会认为,我国的主要矛盾仍然是人民日益增长的物质文化需要同落后的社会生产力之间的矛盾。因而,全党和全国人民的工作重点应转移到社会主义经济建设上来,大力发展生产力,实现社会主义四个现代化,逐步改善人民的物质文化生活。然后,邓小平以马克思主义思想路线为方法论原则,回答了社会主义究竟是什么的问题。当党的工作重心转移到社会主义经济建设上来以后,一些人对中国的社会主义提出质疑。马克思在《共产党宣言》等文献论述了共产党的性质和共产主义革命的任务,但是,社会主义的本质究竟是什么? 马克思并未对其作出具体规定。恩格斯在《社会主义从空想到科学的发展》中生动地描绘了未来社会(包括社会主义和共产主义两大历史阶段)的基本特征,但是也未对社会主义本质进行具体抽象和概括。这就是说,把马克思主义同中国社会主义实践相结合,必须研究社会主义的本质,具体把握科学社会主义理论的科学内涵。邓小平实事求是地揭示了社会主义的本质内涵,从而解决了社会主义究竟是什么的问题。他说:"社会主义的本质,是解放生产力,发展生产力,消灭剥削,消除两极分化,最终达到共同富裕。"①邓小平的论述实现了对马克思主义科学社会主义本质的具体把握。如果社会主义的本质是解放生产力,发展生产力,那么平等的历史条件和历史前提,就是以生产力的发展和增长为前提。平

---

① 《邓小平文选》第三卷,人民出版社 1993 年版,第 252、373 页。

等是历史的发展的,这就是说,有什么样的生产力水平和状况就有什么样的平等的水平和状况。在资本主义,适应生产力和交换关系的发展,推进了政治上的形式平等,并以建设福利国家为口号,来弥补经济上的实质不平等。但是,由于其生产关系的私有制性质,即使生产力发展了,也会利用上层建筑的力量来保护私有制,以维护其经济上的实质不平等。

在社会主义条件下,实现平等,不存在政治和经济关系上的障碍,关键是发展和解放生产力,并根据生产力水平和状况,推动平等的发展。平等的理想必须建立在现实的生产力水平上,而不是要求现实的生产力、经济状况去适应平等的理想。

马克思说:"共产主义对我们来说不是应当确立的状况,不是现实应当与之相适应的理想。我们所称为共产主义的是那种消灭现存状况的现实的运动。这个运动的条件是由现有的前提产生的。"[1]我国改革开放前,平均共产主义的出现,就在于颠倒了这种理想与现实的关系,要求落后的生产力水平的现实去适应未来共产主义的理想。实现平等,必须坚持一切从实际出发,实事求是,科学把握我国的生产力的水平和状况。邓小平说:"社会主义本身是共产主义的初级阶段,而我们中国又处在社会主义的初级阶段,就是不发达的阶段。一切都要从这个实际出发,根据这个实际来制订规划。"[2]中国是社会主义,但是,只是社会主义的初级阶段,即生产力的不发达阶段。社会主义只是共产主义的初级阶段,而我国只是社会主义中的一个阶段,即初级阶段。这就是我国实现平等的历史条件和历史前提。我国还处在社会主义初级阶段,这就是中国的基本国情。任何理想和目标都必须建立在这个基本国情之上。平等的实现和前提是极大地发展生产力,解放生产力。发展生产力,解放生产力,经济建设是社会主义初级阶段的中心任务。邓小平说,判断是不是社会主义的标准,"应该主要看是否有利于发展社会主义社会的生产力,是否有利于

---

① 《马克思恩格斯选集》第 1 卷,人民出版社 1995 年版,第 87 页。
② 《邓小平文选》第三卷,人民出版社 1993 年版,第 252 页。

增强社会主义国家的综合国力,是否有利于提高人民的生活水平"①。衡量是否是社会主义的标准是"三个有利于",而不是思想标准。邓小平说:"为国家创造财富多,个人的收入就应该多一些,集体福利就应该搞得好一些。不讲多劳多得,不重视物质利益,对少数先进分子可以,对广大群众不行,一段时间可以,长期不行。革命精神是非常宝贵的,没有革命精神就没有革命行动。但是,革命是在物质利益的基础上产生的,如果只讲牺牲精神,不讲物质利益,那就是唯心论。"②这就正确阐述了物质和精神、平等和自由等的辩证关系。物质决定精神,精神可以作用于物质,完全不讲物质利益,只讲所谓的精神,不是唯物主义。为国家创造财富多,个人的收入就应该多一些,集体福利就应该搞得好一些。只有坚持按劳分配,多劳多得,让少数人通过勤劳先富起来,为国家创造财富多,最后才可以实现共同富裕。这体现的就是效率在先的自由原则。容许少数人通过勤劳先富起来,这就突出了自由,然后通过先富带动大家实现共同富裕,这就是平等。贫穷不是社会主义,在共同贫穷的情况下的平等,那是原始的低水平的平等。改革开放开始,突出的就是效率优先于公平、自由优先于平等的原则选择。

第二,根据中国的国情,探索中国特色社会主义道路,推进了各项经济改革。这里突出的自由优先于平等的价值选择。改革开放一开始,取消了束缚生产力发展的"一大二公"的人民公社的行政体制,建立了以促进生产为条件、以自然环境为依托的乡、村、组农村行政单位。为了调动每个农民的生产积极性,使少数人先富起来,开始农村经济体制改革,实行以"包产到户"为特征的联产承包责任制。这就使那些耕作技术好、经营管理水平较高的农民可以在同样的土地上,获得较多的收入。这就改变了那种干多干少一个样、干好干坏一个样的吃大锅饭的平均主义做法,实现了劳动者的责、权、利的有机结

①《邓小平文选》第三卷,人民出版社 1993 年版,第 372 页。
②《邓小平文选》第二卷,人民出版社 1994 年版,第 146 页。

合,使少数人逐步富了起来。

改革逐渐由农村转到城市,包括工业、商业、科技、教育等各行各业。在改革中,尽管这些不同行业的做法不同,但是注重个人价值导向的原则是一致的,即尽可能做到个人努力、贡献同个人的收入相统一。邓小平说:"每个人都应该有他一定的物质利益,但是这绝不是提倡各人抛开国家、集体和别人,专门为自己的物质利益奋斗,绝不是提倡各人都向'钱'看"①。"每个人"都应有他一定的物质利益,每个人都可以自己劳动富裕起来,这就是自由。通过个人自由劳动致富,与排斥社会、集体、他人的唯利是图的极端个人主义有本质的界限。

第三,市场经济体制下的效率优先、兼顾公平原则的确立。在社会主义初级阶段,即生产力不发达阶段,束缚生产力发展的最大体制性障碍是计划经济。在计划经济条件下,国家统一计划,统一生产,劳动者在计划支配下,平等地分配和消费。这是其优越性。问题是,在中国社会主义初级阶段的国情,尚未达到社会化的计划经济水平。这样势必阻碍生产力的发展。改革开放以前国民经济几乎接近崩溃边沿的实践证明,计划经济不适宜中国的生产力水平。在计划经济下的那样平等只是普遍贫困下的平等。改革开放以后,就开始了计划经济体制下大力发展商品经济的经济体制改革。从1978年到1984年,在农村就放开了个体经营和集贸市场,商品市场很快地发展起来。从1985年到1987年,宏观计划经济体制改革进一步深化,实行了以计划经济为主、市场调节为辅的经济模式,开始了允许生产资料作为商品进入市场的探索。1987年党的"十三大",系统地论述了社会主义初级阶段的理论,提出了"社会主义市场体系"的新概念。1992年在党的"十四大",确立了我国经济体制改革的目标是建立社会主义市场经济体制。1993年在中国共产党第十四届三中全会,通过了《中共中央关于建立社会主义市场经济体制若干问题的决定》,发

---

① 《邓小平文选》第二卷,人民出版社1994年版,第337页。

挥市场经济在资源分配中的基础作用。这是资源分配在计划经济条件下由计划决定的根本改革。1997年党的"十五大"召开,社会主义市场经济体制的基本内容概括为:"坚持和完善社会主义公有制为主体、多种所有制经济共同发展的基本经济制度;坚持和完善社会主义市场经济体制,使市场在国家宏观调控下对资源配置起基础性作用;坚持和完善按劳分配为主体的多种分配方式,允许一部分地区一部分人先富起来,带动和帮助后富,逐步走向共同富裕……保证国民经济持续快速健康发展,人民共享经济繁荣成果。"①市场经济是一种现代经济,经济的商品化、市场化程度越高,越有利于经济的发展。社会主义市场经济体制与社会主义的经济制度相结合,为社会主义初级阶段的经济发展提供了动力机制,反映了社会主义初级阶段经济规律的客观要求。它有利于提高社会生产率,发挥社会主义制度的优越性。

改革开放以前,在"左"的思想影响下,认为市场经济、商品经济是资本主义的专利。这是十分错误的。1992年邓小平南方谈话时指出:"计划经济不等于社会主义,资本主义也有计划;市场经济不等于资本主义,社会主义也有市场。计划和市场都是经济手段。"②社会主义市场经济,首先就是社会主义制度的,而市场经济只是一种经济体制。把计划经济与社会主义制度等同起来,是错误的。社会主义市场经济体制,就是坚持和完善社会主义公有制为主体、多种所有制经济共同发展的基本经济制度。这就区分了社会主义市场经济与资本主义的不同。市场经济是利益经济。在社会主义经济政策中,"利益"真正成为生产力发展的内驱力。市场经济是当代只有效率的经济,建立市场经济有利于发展生产力和解放生产力。这就凸显了社会主义的优越性。1998年,李鹏在《政府工作报告》中说,从1993年到1997年,经济发展保持良好势头,国家经济实力显著增强。1997年国内生产总值达到74772亿元,按

---

① 中共中央文献研究室编:《十五大以来重要文献选编》上,人民出版社2000年版,第18—19页。

② 《邓小平文选》第三卷,人民出版社1993年版,第373页。

可比价格计算,平均每年增长 11%。顺利完成了'八五'计划,提前实现了本世纪末国民生产总值比 1980 年翻两番的目标。① 改革开放开始的 1978 年,中国国民生产总值是 3645 亿元,1980 年国民生产总值 4545 亿元,2000 年国民生产总值达到 99214 亿元。国民生产总值比 1978 年翻了两番半以上,比 1980 年也翻了两番多。

在市场经济下,每一个经济人,无论是国家、集体和个人,都是一个独立的经济主体,都可以自主生产、自由经营、自由交换、自负盈亏。在计划经济下,生产者不能自由自主地选择自己的生产方式,必须按照统一的计划来生产,经营方式必须按照计划来进行,生产的产品按照计划来调拨,不能自由流动,自由地相互交换,而必须按照统一制定的价格来调配,企业、商店、生产者的盈亏与企业商店经营好坏无关。这种体制,看上去是平等的,但实际上是极大不平等。其结果是,生产好的企业、经营好的企业与那些生产不好、经营不好的企业一个样。

坚持和完善社会主义市场经济体制,就要坚持和完善按劳分配为主体的多种分配方式。市场经济是对劳动者责权利的一次深刻的革命。市场经济把劳动者的责、权、利真正统一起来,体现了社会主义按劳分配的原则。江泽民在党的十五大报告中说:"坚持按劳分配为主体、多种分配方式并存的制度。把按劳分配和按生产要素分配结合起来,坚持效率优先、兼顾公平,有利于优化资源配置,促进经济发展,保持社会稳定。"②

坚持和完善社会主义市场经济体制,把按劳分配和生产要素分配结合起来,就要坚持效率优先、兼顾公平的原则,允许一部分地区一部分人先富起来,带动和帮助后富,逐步走向共同富裕。这里的效率优先,就是允许一部

---

① 参见中共中央文献研究室编:《十五大以来重要文献选编》上,人民出版社 2000 年版,第 212 页。
② 中共中央文献研究室编:《十五大以来重要文献选编》上,人民出版社 2000 年版,第 24 页。

分地区和一部分人通过辛勤劳动，自由经营、自由交换、自由竞争，先富起来，而不是干多干少一个样，干好干坏一个样。兼顾公平，就是先富带动和帮助后富，逐步走向共同富裕，发展成果由人民共享，而不是贫富两极分化。这就突出了平等。在市场经济体制下，人们的收入水平普遍提高，中国实现了"三步走"的第一步目标，一个世界人口12亿多的大国解决了温饱问题。2001年7月1日，江泽民《在庆祝中国共产党成立八十周年大会上的讲话》中说：新中国成立以来国内生产总值增长了56倍。12亿多中国人不仅解决了温饱问题，而且总体上达到小康水平。[①] 1949年中国国内生产总值（GDP）679亿元（约为180亿美元），而我国2001年国内生产总值就达到109655.2亿元。[②]

当中国人在解决温饱问题过程中，一些西方反华势力，攻击中国缺乏自由和人权。这是完全错误的。人权可以包括生存权和发展权。在西方发达国家，人权主要是发展权。在我国就不同了。我国当时有12亿多人口，吃、穿、住、行就是维持生存的一个大问题。这是人权的基本方面。如果连温饱问题也不能解决，饭也吃不饱，生存也无法保障，也就无从谈论人权。实现人权是全人类共同的理想。中国人解决温饱问题，这就实现了最为基本的人权。1997年，钱其琛《在第五十二届联合国大会的讲话》中说："中国政府重视人权，致力于促进和保护本国人民的人权。"中国政府"为使自己的人民生活得更加民主、自由、幸福，我们集中力量发展经济，加强民主和法制"[③]。这就是说，发展经济就是要解决人们的温饱问题，保障人民的生存权和民主、自由的发展权的实现，使人民有尊严地过上幸福的小康

[①] 参见中共中央文献研究室编：《十五大以来重要文献选编》下，人民出版社2003年版，第1897页。

[②] 参见李建平、李建建、黄茂兴等：《中国60年经济发展报告（1949—2009）》，经济科学出版社2009年版，第3—4页。

[③] 中共中央文献研究室编：《十五大以来重要文献选编》上，人民出版社2000年版，第59页。

生活。

但是,在市场自由竞争中,一些地区和个人由于自然环境恶劣、个人丧失劳动能力或教育程度等的限制,他们的生活和经济发展水平逐步落后于那些发达地区和在市场竞争中走在前面的一些先富起来的个人,国家专门推出了西部开发政策和扶贫政策。2001 年,江泽民《在中央扶贫开发工作会议上的讲话》中说,从改革开放以来,不到 20 多年里,全国农村 2.2 亿贫困人口解决了温饱问题,贫困人口占农村总人口的比重从 1978 年的 30.7%降为 2000 年的 3%左右。①

在市场经济体制下实行按劳分配为主体、效率优先、兼顾公平的收入分配制度,鼓励一部分人先富起来,走共同富裕的道路。这就体现了自由、效率优先于公平、平等的价值选择。

3. 自由优先于平等的价值选择的调整

1978 年至 2002 年,经过 20 多年的经济体制改革,我国面貌发生了翻天覆地的变化,综合国力增强了,人民生活改善了,不仅 12 亿多人口解决了温饱问题,而且总体上达到小康水平。但是,新的问题也开始凸显,从地区、区域来看,那就是发展不平衡问题;从小康实现的速度来看,出现了快慢问题;从致富的程度来看,出现了贫富之间的差别问题。这就引发了人们对效率与公平、自由与平等等的发展理念反思和争论。据中国期刊全文数据库CNKI 网查询,从 1979 年开始到 1997 年,即改革开放以来 20 年,研究效率与公平的论文一共只有 292 篇。从 1998 年开始,每 5 年统计一次,从 1998 年至 2012 年,这三个 5 年是不断攀升。如 1998 年至 2002 年的 5 年有 402 篇,比改革开放以来 20 年增加 30%多;2003 年至 2007 年,这个 5 年共 986 篇,5 年是前 20 年 3 倍多,比前 5 年增加了 2 倍多;而 2008 年至 2012 年,这

① 中共中央文献研究室编:《十五大以来重要文献选编》下,人民出版社 2003 年版,第 1825 页。

个 5 年一共有 1174 篇,达到峰值最高点,是前 20 年的 4 倍多,比前 5 年增加了 120%;2013 年至 2015 年一共是 461 篇,其中 2013 年就有 169 篇。这说明 2014 年以后呈下降状态。学术研究的风向标反映了社会现实中效率与公平的矛盾,即效率优先下出现的贫富差距拉大等的问题。根据以上特点,这个时期可以划分为三个阶段:一是从 2002 年年底到 2006 年为效率与公平兼顾价值理念的关注期;二是 2007 年到 2012 年的效率与公平兼顾的价值理念的调整期;三是 2012 年党的十八届三中全会的效率与公平兼顾价值理念的形成期。

首先,效率与公平兼顾价值理念的关注期(2002—2006 年)。自由和平等的优先选择在这个时期突出表现为,在效率优先、兼顾公平的前提下,开始关注公平问题。关注就是关心、注意。从改革开放开始到 20 世纪末,从联产承包责任制至市场经济体制的建立,从各级政府到企业、公司和每一个市场主体,都成为独立的自由的经济人,发挥着自己的潜能和积极性,自觉地参加竞争市场竞争,利用各自的生产资源为社会和人们的需求提供了最大的满足,这就是效率。在效率优先的前提,国家鼓励按照效率、贡献和生产要素,让那些经营管理好、成本低、创造效益高的生产者和经营者多劳多得,获得了较高的收入,先富起来了。但是,社会主义市场经济自由竞争,应该是在平等的规则下的起点平等、过程平等。由于我国市场经济起步的时间较迟,市场规范的法律法规还很不完善。在市场规则不健全的情况下,首先就是起点不平等,许多企业和个人,利用独特的资源优势,不用个人努力也可以获得巨大利润,而一些企业和个人由于缺乏垄断、资源优势,即使加倍努力,也无法得到他应该得到的收益。这就形成了一样的付出却得不到一样的收入,甚至出现了收入差距相差几倍和几十倍的情况。21 世纪前后,效率与公平问题的讨论成为学术界研究的热点,党的十六大以后(2003 年开始)开始了对自由优先于平等理念的新认识。2002 年 11 月,江泽民在十六大报告说:"调整和规范国家、企业和个人的分配关系。确立劳动、资本、技术和管理等生产要素按贡献参与分配的原则,完善按劳分配为主体、多种分配方式并存的分配制度。坚持效率优先、兼顾公平,既要提倡奉献精神,又要落实分配政策,既要反对平均主义,又要防止收入悬殊。"①在这里,突出的是效率优先、兼顾公平。落实分配政策,首先必须反对平均主义,不能让 1958 年的共产风再死灰复燃;其次就是要防止收入悬殊。尤其是提出了"初次分配注重效率,发挥市场的作用,鼓励一部分人通过诚实劳动、合法经营先富起来。再分配注重公平,加强政府对收入分配的调节职能,调节差距过大的收入。规范分配秩序,合理调节少数垄断性行业的过高收入,取缔非法收入。以共同富裕为目标,扩大中等收入者比重,提高低收入者收入水平。"②

这里虽然没有明确提出效率与公平兼顾的命题,但是,"初次分配注重效率","再分配注重公平"等规定,明显表示党和政府对效率与公平兼顾的关系开始关注。在具体的举措上,坚持了以人为本的原则,利用公共财政资源,推出了改善民生的一系列政策,如加大对农业的投入,推进扶贫工作和义务教育等。

其次,效率与公平、自由与平等兼顾理念的调整期(2007—2012 年)。2007 年 10 月,中国共产党第十七次全国代表大会召开。从党的十六大到党的十七大这五年,"十七大"召开的 2007 年,是中国改革开放即将进入 30 年的前夕。中国的经济每年以接近 10% 的高速增长,但是也在效率和公平的选择上,开始出现了新的矛盾和问题。一方面,中国生产力发展了,综合国力增强了,人民的生活水平普遍提高了。"据统计,改革开放以来,农村绝对贫困人口从 1978 年的 2.5 亿下降到 2007 年的 1479 万人,贫困发生率从 30.7% 下降到 1.6%,国家统计局 2008 年发布《2007 年中国全面建设小康社会进程监

---

① 江泽民:《全面建设小康社会,开创中国特色社会主义事业新局面——在中国共产党第十六次全国代表大会上的报告》,人民出版社 2002 年版,第 28 页。

② 江泽民:《全面建设小康社会,开创中国特色社会主义事业新局面——在中国共产党第十六次全国代表大会上的报告》,人民出版社 2002 年版,第 28 页。

测报告》中显示，从2000年我国全面建设小康社会以来，小康的实现程度已从2000年的59.3%稳步提升到2007年的72.9%，平均每年增加1.95个百分点。"①另一方面，中国人口众多，中国是一个13亿人口的大国，中国的农村贫困人口就有2.5亿，相当于两个日本，一个美国的人口。经过改革开放30年的努力，有2亿多人脱贫，这是世界上的一个伟大创举。这说明，中国的改革开放的一系列思想政治路线、方针、政策的正确性，也是经济体制改革带来的巨大成就。这说明，在自由与平等的选择上，效率优先，兼顾公平是正确的。只有激发每一个人的主观能动性、自由自觉地劳动创造性，让少数人富起来，才有可能实现共同富裕。如果搞平均主义，其结果是极大地影响人们的创造积极性，破坏生产力的发展。中国的2亿多人脱贫，有一部分靠的是国家的扶贫，甚至利用国家的技术、产业发展优势而脱贫的。但是，绝大部分都是自己充分利用改革开放政策优势，尤其是在市场经济的体制机制下，通过自己诚实劳动，自主生产、自主经营、自由交换，逐步摆脱了绝对贫困状态。另一方面，又要看到，中国不仅人口多，即使2亿多人口脱贫，但是还有农村绝对贫困人口1479万。在欧洲，这个数字对于他们任何一个国家，都是一个大数字。加上中国处于社会主义生产力不发达的初级阶段，地区和地区之间、城乡之间、东部发达城市与西部的一些欠发达地区，在基础设施、技术力量和水平、环境资源条件、人力资源条件等上还存在巨大的差别。这些就必然导致有的富裕地区像欧洲，有的地方的贫困和落后可能还像个别不发达的非洲地区。

"改革开放以来，我国居民收入分配的基尼系数呈不断扩大的趋势，据国家统计局公布的统计数字，我国的基尼系数在1981年为0.278，尚处于收入相对平均的水平，但是1987年开始突破0.3，在2000年开始超过0.4的国际警戒线，到达危险的边缘，此后，基尼系数呈不断上升的趋势，2005年达0.47，

①　李建平、李建建、黄茂兴等：《中国60年经济发展报告（1949—2009）》，经济科学出版社2009年版，第76页。

2007年更是高达0.485。"①基尼系数通常为国际上用来测定居民收入差距的一个重要指标。联合国有关组织规定:若低于0.2,表示收入高度平均;0.2—0.3,表示比较平均;0.3—0.4,表示相对合理;0.4—0.5,表示收入差距较大;0.6以上,表示收入差距悬殊。② 可见,0.4—0.5是居民收入分配差距较大的"警戒线",而0.2—0.3,则是处于比较平均的水平。这就是说,我国改革开放的实践证明,我国坚持效率优先、兼顾公平的政策取得了巨大成就,打破了平均主义的模式,不再停留于改革开放初期的基尼系数0.2—0.3的比较平均的水平。但是,基尼系数2007年达到0.485,则是一个收入差距较大的警告信号。如果不引起重视,就可能影响社会的和谐稳定。社会的和谐稳定是压倒一切大事。中国改革开放以来30年取得的巨大成就,当然是得益于我国的经济体制的改革,得益于效率优先、兼顾公平,打破了平均主义,激发了每一个人积极性。但是,中国的成功最为重要的还是得益于30年以来中国的和谐稳定,一心一意搞建设。没有和谐稳定的政治局面,就是已经取得的成果也可能毁于一旦。比如,"文化大革命"的破坏,中东一些富裕国家的战乱。解决贫富差别太大问题,不只是一个经济问题,也是政治问题。2007年10月,胡锦涛在中国共产党第十七次全国代表大会上的报告《高举中国特色社会主义伟大旗帜,为夺取全面建设小康社会新胜利而奋斗》中说:"社会主义市场经济体制初步建立,同时影响发展的体制机制障碍依然存在,改革攻坚面临深层次矛盾和问题;人民生活总体上达到小康水平,同时收入分配差距拉大趋势还未根本扭转,城乡贫困人口和低收入人口还有相当数量,统筹各方面利益难度加大。深化收入分配制度改革,增加城乡居民收入。合理的收入分配制度是社会公平的重要体现。要坚持和完善按劳分配为主体、多种分配方式并存的分配制度,健全劳动、资本、技术、管理等生产要素按贡献参与分配的制度,初次

---

① 李建平、李建建、黄茂兴等:《中国60年经济发展报告(1949—2009)》,经济科学出版社2009年版,第76页。

② 参见奚洁人主编:《科学发展观百科辞典》,上海辞书出版社2007年版,第525页。

分配和再分配都要处理好效率和公平的关系,再分配更加注重公平。逐步提高居民收入在国民收入分配中的比重,提高劳动报酬在初次分配中的比重。着力提高低收入者收入,逐步提高扶贫标准和最低工资标准,建立企业职工工资正常增长机制和支付保障机制。创造条件让更多群众拥有财产性收入。保护合法收入,调节过高收入,取缔非法收入。扩大转移支付,强化税收调节,打破经营垄断,创造机会公平,整顿分配秩序,逐步扭转收入分配差距扩大趋势。"在这里,实际上体现了对效率优先、兼顾公平理念的调整。在分配领域,突出效率是对的,所以必须坚持和完善按劳分配为主体,多种分配方式并存的分配制度,健全劳动、资本、技术、管理等生产要素按贡献参与分配的制度。但是,仅仅突出效率还不够,还必须兼顾公平。究竟如何调整效率与公平的关系,其具体的举措是:第一,加强政府对收入分配的调节职能,初次分配和再分配都要处理好效率和公平的关系,再分配更加注重公平。在这里,初次分配和再次分配都突出的是公平问题。在初次分配中,虽然未提效率优先,但也未再提出公平优先,实际蕴含了效率与公平兼顾的思想。第二,逐步提高居民收入在国民收入分配中的比重,提高劳动报酬在初次分配中的比重。着力提高低收入者收入。这是国家对效率与公平的顶层设计问题。第三,逐步提高扶贫标准和最低工资标准。第四,建立企业职工工资正常增长机制和支付保障机制。第五,创造条件让更多群众拥有财产性收入。保护合法收入,调节过高收入,取缔非法收入。第六,扩大转移支付,强化税收调节,打破经营垄断,创造机会公平,整顿分配秩序,逐步扭转收入分配差距扩大趋势。这里,并没有效率优先原则,而是突出限制和调整。效率问题突出在第一次分配是一个重要问题;所谓限制,第一次分配都要处理好效率与公平问题,强调再分配更加注重公平,公平问题更加突出和重视。第三、四、五、六等举措,突出的都是公平问题和民生问题,防止收入分配过分悬殊,差别过大的问题。这就是说,在这个时期,从中国的分配格局的具体实际出发,中国从突出的自由优先于平等、效率优先于公平价值理念,逐步调整为自由与平等、效率与公平相互兼顾的思想。

最后,效率与公平兼顾的理念形成期。2013年开始,是我国效率与公平兼顾价值理念的形成期。其主要标志是2012年党的十八大的召开。党的十八大报告中说,十七大以来的五年,我们"更加自觉地把以人为本作为深入贯彻落实科学发展观的核心立场,始终把实现好、维护好、发展好最广大人民根本利益作为党和国家一切工作的出发点和落脚点,尊重人民首创精神,保障人民各项权益,不断在实现发展成果由人民共享、促进人的全面发展上取得新成效"[①]。以人为本作为科学发展观核心理念的确立,为我国社会经济各个方面的发展提供了方向性指导。现代化的发展、市场经济的发展带来了物质财富的丰富、综合国力的提升。社会主义不能像资本主义那样,为了发展生产力而发展生产力,生产力的发展、经济社会的发展、物的发展的目的是推动人的自由全面发展。胡锦涛对以人为本理念具体阐述,为如何正确处理效率与公平的关系提出了指导思想。从以人为本的核心理念出发,我国加强了以改善民生为核心的社会建设,在推进分配制度改革的同时,逐步实现了社会保障体系全覆盖,实现了企业和机关事业单位保险制度,建立了城乡居民基本养老保险制度和基本医疗保险制度,在全国实现义务教育的基础上加大了对城乡免费教育的投入等。经过一个时期的努力,基本公共服务水平均等化程度明显提高,区域发展不平衡问题逐步有所缓解。由于生产力的发展,国家综合实力的增强,为改善民生提供了物质基础。政府在提高公共服务均等化水平的同时,加快了分配体制的改革。在再分配领域,政府通过税收调节,缩小社会成员之间的收入差别和提高生活保障的水平。中国改革开放40多年,不仅解决了一个14亿人口大国的温饱问题,而且开始步入小康社会。这一成就令全球瞩目。

但是,除开我国地区、地域、地理环境、资源和个人体力、智力、教育程度等

[①] 胡锦涛:《坚定不移沿着中国特色社会主义道路前进 为全面建成小康社会而奋斗——在中国共产党第十八次全国代表大会上的报告》,人民出版社2012年版,第8页。

差别问题外,由于我国整个市场体制的规范系统、法律系统的建设正处于逐步完善过程,一些行业可以垄断市场谋取暴利,一些人可以趁机钻法律的空子,通过制假造假、违法经营、权力资本化、非法占有、垄断和掠夺国家资源等违法违规行为获得暴利,甚至是一夜暴富,从而加剧了贫富悬殊问题。据国家统计局公布的 2007 年经济资料,2007 年全国居民收入基尼系数还是达到 0.485,居高不下,接近 0.5—0.6 的收入悬殊的门槛。这一收入悬殊的警示信号,引起人们的高度关注。据"中国期刊全文数据库"CNKI 网查询,2008 年至 2012 年,研究效率与公平问题的论文多达 1174 篇,也是研究效率与公平的峰值最高点。据国家统计局公布的 2014 年经济资料,2014 年全国居民收入基尼系数为 0.469。虽然比 2007 年略有下降,但说明收入差距仍然较大。如何实现公平正义问题还是我国面临的重大课题。党的十八大报告指出:"必须坚持维护社会公平正义。公平正义是中国特色社会主义的内在要求。要在全体人民共同奋斗、经济社会发展的基础上,加紧建设对保障社会公平正义具有重大作用的制度,逐步建立以权利公平、机会公平、规则公平为主要内容的社会公平保障体系,努力营造公平的社会环境,保证人民平等参与、平等发展权利。"①根据我国的国情,发展是硬道理,经济建设必须是我国当前的中心任务,效率还是我国的突出问题。问题是如何在科学发展中实现公平问题。而公平,不是不要效率,公平不是平均主义。实现效率和公平的兼顾,实际上是指实现效率和公平的协调和统一。对于效率和公平而言,协调和统一还是一个操作层面的概念,并不具有理念的引导引领意义。这就要求,要引领效率和公平协调、兼顾和统一,就必须要有更高层次的理念。这就是正义。正义的经典含义是"得其所应得"。公平不是不要效率的公平,公平必须以效率为前提,公平必须符合正义的规范。公平不是无正义的公平,只有是正义的公平才是真正的公平,不符合正义的公平,那就是平均主义。社会主义核心价值观的

①　胡锦涛:《坚定不移沿着中国特色社会主义道路前进　为全面建成小康社会而奋斗——在中国共产党第十八次全国代表大会上的报告》,人民出版社 2012 年版,第 14—15 页。

提出正是适应中国特色社会主义理论和实践的要求产生的。以"倡导富强、民主、文明、和谐,倡导自由、平等、公正、法治,倡导爱国、敬业、诚信、友善"的社会主义核心价值观,说明中国既不是什么平等主义,也不是自由主义,而是坚持效率与公平、自由与公平兼顾,二者互为前提、相辅相成、协调发展的理念。

4. 效率与公平和自由与平等之间的关系

"效率,泛指日常工作中所消耗的劳动量与所获得的劳动效果的比率。"[①] 在市场经济条件下,实际上是指资源分配的利益最大化。这里的资源,包括人力资源、物力资源(如土地、矿藏、棉花、机器设备等生产资料)和财力资源。效率表明的是资源分配的投入与产出的关系。效率在机械工作时是指输出能量与输入能量的比值,常用百分率表示:

$$效率 = \frac{有效能量}{原有能量} \times 100\% = \frac{输出能量}{输入能量} \times 100\%$$

这就是说,投入和配置的资源多,而产出的价值少,这是低效率或没效率;而投入和配置的资源少,而产出的价值大,这是高效率或有效率。

效率就是生产率。生产率是生产力的量的侧度,效率表示了生产力增长的速度,如 GDP。生产力是社会发展的最终动力。在这个意义上,效率、生产率、生产力属于同等程度的概念,它们都表示的是社会的动力系统。

自由与效率相联系,是市场经济赋予的含义。市场经济既是现代最有效率的经济,也是自由产生的真正根源。

首先,市场经济是现代最有效率的经济。市场经济不同于自给自足的自然经济,能够实现资源的最优配置。自然经济的资源分配也追求效率,毕竟农

---

① 辞海编辑委员会编:《辞海》(缩印本),上海辞书出版社 1980 年版,第 1468 页。

民种田,对劳动力、生产资料的成本也进行核算。但是,这种核算标准仅仅局限于个体生产者自我比较,而且在资源分配上无法实现选择性的最优配置。市场经济就不同,市场经济不用社会花费大量的人口成本去配置资源,而是通过市场看不见的手,按照价值规律自由交换、自由竞争,优胜劣败,淘汰那些效率低下的配置,从而自由选择那些效率高的资源分配。这就极大地调动了生产者的自由自觉的主动性、创造性和积极性。再者,由于效率就是金钱和财富,市场经济对生产技术、科技成果的最优资源分配,可以快速地创造出巨大财富效应,这种财富效应又可以引领新的科技革命和市场应用,实现资源的最优配置,从而提升生产效率。

其次,市场经济是现代自由产生的真正基础和根源。自由当然不限于经济,自由还包括法律的、政治的、伦理的、哲学的自由,但是,经济自由是自由实现的基础和前提。在《资本论》中,马克思认为,现代自由和平等实质上起源于市场经济。马克思说:"交换价值的交换是一切平等和自由的生产的、现实的基础。作为纯粹观念,平等和自由仅仅是交换价值的交换的一种理想化的表现;作为在法律的、政治的、社会的关系上发展了的东西,平等和自由不过是另一次方上的这种基础而已。"①虽然古希腊亚里士多德提到过城邦共同体的自由,修昔底德在《伯罗奔尼撒战争史》中记载了伯里克利所阐述的雅典民主政治中的自由,但它们并不具有现代个人自由的含义。贡斯当说:"正如孔多塞所言,古代人没有个人自由的概念。可以这样说,人仅仅是机器,它的齿轮与传动装置由法律来规制。同样的服从情形亦可见于罗马共和国的黄金时代。那里,个人以某种方式被国家所吞没,公民被城邦所吞没。"②个人自由是现代市民社会发育与成熟的产物。现代所谓的哲学、伦理、政治的自由,按其实质,都不过是起源于市场自由竞争的自由。如新自由主义者哈耶克、波普

---

① 《马克思恩格斯全集》第30卷,人民出版社1995年版,第199页。
② 邦雅曼·贡斯当:《古代人的自由与现代人的自由》,阎克文、刘满贵译,商务印书馆1999年版,第28页。

尔、雅赛等,就把现代自由,归结于亚当·斯密市场经济的自由交换、自由贸易、自由竞争的自由。20 世纪末,由英、美国家主导的所谓的"华盛顿共识",实际是反对政府的"人为设计"而力挺市场化自由竞争为个人自由的实现路径,以恢复西方个人主义核心价值的共识。市场经济体制必须尊重市场自由,减少政府对市场自由的干预,但是市场经济对个人自由的实现,往往是有局限性的。市场失灵就是这个意思。

自由究竟有何作用与价值? 中西方学术研究出现了两种不同的分野。西方所说的自由,确切地说就是个人自由,而个人自由往往被诠释为社会发展与进步的源泉与动力。这一点在西方处于主流地位的英、美国家的自由主义尤为突出。比如,密尔认为,把社会进步的源泉归结为人民是强加的,社会"进步的唯一可靠而永久的源泉还是自由,因为一有自由,有多少个人就可能有多少独立的进步中心"①。美国的自由主义者甚至把美国取得的成功与胜利归结为个人自由的动力学原理。他们认为,美国的优势是既缺少封建主义,也缺少社会主义。美国成功与胜利的单一因素就是由洛克开启的个人自由。刘易斯·哈茨认为,美国的自由派"是信仰个体自由、平等,及资本主义的人,是视个人的成功与失败取决于自身的努力与能力,并认为人类市场活动是检验这一努力与能力的适当场所的人"②。在他们看来,市场是检验个人成败、效率高低的场所,市场自由竞争是显示每个人能力强弱的场所,市场是实现自由的适当场所。按照哈茨所论,在美国除了个人不断努力获得成功之外,谁也逃脱不了失败,这就是美国的自由精神。这种个人自由说明,"单个的人具有至高无上的内在价值或尊严","个人的思想与行为属于自己,并不受制于他所不能控制的力量或原因"。按照卢克斯看,主张个人自由就突出了个人"尊严"

① 约翰·密尔:《论自由》,程崇华译,商务印书馆 1959 年版,第 75—76 页。
② 刘易斯·哈茨:《美国的自由主义传统·1991 年版引言》,张敏谦译,中国社会科学出版社 2003 年版,第 1 页。

和"自主"的价值。个人"自主始终是自由主义的核心价值"①。

在我国学术研究中，一般很少涉及个人自由的作用与价值。这是因为，我国往往把自由的研究置于认识领域，从而认为以实践为基础就揭示了自由的源泉与基础。而人民群众是社会实践的主体，人民群众的创新精神和活动才是社会历史发展与进步的动力。这是合理的。但是，自由不只是哲学认识论的自由，自由必须与经济关系相联系。根据马克思的论述，只有研究经济中的自由，才可以真正揭示自由的基础和起源。我国社会主义市场经济，社会主义是其特色，但是，作为市场经济就具备市场经济的一般特点。社会主义市场经济在我国资源分配中具有决定作用，市场经济对资源分配的途径就是自由交换。自主生产、自由经营、自由交换、自负盈亏的中心含义就是自由。所以，自由是市场经济的核心理念。市场经济既是最有效率的经济，也是自由实现的场所。因此，在市场经济，自由与效率具有内在一致性。所不同的是，我国的市场经济是社会主义制度的，我们尊重市场经济的自由，重视市场经济自由的效率。但是，我们不是原教旨主义新自由主义，把市场看成至高无上与完美无缺的。市场也有缺陷，市场也会失灵，防止市场经济失灵和缺陷的有效方式，就是合理的社会调控。这就是说，自由与限制是相辅相成的辩证统一的整体。这不影响市场的效率，也不影响自由。自由与限制的辩证统一，市场效率与国家调控的相辅相成，自由与效率才具有可持续性。

---

① 史蒂文·卢克斯：《个人主义》，阎克文译，江苏人民出版社2001年版，第52页。

第八章　自由与平等的制度公正研究

公正是一个极具中国制度特色的价值观。然而,当其纳入正义的一般分析框架,公正的中国制度特色就被溶解和遮蔽,很难彰显公正的中国特色、中国风格、中国气派。公正和正义都是社会主义制度价值,那么,究竟是公正还是正义是制度的首要价值? 究竟是公正的自由、平等优于正义的自由、平等价值,还是正义的自由、平等优于公正的自由、平等价值? 换言之,究竟是公正应该纳入正义的分析框架,还是正义应当以公正为规范? 这是国际体系"无政府状态"①与世界秩序重建中的一个关涉中国制度性话语权②和社会制度选择、设置、安排是否正当、合理的一个重大问题。

第一节　公正是优于正义的价值德性

在公正(Impartiality 或 fairness)与正义(justice)问题的研究中,我国较为多见的现象是视罗尔斯的《正义论》为现代制度价值的圭臬,甚至将公正嵌入

---

①　西方经典国际关系理论,如新现实主义、自由制度主义与社会建构主义,皆把国际体系"无政府状态"假设作为研究起点(参见[美]亚历山大·温特:《国际政治的社会理论》,秦亚青译,上海人民出版社2014年版,第244—248页)。

②　中共中央第十八届五中全会第一次提出:"积极参与全球治理和公共产品供给,提高我国在全球经济治理中的制度性话语权,构建广泛的利益共同体。"《中国共产党第十八届中央委员会第五次全体会议文件汇编》,人民出版社2015年版,第32页。

正义的分析框架。从辞源学上来看,中国古代有公正而极少见诸正义一词。公正最基本的含义,就是公允、公平和无私,出以公心之意。①《论语·颜渊》曰:"政者,正也。子帅以正,孰敢不正?"孔子的"政",是端正的正。《孟子·离娄上》:"义,人之正路也。"义者,宜也。"正义"一词当然不等于中国词的"正"与"义"的含义相加。但作为价值观,公正的价值意蕴就是以公为正,以公为正谓之适宜、正当、正义。"公正"一词也有正义之意。英国著名政治哲学家安德鲁·伍海德的《政治学核心概念》所列"价值"词条,有正义而无"公正"概念。这就是说,西方政治哲学核心价值是正义,而不是公正。他说:"正义就是给予他或她'应得'的东西,这又常常被视为他或她的'正当报酬'。在这个意义上,正义可以应用于所有社会物品(如自由、权利、权力、财富和闲暇等等)的分配。"②正义的基本含义是个人权利分配"得所当得"之意。这是否可以说,西方人只关心正义,而无人研究公正? 事实并非如此。如西季威克在论述公正(Justice)与正义时,并不做严格的区分,他说的公正就是正义,而正义就是公正。但是,他把二者区分为保守的公正和理想的公正。他说:"保守的公正,他实现于(1)对法律、契约和明确的协议的遵守,对法律已确定并宣布的对违反这些约定的行为的惩罚的实施;以及(2)对自然的、正常的期望的满足之中。"③而理想的公正,"正如我们通常设想的那样,似乎要求我们不仅分配——如果不是平等地,也至少是公正地——自由,而且分配所有其他的利益与负担;我们不完全把这种分配上的公正等同于平等,而仅仅把它视为对人为的不平等的排除。"④西季威克所谓保守的公正(Justice),实际相当于权利

---

① 参见汉语大字典编辑委员会编:《汉语大字典》(缩印本),四川辞书出版社、湖北辞书出版社 1993 年版,第 102 页。

② [英]安德鲁·伍海德:《政治学核心概念》,吴勇译,天津人民出版社 2008 年版,第 167 页。

③ [英]亨利·西季威克:《伦理学方法》,廖申白译,中国社会科学出版社 1993 年版,第 310 页。本文按廖申白先生的汉译本将 Justice 译为"公正"一词来使用。

④ [英]亨利·西季威克:《伦理学方法》,廖申白译,中国社会科学出版社 1993 年版,第 296 页。

分配的"得所当得"的正义;而理想的公正主要是分配所有其他的利益与负担,排除人为的不平等的、有偏见的袒护和对待,此为包含公平与正义之意的公正。

显然,词源学意义的阐释,不足以说明公正就是优于正义的价值德性。一种价值是否优于另外一种价值德性,关涉复杂的价值评价问题。这里先要探索的是价值范畴的合理性、规范意义与具体性等问题。

一、基于价值的合理性,公正是优先于正义的目的价值

价值范畴之所以可能作为价值范畴,就在于它的合理性。所谓合理性,即指其合目的性。只有是合目的性的,才是合理的,不合目的性的范畴不是价值范畴。李德顺认为,价值"是指客体的存在、属性及其变化同主体的尺度是否相一致或相接近"①。这是对的。价值不是指人与物的关系问题,而是指"主客体关系"问题。所谓主体的尺度,是指客体的属性是否与主体的目的或同主体的目的、意图、理想相一致问题。换言之,价值范畴只有是合目的的,才是合理的,否则就不具有合理性。马克斯·韦伯曾用目的价值和手段价值为范式评价社会行为的合理性。他先将社会行为区分为目的合理性和价值合理性行为,目的合理性行为是"根据目的、手段和附带后果来做他的行为的取向,而且同时既把手段与目的,也把目的与附带后果,以及最后把各种可能的目的相比较,作出合乎理性的权衡"②。而价值合理性行为则是一种行为者向自己提出道德、宗教规则、戒律的行为。他认为,二者不是一致的,越是从目的合理性出发,价值合理性就越是非理性的;相反,如果无条件地考虑行为的绝对价值,它就越不顾行为的后果,而是非理性的。显然,韦伯的目的合理性实际指涉的是功利主义仅仅追求功利目标效果的目的合理性问题,而价值合理性则是针对康德的只追求善良意志动机合理性而完全不计动机的效果究竟如何的

---

① 李德顺:《价值论》(第2版),中国人民大学出版社2007年版,第27页。
② [德]马克斯·韦伯:《经济与社会》上册,林荣远译,商务印书馆1997年版,第57页。

质疑。值得注意的是,韦伯的目的合理性论述,实际上肯定了目的对手段价值的优先作用。目的价值既不应该是目标效果意义的目的,也不是不顾目标效果的动机意义的价值目的。目的价值应该是动机的价值目的与目标的效果价值的统一。虽然目的价值不同于手段价值,但是,目的价值作为主体合规律性选择的目的、理想,应该是一个手段、目标的合目的性的价值目的。马克思始终认为,未来人类联合体的最终目的是实现人的自由全面发展,这种目的价值就是合规律性与合目的性的统一。恩格斯说:"共产主义是关于无产阶级解放的条件的学说。"①在这里,人是目的,不是手段,"无产阶级解放"是目的价值,共产主义制度相对人的解放,只是条件意义的手段价值,这种条件的手段价值必须为目的价值服务。价值的本质概念就是范畴。"公正"与"正义"都是反映价值本质的一对范畴。"公正"与"正义"因为自身的合理性,二者都上升为当代社会重要的价值范畴。对此,已有太多的研究。但是,"公正"与"正义"作为一对范畴,究竟公正是正义的目的价值,还是正义是公正的目的价值?

首先,唯有公正是造福于人类、社会和他人的目的善。在中国文化中,"公正"是一种高于正义价值的善。《韩非子·解老》曰:"所谓直者,义必公正,心不偏私也。"在韩非看来,"居官无私"即为公正。这就是说,无私就是公正。公正还指公平、公道。在古汉语,公道就是以公为道。何谓"公",天下为公;道是指的规则、法则;公道就是以公为规则、规范。亚里士多德说:"在各种德性之中,唯有公正关心他人的善。因为它是与他人相关的,或是以领导者的身份,或是同伴的身份,造福于他人。"②各种德性,理当包括正义与公正,但只有公正是唯一的首要德性。"公正集一切德性之大成",因为公正是相关于他人和社会的德性。换言之,其他德性大都与个人有关的,唯有公正是以公为正,以公为平,以公为德。公正作为首要价值,是优先于正义之合目的性的价

① 《马克思恩格斯文集》第1卷,人民出版社2009年版,第676页。
② 亚里士多德:《尼各马科伦理学》,苗力田译,中国社会科学出版社1999年版,第97页。

值德性。

其次,比较价值善的政治法律实践,突出地体现了公正是优先于正义的目的价值。亚里士多德说:"公正(dikaios)这个词就是由 dikee(审判)派生出来的,对不公平的判决以至惩处。在神话里她是公平的化身,手持法棍,除尽天下不平之事的冷酷女神。"①法律是行为原则的规范。法律的最高价值是公正,而不是正义。正义的经典含义是"得所当得"。"正义就是给予他或她'应得'的东西,这又常常被视为他或她的'正当报酬'。在这个意义上,正义可以应用于所有社会物品(如自由、权利、权力、财富和闲暇等等)的分配。"②所谓"正当报酬",不单指劳动报酬,而突出的是个人权利的分配。即使在罗尔斯的《正义论》中,讨论的也主要是个人自由、平等的"得所当得"的权利分配问题。权利关涉法律,而"法律不应该等同于正义;法律可以是正义的或不正义的,就像执行法律的司法系统一样"③。弗莱彻甚至认为,公正(fairness)与正义(justice)不是一个概念,而是两个概念。这就可能导致人们的理解不同。在法庭,被害人要求正义,被告人要求公正。"公正的审判并不需要得出一个正义的结果,可能要求无辜者被宣告无罪,以及使犯罪人被认定为有罪。"④这就是说,政治法律追求的目的价值是公正,因为是公正的,才可能是正义的。法律不等同正义,法律的正义是对违法者得所当得的处罚。比如,刑法不是为了复仇,杀人偿命是杀人犯的"得所当得",而不是对被杀者生命的补偿,因为生命是无法补偿的。法律对被告和原告之间的审判而言,最高的价值理念就是公正。法律追求公正,法律当且应当等同公正。比如,《欧盟基本权利宪

① 亚里士多德:《尼各马科伦理学》,苗力田译,中国社会科学出版社 1999 年版,第 108 页。
② [英]安德鲁·伍海德:《政治学核心概念》,吴勇译,天津人民出版社 2008 年版,第167 页。
③ [英]安德鲁·伍海德:《政治学核心概念》,吴勇译,天津人民出版社 2008 年版,第168 页。
④ [美]乔治·P.弗莱彻:《"公正"的比较性思考》,蔡爱惠译,《国家检察官学院学报》2009年第 4 期。

章》规定:"任何人均有权要求由一个依法成立的独立和中立的法庭在合理的期限内对其案件进行公正的公开的审理。"①

二、基于价值的规范意义,公正是优先于正义的规范性价值

价值规范,一般认为是对制度、行为的规范。事实上,价值规范还有价值范畴之间的规范,即当一种作为前提性价值规范可以规范另外一种价值时,这种价值作为规范性价值无疑优先于另外一种价值。从价值的合理性来看,在公正与正义之间,公正是正义的规范性价值。它是指正义价值内涵的确定本身要以公正为前提,只有是公正的,才是正义的。以公为正,没有歧义,而以正义为正,则要设计前提。如公平的正义几乎是正义的价值规范共识。"公正"对于罗尔斯是一个如鲠在喉的范畴,如果论述的是个人权利的分配,当然正义是一个规范意义的价值。但是,如果作为制度的规范价值,公正显然优先于正义的价值。而罗尔斯不可能以公正作为制度规范价值,因为那样必将"陷进"认同社会主义核心价值观的"泥沼"。在左右为难的情况下,在数十处,罗尔斯只好在正义一词的前面,不嫌累赘地添上"公平"二字,即"公平的正义"(Justice as fairness)。罗尔斯把正义说成"作为公平的正义",这当然也是明智之举。但是,作为"公平的正义",仍然还是正义,而不是"公正"。不过,作为"公平的正义"说明公平对正义的规范意义。反之,如"正义的公平",几乎不见诸典籍,奥秘在于正义不是公正的规范价值,而公正内在地包含了正义。正义的实质含义是人人都享有"得所应得"的平等权利。恩格斯说:"消灭阶级是我们的基本要求,不消灭阶级,消灭阶级统治在经济上就是不可思议的事。我建议把'为了所有人的平等权利'改成'为了所有人的平等权利和平等义务'等等。平等义务,对我们来说,是对资产阶级民主的平等权利的一个特别

---

① 欧共体官方出版局编:《欧洲欧盟法典》第 3 卷,苏明忠译,国际文化出版公司 2005 年版,第 49 页。

重要的补充,而且使平等权利失去道地资产阶级的含义。"①"平等权利",就是平等得所当得的个人权利之正义。权利与义务相辅相成,享有权利必享有义务,不履行义务,则不应享有权利。所以,所有人同样要履行"平等义务"。问题在于资产阶级仅仅要求的是得所当得的个人权利之正义。即便如此,也不足以否定正义的合理性,只能说资产阶级仅仅局限于个人权利的正义是不够的,应当以"平等义务"予以"补充"。换言之,公正是优先于正义的价值,公正不仅内涵了正义所要求的平等权利,还应要求所有人的平等义务。这就使"平等权利"失去地道资产阶级的含义。平等权利与平等义务的统一,这就是马克思主义的公正观。可见,正义作为个人权利的分配,当然也是社会制度设置的一个重要价值。但是,正义限于社会对个人的得所当得的权利分配和个人对社会的得所当得的权利诉求,公正则是全社会每一个人、人与人、人与社会等之间得所当得是否公平的价值理念。公正就是公平与正义之意,公正既要求是公平的,同时还要求是正义的。正义不仅适用的范围有限,而且任何分配,都是以一定制度、体制为前提的分配。只有符合制度、体制公正的分配,才有可能被认为是正当的正义。正义不是德性中的首要的善,正义必须符合公正的规范要求。

三、基于价值范畴抽象层次,公正是优先于正义的具体范畴

有的研究认为,正义是"单一的""优先性"的"价值信仰",而"公正则是多维价值的认识范畴","正义是普遍而崇高的形象",公正是"作为一种正义的子形态",正义是优先于公正的抽象范畴。② 这一观点值得商榷。在《资本论》手稿,马克思批判地吸收了黑格尔的范畴认识的辩证法,对范畴的优先性进行了科学论述。马克思认为,人类对范畴的论述经过了两个过程,从具体—

---

① 《马克思恩格斯文集》第4卷,人民出版社2009年版,第411页。
② 参见元光:《公正与正义的辨异论略》,《武汉大学学报》(哲学社会科学版)2010年第2期。

抽象—具体等三个环节。他说:"在第一条道路上,完整的表象蒸发为抽象的规定;在第二条道路上,抽象的规定在思维行程中导致具体的再现。"①第一条道路,是从感性具体到抽象的过程;第二条道路,是从抽象到理性具体的过程。马克思把这两个过程概括为具体—抽象—具体等三个环节。如果比较范畴抽象的优先性,毋庸置疑,抽象范畴优先于感性具体范畴,理性具体范畴优先于抽象范畴。因为人类对外在世界的掌握必须以具体整体为目标,而不是一种表象的具体,也不是简单的抽象。理性具体范畴是"具有许多规定和关系的丰富的总体"与"多样性的统一"。从认识的科学性来看,理性具体既然是"许多规定的综合",理性具体范畴优先于抽象范畴,抽象范畴优先于感性具体范畴。既然公正和正义范畴具有相关性,那么,人类对公正和正义范畴的认识,不是经过正义—公正—正义的认识把握,而是经过公正—正义—公正的具体认识过程。马克思主义认为,"历史从哪里开始,思想进程也应当从哪里开始",历史的逻辑与逻辑的历史发展是统一的。历史的发展往往是从最为简单的关系,然后逐渐上升为复杂的关系,同样,人类把握世界的范畴,也必然是由最简单的范畴然后上升为多样性统一的复杂范畴。公正—正义—公正范畴的发展也经历了这样一个过程。

在原始公有制社会,那里没有私有财产,社会平等且公正。这就产生了最初朴素的公正范畴。中国先秦社会儒家等的公正理念,反映了春秋礼崩乐坏时代,人们对前西周原始公有制公正观念的推崇和理想。即使当时也有"正义"概念,正义的含义主要还是公正的意思。如荀子曰:"不学问,无正义,以富利为隆,是俗人者也。"②学问之道,应以公众、人民的利益为利益,而不能只是迎合富人的利益,即使做学问,也应是公正的学问。在古希腊,也有亚里士多德的"公正"范畴,认为公正才是唯一造福于他人的善。自从有了私有制,人类就产生了不平等,"得所当得"的正义就产生了。资本主义是私有制发展

---

① 《马克思恩格斯文集》第8卷,人民出版社2009年版,第25页。
② 《荀子·儒效》,方勇、李波译注,中华书局2011年版,第107页。

的典型社会,体现"得所当得"的个人权利分配的正义被上升为抽象范畴。这里的正义就是对原始公有制朴素的公平、公正观的抽象。中国由于封建社会超强稳固,延滞了资本主义的发展,这也是未能达到西方资本主义正义范畴之抽象阶段的原因。由于马克思主义公正思想的广泛影响,西方正义范畴的抽象也表现了向理性具体的公正范畴上升的某些趋势。如罗尔斯将正义规范作为"公平的正义",则恰是其对资本主义古典功利主义个人主义正义观的修正。社会主义以公有制为主体,适应以公有制为主体的多元经济共同发展制度而产生的公正观,则成了社会主义核心价值观,实现了对资本主义正义的超越。这里的公正不同于原始公有制的感性具体公正。社会主义公正范畴是由原始公正,经私有制社会的正义抽象,再上升为"多样性的统一"的理性具体公正范畴。由于理性具体的公正范畴是"具有许多规定和关系的丰富的总体",所以,公正是优先于正义的价值范畴。

第二节　公正是社会制度的首要价值

社会制度是一个适应生产力状况形成的基本结构,是价值的事实基础。制度价值就是制度的"应当",同时又对这种结构的牢固与稳定产生极大的影响。公正是社会主义社会核心价值观,理当也是中国制度的首要价值。可是,在我国学院和学术讲坛上较为流行的观点,却是罗尔斯的"正义是社会制度的首要价值"[①]。无可非议,正义也是社会制度的重要价值。但是,二者并非都可以成为社会主义制度的首要价值,那么,究竟是公正还是正义是中国制度的首要价值? 这就关涉价值评价问题。李德顺认为,价值评价"产生并表现为人们对价值客体的态度","是一定价值关系主体对这一价值关系的现实结

---

① [美]约翰·罗尔斯:《正义论》,何怀宏、何包钢、廖申白译,中国社会科学出版社 1988 年版,第 1 页。

果或可能后果的意识"①。价值评价不等于客观地传达某种事实的信息,价值评价是人们对价值事实、价值本身的功能作用、价值的实践结果的态度和意识。既然价值评价是关于价值事实、价值功能、价值实践结果的态度和意识,那么,价值评价本身务必有评价之标准。这就是说,公正或正义的优先问题,完全可以依据价值事实、价值功能、评价价值的标准和价值的实践结果等方面来厘清。

一、制度属性决定公正是优先于正义的制度价值

公正与正义都是一种价值德性。这些价值从不同的层级涵养人类德性的培育。但是,仅从制度事实来评价,在各种价值中,如亚里士多德所言,公正是优于正义的德性。亚里士多德所说的价值德性,并非指称制度事实的价值评价。但是,"在各种德性中"同样内含了公正与正义的价值德性,仅当公正与正义定格于制度的价值时,按逻辑规则,在各种德性之中"唯有公正关心他人的善",所以,制度公正是优先于正义的价值德性。

价值评价的本质不是逻辑证明,而是价值事实的评价。制度的价值事实就是制度属性。制度可以区分为经济、政治、思想文化制度等。制度设置与安排就是作为国家、政府对经济、政治、文化制度的设置和安排。制度当然也包括西方制度学派所说的伦理价值等这些非经济因素,但是绝不能像西方制度学派的那样,把非经济的道德价值因素当作决定性的因素。海伍德说,制度"既是一种经济体系,也是一种财产所有制"②。这是对的。制度在本质上是作为生产关系的总和的经济制度。这一点就决定了制度的根本属性绝不是单个人的私人物品,而是一种社会的公共物品。马克思在论述所有制与分工(合作)的关系时说,随着分工的发展也就产生了单个人的利益与公共利益的

---

① 李德顺:《价值论》(第2版),中国人民大学出版社2007年版,第223、231页。
② [英]安德鲁·伍海德:《政治学核心概念》,吴勇译,天津人民出版社2008年版,第198页。

矛盾,"正是由于特殊利益和共同利益之间的这种矛盾,共同利益才采取国家这种与实际的单个利益和全体利益相脱离的独立形式,同时采取虚幻的共同体的形式"①。国家制度的根本属性是共同利益的公共性,制度是一种公共产品。即使在资本主义私有制框架下,国家制度也不能否定其共同利益的公共性。国家不是个人的利益的代表,尽管私有制国家,尤其是资产阶级国家是一个"虚幻的共同体",表面上代表公共利益,实质上只代表资本家利益集团的特殊利益。但是,这种国家还是"特殊利益与共同利益的产物"。这一点尤其值得注意,共同利益作为一般与个别的对立,其中介就是特殊。在资本主义国家,国家也不代表任何个人的利益,而是资本家利益集团的"特殊利益"。国家只是这些资本家利益集团的公共利益代表。如果正义是制度的首要价值,那么正义就是资本家这些利益集团个人权利的"得所当得",而不是劳动者可以实现的"得所当得"。价值是一种利益关系。制度的公共利益属性决定制度的优先价值只能是公正,而不是正义。

在这一点上,罗尔斯也看到把正义作为制度首要价值在学理上的大漏洞。为了修正他的观点,因此,在《正义论》中,一旦涉及制度的公共性时,他就把正义规定为作为"公平的正义"。恩格斯说:"而这个公平则始终只是现存经济关系的或者反映其保守方面、或者反映其革命方面的观念化的神圣化的表现。"②这就是说,由于制度本身性质的差异,罗尔斯所谓的"公平的正义",都无法掩盖作为资本主义制度性质决定的正义之不公正实质。

二、制度价值的作用方式显示公正优先于正义

制度价值是以制度为基础约束性的规则或价值,离开制度属性来谈规则或价值,制度就转换为伦理化、道德化的制度。制度价值满足制度需要和要求的方式就是制度价值的作用方式。制度的本质属性是公共性,制度价值的作

---

① 《马克思恩格斯文集》第 1 卷,人民出版社 2009 年版,第 536 页。
② 《马克思恩格斯选集》第 3 卷,人民出版社 1995 年版,第 212 页。

用方式也必须具有公共性。制度价值的作用方式是复杂的,每一制度价值均有其不同作用方式。这里仅限于罗尔斯论及的正义价值作用方式与公正比较,看看究竟是公正,还是正义的作用方式,能够优先满足制度公共性的需要?罗尔斯说:"正义观的特定作用就是指定基本的权利和义务,决定恰当的分配份额,正义观的作用方式就必须影响到效率、合作和稳定的问题。"①按罗尔斯,正义观的作用是基本权利的分配,其作用方式影响的是效率、合作和社会秩序稳定等。而正义制度价值作用方式的影响,无非是指其实践效果。这里,先要厘清谁的基本权利分配? 制度价值的主体究竟是谁? 制度既然是一种公共产品,制度价值的主体应该是社会。但是,在罗尔斯那里,与其说是制度正义的基本权利分配,还不如说就是"个人的权利和义务"分配。这一点,麦金太尔说得十分明白,他认为,罗尔斯的正义方案的全部基础只是个人权利而言,因为,无论是罗尔斯,还是诺齐克,"社会是由各自有其自身利益的个人组成的","因此,在他们的阐述中都是个人第一、社会第二,而且对个人利益的认定优先于、并独立于人们之间的任何道德的或社会的连接结构"②。可见,罗尔斯的制度正义,无非是制度的个人权利分配正义;正义是制度的首要价值,也等值于"个人第一、社会第二"的权利分配价值是制度首要价值。显然,这对于社会而言,是极不公正的。制度是社会制度。社会制度是个人和社会统一的整体。社会不能离开个人而存在,社会制度价值作用方式不可缺乏个人权利的分配。但是,社会制度的本质属性是公共性,社会制度的价值只有以"公"为正来分配个人的权利,才是正义的。如果以"个人第一"的正义价值来分配个人权利,那么,其结果必然就是按照诺齐克的话说,你要看那些财产"持有"者是否同意。换言之,这种个人第一的正义,既可以是因为有利于那些个人财产"持有"者而成为财产"持有"者个人支配权利的分配,还因一切有

---

① [美]约翰·罗尔斯:《正义论》,何怀宏、何包钢、廖申白译,中国社会科学出版社1988年版,第4页。
② [美]A.麦金太尔:《德性之后》,龚群等译,中国社会科学出版社1995年版,第315页。

利于社会而不利于财产"持有"者的分配,被财产"持有"者坚决抵制成为不可能。如此一来,所谓的制度价值正义,就完全彻底地转换为保障那些财产"持有"者的财产"持有"权的分配。所谓制度正义被颠倒为制度不正义。制度的公共性变成了少数财产"持有"者"个人第一"的制度。而制度公正则相反,公正既突出了制度公共性的原则,又包括了个人权利分配的正义原则。公正的"公"突出的就是社会,公正的"正",突出的是社会和个人权利之合理分配。

罗尔斯的制度正义思想,虽然也受到新自由主义的拥抱和喝彩,但是,在安德森看来,罗尔斯的制度正义思想典型地表现了西方思潮的"左"与右,他说:"在罗尔斯《正义论》一书中,社会主义的合法性在这一页还有存疑之处,下一页就认为美国社会'近乎公正',这就为两种观点都留下了余地。也许可以说,在罗尔斯的理论框架内,差别原则在政治上是中立的。"①所谓差别原则,主要是指"适合于最少受惠者的最大利益"②原则。安德森甚至认为,罗尔斯的差别原则接近于社会主义社会的"再分配"的理论。③ 换言之,与其说罗尔斯的"差别原则"的制度正义是近乎社会主义的制度公正,不如说罗尔斯的《正义论》也不得不承认,公正是制度的首要价值,社会主义公正的制度价值优先于资本主义的制度正义。一方面,罗尔斯认为,正义必须以公正为目的价值前提,因为"公正防止了偏见和自私的歪曲,知识和自居力保证了别人的自愿将得到准确的评价"④。另一方面,他还看到了正义的情感选择前提,如果坚持休谟、斯密的同情论的"利他"倾向,那将使其新自由主义立场的正义理论颜面扫地。既然按新自由主义逻辑,坚持资本主义私有制就是制度正义,那

① [英]佩里·安德森:《思想的谱系——西方思潮的左和右》,袁银传、曹荣湘译,社会科学文献出版社 2010 年版,第 135 页。
② [美]约翰·罗尔斯:《正义论》,何怀宏、何包钢、廖申白译,中国社会科学出版社 1988 年版,第 12 页。
③ 参见[英]佩里·安德森:《思想的谱系——西方思潮的左和右》,袁银传、曹荣湘译,社会科学文献出版社 2010 年版,第 134 页。
④ [美]约翰·罗尔斯:《正义论》,何怀宏、何包钢、廖申白译,中国社会科学出版社 1988 年版,第 179 页。

么,一个公平的正义,就是"符合那些将在原初状态中被选择的原则的判断"①。"原初状态"历来就被质疑,如果这种原初状态是一种先于一定环境中的状态,显然这种原初状态在现实中是不存在的。如果这种原初状态不可能先于一定环境而存在,那么这种原初状态只能是一定制度环境中的状态。换言之,资本主义制度环境中的罗尔斯"原初状态",实际上也只能是资本主义制度设置前提下的一种状态。根据制度环境框架逻辑,罗尔斯合乎逻辑的结论是,一个"公平的正义"是指符合那些将在资本主义制度原初状态中被选择的原则判断,这只能是资本主义无法实现的公正目的价值原则。

正义"得所当得"的经典含义肇始于亚里士多德,延续到现代,这是其优点,恰好也是其缺陷。即正义如果缺乏时代赋予的新内涵,那么,正义将与时代失之交臂而无意义,还需要更高的德性在不同时代重新规范。即便是罗尔斯精雕细琢的正义论,越发深入,如果缺乏制度公正的价值规范,正义价值的内涵甚至完全可能会南辕北辙。借用罗尔斯的话来说,一个同情和公平的社会主义理想观察者,比起赞成任何别的在一定环境中可行的制度来更有力地赞成社会主义制度,认为社会主义是正义。换言之,如果是一个个人利己主义,也就更加赞成资本主义制度,资本主义或许被说成正义。问题在于,从价值善的比较看,正义的不一定是公正,只有公正的才是正义的。毋庸置疑,正义的前提是公正,不公平的正义是最大的不正义。而公正不是泛泛而谈,公正确定的时代内涵是制度公正。公正是制度设置的首要价值善。

三、制度价值的评价标准证明公正优先于正义

制度公正是否优先于制度正义问题,这就涉及价值评价标准问题。价值评价标准不是一个主观倾向的"应当",而是现实的"是"。马克思说:"共产主

---

①　[美]约翰·罗尔斯:《正义论》,何怀宏、何包钢、廖申白译,中国社会科学出版社1988年版,第182页。

义对我们来说不是应当确立的状况,不是现实应当与之相适应的理想。我们所称为共产主义的是那种消灭现存状况的现实的运动。"共产主义是"具有经济的性质"①的理想经济制度。在马克思看来,不是现实的"是"去适应价值"应当",而价值"应当"只有适应现实的"是"才是正确的。共产主义理想经济制度的实现必须与现实的"是"相适应。根据马克思所论,价值评价标准不是价值取向的"应当",而是现实的"是"。因为"应当"只有在适应现实的情况下才是正确的。换言之,价值的优先性是指在符合现实的客观性要求前提下的意义确证。有鉴于斯,评价制度价值的标准主要有三:

第一,鉴于"真"与"善"的标准比较,公正优先于正义制度价值。这里的"真"不是真理的真,而是事实的真。所谓真和善的关系问题,实际是事实"真"与价值"善"的关系问题。善的价值只有在"真"的前提下,才是善的,不"真"肯定不"善"。对此,罗尔斯也表示认同。他说:"正义是社会制度的首要价值,正像真理是思想体系的首要价值一样。"②公正与正义的价值优先性,必须根据制度的事实前提来评价。在资本主义制度下,突出的是"特殊利益"中"个人权利"的权利分配,那么,正义的"得所当得"的善的价值与其制度的私有制事实是一致的,即使罗尔斯作了大量的修正,数十次将正义修改为"作为公平的正义",也与资本主义制度的事实不符。所以,为了"校正"价值的善与真的一致,其《正义论》首要观点还是正义是社会制度的首要价值。即便如此,还是得到了如安德森等的批评。而社会主义制度就不同,社会主义制度以"公有制"为主体,其公正的价值善符合社会主义制度事实的真。社会主义制度公正,也包含了个人权利分配的制度正义价值。在社会主义,个人权利分配与社会权利分配是统一的。在西方之所以突出个人权利的分配,总是重复同一个假设:鉴于个人权利的至上性,即使因整体利益之名也不可以侵犯个人利

---

① 《马克思恩格斯文集》第 1 卷,人民出版社 2009 年版,第 539、574 页。
② [美]约翰·罗尔斯:《正义论》,何怀宏、何包钢、廖申白译,中国社会科学出版社 1988 年版,第 1 页。

益(罗尔斯的正义论一开始也提出了这个假设)。① 但是,社会主义制度公正的优先性,在这里不是从制度价值的作用来界定的。社会主义制度公正的价值善,符合制度公共性属性的真,即制度不是为某些特殊利益集团服务的制度。这就是说,按照真和善的标准,不仅在社会主义制度下,制度公正的价值优先于制度正义的价值,即使两种制度比较,社会主义制度公正的价值也优先于资本主义制度正义的价值。

第二,用历史标准和道德标准衡量,公正优先于正义制度价值。道德价值是一种规范,也是一种标准。一种价值是否优于另一种价值,除开道德标准,还必须有历史标准。比较而言,历史标准优于道德标准。首先,历史标准是指符合历史发展进步的因素为标准。恩格斯在批判费尔巴哈唯心主义道德观时说:"在黑格尔那里,恶是历史发展的动力的表现形式。"②这里"恶"不是刑事犯罪的恶,而是指那些代表未来新社会的进步因素被失去存在必然性的旧社会看作"恶"的东西。比如,哥白尼的太阳中心说甚至被当时的罗马教会看作是恶的异教邪说。还有,马克思主义在资本主义社会甚至也会遭遇哥白尼太阳中心说同样的境遇。如果以历史标准来看这些"恶"的东西,它们正是推动历史发展的动力。其次,历史标准是不同社会道德评价的准绳。道德追求的是"善",善与恶之道德评价是价值评价的重要标准。但是,"善恶观念从一个民族到另一个民族、从一个时代到另一个时代变更得这样厉害,以致它们常常是互相直接矛盾的。"③这就是说,一定时代道德之合理性与局限性往往不能孤立地用道德本身来说明,而必须联系一定时代道德的历史意义来评价。从这个意义上,历史标准优先于道德标准。最后,历史标准突出的是历史的真,历史的真优先于道德的善。一种价值的善是因为它的"真",它是这个时代的

---

① 参见[美]约翰·罗尔斯:《正义论》,何怀宏、何包钢、廖申白译,中国社会科学出版社1988年版,第1页。

② 《马克思恩格斯文集》第9卷,人民出版社2009年版,第291页。

③ 《马克思恩格斯文集》第9卷,人民出版社2009年版,第98页。

价值。反之,不符合这个时代精神的价值就叫不"真",不"真"即不善。既然真的标准优于善的标准,而历史标准与真的标准有其内在一致性,那么,历史标准优于道德标准。

依据历史标准来看罗尔斯的制度正义优先性,既不符合历史的"真",也未能凸显历史进步的善。罗尔斯的"原初状态"是一种非历史状态。他说:"这种原初状态当然不可以看作是一种实际的历史状态,也并非文明之初的那种真实的原始状况"①。作为非历史状态的制度正义,那在真实的历史状态面前,制度正义就不具有优先性。不过,此非罗尔斯之本意,其意是企图构建一种既适合资本主义又适合社会主义的"普世价值"。安德森认为,罗尔斯的制度正义在政治上是"中立的"②,美国分析马克思主义学派罗默和新自由主义的哈耶克都认为,罗尔斯的理论与他们的理论一致。"显然,两者不可能都是正确的。"③这是对的。罗尔斯用正义突出了资本主义个人权利分配的特色,但又试图用"公平的正义"凸显社会主义公正的价值,其中必有一真,或必有一假。否则,就犯了违反逻辑同一律的低级错误。此为其不足,也恰是其陷阱:不足在于既然不具有历史前提,制度正义就不具有价值优先性;陷阱则是,如果不用历史标准来看他的正义,马克思主义者和新自由主义者都可能视罗尔斯的正义论为"圭臬"。可见,无论是历史标准还是真的标准,制度正义都不具有优先性。相反,制度公正优先于制度正义,是因为制度公正符合制度公共性的历史状况,甚至连奴隶制时代的亚里士多德也用历史进步眼光将其看作是优先性价值。在世界历史进入是一个命运共同体的全球化时代,制度公正满足和适应了这种世界历史进步的需要和要求。毋庸置疑,公正优先于正

---

① [美]约翰·罗尔斯:《正义论》,何怀宏、何包钢、廖申白译,中国社会科学出版社 1988 年版,第 10 页。

② [英]佩里·安德森:《思想的谱系——西方思潮的左和右》,袁银传、曹荣湘译,社会科学文献出版社 2010 年版,第 135 页。

③ [英]佩里·安德森:《思想的谱系——西方思潮的左和右》,袁银传、曹荣湘译,社会科学文献出版社 2010 年版,第 135 页。

义的制度价值。

第三节　自由和平等实现的制度公正前提

恩格斯说:"真正的自由和真正的平等只有在公社制度下才可能实现;要向他们表明,这样的制度是正义所要求的"①。这是 1843 年恩格斯于曼彻斯特最初对欧文主义的理性、正义社会制度的评论。显然,欧文等空想社会主义的理性、正义社会概念,不是科学社会主义公正范畴。但是,恩格斯认为,制度正义是自由和平等实现的前提。自由和平等不可能在一种"无知之幕"中实现,"无知之幕"遮蔽了一个不得不需要追问的重大问题,就是制度是否公正?没有制度公正,自由是不公正的自由,平等缺乏制度公正规范,平等是不公正的平等,不公正的平等是最大的不平等。

制度对自由和平等实现的前提作用,不是哈耶克、罗尔斯、诺齐克等新自由主义的发明。在马克思看来,制度不仅是自由和平等的规则、规范,自由与平等本来就是一定制度的价值。自由、平等、正义等最初被黑格尔概括为市民社会的"人类精神"而进入他的哲学体系,马克思耗费了自己最珍贵的黄金时代 15 年时间研究政治经济学,终于揭开了市民社会自由、平等、正义等所谓的"人类精神"的秘密。他说:"人们在自己生活的社会生产中发生一定的、必然的、不以他们的意志为转移的关系,即同他们的物质生产力的一定发展阶段相适应的生产关系。这些生产关系的总和构成社会的经济结构,即有法律的和政治的上层建筑竖立其上并有一定的意识形态与之相适应的现实基础。"②这就是说,制度的自由与平等价值,其根据并非来自精神王国,而在制度的经济结构之中。法律、政治与伦理的自由、平等、公正价值等,只不过是以制度公正为前提的自由、平等价值的实现。

①　《马克思恩格斯全集》第 3 卷,人民出版社 2002 年版,第 482 页。
②　《马克思恩格斯文集》第 2 卷,人民出版社 2009 年版,第 591 页。

公正的基本含义是以公为正,不偏私,不偏袒。社会主义制度公正是一个以公为正,不偏私,不偏袒的制度。制度是一个基本结构,结构是由要素结合的整体。制度结构的基本要素主要包括制度建立的基础、制度选择的体制、制度运行的机制、制度设置的原则、制度规范的规则等。制度结构是由这些要素统一的整体结构。这些要素是公正的,制度必然是公正的。如果这些要素不公正,制度结构也必然不公正,即使一些思想家将正义、自由、平等等抽象出来精雕细琢,也只是词句的制度公平而已。

一、制度建立的基础公正

制度是经济制度、政治制度、文化(意识形态)制度的总称。马克思说:"在人们的生产力发展的一定状况下,就会有一定的交换[commerce]和消费形式。在生产、交换和消费发展的一定阶段上,就会有相应的社会制度、相应的家庭、等级或阶级组织,一句话,就会有相应的市民社会。有一定的市民社会,就会有不过是市民社会的正式表现的相应的政治国家。"①可见,制度结构的核心要素是制度的经济基础,政治和文化制度是设立于这个基础之上的上层建筑。

经济制度是指以生产资料所有制占有关系为基础的分工合作与分配关系的总和。其中,生产资料所有制占有关系具有决定性作用。制度公正关键在于生产资料占有关系是否公正。如果生产资料仅由个别人(如封建社会)或极少数人占有(如资本主义社会少数资本家),这样的制度还算公正吗? 相反,对于大多数没有占有的劳动者能有分工合作的自由和分配关系的公平吗? 这是不言而喻的。社会主义制度公正要求制度必须以公有制为基础,这就为"作为公平的正义"的分配正义规定了制度框架。同时,在一个不受生产资料占有关系支配的平等合作环境中,人与人之间是平等的,也是自由的。近代英

① 《马克思恩格斯文集》第10卷,人民出版社2009年版,第42—43页。

国资产阶级政治哲学家葛德文认为,公正的制度是符合理性要求的制度。只有到理性与道德在社会管理制度中占统治地位时,这个社会才是一个健康的社会,才能有政治上的公正。换言之,没有政治上公正的社会是一个不健康的社会。基于财产经济制度的决定作用,没有财产经济制度的自由与平等公正,也不可能实现政治上自由与平等的公正。虽然他并不主张根本取消财产私有制,但是他在"论所有权"时认为,财产私有制是一种罪恶,不论君主制度和宫廷的政治如何腐败、传教士如何欺骗、刑法如何不公所造成的弊端多么重大,同财产私有制中产生的弊端比,皆不足挂齿。他把目前的财产私有制度的祸害归结:(1)从属感;(2)非正义景象变成常态,破坏人们判断的公正性;(3)阻碍智力的发挥,如"目前一百个人中有九十九个并不比畜类有更多的机会";(4)大量增加恶行;(5)人口减少等。① 这就是说,以私有制为主体的制度,非正义才是常态,自由是对私有财产的从属,平等是1%的人的平等,而99%的人陷于不平等。

二、制度运行的体制公正

体制公正是由制度公正决定的,但体制公正可以极大地影响制度是否公正。体制是制度的动态结构,制度公正通过动态结构的体制运转和运行表现为路径、手段意义的公正。如果把公正区分为起点、过程和结果公正的话,那么社会主义制度为市场经济体制提供了起点公正,而市场经济的突出作用就是过程公正和结果的形式公正,但无法完全保障结果的实质公正。市场体制通行规则是等价交换,以物换物,各得其所,这就是正义。但是,在马克思看来,等价交换的自由平等只是形式的,而不是实质的。资本主义在这种平等自由的虚假外观下,仍然掩盖了极大的不平等和不自由。资本主义等价交换首先是劳动力商品买卖的平等自由。马克思说:"自由!因为商品例如劳动力

---

① 参见[英]威廉·葛德文:《政治正义论》第二、三卷,何慕李译,商务印书馆1980年版,第610、615页。

的买者和卖者,只取决于自己的自由意志。他们是作为自由的、在法律上平等的人缔结契约的。契约是他们的意志借以得到共同的法律表现的最后结果。平等!因为他们彼此只是作为商品占有者发生关系,用等价物交换等价物。"①这就是说,资产阶级的平等既有历史进步意义,又有其局限性。在前资本主义的一切社会,除开专制等级的阶级统治,根本就无从谈论平等与自由。唯有资产阶级第一次从等价交换的经济形式和交换主体的自由意志中生长出了作为另一次方的法律的和政治的平等、自由。但是,这种平等、自由是表面的、形式的。因为劳动力作为商品的买和卖,与任何其他商品的买和卖是不同的,劳动者在与资本交换时出卖的是自己的劳动力,而被消费的是劳动力的劳动。劳动力的价值与劳动的价值是不相等的。所谓的平等自由,在这种劳动力商品的等价交换中变成了极大的不平等和不自由。

社会主义市场经济,也具有一般市场经济的特点。社会主义为体制保障了起点基础公正,在市场经济体制运行过程还是形式上的公正,而实现实质公正仍然是有限的。按马克思《资本论》的旨趣,真正的理想形态的体制公正,不仅是以公有制为基础的体制,而且还应是一个没有资本支配劳动力商品的体制。但是,在以公有制为基础与以私有制为基础的两种体制中,以公有制为基础的社会主义市场经济体制基础起点、过程和结果的形式公正,优于以私有制为基础的市场经济"强者的利益"的正义。② 因为过程离不开起点和结果,如果市场经济自由平等交换离开起点来孤立地看过程,正义无非就是"强者的利益"。但是如果从制度起点来看过程,过程追求的就不是正义,而是公

---

① 《马克思恩格斯文集》第 5 卷,人民出版社 2009 年版,第 204 页。

② 在西方,一些思想家把市场体制等同于制度,并认为市场制度正义其基本立足点是"个人持有者"的权利。如诺齐克,在《无政府、国家与乌托邦》中,批评了罗尔斯作为公平的正义中的平等原则,其基本立足点就是"个人持有者"的正义权利。尼尔森对诺齐克保护所谓的个人权利和基本自由进行了批评。他认为,正义是由权利来认定的,它是意识上伪装的权利形式。他说:"诺齐克的正义像司拉雪麦格(Thrasymachus)的正义一样,是强者的利益。"[加]凯·尼尔森:《平等与自由:捍卫激进的平等主义》,傅强译,中国人民大学出版社 2015 年版,第 235 页。

正,正如奥林匹克运动一样,运动竞争所要求的是公正,而不是某个运动员得所当得的结果正义。

三、制度实现的机制公正

机制的基本含义是控制、影响事物运动的机关和关键。① 市场经济是利益经济,利益是市场经济的内驱力。恩格斯说:"每一既定社会的经济关系首先表现为利益。"②市场体制中的机制在实质上就是利益机制。利益机制相对生产关系而言,表现出动态的生产关系。社会主义经济体制主要包括两个主要方面:一是所有制的形式和结构,它是经济体制的基本框架;二是经济运行方式和机制,它是生产、交换、分配和消费的具体运作实现模式。所谓利益机制是一定社会利益主体有目的的实现利益的方式。体制是制度运行方式的基本结构,利益机制则是这种基本结构的一些关键性环节,如市场体制中的等价交换、竞争机制、价格机制、金融机制等。如果制度公正依赖于制度运行方式的体制公正的话,那么,体制的基本结构公正最终还取决于制度实现机制是否公正。在一定生产关系中,不同利益主体利用不同的利益机制旨在实现他们自己的利益。在资本主义社会,无论是金融资本家,还是工商业资本家,他们利用价格、金融等利益机制,始终是为了追求利润的最大化。比如 2007 年在美国发生的次贷金融危机,就与华尔街金融资本家不公正地利用金融机制谋取暴利有关。马克思说:"我们把私有财产,把劳动、资本、土地的互相分离,

① 在古汉语中机制的"机"是指"弓弩上发射箭的机关",《韩非子·说林下》说:"操弓关机"。"机"即为机关,引申为事物的关键、要点。"制"为制造、制动、控制之意,如《荀子·天论》:"制天命而用之。"机制的基本含义是控制、影响事物运动的机关或关键。"机制"[mechanism]在英文中也指机械论,即西方 18 世纪唯物主义以机械的、力学的观点来解释世界、生物机体、人类社会等复杂有机联系的哲学理论。比如霍布斯和拉美特利等人,把人的身体构造比作一部机器,把人的心脏、神经和关节分别比喻成钟表的"发条""游丝"和"齿轮"。这是它的片面性。但作为机制概念来理解,机械论也有其合理性,那就是把事物复杂的联系和变化简化为一个或几个具有稳定性的关键因素和结构环节。尤其是对复杂的"似自然性"的社会现象的探索,发现了运动变化的机制,也就等于掌握了运动变化的关键因素。
② 《马克思恩格斯文集》第3卷,人民出版社 2009 年版,第320页。

工资、资本利润、地租的互相分离以及分工、竞争、交换价值概念等等当做前提。"①在马克思看来,私有财产制度是资本主义利益机制的前提,私有财产制度在资本主义具体表现为劳动、资本和土地三个部分。它决定了资本主义的分配制度,同时它也是市场分工、竞争、价值交换等体制性利益机制的基础。体制是一种结构,也是一种运行模式。既然体制性利益机制是一种结构性工具,那它对每个人利益的实现就会产生结构性变化和影响。这就是说,资本主义制私有财产制度不公正是一种结构性问题,其中制度是前提,而商品等价交换的市场体制是中介。通过劳动、资本、土地的互相分离,工资、资本利润、地租的互相分离等利益机制,最后使不同利益群体的利益实现发生结构性变化,使财富的增值和贫困的增值成正比,贫者愈贫,富者愈富。可见,制度公正是市场经济体制公正的前提,市场经济作为经济体制公正的实现关键环节是机制公正。体制公正通过机制公正这些关键性环节,从而防止出现贫富分化的结构性不自由平等的问题。

四、制度内生的伦理原则公正

伦理制度原则是由一定制度内生的价值原则。它是评判人的行为是非曲直、正邪、善恶、荣辱的标准。不同制度内生了不同伦理价值原则,以公有制为基础的社会主义内生的是集体主义,以私有制为基础的资本主义内生了个人利己主义。集体主义的核心是如何正确处理集体(社会)与个人的关系,其价值诉求就是公平和正义。而个人利己主义以孤立的原子式个人为世界的核心,其价值诉求就是视公平为异类的个人权利分配"正义"。利己主义本已是有悖于世界一体化过时的原则,但是,从古典功利主义到新自由主义的哈耶克、诺齐克等,一起重弹旧时代还魂曲,认为个人主义是自古希腊以来的西方价值,因为集体是一个虚构的团体,唯有个人才是实在的。包尔生说:"这一

---

① 《马克思恩格斯文集》第1卷,人民出版社2009年版,第155页。

观念实际上自十八世纪以来就被放弃了,至少在德国是如此。一个民族并非一个虚构的团体,它的成员也并非虚构的成员;一个民族是一个统一的存在,个人同它的联系就跟器官同一个身体的联系一样。"①新自由主义另一个惯用伎俩就是将集体与个人对立起来,认为集体主义只要整体,从而牺牲了个体,取消了个人得所当得的正义权利。这是错误的。集体主义并不否定个人的现实存在。在社会主义制度下,个人是现实的,集体也是现实的,集体是由个人联系起来的现实整体,个人在集体中的利益与集体中的个人利益是一致的。集体主义的公正并不否定个人权利的正当性,公正突出的是公平的正义。

五、制度规范的法律规则公正

国家制度与法律的关系问题,是 18 世纪的法国人及至黑格尔法哲学未能突破的一个难题。黑格尔说:"立法权本身是国家制度的一部分,国家制度是立法权的前提,因此,它本身是不由立法权规定的"②。国家制度"本身处于立法权之外",这是黑格尔二律背反。马克思说:"立法权是按照国家制度确立起来的权力。因此,它是从属于国家制度的。国家制度对立法权来说是法律。它给了立法权以各种法律,而且还经常给它以各种法律。立法权只有在国家制度的范围内才是立法权,如果国家制度在立法权之外,那么,它就处于法律之外了。"③国家制度与法律并不矛盾,法律处于国家制度范围之内,国家制度并不在法律之外。国家制度包括经济、政治、文化制度,其中国家经济制度是最为根本的制度。一方面法律公正从属于经济制度确立的公正,另一方面法律公正又是对制度、体制、机制和伦理原则的价值规范。伦理只是一种内心的自愿规范,法律是一种外在的强制规范。马克思说,在立法过程,"没有什么

---

① [德]弗里德里希·包尔生:《伦理学体系》,何怀宏、廖申白译,中国社会科学出版社1988 年版,第 326 页。

② [德]黑格尔:《法哲学原理》,范扬、张企泰译,商务印书馆 1961 年版,第 315 页。

③ 《马克思恩格斯全集》第 3 卷,人民出版社 2002 年版,第 70 页。

东西比自私的逻辑更可怕的了"①。国家制度对立法权来说是法律,立法的自私就是法律的不公正。法律不公正是十分可怕的。法律不公正必然导致制度变形、扭曲,即使公正制度也会走样为不公正。而私有制的制度通过不公正的法律,强化为更自私的制度,从而导致体制、机制和伦理原则的不公正。这就是说,社会主义法律公正,是避免私有制法律不公正的优先价值,也是国家制度、体制、机制、伦理规则公正的价值保障。

第四节　制度公正下的自由与平等价值内涵

制度是社会秩序的基本结构,自由与平等只有在一定制度下才可能实现。制度公正的自由与平等价值内涵,不等值于制度正义中自由与平等价值内涵。反之,罗尔斯制度正义的自由与平等原则,显然不同于社会主义制度公正的自由与平等原则。但是,罗尔斯制度正义,在西方却来自三个方面质疑:一是按安德森的说话,由于罗尔斯的正义修正为"公平的正义",他是亦"左"亦"右"的接近于社会主义的资本主义正义;二是诺齐克的资本主义批判,认为罗尔斯作为"公平的正义"是用平等侵犯了个人自由持有的权利,甚至是为那些以公正之名而不存在的整体利益来强迫个人厉行不经本人同意的义务②;三是以平等主义的马克思主义为信仰的科亨提出的:平等与自由富有的悖论。在科亨看来,平等就不可能富有,自由富有就不可能平等。罗尔斯的制度正义还是美国式的自由主义,而不是马克思主义的平等主义。③ 安德森的质疑已经包含在上面的一些论述中,在此存而不论。对诺齐克和科亨,无须我们为罗尔斯

---

① 《马克思恩格斯全集》第 1 卷,人民出版社 1995 年版,第 267 页。
② 参见[美]罗伯特·洛齐克:《无政府、国家与乌托邦》,何怀宏等译,中国社会科学出版社 1991 年版,第 96—107 页。
③ 参见[英]G.A.科亨:《如果你是平等主义,为何如此富有》,霍政欣译,北京大学出版社 2009 年版,第 101—148、191—232 页。

辩护。问题在于,诺齐克和科亨对罗尔斯的批判,无疑蕴含了两个必须澄清的问题:一是制度公正,是否可能以公正之名与不存在的整体利益来强迫个人厉行不经本人同意的义务而侵犯个人持有的自由;二是马克思主义是否是平等主义,平等是否就等于贫困,而不能富有? 制度公正是否等于平等主义? 平等和自由富有是否可以兼容? 而不是像科亨那样,仅仅停留于平等与自由富有的悖论上。

其一,诺齐克对公正的质疑,意在维护那些"持有者"持有私有财产的权利。他说,如果世界是完全公正的,"无论什么,只要它是从一公正的状态中以公正的步骤产生的,它本身就是公正的"①。遗憾的是,诺齐克预设的前提,在私有制为基础的资本主义世界并不存在。在奴隶社会,奴隶主以工具的形式获得奴隶的持有,"它本身就是公正的"。卢梭认为,人类社会在自然状态下是平等的,由于私有制的产生,从而出现了不平等。不平等的财产持有既然是不平等的起源,一个以不平等的持有财产制度为基础的世界不可能是公正的。罗尔斯对资本主义制度是否公正的思考远比诺齐克深思熟虑,以"无知之幕"来悬隔制度问题,只说制度正义,不涉制度公正,而且他认为,制度正义的"原初状态"不是休谟与斯密以同情论为基础的公正状态。② 罗尔斯清楚,在一个"互相冷淡"的原子个人主义世界,从休谟与斯密的道德情感引出伦理的制度公正,仅仅只是一种良好愿望,而不是制度公正伦理确立的必要条件,因为"原

---

① [美]罗伯特·洛齐克:《无政府、国家与乌托邦》,何怀宏等译,中国社会科学出版社1991年版,第157页。

② 参见[美]约翰·罗尔斯:《正义论》,何怀宏、何包钢、廖申白译,中国社会科学出版社1988年版,第179页。罗尔斯说,在休谟看来,"公正防止了偏见和自私的歪曲,知识和自居力保证了别人的自愿将得到准确的评价。"休谟认为,人一方面受自爱、自利之心驱使,但同时也根据同情、正义,发展对他人的义务感。休谟论述了"利他"的情感对行为的决定性作用。其实,德不孤,必有邻,论述"利他"情感的还有亚当·斯密的《道德情操论》。斯密以"同情心"为轴心阐述了他的道德理论,认为同情心人皆有之。"同情心",就是人与人之间的"情感共鸣",即设身处地将自己置身于别人一样的喜、乐、悲、欢的处境中,几乎是与他融为一体。这"也会在一定程度上产生同我们的想象力的大小成比例的类似情绪"。(亚当·斯密:《道德情操论》,蒋自强等译,商务印书馆1997年版,第6页。)

初状态中,各方是互相冷淡而非同情的"①。其实,原初状态之所以并非制度公正状态,究其根本还是因为资本主义制度缺乏制度公正的前提条件。既然资本主义世界是不公正的,诺齐克所谓"以公正之名"正好符合作为"虚幻共同体"的资本主义实际。所谓即使为了整体利益,也不能强迫个人厉行不经本人同意的义务,这一特例不具有普遍意义,更无损公正善的价值。比如全球气候治理,如果为了一己私利就是不愿厉行未经本人同意的义务,能用这种所谓"正义"而否定全球气候治理公正善的价值吗?相反,如中国坚守公正善的价值,并不因其是一个发展中国家不厉行义务,而成为全球气候治理积极倡导者和参与者。

其二,科亨是共产主义信仰者,他说:"社会主义价值观已经在资本主义社会的结构中失去立足之地——对我们这些仍然坚持平等主义的人而言,这是一个令人沮丧的结果。"②他认为,罗尔斯"公平的正义"中的平等思想,有悖于一个不平等资本主义社会的逻辑。这里不在于他对罗尔斯新自由主义思想的批判,而在于他对社会主义的误读。他把马克思主义看作是平等主义,而平等主义的马克思主义认为,如果你是富有的,那就是悖论。这是极其荒谬的。这种认为,社会主义的"平等"必然贫困,资本主义不平等一定"富有",与其说是质疑资本主义,不如说是在否定社会主义。

马克思主义不是平等主义。恩格斯在批判杜林从抽象公理演绎出"两个人的意志完全平等"错误时,说:"平等的观念,无论以资产阶级的形式出现,还是以无产阶级的形式出现,本身都是一种历史的产物,这一观念的形成,需要一定的历史条件,而这种历史条件本身又以长期的以往的历史为前提。所以,这样的平等观念说它是什么都行,就不能说它是永恒的真理。"③平等是历

---

① [美]约翰·罗尔斯:《正义论》,何怀宏、何包钢、廖申白译,中国社会科学出版社 1988 年版,第 179 页。
② [英]G.A.科亨:《如果你是平等主义,为何如此富有?》,霍政欣译,北京大学出版社 2009 年版,第 134 页。
③ 《马克思恩格斯文集》第 9 卷,人民出版社 2009 年版,第 113 页。

史的产物,平等不能用抽象的公式去演绎,更不可将社会主义制度等同于平等主义。

首先,平等观念的形成需要一定制度历史条件。历史不是作为"精神的精神"消融在"自我意识"中,历史首先向我们呈现的是一定生产力为基础的经济、政治、文化等制度环境。这种一定历史阶段的制度环境,决定了一定社会特殊国情,形成了一定社会平等和自由的社会历史条件。这就是说,平等只能是一定制度秩序约束规范的平等,不同的制度秩序约束就会形成不同的平等观念,不同的平等观念蕴含了不同制度约束的内涵。比如,在希腊人和罗马人那里,"人们的不平等的作用比任何平等要大得多"①。

其次,一定制度的平等必须以长期的以往历史为前提。历史前提不是逻辑默认的理想状态,而是历史的每一阶段都遇到一定的物质结果。社会主义制度自由与平等的历史前提是什么? 马克思认为,"劳动异化"是产生资本主义制度实质不自由不平等的重要根源。但是,消灭这种"异化"最后历史前提是以"生产力的巨大增长和高度发展为前提"。他说:"如果没有这种发展,那就只会有贫穷、极端贫困的普遍化;而在极端贫困的情况下,必须重新开始争取必需品的斗争,全部陈腐污浊的东西又要死灰复燃。"②可见,所谓平等与富有不兼容,完全是一种误读。资本主义的"富有",正如威廉·葛德文所说,是1%的"富有",99%的人"并不比畜类有更多的机会"。相反,社会主义平等与富有应该并肩而行,没有物质财富极大增长的前提,平等无非就是原始共产主义的平均主义。1844 年,马克思将以巴贝夫为代表的平均主义斥之为"粗陋的共产主义",他说,平均主义"不仅没有超越私有财产的水平,甚至从来没有达到私有财产的水平"③。这就是说,平等不是平均主义。平等是历史的产物,私有制的产生虽然导致了不平等,但是,私有制的产生推动了生产力的发

---

① 《马克思恩格斯文集》第 9 卷,人民出版社 2009 年版,第 109 页。
② 《马克思恩格斯文集》第 1 卷,人民出版社 2009 年版,第 538 页。
③ 《马克思恩格斯文集》第 1 卷,人民出版社 2009 年版,第 184 页。

展,它相对于生产力极其落后的原始平均共产主义,无疑是一种历史的进步。而巴贝夫将平等理解为平均主义,等于倒退到了原始共产主义水平。社会主义平等,不是平均主义的"平等王国",把社会主义平等理解为平均主义,这本来就不是马克思主义。

最后,一定制度的平等皆有一定的历史合理性和局限性。平等的历史性说明,任何制度的平等不可能离开它的历史基础。一定制度的平等既是一定制度的产物,又是对过去一切社会平等的扬弃和超越。封建贵族的等级制符合封建制度要求,资产阶级否定了这种合理性,取消了封建贵族等级特权,推动了平等的历史进步。但是,人刚刚摆脱人对人的统治,却又掉进了资本、物对人的统治深渊。可见,资本主义平等只是政治形式的平等,而在经济实质上仍然是不平等的。这种制度的平等不仅不是"普世价值",其本身也必将为社会主义平等所扬弃与超越。社会主义的平等不仅是形式的,而且要逐步实现实质的社会的、经济的平等。社会主义国家尊重和保障人权,公民在法律面前一律平等,坚持以公有制为基础的按劳分配为主的分配原则,这就赋予政治形式的经济实质平等内涵。

其实,把马克思主义歪曲为平等主义,并不限于科亨的误读,它更是新自由主义对社会主义的偏见。它们认为,社会主义因平等主义而缺乏自由。哈耶克说,社会主义只有一条普遍的简单规则,"平等,即在凡是人力可以控制的一切地方的、一切个人完全的和绝对平等"①。按哈耶克所说,"凡是人力可以控制的一切地方",只有绝对平等,没有自由,这是极其荒谬的。所谓"人力可以控制的一切地方",究竟是自然还是社会? 卢卡奇说,在一个物化的社会,"自然是一个社会范畴"②。自然不等于社会,卢卡奇把自然看作社会,这不适用于分析资本主义以外的社会。但是,在现代资本主义的物化社会,人力

---

① [英]弗雷德里希·奥古斯特·哈耶克:《通向奴役之路》,王明毅、冯兴元译,中国社会科学出版社 1997 年版,第 106 页。

② 卢卡奇:《历史与阶级意识》,杜章智等译,商务印书馆 1992 年版,第 203 页。

不仅控制了社会,而且也逐渐渗透到自然的一切领域。社会就是人的社会,平等是社会的平等,人是社会的人,既然在一个社会,人人平等,也就是人人有了平等的自由。平等与自由虽然其内在价值不同,但是,二者如影相随。如果人人不是平等的,那又何谈自由呢? 自由而不平等,就是最大的不自由,而封建主、资本家所主张的正是这种不平等的自由。

　　自由只能是一定社会制度框架下的自由。社会主义自由克服了资本主义自由而不平等地维护私有制的偏执和制度不平等的自由空洞形式性。社会主义是一个不同于以人的依赖性与物的依赖为基础的"个人的全面发展"和物的财富发展从属人的"自由个性"的社会。① 但是,这种自由个性的发展,离不开制度公正。马克思说:"代替那存在着阶级和阶级对立的资产阶级旧社会的,将是这样一个联合体,在那里,每个人的自由发展是一切人的自由发展的条件。"②这里所指的"联合体",就是共产主义制度公正的联合体。在那里,"每个人"是自由的,也是平等的。但是,社会主义的自由必须以社会主义历史条件为前提,社会主义自由与自由的历史条件限制相辅相成。社会主义制度公正的自由是目的自由和工具自由、实质自由和形式自由、自发的自由和自觉的自由、个人自由和社会自由的统一。关于这一点,笔者在《社会主义自由的张力与限制》一文中已有详尽的论述。③

第五节　中国制度公正的自由与
平等价值实践特色

　　制度公正的自由与平等价值最终评价标准是价值实践。价值源自主客体之间的关系,"只要在一定范围内,事物满足这一特定主体的需要这一点能够

---

①　参见《马克思恩格斯全集》第30卷,人民出版社1995年版,第107、108页。

②　《马克思恩格斯文集》第2卷,人民出版社2009年版,第53页。

③　参见谭培文:《社会主义自由的张力与限制》,《中国社会科学》2014年第6期。

证实,那么它的价值和相应的评价标准就被证明是成立的"①。这是对的,价值实践是价值评价的最终标准。离开价值实践去谈价值评价或价值评价标准,价值评价还是思想意义的评价,只有进入价值实践的评价,价值对主体世界的意义才可能用事实证明。中国特色社会主义制度的价值实践,证明了中国制度、体制、机制、原则、规范公正的自由与平等,优先于西方制度正义的自由、平等的价值。

一、制度基础公正奠定了自由平等发展的价值前提

制度公正是一种自由和平等制度价值规范的基本经济结构,财产所有制是这个经济结构的基础。制度基础公正为制度选择、设置的标准提供了价值前提。制度的基本属性是公共性,对其价值实践结果评价是价值优先性的唯一根据。在休谟看来,"公共利益是正义的唯一源泉,而且对这种德性的有益后果的思考是它的价值的惟一根据"②。公共利益不仅是正义也是公正价值的唯一来源。以私有制为基础的社会,缺乏正义价值的来源,正义仅仅代表的是私人利益和公共利益零和博弈中的伸张个人权利价值诉求。在休谟看来,个人的正义是人类的重要价值,但是相对公共利益,个人的正义有时就不是善的德性,甚至"可能是极端有害的"③。这是对的。罗尔斯却认为,正义强调的个人权利的优先性,即使以社会整体利益之名,也不可逾越。当然,以整体利益之名非法侵犯个人权利是不正当的。但是,任何社会都不排斥存在这种不良现象发生,这一理由不足以否定公共利益的公正价值优先性。因为既然公共利益是正义的价值源泉,那就是只有符合公共利益的公平正义才是正确的,

---

① 李德顺:《价值论》,中国人民大学出版社 2007 年版,第 268 页。
② [英]戴维·休谟:《道德原理探究》,王淑芹、陈光金译,中国社会科学出版社 1999 年版,第 13 页。
③ [英]戴维·休谟:《道德原理探究》,王淑芹、陈光金译,中国社会科学出版社 1999 年版,第 120 页。

否则就是错误的。因此,既不能以公共利益之名侵犯个人权利,更不可以以个人正义为名侵犯公共利益。以私有制为基础的社会,缺乏公正价值的来源,也就缺乏公正对正义价值实践结果的规范标准。其结果是少数个人权利极度膨胀,不惜以个人权利的正义而抵制和否定公共利益的正当。在中国就不同,社会主义制度以公有制为基础的公共利益是公正和正义的唯一源泉,不存在私人利益和公共利益无法调和的零和博弈。公共利益的核心价值是公正,按其实质是以公为正,即个人权利只有以公共利益为规范才是正当的,个人权利极度膨胀而妨害公共利益是不正当的。再者,公共利益既然是公正和正义的唯一源泉,那么,代表公共利益的国家必然依法保护个人的合法利益,从而实现了公共利益与个人利益的和谐统一。制度基础公正是价值,这种价值的实践就是中国发展的速度。比如,中国高铁是世界公认的奇迹。① 对此,人们只看到建设速度与技术创新的奇迹,其实,这更是制度基础公正价值实践效果。中国高铁纵横全国数百个城市乡镇,关涉数百万人口的土地资源、房屋拆迁、环境补偿等切身利益。但是,这些并没有影响中国速度。原因在于,中国制度基础公正凝结了全社会的价值共识,也规范了国家、集体、企业、个人等自由、平等的利益诉求和伸张权利的正义。与其说中国高铁建设速度是中国经济增长的奇迹,不如说是中国制度基础公正带来的效率。

二、体制公正提供了自由平等发展的价值平台

经济体制是经济制度运行的方式和手段,社会主义可以用,资本主义也可以用。改革开放以后,中国基于社会主义初级阶段国情,不再实行计划经济,逐步建立了市场经济体制。实践证明,计划经济旨在突出公平,但效率低;市场经济是现代最有效率的经济。但是,市场经济即使起点、过程公平,也难保障结果的公平。新自由主义认为,既然起点、过程公平,那么结果也是公平的。

---

① 截至 2019 年底,全国高速铁路营业里程超过 3.5 万公里。参见《中国交通的可持续发展》,《人民日报》2020 年 12 月 23 日。

这是片面的。市场经济的起点、过程的公平,只是形式的公平,始终无法保障实质的公平。对此,马克思对资本与劳动力的所谓平等交换作了深刻的分析和批判。皮凯蒂的研究佐证了马克思批判的正确性。皮凯蒂认为,在现代资本主义,从长期来看,即使 21 世纪,资本的收益率总是高于经济的增长率①,分配结果的不公平成为一个死结。罗尔斯看到了正义对市场等价交换分配结果规范的不足,从而在所谓的"无知之幕"下又设置了一个作为"公平的"正义,企图遮蔽私有制的不公。他提出的两个原则:自由原则和平等原则,看上去很美,由于公平的正义缺乏制度来源根据,所谓的自由实际还是财产"持有"不平等的自由。他所说的所有职务和地位向所有人平等开放,这种平等并非资本主义价值实践特色,在中国封建社会,自隋朝开启的科举制度就早已实行。实践证明,制度不公正的机会平等开放,对于不平等持有者的结果并非平等。比如,在科举制度,即便皇帝与一般考生平等地参加科举考试(如康熙皇帝),但是,皇帝与一般考生获得的分配正义具有天壤之别,皇帝无论如何还是皇帝,而考生则面临的两种截然不同结果,或位极人臣,或名落孙山。

体制公正不是假设的"无知之幕"黑箱,而应是透明于法律、舆论、社会监督和在制度公正阳光下运行的白箱。社会主义体制公正是以制度为基础的公正,这就规范了市场体制平等自由交换的起点、过程的公平。体制的效率与公平是制度公正的一体两翼,有公平没效率,有效率没公平,都将妨碍自由平等的全面发展。效率是公平的效率,公平是效率的公平,只有公平的效率才是真正的效率。没有公平的效率,效率不可持续;只有效率的公平才可能实现真正的公平,没有效率的公平就是低层次的公平。社会主义市场经济体制坚持效率与公平兼顾的原则,既保障了效率,也实现了公平,初步探索了一条破解皮凯蒂提出的在其他发达国家不能解决的世界难题的路径,使市场体制形式的自由平等逐步提升为实质内容的自由平等。中国体制公正为每一个人都有出

① 参见[法]托马斯·皮凯蒂:《21 世纪资本论》,巴曙松等译,中信出版社 2014 年版,第198—200 页。

彩机会提供了价值平台,引领中国经济连续多年的中高速增长,成为了世界第二大经济体。中国的现代化只用几十年左右时间,走完了西方资本主义制度近百年的路途。

三、机制公正破解了自由平等发展价值实践的关键问题

制度基础、体制公正并不等于机制公正,制度基础公正主要着力点是起点公正,体制公正保障的是运行过程公正,机制公正则为体制运行过程的关键性环节设置了价值标准。市场体制是一个复杂体系,机制公正是保障这个结构系统公正之网上的环节。只有这个网上的每一个环节公正才能保证体制、制度公正落到实处。反之,制度不公必然制约体制不公,而体制不公突出表现为机制不公。如市场体制的失灵突出表现为制度与体制实现的机制失灵,如价格机制、竞争机制、金融机制等。美国次贷金融危机爆发的导火索是金融机制失灵,随即爆发的占领华尔街运动,直接针对的是金融机制不公问题。机制公正作为公正价值实现的关键性环节,实际是解决体制运行过程不公正而体制本身不能解决的一些关键性问题,如利益反差问题①。市场经济是利益经济,市场体制的机制在实质上是一种利益机制。所谓利益机制就是市场主体实现利益的方式。价值关系是一种利益关系。利益机制通过调整、平衡和协调各种利益关系,以保障不同市场主体利益实现的公平与正义。20 世纪末我国市场体制中的公平正义问题开始凸显,利益机制逐渐由学术研究进入政府决策程序而成为政策工具,从而有效地平衡、协调了各种利益关系,维护了社会公正。如利益分配、共建、共享、社会保障、精准扶贫、生态补偿等机制,从制度公

---

①　在市场经济自由平等竞争中,既有个人之间资源分配或各种前提条件限制带来的个人获利大少的反差,还有个人和社会利益得失的反差。个人获利多的,社会资源消耗也多、生态环境负面影响也大,如果个人不对社会补偿,这就出现个人和社会利益实现的反差。个人获利少,由于粗放性生产,甚至也可能造成对环境资源的极大损耗和浪费,如果不补偿,同样造成个人和社会利益得失的反差。为此,在不影响体制公正的前提下,必须通过生态补偿机制作为价值路标来引领利益取向,使社会和个人利益实现平衡。

正层面规范了各种利益关系;如利益驱动、协调、整合、调控机制,从体制公正层面规范了各种利益关系;如我国西部发展、提升就业与创业能力的教育培训等机制,从区域、个人平等自由发展等公正层面规范了各种利益关系。换言之,机制公正为平衡、协调市场主体的利益关系提供了价值标准,规范和解决了制度、体制公正价值实践出现的各种利益难题,使制度、体制公正成为了每一个人的自由平等发展的价值牵引力。如生态补偿机制,解决了利益反差问题,使中国生态文明建设走在世界的前列。针对我国计划经济下工农业出现的"剪刀差"与城乡发展不平衡问题,建立了城市、工业反哺农村、农业的补偿机制,逐步解决了农民农业农村发展滞后等问题。

四、伦理原则公正营造了自由平等发展和谐合作精神环境

公正关涉社会和谐合作、效率与秩序。原则公正是实现个人、家庭、社会的自由与平等伦理秩序的价值标准。人与动物不同,人是社会存在物。伦理原则不是动物式的自然原则,而是社会伦理原则。伦理既然是一种社会秩序原则,那么,集体主义就是符合人的社会本性和制度、体制公正的自由平等原则。西方自由主义认为,集体主义"坚持共同的社会身份和共享的人类利益,从而抹杀了个性和多样性"①。这种无事实根据的评价,显然是错误的。事实上,资本主义的经济行为与其价值原则完全相悖。资本是资本主义制度基础,马克思说:"资本是集体的产物,它只有通过社会许多成员的共同活动,而且归根到底只有通过社会全体成员的共同活动,才能运动起来。"②既然资本是集体的产物,那不等于说,资本已经把除开资本家以外的社会成员个性早已消灭了吗?资本主义所说个人主义的个性,实际就是张扬资本所有者支配其他社会成员的个性。可见,与现代社会化生产行为相适应的价值原则是集体主

---

① [英]安德鲁·伍海德:《政治学核心概念》,吴勇译,天津人民出版社 2008 年版,第151 页。

② 《马克思恩格斯文集》第 2 卷,人民出版社 2009 年版,第 46 页。

义,而不是个人主义原则。个人主义在实质上只不过是为资本主义私人所有制辩护的价值原则而已。集体主义并非抹杀个人个性和多样性。集体主义的集体是以制度公正为价值基础的利益共同体,是个人、集体、社会之间利益关系相互协调的有机整体。在一个公正的制度共同体中,每一个人自由平等发展成为一切人自由平等发展的条件,而不是障碍。只有在没有人支配人、物支配人障碍下的自由人联合体中,每一个人自由自觉活动成为了可能。这种自由自觉的活动就是个人个性和多样性。集体主义原则根本立足点是适应了现代生产方式。在社会主义初级阶段,集体主义要求处理个人与社会关系应当先社会、后个人;处理公与私的关系应当公私分明、先公后私;处理个人与个人的关系应当诚信、和谐、友善;伸张个人权利的正义应当以公正原则为前提。适应中国生产方式要求的集体主义,为每一个人自由平等全面发展营造了一个社会稳定和谐的伦理环境。这是中国经济高速发展的硬道理。哈耶克认为,"斯密及其同时代的人所倡导的个人主义的主要价值就在于它是一种能够把坏人造成的损害减少到最低限度的制度"①。恰好相反,是"个人主义带来了不安全感和无根底感,并损害了传统价值"②。比如,鼓吹"个人奋斗"而造成数千万人死亡的世界第二次世界大战罪魁祸首希特勒与当代恐怖主义,皆为典型的极端个人主义、极端民族主义和文化虚无主义。

五、法制公正规范了自由平等发展的法治社会秩序

法制公正与制度公正并不矛盾。马克思认为,国家制度对于立法权来说是法律。立法权虽然从属于国家制度,但"立法权是组织普遍东西的权力。它是规定国家制度的权力。它高居于国家制度之上"③。自私法律从属于私

---

①　[英]哈耶克:《个人主义与社会秩序》,邓正来译,生活·读书·新知三联书店2003年版,第17页。
②　[英]安德鲁·伍海德:《政治学核心概念》,吴勇译,天津人民出版社2008年版,第167页。
③　《马克思恩格斯全集》第3卷,人民出版社2002年版,第70页。

人所有制,它高居于国家制度之上,同时规定自私制度的权力合法性。社会主义法制公正从属于制度公正,它是高居国家制度之上的公正。经济制度是国家制度的根本。法律公正从属于经济制度确立的公正,如果离开经济制度公正去谈所谓的法制公正,法制公正是虚伪的;反之,离开法制公正来谈制度公正,公正无非是空中楼阁,炫目而无实质意义。

法制高居国家制度之上,体现了法律统治的法治原则。法治是一种秩序,秩序意味稳定有序的规则规范与和谐,无序则是混乱、无法无天的任性和极端。法治的规范作用是"统筹社会力量、平衡社会利益、调节社会关系、规范社会行为",即形成"自由而平等的法治秩序"①;法治的价值实践效果是,"使我国社会在深刻变革中既生机勃勃又井然有序,实现经济发展、政治清明、文化昌盛、社会公正、生态良好,实现我国和平发展的战略目标"②。价值关系是一种利益关系,又是利益关系的规范。马克思说:"人们为之奋斗的一切,都同他们的利益有关"③。这就是说,法制公正以平衡社会利益为基础,就抓住了统筹社会力量、调节社会关系、规范社会行为的根本。市场经济是利益经济,平衡各种利益关系,协调各种利益矛盾成为了社会主义主要矛盾。市场经济是法治经济,市场体制中各种利益矛盾,如多种经济形式市场平等竞争与相互博弈及其收入分配差距悬殊等利益矛盾,必须以法制公正来平衡、协调和规范公平与正义之间的关系。法制公正是立法、执法、司法、守法之整体公正。立法公正是法制公正的前提,执法公正是关键,司法公正是保障,守法公正是法治秩序形成的社会基础。法制公正以平衡社会利益为基础,实现了中国的制度基础、体制、机制、原则公正,使"通往自由而平等的法治秩序"从可能转化为现实。21世纪以来,中国承受了世界金融危机、经济结构转型经济发展

---

① 季卫东:《论法律意识形态》,《中国社会科学》2015年第11期。

② 《中共中央关于全面推进依法治国若干重大问题的决定》,人民出版社2014年版,第2页。

③ 《马克思恩格斯全集》第1卷,人民出版社1995年版,第187页。

速度下行、国际恐怖势力猖獗渗透以及"中等收入陷阱"等各种社会矛盾叠加等巨大风险和压力。但是,中国坚持法制公正,正确处理了各种社会利益矛盾,化解了来自国内外、体制内外、党内外的各种风险,平衡和协调了先富带动后富最后实现共同富裕的利益关系,出现了大众创业、万众创新、文化繁荣、风清气正、生态良好、经济中高速增长与生机勃勃的和谐稳定局面。

　　总之,中国的优势说到底就是制度公正的价值优势。中国的成功不在于经济实力的增强,而是中国制度的力量。中国的红利不只是经济的红利,中国贡献给世界的,是中国制度公正价值新典范。在公正的制度共同体中,每一个人自由平等发展成为了一切人自由平等发展的条件,而不是障碍。发挥中国制度优势,不断进行制度创新,不是要随意改变法制公正规范的制度基础,而是要以制度公正为价值规范,改革那些影响制度基础公正的障碍,创新更多有利于推进多种经济形式自由、平等的共同发展新的经济形式;改革那些阻碍体制公正运行的障碍,创新更多有利于体制平等自由公正运行的条件;改革那些影响制度、体制公正的机制,创新更多的有利于实现制度、体制公正的机制;并修正那些不利于制度、体制、机制公正的原则、规范,与时俱进地创新和丰富实现制度公正的伦理原则和法律规则。

第九章 以利益机制协同创新
推进人的发展

协同学或协同论(synergeties)是 20 世纪 70 年代德国理论物理学家哈肯创立的一门研究系统内部各子系统之间,通过非线性的相互作用产生协同效应的综合性学科。其哲学方法论的原理是:"在开放系统中由于大量相互作用的子系统的集体运动所产生的协同效应实质上表明:整体的属性不能归结为部分之和,整体具有部分所没有的、特殊的系统属性。"①在市场经济条件下,为了避免重蹈资本主义物支配人的厄运,必须坚持以人为本为核心的价值原则,以利益机制协同创新推进人的发展。这是改变物统治人的现象的具体路径。根据协同学原理,人的自由全面发展是一个整体系统,各种利益机制是以人的发展整体系统中的相互作用的子系统,不同利益机制的作用不同。人的发展整体属性并不是各种利益机制之和,人的发展属性也不是个别利益机制所具有的属性。但是,如果将各种利益机制整合在人的发展集合体中,根据人的发展总的要求来运动和发挥自己的作用,那么对人的发展所产生的效应,就会大于单个的利益机制对人的发展所产生的效应,人的发展的整体效应甚至是各单个利益机制的效应所完全不具备的。坚持以人的发展为目标的利益

---

① 冯契主编:《哲学大辞典》(分类修订本)(上),上海辞书出版社 2007 年版,第 1001 页。

机制协同创新:一是协同各种利益机制的运动促进人的发展的内容、实质的丰富与发展;二是为了对人的发展产生协同效应,必须从实际出发,实现多种利益机制形式的协同创新。基于协同论原理,重点是前一个,而不是后一个,即利益机制的协同创新总的目的是推动人的自由全面发展,而不能像资本主义那样只是为了追求剩余价值、利润和金钱。在市场经济体制下,以人的发展为总目标的利益机制协同创新的实质,就是正确处理好人与物、人的发展与物的发展的辩证关系,以社会主义自由、平等、公正、法治引领与规范物的利益机制协同创新,以物的利益机制协同人的自由全面发展,克服资本主义资本、金钱及物统治人的现象卷土重来。

第一节 以自由看人的发展

"人的自由全面发展"是马克思主义核心与实质。阿马亚蒂·森曾在他的著作《以自由看发展》中阐述了新老自由主义的主题。二者的核心关键词都是自由与发展。不同的是,马克思主义的自由是自由自觉的活动,其核心要义是以劳动为本体论基础的自由。而新自由主义的自由在理论上是所谓的天赋人权,而实质上是资本逻辑支配劳动的自由。马克思主义的发展其主旨是人的发展,资本主义的发展是物的发展。

自由作为社会主义核心价值观,对社会和个人究竟有什么意义? 这是一个仁者见仁、智者见智的问题。曾经旧中国三座大山压迫,饱受旧社会各种反动恶势力欺凌的人,提到自由就会想到国家独立、民族、社会的自由,以致孙中山认为,中国人不是自由少了,而是个人自由多了,成了一盘散沙。沐浴中国传统文化影响较深的人,论及自由最先联想的是孔子的"从心所欲不逾矩"的自由;感染西方文化较多的人,谈到自由就会侃侃而谈西方所谓言论的自由和民主竞选的自由。其实,这些自由,都是适应不同国情需要、不同文化特质、不同社会需要而提出的自由,都不能算是本体论意义的自由,这些自由最多只能是本体论意义自由的不同表现形式。那么,本体论意义的自由是什么? 本体论自由的根本功能、作用是什么?

一、自由是自由自觉的活动

自由是人的自由。自文艺复兴以来,资本主义推翻中世纪神的统治,砸烂了束缚人的精神枷锁,人们获得了身份的自由。自由被资本主义看作是人的本性,成为资本主义的口号贴在资本主义旗帜上。但是,资本主义把劳动力变成商品,为了获得剩余价值,劳动者的劳动被异化了。劳动异化不仅表现为人与人的关系,而且表现为人的类本质异化。人在劳动中不是实现了人的自由本质,而是失去了人的自由本质。资本主义所谓的自由是虚假的,资本主义自由不是人的类本质的自由。马克思说,人的类特性在于生命活动的性质,"自由的有意识的活动恰恰就是人的类特性"①。人的自由可以看作是意识的自由、精神的自由,但是归根结底是活动的自由。

1. 劳动是自由的本体论基础

劳动是人类有别于动物活动而实现人的类本质的活动。马克思说:"整个所谓世界历史不外是人通过人的劳动而诞生的过程,是自然界对人来说的生成过程。"②不过,恢复自由的本体论基础首先必须消灭异化劳动,使劳动成为人类自由自觉的活动。黑格尔把亚当·斯密经济学中之劳动概念转换为哲学范畴,劳动被看作人的本质。马克思充分肯定了黑格尔观点的合理性,但黑格尔的劳动是精神劳动。在黑格尔那里,自由是自我意识的自由,自我意识成了自由的本体论前提。自我意识的自由,实质上就是指的意识、意志的自由。黑格尔说:"意志而没有自由,只是一句空话;同时,自由只有作为意志,作为

① 《马克思恩格斯文集》第 1 卷,人民出版社 2009 年版,第 162 页。
② 《马克思恩格斯文集》第 1 卷,人民出版社 2009 年版,第 196 页。

主体,才是现实的。"①依按黑格尔,意志、意识即是自由,意志没有自由只是一句空话,意志只能是自由的,自我意识的自由就是意识的、意志的自由。这种意识、意志的自由同时替代了主体,主体唯一的内涵就是自我意识的自由。

自我意识的自由好像是真正的自由。但是,这种脱离现实世界的自由,实际上只是虚幻的自由。在马克思看来,黑格尔自我意识的自由无非就是宗教哲学翻版。这是因为,按照黑格尔的自我意识自由的幸福感,就是一种脱离世俗现实世界的抽象精神,这种幸福就是宗教世界赋予人的虚幻幸福。旧唯物主义强调人的自然生物性。虽然人不再是意识的人,但是,人的自由如果是生物性的,人就等同于动物而失去了人的类本质自由。

马克思认为,真正的自由,不是意识的自由,自我意识不过是自我存在的意识,自我存在不过是自我的现实生活过程。历史存在的第一个前提是现实的个人。现实的个人的实际生活过程说明,道德、宗教、形而上学等思想意识形态,"它们没有历史,没有发展,而发展着自己的物质生产和物质交往的人们,在改变自己的这个现实的同时也改变着自己的思维和思维的产物。不是意识决定生活,而是生活决定意识。前一种考察方法从意识出发,把意识看做是有生命的个人。后一种符合现实生活的考察方法则从现实的、有生命的个人本身出发,把意识仅仅看做是他们的意识。"②这就是说:其一,自我意识的意识自由没有独立形态与发展历史,意识自由的本体论基础是物质生产和物质条件,是其中起决定作用的劳动。人的类本质是自由自觉的活动,劳动是自由的本体论基础。这一点并不否定存在自我意识的意识自由,而是意识自由只能是产生一定的物质生产和物质条件,它们的历史和发展,是由一定的物质生产和物质条件决定的。有什么样的物质生产和物质条件就有什么样的自我意识的意识自由。自由是一定物质生产和物质条件的劳动活动产物。什么样

① [德]黑格尔:《法哲学原理》,范扬、张企泰译,商务印书馆1961年版,第12页。
② 《马克思恩格斯文集》第1卷,人民出版社2009年版,第525页。

的劳动形式和劳动条件,自由的程度就是什么样的。在资本主义私有制条件下,劳动被异化,劳动者成了被资本支配的物,自我意识的意识自由被异化为失去自我意识的不自由。其二,是生活决定意识,而不是意识决定生活。社会存在决定社会意识的原理说明,存在是人们的现实生活过程,意识自由都是社会存在和现实生活过程的自由,不能脱离社会生活过程去谈自我意识的自由。资本主义的自由是起源于资本主义商品自由交换的自由。这也是资本主义自由超越中世纪的历史进步性。资本主义世界是一个商品世界,如果没有商品的等价交换自由,那么自我意识的自由就失去自己赖以生长的皮。皮之不存,毛将焉附?这就是自由的存在论原理。其三,自由研究的两种不同的方法论。用自由的存在论来分析自由就形成了两条不同的方法论。唯心主义尤其是黑格尔的考察方法是从意识出发,意识、意志被黑格尔看成"有生命的个人"。这显然是错误的。意识的自由只能是人的自由生活过程。自由的本体论基础是自由的自觉的活动,而这种活动最原初的基本形式是劳动。20世纪中卢卡奇就开创了劳动社会本体论的研究。卢卡奇认为,"能够把马克思主义哲学同当代有影响的资产阶级哲学流派区别开来的是本体论"①。在卢卡奇那里,马克思主义本体论不是自然本体论或客观精神本体论,而是以劳动为基础的社会存在本体论。② 所以,意识的自由、精神的自由、思想的自由,都不过是这种自由自觉的活动的不同表现形式而已。历史唯物主义则是一种符合现实生活的考察方法。历史唯物主义从现实的、有生命的个人本身出发,把意识仅仅看作是他们的意识。

2. 共产主义的自由是个人全面发展的个性自由

从人的存在方式出发来分析自由,自由的形成分三个不同阶段:在古代奴隶社会和封建社会,人的存在方式是建立在人对人的依赖和人对人的政治统

---

① 孙伯鍨:《卢卡奇与马克思》,南京大学出版社 1999 年版,第 169 页。
② 参见卢卡奇:《关于社会存在本体论》(上下卷),白锡堃等译,重庆出版社 1993 年版。

治的基础上；资本主义社会把人从人对人的统治与依赖中解放出来，但又使人陷入了物对人的依赖和统治的水深火热之中；马克思说，只有"建立在个人全面发展和他们共同的社会的生产能力成为从属于他们的社会财富这一基础上的自由个性，是第三个阶段"①。共产主义是既摆脱了人对人的依赖关系，又摆脱了人对物的依赖关系的社会。在那里，每一个人的全面发展，由于"他们共同的社会生产能力成为他们的社会财富"，而不是某些个人的私人财富，财产、资本不再是成为支配统治人的外在力量，物质力量不再成为压制和改变人的自由个性无法抗拒因素，个人都是一个具有自由个性的全面发展的人。所谓"共同的社会生产能力"，是指人们用劳动创造财富的能力。在资本主义资本逻辑支配下，劳动是异化的劳动，人们用劳动创造的财富越多，劳动者受这种财富统治的力量越大。资本、金钱、物的个性越是张扬，而人就越是失去了自己的个性，成为了资本统治中的奴隶。由劳动者共同的生产能力所创造的财富，甚至成为资本主义自己也控制不了的一种力量，反过来成为了资本主义不可控制的破坏力量，这就是经济危机。经济危机使资本主义出现了魔鬼般自我毁灭的黑色疯狂、恐慌、萧条，然后又从世界末日走向了死亡的复苏。在那里，劳动创造的共同财富不是人的自由个性全面发展的条件，反而是人的自由个性全面发展的障碍。

现实中的个人个性，既不能用"直观的形式去理解"，也不能仅仅只是唯心抽象地发展其能动的方面，而应"把它们当作感性的人的活动，当作实践去理解"，"从主体方面去理解"。正是因为现实中的个人的实践活动，即个人的感性活动，本质上是一种能动的创造性活动，所以，个人个性就是以个人为主体的创造性活动表现出来的特异性。由于"个人创造世界的活动和个人从世界获得推动力"是相互统一的，因而，个人的"独创发展"，既是能动的，又是受动的。一方面，个人的感性活动因为是一种有目的的对象性活动，个人可以以

①　《马克思恩格斯文集》第8卷，人民出版社2009年版，第52页。

活动为中介,将目的对象化,创造一个人类(包括个人)需要的对象世界。因此,个人的创造性活动是能动的。另一方面,任何个人的创造性活动,其实都不是唯一的、独自的。它必须从外界获得推动力,换言之,"独创发展"本身是受制约的。首先,个人创造的个性,是"在现有的生产力所决定和所容许的范围之内取得的"。现代人的个性不同于古代人的个性,古代人的个性不同于原始的"野人之子"的个性。它们是由生产力不同水平决定的。其次,现存关系影响个人所具有的生理的、智力的和社会的缺陷。不同的社会制度,不同的交往关系,不仅造就了人们的生理素质、智力素质的不同,而且影响他们的社会交往能力。比如,马克思谈到,那些常年生活在贫民窟,缺乏照顾,缺少教育,饮食恶劣,患有瘰疬病的儿童,就比不上那些具有丰富的营养、周到的教育的儿童的生理素质和智力素质等。因此,个人个性不是没有前提的,个人个性受他的生存环境、生活条件、现存交往关系的限制。个人的创造性活动是受动的,是有前提的。施蒂纳把个人的个性创造看作是没有前提的观念的创造,是十分荒唐可笑的。马克思认为,就是个人的观念,也只能是存在(我)的观念,而观念本身必须从外界获得推动力。所以,马克思说:"意识也是一切力量,根据上述学说,它也是'经常在自行活动'。桑乔要是同意这一点就不应该想法改变意识,而只应当想法改变对意识起作用的'推动力'。"①自由个性不是什么唯一者的独自性,自由个性是每一个人的自由全面发展所表现的一种创造性特征。

马克思认为"意识也是一切力量",问题不在于改变意识,而在于应当想法改变对意识起作用的推动力。

其一,自由是一种张力,自由个性就是人的创造性。所谓意识也是一切力量,即自由意识不仅具有能动性,而且可以成为一切力量。人的活动不同于动物的活动。动物也营造巢穴与住所,如蜜蜂、海狸和蚂蚁。但是,动物是出自

---

① 《马克思恩格斯全集》第3卷,人民出版社1960年版,第496页。

本能的活动。动物的活动,如蜜蜂的蜂房精美程度有时令人惊叹。但是,最为蹩脚的建筑师的建筑,也要比蜜蜂强一万倍。这是因为,建筑师在建筑任何建筑之前就有了自己的设计、蓝图与规划。动物的活动是无目的、无理想意图的活动,唯独人的活动是有目的、意图、理想、意志等的活动。人的这种理想意图的意识自由,是一种巨大的力量。这种理想意图凝聚人类集体、社会的力量,人类能够把这种理想意图的力量汇聚成为改造世界的一种物质力量和精神力量。这些就是人的一切活动的一切力量。没有这种精神力量的活动,人的活动就等于动物式的活动。换言之,人的活动本质上就是一种自由自觉的具有创造个性的活动。

其二,要改变这种自由意识,就应当想法改变对意识起作用的推动力。自由意识是人的存在不同于物的存在的一个存在属性,没有自由意识的人就是一个失去人格个性的物。奴隶虽然也是人,但是奴隶一旦不能意识自己是奴隶,奴隶就不是一个具有独立人格的人,奴隶就成为会说话的工具。在奴隶社会,奴隶就是工具,如亚里士多德就把工具区分为两种工具,一种是会说话的工具,一种是不会说话的工具。在亚里士多德看来,奴隶就是会说话的工具。资本主义推翻了奴隶封建社会这种摧残人性的制度,人在人格上获得了独立人格身份的自由。但是,人作为劳动力又成为了资本统治和支配的物。人的自由意识在资本的支配下成为了像物一样被自由交换的意识自由。所谓个性自由,就是自由个性的丧失,自由变成了一无所有的自由。这就要求改变阻碍劳动创造自由个性的资本主义生产方式。在资本主义社会,这种生产方式,不是自由个性发展的条件,而是阻碍自由创造个性发展的反作用力、破坏力。

其三,在社会主义制度下,社会主义生产方式成为自由个性创造力的推动力,自由个性的创造活动是每一个人存在方式,也是每一个人在成就自由个性的实现路径。社会主义生产方式,劳动者创造的共同财富不再是统治和支配人的外在的异己力量,不再是阻碍人的个性自由创造活动的障碍。相反,劳动者创造的共同财富成为每一个人自由创造个性发展和发挥的条件,成为了自由自觉的创造个性全面发展和发挥的现实推动力。

二、人的全面发展需要市场利益机制协同创新

自由是马克思、恩格斯毕生追求的价值理念,也是社会主义的核心价值观的重要内容。究竟如何坚持以人为本,究竟如何以自由引领市场经济体制下的利益机制协同创新,这是社会主义社会的一个新的课题。在资本主义那里,自由被看成一人一票的民主选举的自由,这是一种形式自由,而不是本体论的实质自由。在我国社会主义初级阶段,即生产力不发达阶段,自由仅仅停留于民主形式的自由,这就可能使我国掉进"拉美式的陷阱",即生产力并不发达,却按西方的自由模式来建构一个并未达到发达国家经济水平的自由政治经济模式,其结果是在追求形式自由的狂飙中,带来了经济的衰退或崩溃与政治的混乱。前车之鉴,不可健忘。我国社会主义初级阶段,必须从本体论来理解自由。从本体论来规范自由,这就要求:

其一,以自由引领利益机制协同创新,必须正确处理人与物的关系。根据我国社会主义初级阶段的基本国情,我国建立社会主义市场经济体制。市场经济是利益经济。所谓利益经济,是指物质利益作为市场经济体制建立和发展的基本驱动力的经济。这种经济在实质上就是把物的发展作为目标的经济。在这种经济体制中,物的力量掩盖和支配了人的力量。社会主义面对市场经济利益机制这种物的影响力,首先就要正确处理人与物的关系问题。利益机制是物的方面,而以人为本则是人的方面。正确处理市场经济中人与物的关系问题,是以人的自由全面发展引领利益机制协同创新的第一个重要问题。这就要求:

首先,坚持以人为本,就要以人的自由全面发展来规范物的机制。利益机制是一种物的机制,如利益驱动机制、利益协调机制、利益整合机制、利益调控机制、利益分配机制、利益共享机制、利益保障机制、利益防范机制、利益补偿机制、利益导向机制、利益平衡机制、利益表达机制、利益诉求机制等,它们反映的是人们的经济利益。市场经济是利益经济,建立社会主义市场经济,实质

上就是把利用利益驱动机制来发展社会主义生产力、解放生产力。可见,利益机制是一种物的驱动力。物的驱动力是社会主义初级阶段发展生产力、解放生产力的基本动力。但是,社会主义市场经济是社会主义的,这就表明其不同于资本主义。资本主义是以物的依赖性为基础的社会。所谓物的依赖性就是把人与人的关系颠倒为物与物的关系。在那里,金钱、资本、商品、货币就是上帝,成为最高的造物主。在中世纪,是上帝统治人,人成为上帝的奴隶。在资本主义是金钱和资本统治世界,人成为金钱、资本的奴隶。在社会主义市场经济体制,物的力量,金钱、资本的力量也越来越强大,一些人甚至把前途当作钱途,认为向前看就是向钱看,为了向前看就要向钱看,只有向钱看才能向前看。他们实际上也把钱当作了上帝,这就倒退到了资本主义的物统治人的水平。社会主义既要坚持以物的利益机制作为驱动力来发展生产力,但是,社会主义的目标是推动人的自由全面发展,如果以物质生产力的发展而牺牲人的自由发展,那么生产力的发展就失去自己价值意义。物的发展根本的目的是人的发展。因此,各种利益机制的协同创新不是为了利益机制创新而创新,而必须以人的自由全面发展来规范各种利益机制的协同创新。这就是说,协同是如何以是否有利于实现人的自由全面发展的协同,而不是不要目的目标的物的利益机制协同。

其次,坚持以人为本,必须以人的自由全面发展来引领利益机制协同创新。人的自由全面发展是利益机制协同创新的出发点和归宿。这就要求,以利益驱动机制为基础,以利益协调机制、利益整合机制、利益平衡机制和利益调控机制为宏观手段,以利益分配机制、利益共享机制、利益保障机制、利益防范机制与利益补偿机制为具体杠杆,并以建构一个全方位的利益机制协同治理系统。其中,利益驱动机制是核心,无论是利益协调,还是利益整合、利益平衡、利益调控、利益分配等机制,在实质上都是一种利益驱动。利益驱动是社会主义初级阶段发展生产力的内在动力。只有生产力高度发达,物质财富巨大增长,蛋糕做大了,人的自由全面发展才有坚固的物质基础和前提。有一种观点认为,卫星上天,红旗落地,卫星有什么意义。这种将二者绝对对立起来的形而上学论是错误的,是"文化大革命""极左"的路线时期"宁要社会主义的草,不要资本主义的苗"的谬论的改头换面。马克思在《德意志意识形态》《共产党宣言》等著作中,多次强调建立共产主义制度的前提是物质生产力的巨大增长和物质财富巨大涌现,没有这个前提,共产主义就会倒退到物质财富极度匮乏落后的原始共产主义。我国改革开放以前,不顾生产力水平就谈过渡到"一大二公三纯"的共产主义,其结果是连生活必需品也极度匮乏,人们不得不为争取生活必需品而奋斗。

改革开放以后,实现四个现代化、经济建设始终是党和政府的中心任务。实现四个现代化、发展经济的内在驱动力就是为人民谋利益。它推动了生产力的发展和物质财富的巨大增长,并为人的自由全面发展提供了物质前提。利益协调机制、利益整合机制、利益平衡机制和利益调控机制等,主要是由政府主导的宏观利益协同创新手段。比如,西部地区的大开发、中部地区振兴计划等。利益分配机制、利益共享机制、利益保障机制、利益防范机制与利益补偿机制这些都是利益机制协同创新的具体杠杆。其中,利益分配机制是主要杠杆,它是涉及面最为广泛的机制。如何让分配机制成为推进人的自由全面发展的机制,这是一个前所未有的课题,也是一个需要深入探索的问题。利益机制虽然是物质的,但是,物的利益机制毕竟是物或经济机制,其主体是人,也是人的利益机制。各种利益机制如果在推进人的自由全面发展中出现偏差,这就必须有利益导向机制、利益表达机制、利益诉求机制。利益导向机制,是引导人们朝某个方向发展或扭转某种方向偏差的一种机制,是政府政策设计中最为常用的机制。它在政府顶层设置中发挥重要作用。利益有驱动作用,更有导向作用。实事求是地利用利益导向机制,是一个事关政府制定政策策略的方向问题。利益表达机制与利益诉求机制,是从下而上的群众利益表达和诉求,不仅是群众对政府利益机制协同创新的民主表达和诉求,而且是人的自由全面发展内在要求。政府不仅应有经常化制度化的群众面对面的接待和听证活动,还应有日常的制度化的深入农村、社区、企业、商店等实地的调查活动。市场驱动即利益驱动,必须立足于国情、社情、民情,坚持以人的自由全面发展为价值取向,既要规范与引领体制性利益机制、制度性利益机制、政策性利益机制的协同创新,更要规范和引领利益协调、利益整合、利益调控、利益分配、利益共享、利益保障、利益防范、利益补偿、利益导向、利益平衡、利益表达、利益诉求等机制的协同创新。鉴于以上分析,从生产关系属性来看,体制性利益机制既有稳定性又有灵活性,制度性利益机制虽然具有稳定性,但容易产生惰性;政策性利益机制具有灵活性,但缺乏犹如法律那样的稳定性,且常常受某种"利益偏好"影响,容易出现随意性。比较体制性利益机制、制度性利益机制和政策性利益机制,体制性利益机制最优。所以,改革开放,重点是要突出体制性利益机制的作用,不断创新对制度性利益机制与政策性利益机制的改革,以协同体制性利益机制的功能与作用的发挥。基于生产关系的功能,无论多少种利益机制,利益驱动是基本的。对于利益协调、利益整合、利益调控、利益分配、利益共享、利益保障、利益防范、利益补偿、利益导向、利益平衡、利益表达、利益诉求等机制等的协同,必须根据国情、社情、民情实际,以人的自由全面发展为价值目标,以利益驱动机制为核心,将其他各种利益机制作为这个核心系统的一个要素,最大可能地发挥其功能作用,以平衡和协调人的自由全面发展之目的自由与实现现代化之工具自由、形式自由与实质自由、自发自由与自觉自由、个人自由与社会自由之间的关系,提高绿色经济效率,为人的发展提供物质基础前提。

其二,以自由引领利益机制协同创新,必须处理好效率和公平关系。自由自觉的活动是人的本质特点。坚持以人为本,就要以推动人的自由发展为目标。但是,马克思主义的自由,不是新自由主义所说的自由放任的自由。自由不是任性。在黑格尔看来,把自由看作任性,这是缺乏教养的表现。即使在资本主义,也不可能存在什么任性的自由。所谓市场经济的放任自由实际上并不存在,存在的是按西方主导的市场规则并将其奉为圭臬的不自由。马克思主义自由是目的自由与工具自由、形式自由与实质自由、自发自由与自觉自由、个人自由与社会自由的对立统一。以马克思主义自由思想来引领利益机制的协同创新就必须处理好效率与公平的关系。

首先，以自由引领利益机制协同创新，必须兼顾效率与公平问题。在资本主义，把自由看作是效率的来源，市场经济是以自由交换为原则的经济，是效率经济。市场经济公平竞争是检验成功与失败的唯一途径，无论是成功或失败，都是正当的。那就是说，市场经济是自由经济，也是效率经济，自由就是效率，自由是效率的前提，不自由就没效率，自由与效率是一致的。市场经济是自由竞争的经济，也是公平经济。在市场经济下，自由、效率和公平三者并不矛盾。显然，这是为资本主义制度合理合法性的辩护。问题在于，这要看什么样的市场经济。在资本主义私有制的市场经济经济体制中，由于起点的不公平、劳动力买卖过程的不公平，必然导致资本收益率与劳动者收益率的不公平，即资本的收益率成倍的增长，劳动者的收益率日益降低。对此，马克思的《资本论》早已进行了入木三分的揭示。在社会主义市场经济下，自由、效率和公平三者之间既不矛盾，又存在一定矛盾。社会主义市场经济既然是市场经济，就具有一般市场经济自由、平等交换的特点。社会主义市场经济是社会主义的，这就保障了市场平等竞争的起点、规则和过程的公平。社会主义市场经济体制建立以来的40多年的实践，人们自由发展在实质自由和形式自由、目的自由和工具自由、个人自由与社会自由、自发自由和自觉自由上，都有了进步和改善。中国经济的效率提升了，相对于改革开放以前那种平均主义导致的"干与不干一个样，干多干少一个样"的情况，社会更公平了。但是，由于市场经济体制本质上是效率经济，效率与公平的矛盾更为突出了。这种矛盾反映在学术研究上，表现出两种不同倾向：一是坚持发展是硬道理者，突出强调效率，认为只有把蛋糕做大，公平才有前提可言；二是坚持公平重于效率者，认为不公平就不是社会主义。其实，社会主义优越性不是只有公平，其突出的优越性应该是效率，是效率与公平的统一。在社会主义制度下，效率与公平本身不应该有矛盾,问题是,市场经济突出的是效率。这就要求,社会主义必须要对市场经济的效率和公平进行规范。这种规范,不是牺牲效率来实现公平,也不是牺牲公平来提高效率,而是使公平原则如何贯彻到市场经济的起点、过程和结果。在起点公平、过程公平上,必须进一步完善自由交换与公平竞争等各项法律法规。在结果上,就要规范资本收益率和劳动价值贡献率的关系。我国实行最低工资标准和建立劳动保险、医疗保险等制度,就是实现结果公平的有益探索。但是,这些制度设计,主要还是针对劳动价值贡献率的。当然,这些制度的物质基础也是对资本收益率的一种调节,在一定程度上会减少资本收益率。比如,有些微小企业甚至无法承担最低工资的支付有关劳动保险等而无法招聘工人。这就要求进一步实事求是地探索或建立资本收益率的规则和规范。如果只片面突出一个方面,都不利于可持续发展。

其次,以自由引领利益机制协同创新,必须科学发挥不同利益机制的功能和作用。马克思主义自由是目的自由与工具自由、形式自由与实质自由、自发自由与自觉自由、个人自由与社会自由的统一。所谓目的自由,就是要坚持以人为本,以实现人的自由全面发展为目标。这是出发点和目标。但是,这种发展不是只有前提,而没有条件、手段工具的发展。过河是目的,解决船的问题就是手段和工具。人的自由发展是目的,发展生产力、实现四个现代化就是工具、手段和条件。没有四个现代化的实现,人的自由全面发展的目的自由不可能实现。在社会主义,形式自由十分重要,但是更为重要的还是实质的自由。这就是说,自由不只是外在的言语、行为等方面,不只是政治形式上,还应该深入到人的自由素质(教育程度)、经济的所有制基础、分配的制度设置等方面。市场经济的个别经济人自由交换是一种自发盲目的自由。这种自发的自由,往往是缺乏规范的自由。只有建立并遵守统一的公平平等竞争规则和法律规范,才能逐步达到和实现自觉自由。在社会主义制度下,个人自由与社会自由是统一的,中国梦是中华民族的梦,也是每一个中国人的个人梦。资本主义把个人与自由绝对对立起来,并把社会看作个人的对立物,认为社会是敌对的他者,这是错误的。根据马克思主义自由的基本原则,规范利益机制的协同创新,就是要科学发挥不同利益机制的功能和作用。如利益驱动机制,对于发展生产力,实现工具和手段自由具有决定性作用。在社会主义初级阶段,为了实现人的自由发展,必须坚持发展生产力、解放生产力。但是,发展生产力又不能像马克思批判戴维·李嘉图所主张的那样,为发展生产力而发展生产力,为了发展生产力而牺牲工人为代价也在所不惜。马克思认为,李嘉图的理论显然反映了资本主义的实际,也反映了李嘉图主张的诚实。发展生产力只是手段,人的自由全面发展才是目的,而不能为了手段、工具的自由而牺牲人的自由发展的自由。这就要求,必须科学地实事求是地利用利益协调机制、利益整合机制、利益调控机制、利益分配机制、利益共享机制、利益保障机制、利益防范机制、利益补偿机制、利益导向机制、利益平衡机制、利益表达机制、利益诉求机制等来平衡人的自由全面发展的目的自由与实现现代化作为工具自由之间的关系。所谓实事求是,不是从教条出发,从主观愿望出发,从个人偏好出发,而是从实际出发,根据具体的国情、社情和民情有针对性地发挥其功能和作用。

其三,以自由引领利益机制协同创新,必须正确处理激发创新活力与人的自由个性发展的关系。资本主义物的统治,导致自由异化为一种扼杀人的自由个性的不自由,而资本物也成为了支配人的统治力量。社会主义市场经济,资本也是生产要素。但是,马克思主义的自由是目的自由与工具自由的统一,资本的自由被限制在生产领域,仅作为实现现代化的手段自由,而不是统治一切的力量。资本不是人格化的代表,更不是左右国家政治生活与日常生活领域的支配力量。资本统治人的现象,不可能获得法律的合理性合法性辩护。人是目的不是手段,资本是为人的自由全面发展服务的生产要素。问题在于经济领域,资本既然是生产要素,那么,社会主义市场经济的资本,是否也会像资本主义的资本一样异化为一种扼杀人的自由个性的统治力量呢? 在物的经济领域,资本作为利益驱动机制,作为提升资源配置效率、减少成本、调整经济结构的手段,这一点与资本主义市场经济有相似之处。它并不是资本主义的专利和发明,而是社会主义在长期的经济建设探索中的规律总结。但是,社会主义在运用这个规律中,与资本主义完全不同。资本主义的利益驱动机制,只是为了获得剩余价值。在社会主义,利益驱动机制是激发大众创业、万众创新的自由活力,为了人民大众创造物质财富,为人的自由发展提供物质基础。这就体现了目的自由的不同。为了实现人的自由发展的目的,社会主义发挥制度的优越性,对利益机制的利用不是单一的,不只是局限于利益驱动机制,同时为了兼顾不同群体的利益,不同民族、不同区域、不同人群的发展基础、条件、能力、水平甚至身体健康因素的差异,选择不同的利益协调机制、利益整合机制、利益调控机制、利益分配机制、利益共享机制、利益保障机制、利益防范机制、利益补偿机制、利益导向机制、利益平衡机制等,使他们不因客观的自然因素、生理条件因素的不同而迟滞发展的进程和速度。如对西部开发的利益协调机制等,就推动了我国西部少数民族地区的自由发展,使一些少数民族地区也都先后进入了全国中等以上发展程度的省区行列;还有,对贫困地区、贫困人口的利益保障机制,实现了对我国贫困人口的义务教育、医疗、劳动保险、最低生活保障全覆盖。这些利益机制协同创新,不只是解决了不同差别人群的基本生活条件,更重要的是为他们的自由个性发展提供了物质基础和激发了他们的创造、创业的积极性。这就实现了激发创新活力与人的自由个性发展之间的统一。而在资本主义,资本的统治无处不在,资本不只是经济统治,也是一种政治统治、日常生活统治。资本这种全方位的统治,形成资本统治的路径依赖,资本统治依赖利益驱动机制作为唯一路径,而对于利益协调机制、利益调控机制等等,不仅被资本的统治所排斥,而且认为这些利益机制都是危害资本制度安全的机制。

第二节　科学选择利益机制推进人的发展

《中共中央关于全面深化改革若干重大问题的决定》指出:"全面深化改

革的总目标是完善和发展中国特色社会主义制度,推进国家治理体系和治理能力现代化。"比较而言,治理能力现代化比治理体系更为重要,没有治理能力现代化,不可能形成和制定一个现代治理体系。治理能力现代化的主体是政府,政府究竟如何实现治理能力现代化问题,才是治理能力现代化的首要问题。在社会主义市场经济体制下,政府治理能力现代化不能泛泛而谈。政府治理能力现代化,主要是指适应社会主义市场经济体制需要,通过政府的主导作用,协调好宏观调控与市场决定、政府主导与社会各方面参与,实现政府治理和社会自我调节、居民自治之间的良性互动。这就是说,政府治理能力现代化的客观前提是必须适应社会主义市场经济需要。市场经济是利益经济,市场体制实际上就是一种利益机制。政府适应市场经济优势需要的客观前提,就是为了推进人的自由全面发展,加强顶层设计,科学选择和利用好社会主义市场经济体制中的利益机制。

一、利益机制选择对治理能力现代化的影响

在现代发达资本主义国家,围绕主权者的活动领域与市民的自治领域、全能政府与有限政府、大政府小社会与小政府大社会、政治社会与市民社会领域等之间的关系,曾出现了不同的理论分歧。这些分歧实际涉及的是政治法律等上层建筑与经济基础之间的关系问题。政府治理虽然可以区分对内对外、政治统治与社会治理等方面,但是,究其根本还是如何协调上层建筑与经济基础之间的关系问题。换言之,资本主义为了建立和巩固自己的上层建筑,总是不断地转变政府职能与自己的经济基础相适应,不断推进治理能力现代化。

在古代社会,市民社会与政治社会合为一体。资本主义社会,物的统治代替古代的人对人的专制统治,利益机制选择对政府治理能力的影响开始凸显出来。为了明晰资本主义的政府职能,资产阶级思想家从上层建筑究竟要如何才能适应经济基础的需要出发,围绕资本主义制度性、体制性与政策性利益机制的功能与作用,论述了政府治理的职能。

1. 资本主义私有制既是国家治理的出发点,也是有限政府制度性利益机制的根据

适应资产阶级的需要,霍布斯论证了国家治理职能转变的制度根据。首先,他第一次把主权权力限制在政治活动领域里,而把经济领域作为自治的领域,留给资产阶级。主权者只有在作为国家公共利益的代表时,才能对人民的财产具有最高的所有权,主权者如果作为私人利益的代表,对人民的土地、财产不具有任何权利。其次,他认为自我保持的自然权利,是国家不可侵犯不可剥夺的基本自由权利,个人为了自己的利益,反抗主权者是可以允许的正义行为。这种经济上自我保存权利,即是资产阶级按照自己的利益,自由占有和自由经营不受限制的权利。霍布斯的思想直接影响了洛克。洛克以个人的自然权利的有限转移为前提界定了政府权力的有限性。洛克认为,财产权是自然权利中最基本的权利,其他权利则是以财产权为基础的。生命的权利,不过是保障个人的财产不受侵犯的权利。它是神圣不可侵犯的自由。统治者可以剥夺一个人的生命,但"未经本人同意,不能剥夺任何人的财产"①。这就像一个将军在战场上有权击毙已叛变的士兵,却无权抢夺他的财物一样。因此,"政府除了保护财产之外,没有其他目的"②。在洛克看来,私有财产之所以必须保护,是因为私有财产是通过私人劳动获得的。洛克的个人占有财产自由的思想,为资本主义私有制提供了理论根据。1789 年法国《人权宣言》第一次把这种所谓的"私有财产神圣不可侵犯"确定为资产阶级的自由人权。这就把资产阶级的私人占有财产的自由上升到法律制度,从而把私人占有财产的理论付诸私人占有财产的自由实践。③ 在资本主义看来,以私有制为基础的制度性利益机制是永恒的、不可改变的。所谓的有限政府,实际上是说由于私有

① [英]洛克:《政府论》下篇,叶启芳、瞿菊农译,商务印书馆 1964 年版,第 118 页。
② [英]洛克:《政府论》下篇,叶启芳、瞿菊农译,商务印书馆 1964 年版,第 58 页。
③ 参见谭培文:《社会主义自由的张力与限制》,《中国社会科学》2014 年第 6 期。

财产神圣不可侵犯,政府只有保护私有财产不受侵犯的权利,而不具有支配和管理私有财产的职能。

2. 市场经济体制的建立,既是政府的政治领域从市民社会中独立出来的真正原因,也是小政府大社会的真正的体制性利益机制

18世纪中下旬,正是英国资本主义成长期。随着市场经济体制的建立与成熟,亚当·斯密把市场经济作为体制性利益机制上升为一种国家的政策主张。斯密认为,"互通有无""互相交换"为人类本性所共有,也为人类所特有。对于这种出自人类本性的交换倾向,应当顺其自然、放任自由,而不应当人为地限制。要增加一个国家的财富,最好的经济政策是自由放任的经济政策,对经济自由进行干涉,对社会是有害的。政府扮演的只是社会的"守夜人",对市场干预最少的政府就是最好的政府。在亚当·斯密那里,市场经济作为一只看不见的手,是平衡和协调个人与社会、市场与政府之间关系的唯一的利益机制。黑格尔研究了亚当·斯密的思想,在《法哲学原理》中揭示了现代社会有别于封建君主制社会的不同特点,即市民社会开始从政治社会分离出来成为了一个独立领域。① 黑格尔认为,在中世纪,市民生活与政治社会是同一的,而现代国家不同。这就是说,现代政府治理的职能只能被限制在政治领域。黑格尔实际上将亚当·斯密的小政府大社会思想提升到了法哲学高度。马克思肯定了黑格尔论述的合理性,他说:"黑格尔觉得市民社会和政治社会的分离是一种矛盾,这是他的著作中比较深刻的地方。"②

自由放任的市场不可避免地带来了20世纪30年代世界性的经济危机。为了尽快摆脱经济危机,受凯恩斯经济思想的影响,20世纪中期,西方各国政

---

① 马克思在他的著作中所说的市民社会,大多是指一定的经济关系、经济基础等。但是,在德文中,市民社会(bürgerliche Gesellschaft)这个术语也有资产阶级社会的意思。(参见《马克思恩格斯选集》第1卷,人民出版社1995年版,第130页。)

② 《马克思恩格斯全集》第3卷,人民出版社2002年版,第94页。

府不得不开始直接干预市场。但是好景不长,凯恩斯国家干预市场的理论带来经济普遍的"滞胀",以亚当·斯密为开山祖的新自由主义理论,开始大行其道,并受到美、英政府(即当时的英国首相撒切尔夫人与美国总统里根)的推崇而形成的所谓"华盛顿共识"上升为一种政策主张。市场经济再次成为了资本主义政府所推崇的平衡和协调社会的公平正义的唯一的利益机制。在新自由主义哈耶克等看来,凯恩斯的理论必然带来集权政府的产生,国家干预利伯维尔场经济领域必然导致对个人的奴役。所谓利伯维尔场主义即指以亚当·斯密为代表的古典自由主义,是对个人经济、思想、政治、信仰自由的保护。弗里德曼认为,市场是一场游戏,体制就是游戏的规则,政府只是这些游戏规则的制定者、执行者与监督人,政府必须从具体的经济事务中退了出来。① 这就是说,市场经济犹如博弈游戏,只有规范、规则的市场经济,才是一种体制或体制性的利益机制。反之,没有规则的市场经济,只是一场没有规则的游戏。政府的职能就是游戏规则的制定者、执行者和监督者。新自由主义的政策主张未必完全正确,不过,新自由主义关于政府治理的利益机制选择对于我国市场经济条件下政府治理能力现代化,无疑富有一定的启发意义。治理能力与治理职能虽然不是一回事,但是,现代政府治理能力现代化,说到底就是一个政府职能现代化问题。如果政府是一个无限政府,那就无从谈论治理能力现代化问题。

3. 福利社会建设既是现代政府治理的新领域,也是挑战有限政府政策性利益机制合法性的难题

肇始于 19 世纪末的社会政策概念只是运用立法和行政手段,调节财产所得和劳动所得之间的分配不均问题。但是到了 20 世纪的中期以后,社会政策不再只是狭义的社会福利政策,而是包括国民福利、就业、住房、健康、文化、教

---

① 参见[美]米尔顿·弗里德曼:《资本主义与自由》,张瑞玉译,商务印书馆 2006 年版,第 30 页。

育、人口、婚姻与家庭生活、小区及社会公共环境以及宗教等等诸多问题。在社会政策的理念上，自由主义把社会政策看作是政府对市场的干预，从而认为这种干预应保持在最小的限度内，即在市场这只看不见的手不能满足个人的需要时，国家的干预才能介入，因为利伯维尔场可以"自然地"满足个人需要，实现社会的公平与正义。这就是说，制定与施行社会政策虽然也是政府的职能，但社会政策在政府职能中合法合理性问题才是根本问题。

显然，现代发达国家治理能力现代化与利益机制的选择密切联系。在其政府治理中，所谓的小政府大社会，即政府不介入具体经济领域，并不等于政府置身于经济之外，而是通过法律和道德规范将市场利益机制体制化，并将其作为调节个人与社会、自由与平等、效率与公平等唯一的利益机制。盖伊·彼得斯在《政府未来的治理模式》中甚至把"市场化政府"作为未来政府治理的典型模式。刘易斯·哈茨认为，美国的自由派"是信仰个体自由、平等，及资本主义的人，是视个人的成功与失败取决于自身的努力与能力，并认为人类市场活动是检验这一努力与能力的适当场所的人"①。这就是说，所谓政府治理能力的现代化就在于选择、利用好市场利益机制。政府不具体介入经济领域，而是通过法律和道德规范的规制下将利益关系转化为一种利益机制，以协调和缓和上层建筑与经济基础之间的矛盾冲突。这一点是合理的。但是，把市场利益机制看作是调节个人与社会、自由与平等、效率与公平的唯一机制，无疑是片面的。

二、治理能力现代化与利益机制的公平正义

随着社会主义市场经济建立，我国原本在计划经济时代形成的政府治理模式已不再适用，而产生一些适应市场经济的新的政府治理职能。政府治理职能转变本质上是解决上层建筑如何适应经济基础的矛盾。如果政府职能不

---

① 刘易斯·哈茨：《美国的自由主义传统·1991 年版引言》，张敏谦译，中国社会科学出版社 2003 年版，第 1 页。

及时转变,在计划经济时代形成的政府职能就可能滞胀经济基础的发展,甚至激化经济基础与上层建筑的矛盾对立冲突。一旦上层建筑不再适合经济基础,经济基础就会产生改变上层建筑的要求。因此,我国政府治理能力现代化本质上是上层建筑与经济基础之间矛盾的自我调整、自我完善过程。考察现代资本主义政府职能转变的经验教训,并结合我国的国情特点,从中可以看到我国政府治理能力现代化总的原则是适应社会主义市场经济体制的需要,科学选择利益机制,减少政府的直接干预经济活动的职能,使我国政治上层建筑适应经济基础的需要与要求。

1. 利益机制的科学选择是政府治理能力现代化的关键

从利益机制的类型与特点可以看出,不同的利益机制有不同的功能与作用。对发达国家政府治理能力现代化产生决定性影响的是市场体制性利益机制。而我国恰好相反,政府治理大量地使用的是政策性利益机制,而体制性利益机制往往还不能最大地发挥其作用。因此,政府治理现代化的关键是,相对稳定制度性利益机制,灵活谨慎地使用政策性利益机制,重点选择与使用市场经济体制性利益机制。市场经济作为体制性利益机制对政府治理能力现代化的主要影响是:第一,市场经济是利益经济,利益作为社会发展的内驱力,激发人们的潜能、积极性和创造性。这就减少了政府发展经济动员社会大量的必要时间与成本。第二,市场经济作为一只看不见的手,即价值规律的自发自觉地调节社会资源在各部门的分配,并通过公平竞争,平衡与协调社会与个人利益之间的利益关系。这就减少了政府部门在资源分配中的大量的信息采集、分析,以及各部门对社会资源分配的争夺攻关战争等。第三,更为重要的是,只要充分发挥体制性利益机制在资源分配中的动力杠杆作用,就可以减少行政命令,降低"社会结构的紧张程度"。因为在缺乏体制性利益机制下,往往靠发布行政命令来运行。行政命令是一种对社会带有强制性的活动。行政命令实行的过程具有两种可能,一是顺从或压而不服地执行,二是对抗而不执行。弗里德曼认为,社会治理的合适手段是自愿合作,任何强制都是不适合的。而市场的作用就在于没有顺从的情况下可以取得一致的意见。它实际是一种有效的代表制。与政治强制要求的强制执行的顺从不同,典型的争论问题必须决定是与否,那里的选择是十分有限的。广泛地使用市场机制可以减少社会结构的紧张程度,因为使它所进行的活动没有顺从的必要。市场涉及的范围愈广,而纯然需要政治解决的问题就愈少。① 弗里德曼的洞见富有启发意义,即广泛地使用市场机制,不仅使政府治理职能发生根本性转变,而且减少社会结构中的紧张程度,比如各种因利益矛盾引发的群体性事件,以推进社会的良性运行,促进社会的和谐稳定。

2. 选择利益机制的科学标准在于是否有利于经济基础的发展

社会主义上层建筑与经济基础虽然既相适应又不完全适应,并不存在对抗性矛盾与冲突,但是由于上层建筑的相对稳定性,生产方式是比较活跃的因素。这就决定经济基础总是不断地在发生新的变化而产生改革上层建筑的要求,如果这种矛盾控制在一定范围,即上层建筑就能维护和巩固自己的经济基础,而不是束缚经济基础的桎梏,经济基础也就不会产生改变上层建筑的需要和要求;但如果上层建筑已经成为经济基础发展的桎梏,那么经济基础就会产生改变上层建筑的要求,革命则不可避免。我国上层建筑与经济基础虽然基本适应,但这并不说明,上层建筑是凝固的、永恒的。如苏联由于长期固守僵化的计划经济体制,上层建筑长期不做自我改革与调整,成为束缚经济基础发展的桎梏,结果导致了 20 世纪 90 年代从上到下的中央政府颠覆与剧变。而我国不同,我国在 20 世纪 70 年代末就开始经济基础改革,并对上层建筑作了相适应的一些调整。但在利益机制选择上还不能完全适应经济基础的需要与要求,这就要求:

---

① 参见[美]米尔顿·弗里德曼:《资本主义与自由》,张瑞玉译,商务印书馆 2006 年版,第 28、29 页。

第一,利益机制的选择必须有利于经济基础的发展。比如,我国过去的经济基础是"一大二公三纯",政府使用的是单一的制度性利益机制。而改革开放以后就不同了,我国坚持的是公有制为主体的多种经济形式共同发展的制度,政府如果再使用单一的公有制的利益机制来处理经济基础的问题,那就有可能损害其他非公有制经济形式而带来各种各样利益冲突。政府作为公共利益的代表,必须通过利益机制调整利益关系而改善经济关系,以推动经济基础的发展。

第二,利益机制的选择必须有利于市场经济体制的建立与健康发展。经济关系表现为利益关系,经济基础与上层建筑的矛盾,尤其在市场经济条件下,突出表现为利益矛盾与冲突。市场经济是利益机制。政府选择的利益机制必须有利于市场的规范运行,而不是相反。虽然市场的规范运行离不开价格、竞争、风险、供求等机制,但竞争机制是市场经济的关键机制。面对市场经济中出现的各种各样的利益矛盾,政府可以选择价格、风险等机制来应对,但是,选择这些机制的目的只有一个,就是维护和促进市场的公平竞争,而不是危害与阻碍市场的公平竞争。

第三,利益机制的选择必须满足或响应人民群众的利益诉求、价值诉求。由于经济基础的发展变化,人民群众就会不断产生和提出新的利益诉求与价值诉求,而政府如果不能响应和充分满足源自人民群众的这些诉求,这就可能引发各种社会矛盾,而影响社会稳定。在市场体系中,市场的规则规范是市场经济体制是否成熟的重要标志。没有规则的市场,就是不成熟的市场。没有游戏规则的市场竞争,必然是不公平、非正义的市场竞争。政府要维护社会的公平正义,不只是从公共财政拿钱补缺而已,更重要的是,政府要成为市场游戏规则的制定者、执行者与监督者,以维护市场竞争的公平正义。

3. 选择利益机制的实践路径是加强利益调控手段体制化、机制化建设

尽管政府职能可以区分为经济调节、市场监管、社会管理、公共服务等方

面,但是,按其实质无非就是以利益手段来协调和平衡各种利益关系。这种利益手段,在我国使用最多的是政策性利益机制。政策性利益机制见效快、灵活性强,但灵活性就可能导致政策的随意性。政策随意性突出的表现是,政府甚至从某种偏好出发,在信息不充分的情况下,用一个行政命令或政策,既可能使某些在平等竞争中处于劣势的企业、个体经营者因获得从天而降的政策红利起死回生,也可能使另外一些具有优势的企业、个体经营者由高峰跌落低谷或陷入困境。这种方式通常被称为人治,而不是法治。人治就是以人定事,以人定能,以人定责,它既可使政府职能复杂化,又必然激化社会矛盾,加剧社会结构的紧张程度。我国治国理政的方式是法治,而不是人治。法治的基本形式是依法依规治国理政。法治政府就是有限政府,而不是全能政府。无论是宏观调控,还是必要的微观介入,政府必须把治理能力现代化的重点放在利益手段的体制化、机制化建设上。我国自 20 世纪 90 年代建立市场经济体制以来,市场管理机构逐渐建立起来了,虽然在一些方面仍然不够完善,但市场经济体制和利益机制正在不断发展成熟。首先,体制是管理机构与管理规范的结合体。所谓体制化建设,即是政府管理部门与管理规范、规则的有机结合。这就等于说,如有管理机构而无规范,或者只有规范而无机构,也并不形成一种体制性机制。只有把二者结合起来,才是一种体制。其次,机制强调的是要素的内部机理。体制虽然也是一种利益调控机制,但不同的是,体制是组织形式的制度或一种制度的结构形式,是制度运行的条件与规则。政府作为公共利益的代表,其主要职能是既要制定符合中国国情和参与国际市场竞争的市场规则,以形成有组织形式的体制,并通过法律形式把基本内容和基本程序固定下来,使利益机制体制化运行。再次,政府作为一只看得见的手,其职能的发挥也是有条件的,那就是必须遵循体制性利益机制的运行规则。由于我国社会主义制度与市场经济的一致性,制度性与政策性利益机制的体制化,不应该看作是与市场经济体制相对立的机制,甚至把市场"失灵"妖魔化,认为有必要再行复活和沿袭计划经济体制。所谓政府管了不该管的,在很大程度上是在这种思维惯性指导下发生的。市场经济是当代最有效率的经济。作为高效、服务型政府,其主要职责是把制度性与政策性利益机制体制化,以服务和发挥市场经济体制优势。

第三节　法治规范利益机制与激发社会活力

全面依法治国的主要任务究竟是什么? 有的学者认为,主要是如何加强宪法和法律的实施。[①] 这就依法治国本身而言,有一定的正确性,但是,如果就全面"治理"而言,还不全面。有的学者,还把依法治国说成是为张扬国权、法权,限制党权和政府的权力,并在党权、政权、国权和法权之间的关系上,大做文章。这无疑是误读了全面依法治国的目的、价值与意义等。全面依法治国究竟为何? 全面依法治国必须与实现中国梦的主题联系起来,才可以凸显出全面依法治国的目的、意义、功能、作用与使命。党的十八大提出了政府治理体系和治理能力现代化以后,党的十八届三中全会作出《中共中央关于全面深化改革若干重大问题的决定》,并明确经济体制改革的目标是"建设统一开放、竞争有序的市场体系,是使市场在资源分配中起决定性作用的基础"。紧接,党的十八届四中全会就提出"全面推进依法治国"的重大命题,描绘了法治中国建设的总蓝图。从时间节点来看,当前全面依法治理的主要任务就是要全面依法治理和规范市场经济秩序或市场利益机制。当然,这样理解还不足以作为其真正的根据。马克思主义认为,政治和法律是距离经济基础最为直接的上层建筑,它们来源于经济基础,并直接为经济基础服务。这就是说,全面依法治国的提出不仅适应了我国市场经济体制的需要和要求,并且直接服务于我国市场经济体制,依据宪法和法律,全面依法治理和规范市场经济秩序和市场利益机制,从而为实现中国梦,为激发和释放社会活力提供可靠法

---

① 参见李林:《中国法治的转型与挑战》,《北京日报》2015 年 3 月 30 日。

制保障。

一、市场经济条件下社会活力的二重性

社会活力来自人。社会活力是指人本身所具有的潜能积极创造性的激发和释放,所产生的对社会发展和进步的推进力与升降力。社会活力本来是指实现中国梦的正能量。但是,有正就有负,有难就有易,有高才有低,这是唯物辩证法的通义。这就是说,市场经济是当代最有效率的伟大经济,其最大的优越性就是激发了人们的潜能和社会活力。问题是,市场经济激发的社会活力,必然包含了正负两极,即正能量和负能量两个方面。

1. 社会主义市场经济激发了社会活力的正能量

第一,市场经济是自主经济,市场经济激发了市场主体自主经营、自主创业的活力。市场经济不同于计划经济,在计划经济条件下,国家担负了对全社会资源分配的任务,生产者主要根据国家的统一计划来经营和生产。这就在一定程度影响了生产者自主创业的活力,从而出现等、靠、要等依赖思想。在市场经济条件下,个人、家庭、企业和国家都是平等的市场主体。每一个市场主体作为经济人,必须自主经营、自由交换、自负盈亏。市场如战场,风险与利润、机遇与挑战、压力与动力同在,它们总是如影相随、相伴而行。正是基于诸如这些挑战,才可能激发每个市场主体的自由自主的独立创业的积极性和活力。

第二,市场经济是利益经济,利益激发了市场主体提高生产率的活力。马克思说:"人们为之奋斗的一切,都同他们的利益有关。"①这就是说,利益是激发人们欲望、潜能和活力的一种驱动力。邓小平说:"革命是在物质利益的基础上产生的,如果只讲牺牲精神,不讲物质利益,那就是唯心论。"②人类要生存,首先要吃、喝、穿、住等,就要生产满足这种需要的生活资料。生产之所以

---

① 《马克思恩格斯全集》第 1 卷,人民出版社 1995 年版,第 187 页。
② 《邓小平文选》第二卷,人民出版社 1994 年版,第 146 页。

是人类生存不可缺少的活动,就是因为人们要生存,首先要需要吃喝穿住等物质利益。利益是提高生产率的内驱力。比如,价格机制就是市场经济的一个重要利益机制。价格决定于产品的价值而上下波动。市场主体的产品只有在社会必要劳动时间最短与产品的质量最优时,才可以使自己产品通过交换而迅速地转化为社会产品。市场主体通过这种交换实现自己物质利益。如果自己生产的产品价格高于社会价值,就可能造成市场主体的经济损失。这就推动市场主体不断提高生产率,缩短自己产品生产的社会必要劳动时间和提高自己产品的质量。利益成为激发市场主体提高生产率的活力。

第三,市场经济是竞争经济,竞争极大激发了人们创新的欲望、潜能与活力。竞争是提高资源分配效率的一个最强有力的杠杆。在《资本论》,马克思在谈到资本主义生产的积累时,认为,"竞争和信用——集中的两个最强有力的杠杆"[①]。作为社会主义初级阶段生产的积累,竞争是资源有效集中配置,推动企业转型、降低产品价格等的一个最强有力的杠杆。在资本主义市场经济中,马克思认为:"竞争的激烈程度同互相竞争的资本的多少成正比,同互相竞争的资本的大小成反比。竞争的结果总是许多较小的资本家垮台,他们的资本一部分转入胜利者手中,一部分归于消灭。"[②]社会主义市场经济,既然也是市场经济,市场竞争同样可以在资源分配中发挥强有力的杠杆作用,实现优胜劣汰。因为,价值由劳动时间决定是市场经济的一个重要规律,"商品的价值与劳动生产力成反比"[③]。劳动生产力越提高,生产商品的必要劳动时间就越少。所谓价廉物美,就是指商品质量一流,生产商品的必要劳动时间降低。竞争必然激发商品生产者创新的欲望、潜能和活力,提升产品质量,改善生产技术,减少必要劳动时间,降低产品的价格。

第四,市场经济是自由平等交换的经济,它是伦理、道德、政治的自由平等

[①] 《马克思恩格斯文集》第 5 卷,人民出版社 2009 年版,第 722 页。
[②] 《马克思恩格斯文集》第 5 卷,人民出版社 2009 年版,第 722 页。
[③] 《马克思恩格斯文集》第 5 卷,人民出版社 2009 年版,第 371 页。

观念的真正发源地。马克思认为,真正的平等和自由是产生于市场经济。平等和自由作为一种法治观念形态,它根源于这种平等和自由的交换价值的交换的经济关系。马克思说:"平等和自由不仅在以交换价值为基础的交换中受到尊重,而且交换价值的交换是一切平等和自由的生产的、现实的基础。作为纯粹观念,平等和自由仅仅是交换价值的交换的一种理想化的表现;作为在法律的、政治的、社会的关系上发展了的东西,平等和自由不过是另一次方上的这种基础而已。而这种情况也已为历史所证实。这种意义上的平等和自由恰好是古代的自由和平等的反面。"①在古代封建社会,不平等比平等、不自由比自由更为重要。封建社会维系的是一个严格的等级社会,如果打破了封建等级秩序,那就意味封建社会的灭亡。而市场经济不同,马克思说:"尽管个人 A 需要个人 B 的商品,但他并不是用暴力去占有这个商品,反过来也一样,相反地他们互相承认对方是所有者,是把自己的意志渗透到商品中去的人格。因此,在这里第一次出现了人格这一法的因素以及其中包含的自由的因素。"②这就是说,市场经济的平等和自由的交换价值的交换是现代法律的、政治的、道德人格的平等和自由的真正的发源地和基础。这就是市场经济产生的社会活力正能量。尤其在我国封建社会之所以超强发展,不能不说与我国市场经济未能充分发展,缺乏平等和自由产生的经济基础有关。当然,马克思在这里也批判了资本主义政治上的平等和自由,是交换价值的等价交换理想化一次方的又一次方的表现而已。这就是说,在资本主义条件下,形式上的平等和自由往往掩盖了实质的不平等和自由。③

2. 市场经济可能存在的负面影响

市场经济是一柄双刃剑,市场经济激发的社会活力既有正能量,也不可避

---

① 《马克思恩格斯全集》第 30 卷上,人民出版社 1995 年版,第 199 页。
② 《马克思恩格斯全集》第 30 卷上,人民出版社 1995 年版,第 198 页。
③ 参见谭培文:《社会主义自由的张力与限制》,《中国社会科学》2014 年第 6 期。

免地存在与正能量相对立的负能量。其主要表现有以下四个方面：

其一，由于市场主体的自主性增强，这就可能削弱和解构政府的组织力、号召力和凝聚力。其二，由于市场经济利益成为激发劳动者活力的驱动力，这就可能产生唯利是图，见利忘义，实现个人的一夜暴富的发财梦，甚至个别不法之徒胆大妄为，铤而走险。其三，由于竞争成为了市场经济的基本机制，一些人违反平等竞争规则，粗制滥造，以次充好，欺诈失信，制假造假。其四，由于市场经济是等价自由平等交换的经济，自由交换原则渗透到法律和政治领域，如权力寻租，行贿受贿，贪污腐败，以钱代刑，践踏司法公正。

这些就是市场经济可能激发和释放的负能量。如何保障市场经济能够激发和释放社会活力的正能量与消除和抑制社会活力的负能量？这个问题不仅是社会主义市场经济面临的重大难题，也是世界各国在建设市场经济时遇到的共同难题。

二、全面依法治国对市场活力的规范功能

市场经济是利益经济，但市场经济更是法治经济。这已是世界发达的、成熟的市场经济国家，数百年来从市场经济实践中凝练而成的共识。我国市场经济需要全面依法治国的法律规范，全面依法治国能激发社会活力的规范功能，满足我国市场经济的需要和要求。

1. 法治是世界成熟的市场经济国家，经过数百年来实践探索出来的共同经验

西方发达资本主义国家的所谓法治国家建设，首先是从市场经济治理开始的。资本主义经济是典型的市场经济体制。马克思在谈到资本主义生产关系时，总是把交换关系作为资本主义生产关系的基本特征。如在《共产党宣言》，他说："资产阶级赖以形成的生产资料和交换手段，是在封建社会里形成的。"这就是说，现代资产阶级社会就是一个以市场经济交换关系为特征的社

会。对资本主义政治法律研究就离不开市场经济交换关系的研究。马克思的《资本论》也可以看作是一部研究资本主义市场经济的名著。《资本论》的第一个范畴是商品,就是通过市场经济的商品等价交换,来揭示在私有制条件下,劳动力商品的等价交换,掩盖了资本家对劳动力的剩余劳动剥削的实质。从某种意义上,资本主义的政治法律制度建设就是首先从市场经济治理开始的。比如,霍布斯的《利维坦》虽然是一本最初论述资本主义的国家学说,但他所说的自然状态就可以看作是缺乏法制的市场经济状态;他所说的人与人的关系就是一种狼与狼的关系,无疑也可以看作是市场经济中激发的人的逐利的"狼性"。亚当·斯密的政治经济学实际上就是市场交换的经济学。在《国富论》,他虽然首先谈到分工,但认为分工正是起源于"人类要求相互交换的倾向"①。米尔顿·弗里德曼认为,资本主义自由就是市场经济交换价值交换的自由。在《资本主义与自由》的序言中说,本书的主要论点为:"竞争的资本主义——即通过在自由市场上发生作用的私有企业来执行我们的部分经济活动——是一个经济自由的制度,并且是政治自由的一个必要条件。本书的次要论点是:政府在致力于自由和主要依赖市场组织经济活动的社会所应起的作用。"②新自由主义明显表现出对市场崇拜的原教旨主义倾向,且将市场限制在私有制领域,这显然是片面的。市场始终是资本主义法治的基本领域。我国社会主义市场经济体制与资本主义市场经济体制在性质上具有本质的不同,但是,既然社会主义市场经济也是市场经济,那就必然具有市场经济是法治经济的共同特征。

2. 我国市场经济需要全面依法治国的法律规范

市场经济体制激发的社会活力,虽然其主流是实现中国梦的正能量,但也

---

① [英]亚当·斯密:《国民财富的性质和原因的研究》(上卷),郭大力、王亚南译,商务印书馆1972年版,第14页。

② [美]米尔顿·弗里德曼:《资本主义与自由》,张瑞玉译,商务印书馆2004年版,第7页。

决不可忽视极少数不法之徒的"社会活力"成为阻碍中国梦实现的负能量。那么,市场经济激发的社会活力,为什么存在二重性?有的人将其原因归结为市场经济本身,认为市场经济是一个打开的潘多拉盒,激发了人的狼性,释放了人的邪恶。这是片面的。市场经济是当代最为有效率的伟大经济,市场经济之所以也诱发了人的"狼性",这不是市场经济体制的问题,而是根源于人的欲望的二重性。人的欲望是人的客观本性。按照《德意志意识形态》,历史唯物主义的前提虽然是从物质生活本身的生产开始的,但是,生产活动的原动力来自人们吃、穿、住、行的欲望或需要。欲望和需要既然是人的本性,不断满足人们的物质文化的欲望和需要是社会主义制度的本质和要求。灭绝人欲,是中世纪封建宗教观反动性的突出表现。问题在于,人的欲望本身包含的二重性。这一点,在我国古代儒家那里,就有了深刻论述。孟子虽然主张寡欲,但他论述了欲的两面性,《孟子·告子》云:"生亦我所欲也,义亦我所欲也;二者不可得兼,舍生取义者也。"孔子《论语》说:"欲仁而得仁,又焉贪?"这就是说,欲有生与义之层次高低、仁与贪之善恶的两面性。在生与义的二难选择之间,在仁与贪的善恶选择面前,人的欲望意志应该舍生取义、欲仁而不贪求。欲望虽然有两面性,但欲望是可以节制的。在我国先秦,这种节制主要有两种方式:一是孔子孟子所主张的道德对欲望的节制;二是以荀子为代表所主张的法的限制。这是对的。不过,在现代市场经济体制下,对欲望的限制的路径是:法治在先,辅以德治。因为,我国古代的农耕社会,人们日出而作,日入而息,社会流动性缺乏,是一个自给自足的熟人社会。在那里,调节人们的行为规范的主要是由时代传承的风俗习惯伦理道德就可以了。而在现代市场经济体制下,满足人们欲望的机会日益剧增,社会由传统的静态社会转型为一个流动性的陌生人社会。这种流动性不只是人口的流动,而且还是一种欲望的流动、利益的流动、梦想的流动等。所谓欲望的流动,即人人都有发财致富的欲望;所谓利益的流动,即财富不断地从一个人的身上很快地会流到另一个人的身上;所谓梦想的流动,即每个人都可以自由地追逐自己的梦想。由于人口的流动,传统的熟人社会转型为一个陌生人的社会;由于欲望的流动,传统静态社会转型为一个社会活力四射的动态社会;由于利益的流动,传统的精神信仰的神圣和崇高有可能屈尊于感性的物质利益,甚至会淹没在一些人的利己主义冰水之中;由于梦想的流动,一些缺乏规范约束的人就有可能把梦想颠覆为一种疯狂。面对现代市场经济复杂境遇,传统道德的约束力日益式微,这不足为奇。因为,传统道德不可能完全担当市场经济条件下人们的行为规范、约束和限制的责任与使命。全面依法治国就是适应市场经济的这一客观要求产生的。

3. 全面依法治国能激发社会活力的规范功能,满足我国市场经济的需要和要求

全面依法治国是"四个全面"的一个内容,它是全面实现中国梦的可靠保障。但法治不是依法治国的省略,把依法治国与法治完全等同,是片面的。依法治国与法治不同,法治(rule by law)的治主要含有统治之意,它是与人治相对。亚里士多德在回答"倘若以最好的一人治理"或由最好的法律统治,哪一方面较为有利时,亚里士多德认为,"人治不如法治"①。这里的治就是统治的意思。而依法治国(law-based governance of country)的治则是治理之意。法治是一种价值理念和精神,全面依法治国就是依法实现治理能力、治理体系现代化,是实现法治国家的必要条件,是法治的题中应有之义。法治的基本要求与必要条件就是依法治国,而不是实行所谓的"宪政"。反之,依法治国就是建设法治国家的具体方略和实践路径。

全面依法治国中的治理,对于社会主义市场经济体制,就是依法治理、依法规范市场经济体制,规范经济人的欲望和行为,激发和保障市场活力正能量。孔子虽然生活于2000多年以前,但是,他看到了人的欲望在人性中的重

_____

① 亚里士多德:《政治学》,吴寿彭译,商务印书馆1965年版,第142页。

要作用。他把自己毕其一生达到最高境界就是"从心所欲不逾矩"。这就是说,人有欲望不一定就是坏事,关键是"不逾矩"。这里的"矩",原本是古代画方形的用具,也就是现代的曲尺。《周髀算经》卷上云:"圆出于方,方出于矩。""矩"有规矩、法度之意,"不逾矩"就是不跨越"仁"的伦理规矩与法度的限制。法家继承和发展了儒家的传统,认为法就是"矩"。《管子·七法》曰:"尺寸也、绳墨也、规矩也、衡石也、斗斛也、角量也,谓之法。"法治是治世的标志,而人治使社会失之公正。《管子·任法》认为,乱世往往以私代法,而"治世则不然,不知亲疏远近、贵贱、美恶,以度量断之。其杀戮人者不怨也,其赏赐人者不德也。以法制行之,如天地之无私也。是以官无私论,士无私议,民无私说,皆虚其胸以听于上。上以公正论,以法制断,故任天下而不重也。"法治是社会进步的标志,法就是一种行为"度"与"量"的限制。依法治国,在市场经济体制下,对人的欲望、行为具有度和量的规范作用。

三、以法制规范市场秩序保障市场活力正能量释放

当前全面依法治国的主要任务就是要全面依法治理和规范市场经济秩序,从而保障和激发社会活力。这就要求:

1. 依法规范市场主体的欲望和行为,为市场主体自主创业、自主经营保驾护航

贯彻和落实全面依法治国的主要任务就是要全面依法治理和规范市场经济秩序,而要依法治理和规范市场经济秩序,绝不可以离开市场主体来谈治理和规范。所谓市场秩序的治理和规范,实际就是对市场主体欲望和行为的治理和规范。

首先,要以社会主义核心价值观引导市场主体的欲望和行为,激发市场主体的正能量。市场经济激发市场主体发财致富的欲望,这不是什么坏事。《荀子·正名》认为:"欲不可去,性之具也。虽为天子,欲不可尽。欲虽不可

尽,可以近尽也;欲虽不可去,求可节也。"这就是说,欲望是人的本性,欲望不可能被去掉和消灭,但是,可以引导。荀子的意见是对的。欲望有两面性,既可以变成正能量,也可以转化为负能量。在市场经济体制下更是这样。每一个市场主体为了实现发财致富的欲望,激发自己的潜能和积极性,依法自主创业,自主经营,这就是社会的正能量;而有的人不通过自己的劳动,不顾起码的人伦道德,甚至伤天害理,企图非法地获取财富,这就是社会的负能量。因此,必须加强社会主义核心价值观对市场主体欲望的正确引导,让社会主义核心价值观深入人心,具体来讲,就是要市场主体以核心价值观来引导和规范自己的欲望和行为,激发市场主体的正能量。但是,在我国社会主义核心价值观宣传教育中,很少有针对市场经济市场主体行为规范的宣传教育,这不能不是一个极大遗憾。

其次,要加强对市场主体的欲望、需要和利益规范立法工作,保障和激发市场主体的正能量。由于市场主体欲望的二重性,究竟如何规范市场主体的欲望和行为,历来就有两种不同的立法前提。一是人性恶的观点,即每个人都是欲望的魔鬼,都是要钱不要脸的无赖;二是人之本性是善,人不是魔鬼,而是天使。事实上,人既不是天使,也不是魔鬼;人是天使,也是魔鬼,关键在于制度的设置。好的制度,魔鬼可以变成天使;坏的制度,天使也可以变成魔鬼。制度不仅包括经济制度,而且也包括政治制度,但这里主要是指经济制度、政治制度的核心——法律制度。实践证明,我国社会主义市场经济体制优于资本主义市场经济体制。问题是,由于我国市场经济体制建立的时间不长,所以适应市场经济体制的法制建设还不够完善,以致出现极少数市场主体欲望横流,甚至在一些行业泛滥成灾的现象。因此,必须加快对市场主体经济行为的立法工作,依法规范市场主体的产权制度边界,依法规范市场的竞争游戏规则,为市场主体自由、平等、公正的竞争创建平台,并加强对有关市场经济的法规的执行、监督、检查,使法律落地生根。

2. 依法厘清政府与市场关系,建构市场主体正能量释放的社会机制

社会是由人构成的,社会有活力,人必然有活力。反之,人有活力,社会才有活力,否则,就可能出现"万马齐喑究可哀"的状态。可见,社会活力与社会的政治体制、经济体制密切相关。在市场经济体制建立以后,那么政治体制就是关键因素。政治体制是依法建立的以政府为主体的管理国家经济、政治和社会事物的运行机制。在市场经济体制下,正确处理经济体制与政治体制之间的关系,关键在于厘清政府与市场的关系。因此,政府为了保障市场主体社会活力的释放,必须依法建立"三个清单":

一是要恪守"法无授权不可为"的原则,建立政府权力清单。依法治国的实践原则就是依法行政。在市场经济下,政府不再是计划经济时代的全能政府,政府必须明确、约束和限制自己的权利范围,政府的权力必须有边界。政府的不合理权力必须去除,如直接参与市场竞争和垄断市场交易等。政府不能自我授权,不可有超出宪法和法律许可范围之外的或违反法律程序的权力,只能在宪法和法律划定的界限中行使自己的权力。这就为市场主体自主创业、自主经营等社会活力的释放创造了社会环境。

二是要根据"法无禁止皆可为"的原则,建立市场负面清单。法无禁止皆可为,既为市场主体欲望、行为和活动划定界线,也是对政府权力的限制。市场负面清单,以法明确了市场主体不能从事的经营活动的内容、范围,如不能从事有害国家安全、危害人民生命安全、危害生态环境等经营活动。事实上,"法无禁止皆可为"这一限制性原则,还包含了广阔的可行性空间,即凡是负面清单之外的。只要法律没有限制或禁止的,都属于市场主体自由自主的活动空间,各级政府及其部门不得进行限制和禁止。这就明确了政府权力边界,为市场主体自主经营,自主创业,自由交换,公平竞争,从而极大地释放出社会活力,提供了良好的社会环境。

三是履行"法定责任必须为"的原则,建立政府的"责任清单"。"法无授权不可为",等于缩小了政府权力的范围;"法无禁止皆可为",等于扩大了市场主体的活动空间。一大一小,一缩一扩,是否说明政府无事可干了呢? 否! 相反,政府的责任担当应该是更重了。随着市场主体的自由自主活动的空间必然扩大,市场的流动性在时间上必然加快,这就大大增加了市场监管的难度。监管不到位,甚至可能影响市场秩序和社会秩序。比如,由于政府食品安全监管不力引发的群体性事件,在世界上几乎每年都会频频发生。政府是市场监管法定责任者,维护市场秩序是政府应尽的职责,做到"法定责任必须为"。凡是在法律规定范围内的职责都必须充分履行,否则应当承担不利后果。同时,更需要专门、有效的监督问责机制,对政府不履行职责或履行不充分的行为进行严格的责任追究。

3. 树立法治信仰,树立法律创造财富的新观念,实现民富国强的中国梦

法治是全面治理和规范市场经济秩序的基本路径。法治离不开具体手段,但是,法治更是一种价值追求。法治作为社会主义核心价值观的含义是,法治应该和必须内化为人们的道德价值理念,从而通过意志的选择和认同成为一种信仰。这就要求,必须正确处理法治与德治的关系,正确处理法治与激发社会活力,创造财富,实现中国梦的关系。

首先,必须加强法治教育,树立法治信仰。法治必须与德治结合起来。市场经济是法治经济,这就是说,法治是市场经济的主要手段。但是,法在本质上就是一种行为规范和规则。而调节这种行为伦理规范和规则的方式无非是两种:一种是外在的强制的;一种是内在的非强制的自觉调节。法对人们行为的调节主要是外在的强制的,道德价值对人们行为调节则是内在的自觉的。可以说,道德是人们心中之法律,法律是成文的道德。法治成功的最高境界就是法治成为了市场主体的道德信仰,自觉地学法、懂法,尊重、遵守法律,形成

守法光荣、违法可耻的价值判断,树立法治价值信仰和价值追求。因此,在加强法治教育的同时,还必须加强道德教育,使法制成为每一个市场主体内心的道德信仰。这才是法治成功的标志。

其次,必须把法治与创造财富与实现全面小康最终实现共同富裕联系起来。要树立法治信仰,还必须树立法律创造财富的观念。在传统的农耕社会、熟人社会,维持行为秩序的习惯、风俗、道德伦理,总是与亲情、友情等联系在一起,所以许多人对法律的强制力仍有一种畏惧、忌惮或敬而远之的心理。相反,在市场经济条件下,法律创造财富,法律与每个市场主体的活动密切有关。所谓法律创造财富是指依法建构现代市场体系,清除市场壁垒,提高社会资源分配效率,激发市场活力,把市场体制的优势和潜力充分发挥出来,保持经济发展的良好势头,使社会财富充分涌现出来。法律是直接反映经济基础的政治上层建筑。法律形式上是精神的,但法律一旦与经济相结合,就可以保护、捍卫财富,甚至使财富的价值倍增。如物权法、合同法、专利法、反不正当竞争法,就可以保护和捍卫财富;公司法可以创造股权财富,商标法不仅保护品牌价值,品牌通过法律注册,还可以成倍地创造超过商品价值的价值。所以,政府不仅要加强市场立法需要的供给,而且还要增强基层法律服务的供给,尤其是对一些法制教育落后的地区,实行法律教育扶贫。让每个市场主体认识到,法律创造财富,法治与实现每个人的中国梦密切相关,只有法治才能为实现中国梦保驾护航。

参 考 文 献

1.《马克思恩格斯文集》第 1—10 卷,人民出版社 2009 年版。

2.《马克思恩格斯全集》第 1、3、30、31、33、47 卷,人民出版社 1995、2002、1995、1998、2004、2004 年版。

3.《马克思恩格斯全集》第 3、4、16、40、42 卷,人民出版社 1960、1958、1964、1982、1979 年版。

4.《马克思古代社会史笔记》,人民出版社 1996 年版。

5.《列宁选集》第 1—4 卷,人民出版社 2012 年版。

6. 列宁:《哲学笔记》,人民出版社 1993 年版。

7.《毛泽东选集》第一—四卷,人民出版社 1991 年版。

8.《邓小平文选》第一、二、三卷,人民出版社 1993—1994 年版。

9.《习近平谈治国理政》第 1、2 卷,外文出版社 2018、2017 年版。

10. 习近平:《在庆祝改革开放 40 周年大会上的讲话》,《人民日报》2018 年 12 月 19 日。

11.《孙中山全集》第 1—9 卷,中华书局 2006 年版。

12. [古希腊]柏拉图:《理想国》,郭斌和等译,商务印书馆 1986 年版。

13. [古希腊]亚里士多德:《政治学》,吴寿彭译,商务印书馆 1965 年版。

14. [德]康德:《纯粹实践理性原理》,韩水法译,商务印书馆 1999 年版。

15. [德]黑格尔:《哲学史讲演录》第 4 卷,贺麟等译,商务印书馆 1978 年版。

16. [德]黑格尔:《法哲学原理》,范扬等译,商务印书馆 1961 年版。

17. [德]黑格尔:《精神现象学》(上、下),贺麟等译,商务印书馆 1979 年版。

18. [德]费尔巴哈:《费尔巴哈哲学著作选集》,荣震华译,生活·读书·新知三联书店 1959 年版。

19.［德］米夏埃尔·兰德曼：《哲学人类学》，张乐天译，上海译文出版社 1988 年版。

20.［德］埃·弗洛姆：《马克思论人》，陆世夫译，陕西人民出版社 1991 年版。

21.［德］马克斯·霍克海默：《批判理论》，李小兵等译，重庆出版社 1993 年版。

22.［德］马克斯·霍克海默：《启蒙辩证法》，洪佩郁等译，重庆出版社 1990 年版。

23.［德］康德：《道德形而上学原理》，苗力田译，上海人民出版社 2002 年版。

24.［德］哈贝马斯：《交往行动理论》，洪佩郁等译，重庆出版社 1994 年版。

25.［德］马克斯·韦伯：《新教伦理与资本主义精神》，于晓等译，生活·读书·新知三联书店 1987 年版。

26.［德］麦克斯·施蒂纳：《唯一者及其所有物》，金海民译，商务印书馆 1989 年版。

27.［德］弗里德里希·包尔生：《伦理学体系》，何怀宏、廖申白译，中国社会科学出版社 1988 年版。

28.［德］斐迪南·滕尼斯：《共同体与社会》，林荣远译，商务印书馆 1999 年版。

29.［英］洛克：《人类理解论》，关文运译，商务印书馆 1959 年版。

30.［英］戴·麦克莱伦：《青年黑格尔派与马克思》，夏威仪译，商务印书馆 1982 年版。

31.［英］霍布斯：《利维坦》，黎思复等译，商务印书馆 1985 年版。

32.［英］R.G.柯林武德：《历史的观念》，何兆武等译，中国社会科学出版社 1986 年版。

33.［英］洛克：《政府论》（下），叶启芳等译，商务印书馆 1964 年版。

34.［英］以赛亚·伯林：《自由四论》（扩充版），胡传胜译，译林出版社 2003 年版。

35.［英］亚当·斯密：《国民财富的性质和原因的研究》，郭大力等译，商务印书馆 1972、1974 年版。

36.［英］亚当·斯密：《道德情操论》，蒋自强等译，商务印书馆 1997 年版。

37.［英］哈耶克：《个人主义与社会秩序》，邓正来译，生活·读书·新知三联书店 2003 年版。

38.［英］安德鲁·伍海德：《政治学核心概念》，吴勇译，天津人民出版社 2008 年版。

39.［英］凯恩斯：《就业利息和货币通论》，徐毓楠译，商务印书馆 1987 年版。

40.［英］亨利·西季威克：《伦理学方法》，廖申白译，中国社会科学出版社 1993

年版。

41. [法]罗贝尔·福西耶:《中世纪劳动史》,陈青瑶译,上海人民出版社 2007 年版。

42. [法]米歇尔·博德:《资本主义史 1500~1980》,吴艾美译,东方出版社 1986 年版。

43. [法]卢梭:《论人类不平等的起源和基础》,李常山译,商务印书馆 1962 年版。

44. [法]皮埃尔·勒鲁:《论平等》,王允道译,商务印书馆 1988 年版。

45. [法]F.布罗代尔:《资本主义的动力》,杨起译,生活·读书·新知三联书店 1997 年版。

46. [法]托马斯·皮凯蒂:《21 世纪资本论》,巴曙松等译,中信出版社 2014 年版。

47. [美]约翰·罗尔斯:《正义论》,何怀宏等译,中国社会科学出版社 1988 年版。

48. [美]罗伯特·洛齐克:《无政府、国家与乌托邦》,何怀宏等译,中国社会科学出版社 1991 年版。

49. [美]阿马蒂亚·森:《以自由看待发展》,任赜等译,中国人民大学出版社 2002 年版。

50. [美]戴维·戈伊科奇等编:《人道主义问题》,杜丽燕等译,东方出版社 1997 年版。

51. [美]米尔顿·弗里德曼《资本主义与自由》,张瑞玉译,商务印书馆 2004 年版。

52. [美]德博拉:《政策悖论:政治决策中的艺术》(修订版),顾建光译,中国人民大学出版社 2006 年版。

53. [意]葛兰西:《实践哲学》,徐崇温译,重庆出版社 1990 年版。

54. [匈]卢卡奇:《历史与阶级意识》,杜章智等译,商务印书馆 1992 年版。

55. [匈]卢卡奇:《关于社会存在的本体论》(上、下卷),白锡堃等译,重庆出版社 1993 年版。

56. [苏联]格·阿·巴加图利亚:《马克思的经济遗产》,马健行译,贵州人民出版社 1981 年版。

57. [苏联]尼·拉宾:《马克思的青年时代》,南京大学外文系译,生活·读书·新知三联书店 1982 年版。

58. [苏联]伊·谢·纳尔斯基:《异化与劳动》,冯申译,湖南人民出版社 1987 年版。

59. [瑞士]西斯蒙第:《政治经济学新原理》,何钦译,商务印书馆 1964 年版。

60. [荷兰]斯宾诺莎:《伦理学》,贺麟译,商务印书馆 1958 年版。

61. [捷]奥塔·锡克:《经济—利益—政治》,王福民译,中国社会科学出版社 1984 年版。

62. [日]栗本慎一郎:《经济人类学》,王名等译,商务印书馆 1997 年版。

63. [匈]卢卡奇:《关于社会存在本体论·上卷·下卷》,白锡堃等译,重庆出版社 1993 年版。

64. 孔子:《论语》。

65. 司马迁:《史记·货殖列传》。

66. 吕不韦:《吕氏春秋》。

67. 李镜池:《周易通义》,中华书局 1981 年版。

68. 北京大学哲学系:《18 世纪法国哲学》,商务印书馆 1963 年版。

69. 鲁友章、李宗正:《经济学说史》(上、下),人民出版社 1979 年版。

70. 孙伯鍨:《探索者道路的探索》,南京大学出版社 2002 年版。

71. 孙伯鍨:《卢卡奇与马克思》,南京大学出版社 1999 年版。

72. 孙伯鍨等主编:《马克思主义哲学的历史和现状》,第一——三卷,南京大学出版社 1988、1989、1992 年版。

73. 李建平、李建建、黄茂兴等:《中国 60 年经济发展报告(1949—2009)》,经济科学出版社 2009 年版。

74. 朱钟棣:《西方学者对马克思主义经济理论的研究》,上海人民出版社 1991 年版。

75. 马胜利、邝杨主编:《欧洲认同研究》,社会科学文献出版社 2008 年版。

76. 中共中央文献研究室等编:《毛泽东早期文稿》(1912.6—1920.11),湖南出版社 1995 年版。

77. 周辅成编:《从文艺复兴到十九世纪资产阶级哲学家政治思想家有关人道主义人性论言论选辑》,商务印书馆 1966 年版。

78. 周辅成:《西方伦理学名著选辑》(上、下),商务印书馆 1987 年版。

79. 黄楠森、庄福龄、林利主编:《马克思主义哲学史》(1—4 卷),北京出版社 1996 年版。

80. 张枬、王忍之:《辛亥革命前十年间时论选集》第一卷上册,生活·读书·新知三联书店 1960 年版。

81. 汝信主编:《现代西方思想文化精要》,吉林人民出版社 1998 年版。

82. 赵文洪:《私人财产权利体系的发展》,中国社会科学出版社 1998 年版。

83. 李德顺:《价值论》(第 2 版),中国人民大学出版社 2007 年版。

84. 许全兴、陈战难、宋一秀:《中国现代哲学史》,北京大学出版社 1992 年版。

85. 徐亦让、解庭晨、胡香桂:《人类财产发展史》,社会科学文献出版社 1999 年版。

86. 陈学明主编:《二十世纪哲学经典文本·西方马克思主义卷》,复旦大学出版社 1999 年版。

87. 张一兵:《文本的深度犁耕——后马克思主义思潮哲学文本解读》第二卷,中国人民大学出版社 2008 年版。

88. 章海山:《经济伦理学——马克思主义经济伦理思想研究》,中山大学出版社 2001 年版。

89. 吴智杰主编:《西方市场经济理论史》,商务印书馆 1999 年版。

90. 罗平汉:《农村人民公社史》,福建人民出版社 2003 年版。

后　　记

　　本书为国家社科基金项目——"基于以人为本实现路径的利益机制协同创新研究"（项目批准号：13BKS027）最终成果。鉴于项目阶段性成果论文：《社会主义自由的张力与限制》（《中国社会科学》2014 年第 6 期）获得广西哲学社会科学研究优秀成果一等奖，该项目免于鉴定结题（良好）；继而，在该项目结题后，本论文又于 2020 年获得中国高校哲学社会科学研究优秀成果二等奖（教育部），为该项目研究的学术价值与社会影响力增添了一份荣耀。不过，《以人为本与利益机制》涉及的是世界近代以来人的发展与物的发展二难悖论的全球性难题，该著作仅仅展示的是中国道路对其探索的中国样式与中国特色。中国道路的探索，蕴藏了值得不懈开掘的理论宝藏，翰墨难书，限于篇幅，无法悉数献呈。不周之处，唯愿读者不吝赐教。

　　该书付梓得到了广西师范大学一流学科建设经费资助，并对人民出版社的鼎力支持与方国根先生的辛勤劳动和帮助，在此一并表示诚挚的感谢！

谭培文谨识

2020 年 11 月于桂林

责任编辑：方国根　郭彦辰
封面设计：石笑梦
版式设计：胡欣欣

图书在版编目（CIP）数据

以人为本与利益机制/谭培文 著. —北京：人民出版社，2023.10
ISBN 978－7－01－025119－6

Ⅰ.①以…　Ⅱ.①谭…　Ⅲ.①利益-理论研究　Ⅳ.①C914

中国版本图书馆 CIP 数据核字（2022）第 182272 号

以人为本与利益机制

YIRENWEIBEN YU LIYI JIZHI

谭培文　著

人民出版社 出版发行

（100706　北京市东城区隆福寺街 99 号）

北京汇林印务有限公司印刷　新华书店经销

2023 年 10 月第 1 版　2023 年 10 月北京第 1 次印刷
开本：710 毫米×1000 毫米 1/16　印张：29.25
字数：387 千字

ISBN 978－7－01－025119－6　定价：138.00 元

邮购地址 100706　北京市东城区隆福寺街 99 号
人民东方图书销售中心　电话（010）65250042　65289539